本书为“向基础教育倾斜——中考改革背景下义务教育阶段课程教学改革推进、教学方法研究”项目成果

做数学的引梦人

吴建成 著

首都师范大学出版社
CAPITAL NORMAL UNIVERSITY PRESS

图书在版编目（CIP）数据

做数学的引梦人/吴建成著．—北京：首都师范大学出版社，2021.2

ISBN 978-7-5656-5845-7

Ⅰ．①做…　Ⅱ．①吴…　Ⅲ．①小学数学课—教学研究　Ⅳ．①G623.502

中国版本图书馆 CIP 数据核字（2020）第 094113 号

ZUO SHUXUE DE YINMENGREN

做数学的引梦人

吴建成　著

责任编辑　孙　琳

首都师范大学出版社出版发行

地　址　北京西三环北路 105 号

邮　编　100048

电　话　68418523（总编室）　68982468（发行部）

网　址　http：//cnupn.cnu.edu.cn

印　刷　北京捷迅佳彩印刷有限公司

经　销　全国新华书店

版　次　2021 年 2 月第 1 版

印　次　2021 年 2 月第 1 次印刷

开　本　710mm×1000mm　1/16

印　张　23.5

字　数　415 千

定　价　60.00 元

用教育智慧打造“好数学课”

——一位智慧教师的教育追求

收到建成老师《做数学的引梦人》的样书，十分欣喜。他希望我为这本书写序言，从内心来说，只要是能够帮助青年教师成长的事情，我都是非常乐意做的。认真阅读一遍，马上欣然命笔。

对于“老吴”(他对自己的戏称)，我是很了解并熟悉的。他虽然年龄不大，但教学与研究成绩斐然。“文化味儿”是他的教学风格与特色，也是他教育智慧的集中体现。这样的教育智慧不是一朝一夕形成的，而是基于老吴多年对数学学科教学的一种理性认识和长期的丰富教学实践。老吴的教育智慧体现出一种品质：在文化厚积中薄发。老吴数学课的“文化味儿”是“由思想、经验、情感等意识所组成的最高形式”。

阅读老吴，幽默健谈，充满智慧。阅读这部书稿，我看到了一位青年骨干教师基于理论思考、规律认识的理性智慧；耕耘于三尺讲台，关注学生发展的情感智慧；在实践中感悟，在反思中积累的实践智慧。从书稿中能够看出他乐于学习，善于思考，精于研究，勤于写作。他的教育生活十分精彩，他的教育生命充满活力。

在这本书中，老吴谈到了他认为的“好数学课”五原则，即“学生”是主体、“内容”是载体、“过程”是实体、“思维”是源体、“文化”是灵体。这本书记录了老吴多年“跬步前行”的“追梦之旅”，既是他不懈教育追求的总结与提炼，也是他对自己实践智慧的沉淀与提升，还是他赠送给我们这些教育同道者的一份美好礼物，是一本能够引领读者踏上“追梦之旅”的好书。

读罢此书，我深切地感受到，只有智慧的教师才能培养智慧的学生。愿老吴继续用教育的智慧打造“好数学课”，用教师的“文化味儿”引领学生徜徉于“数学文化”之中！

马丁一

北京市东城区府学胡同小学校长、特级教师

2019 年 11 月

好课要达到的条件

一堂好课没有绝对的标准，不同的好课有不同的亮点，但我们也不得不承认，各种各样的好课都有它们的共性，我以为这就是一节好课必须要达到的必要条件。那么，好的数学课应该满足什么条件呢？府学胡同小学的吴建成校长和他的教师团队正是这样一群追梦人，他们不断地思考、不断地探索、不断地总结，通过努力试图回答这个问题。

第一，就学习内容而言，好的数学课应该既关注知识的传授，又关注能力的培养。教师既要引导学生掌握数学知识的概念和含义，注重学生对知识的理解，又要引导学生提升解决问题的能力，鼓励学生成为问题的解决者，让学生将数学看作一门数学再创造的学科。

擅长数学的学生总是从理解问题的含义入手，分析已知条件、限制、数量关系和解题目标，来寻找解决问题的切入点。学生对解题方法的形式和意义进行猜想并计划解题的路径，而不是简单地跳跃到直接解题。他们会联想到类似的问题，并尝试通过原始问题的特例或者更简单的问题来深入理解问题的解决方案。

在这样的课中，学生的学习是有意义的。初步的意义是他们学到了新的知识；再进一步是培养了他们的能力；再往后的追求则是学生在这个过程中所获得的发现的快乐和积极的情感体验，这使得他们产生更进一步学习的强烈欲望。好课就是这样，课已停，意未尽，在这个过程中学生会越来越期望投入到下一轮的数学学习中去。

第二，就学习方式而言，好的数学课应重视学生学习的个体建构与社会建构的结合。一方面，好的数学课应能充分调动学生的主观能动性，鼓励学生思考问题并积极独立地解决问题；另一方面，好的数学课要为学生提供小组的学习环境，鼓励学生在小组的交流与讨论中实现思想的碰撞和激荡，在全体参与的汇报中进行观点的分享。

这样的课不完全是预设的，而是在课堂中有学生真实的、智慧的、全身心的投入。在这个过程中既有弹性预设下的有效生成，又有意想不到的精彩生成，师生、生生互动对话，课堂氛围是平等而活跃的，这样的课是焕发师生生命活力的课堂，我们看到的不再是冰冷、平淡、无趣的信息传递的过程，而是一个生命点亮另一个生命，一个智慧启迪另一个智慧的过程。

第三，就学习工具而言，好的数学课应实现传统学具与多媒体的有机结合。《义务教育数学课程标准(2011 年版)》中指出："数学课程的设计与实施应根据实际情况合理地运用现代信息技术……把现代信息技术作为学生学习数学和解决问题的有力工具，有效地改进教与学的方式，使学生乐意并有可能投入到现实的、探索性的数学活动中去。"因此，一方面教师要充分意识到现代信息技术对学生学习的促进作用，合理利用多媒体为学生的数学学习活动服务；另一方面，教师也要承认传统学具具有多媒体不可替代的优势(如能为学生提供更加真实的动手操作的实际体验)，实现传统学具与现代多媒体信息技术的有机整合。

第四，就学习目的而言，好的数学课应能为学生提供学习的机会以及创新和实践的机会。因为擅长数学的学生能利用学习到的数学知识来解决日常生活和工作中遇到的现实问题。教师不仅要引导学生对现实情境中的问题进行数学化的抽象与概括，运用所习得的数学符号建立相关的数学模型，还要引导学生对建立的数学模型加以验证，并运用验证后的模型创造性地解决现实生活中与此问题相关的、类似的问题。

因此，这一要求应包含以下两方面的含义：一方面，好的数学课要能为学生提供学以致用的学习机会，教师应鼓励学生学习新知识并创造性地在实践活动中使用新知识；另一方面，教师也要引导学生意识到学与用在时间上并不存在绝对的先后关系，鼓励学生边学边用，在解决问题的过程中学习并掌握数学概念和解决相关问题的技能。

而好课最重要的一个条件就是它必须是真实的课，我欣慰地看到这本书中吴校长和他的教学团队所提供的所有课，都是他们在实践中不断探索、不断完善的真实的课堂实录。真实的课不可能十全十美，因为只要是真实的就是有缺憾的。而缺憾给我们带来的是更大的动力和更大的追求空间。正是在这样一个追求的过程中，我们教师的专业水平才能得到提高，教师的心胸也变得宽广起来。用专业的心做专业的事。让我们随着这群快乐的追梦人去享受将教学作为一个创造过程的全部欢乐和智慧的体验吧！

张春莉
北京师范大学课程与教育学院副院长、教授、博士生导师
2019 年 12 月

追梦的翅膀

如果你热爱你所从事的工作，你自然愿意为之不惜一切，并且认为那些在夜深人静时，花在工作上的每一分钟都是值得的。建成老师凭借着对数学懵懂的兴趣与数学结缘，为之努力，为之助力，数学已成为他追逐梦想的翅膀。

建成是一个超级热爱三尺讲台的老师。每一次接受教学任务，他都是一种舍我其谁的状态，自信但不自满。他说，他很享受教学研究的过程，喜欢和同行切磋，一走上讲台就惦记着自己精心设计的“扣”能不能激发学生“解扣”的兴趣，有没有出人意料的“解扣”智慧。我知道建成老师有一个小本子，上面记的是他认为打磨成熟的课的目录，有他自己上过的课，也有他作为教学干部和老师们一起研究的课，密密麻麻覆盖12册小学数学教材，每学期他都要重新整理一次，因为又会有新的课题加入。他会为研究一个小小的教学环节，废寝忘食，每次我见到他，他都会打开小本子，如数家珍地介绍他新研究的教学内容，还会把学生的课堂表现绘声绘色地描述一番，得意之情溢于言表。这不就是吴老师对课堂的热爱吗？

在本书中，建成老师集二十年教学经验之大成，分门别类地把小学数学教学理念、策略、技巧等以教学笔记的方式呈现给大家。我想他一定是优中选优，把最能传达他的教学理念，最能体现他的教学特色，最有创意的“扣”和精妙的“解扣”等片段奉献给同行读者。这些课堂实践的经验得来不易，是日积月累、反复实践与推敲、博采众长的收获。从自己爱数学，到让学生爱数学，数学之翼始终牵引着建成老师追逐梦想。

读了这本书，你一定会看到他争强好胜、为实现梦想而执着追求的外在表现；更能透过他对数学教学意义的见解，体察其思维的深度；从他丰富的教学笔记中感受到其躬身三尺讲台的敬业精神。解读他评价一节好课的五大原则和四个关注，你一定会和自己的教学实践进行关联，受到影响，产生变化。

愿每一位小学数学教师都能有一双追梦的翅膀，带着孩子们飞得更高更远。

戈海宁
原东城区教师研修中心主任、特级教师
2019 年 11 月

筑梦、追梦、圆梦

两个月前，我接到吴建成老师的电话，邀请我为他刚刚完成的《做数学的引梦人》一书写序，我欣然答应。这一段时间我都在阅读他的著作，于字里行间寻找他如何给孩子筑“数学梦”，圆“数学梦”……

屈指算来，我和建成老师相识20余年。在府学胡同小学一起学习、工作的日子里，我逐渐地走近他、了解他，目睹他从一位初出茅庐的青年数学教师成长为北京市数学学科带头人，府学胡同小学主抓数学教学的副校长。他给我的印象，概括起来就是充满热情：对学习，对学生，对教师，对数学教学。无论是数学教学、教学管理，还是教师培养，建成在工作中积累了丰富的实践资源。我深知好教师一定来自于理论与实践的结合，来自于学科教学与课程的结合，来自于科研与教研的结合，建成正是这样一位好教师。

书中所写的“上学生喜欢的好课”“上内容丰富的好课”“上过程精彩的好课”“上思维拓展的好课”“上富有内涵的好课”记述着建成对学生学习兴趣、学习需求、学习感受、学习发展的关注。他始终认为梦想需要展现的舞台，而校园正是放飞梦想的剧场。于是，他努力创设生动的数学情境、富有悬念的数学问题、拓展性的故事，激发学生的学习兴趣。他倾听学生的学习感受，解析学生的数学思维。他的目光总是追逐着学生的学习进程，他的教学总是循着数学教学规律和学生认知轨迹，他的情感总是倾注到数学课堂的每个环节中，珍视和学生朝夕相处的每一个40分钟。建成老师以学生的视角，和孩子们一起认识数学世界，执着地做着孩子们学习数学的引梦人。

据我所知，建成非常喜欢研究中国传统文化，喜欢阅读数学史书。他在课上总是能够恰到好处地用数学文化无声地浸润孩子们。如书中第六章记述的那些鲜活的案例，他在课堂上结合教学实际，生动、有效地融入一些数学史的内容，从而更好地帮助学生了解文化背景，掌握相关的数学知识，并有效地继承优秀的数学文化。

我欣赏建成的勤奋、执着与智慧，我赞同建成对数学教学的理解、实践和研究。一页页带着墨香的书页，再现着一节节内容丰富、过程精彩、思维开放、富有内涵的数学课，透过纸背，我仿佛看到孩子们在课堂上那一张张洋溢着幸福的笑脸。

目光再一次凝聚在《做数学的引梦人》上，眼前浮现出建成热情的笑脸、自信的目光，他像一位说书人向学生娓娓道来，与同伴侃侃而谈……其实，我一直期盼着建成能对自己的教学实践进行梳理；期盼着他在理性思考中获得再提升；期盼着他将实践经验与同伴们分享……今天，期盼将变为现实，我为他高兴！接下来，我更期盼建成能够带领着更多的一线教师和可爱的孩子们在数学教育这片沃土上“筑梦”“追梦”“圆梦”。

王彦伟

北京市东城区教师研修中心教研员、正高级职称、特级教师

2019 年 12 月

前　言

当今时代的课堂教学是丰富多彩的，无论是小组合作的形式，还是 iPad 云平台的技术，或是学科整合、长短课时的模式，再或是场馆资源和三级课程的扩展，都为课堂带来了新的活力和生长点。当然，我们在感慨今天技术发展的迅猛时，静下心来，也会看到在这些新技术、新理念“华丽外衣”包装下的“空洞”“苍白”和“低效”。这些现象绝不是技术和理念本身带来的问题，其根源依旧在于应用技术和践行理念的人。这就像冷兵器时代的一把无双利剑，纵然切金断玉、刻木如腐，如果落在文人骚客手中也不过是一件用于把玩和欣赏的艺术品，而落在狂暴凶徒手中则会变成杀人害命、助纣为虐的帮凶，落在一位驰骋疆场的将军手中则会变成保家卫国的正义武器。

荀子云：“千举万变，其道一也。”(出自《荀子·孝儒》)形式的多样最终还是为了更好地体现本质。任何教育技术形式和教育思想理念最终都需要落实在课堂实践中，进而得以检验和评价。课堂是我们教师的主战场，也是教育质量的生命线。如何摆脱眼花缭乱的形式的影响，真正把握本质，上一节“好课”呢？我想这既是一线教师的理想和追求，也是其必须为之努力奋斗的责任和使命。那么，什么是一节“好课”呢？其标准和判断依据又是什么？人们常说：“教学是缺憾的艺术。”那么什么可以“缺”，什么又是“必不可缺”的呢？不弄清楚这个问题，“好”就无从谈起，也就更难实现了。

对于什么是“好课”，很多专家都提出过评价的标准。

著名特级教师钱守旺老师对“什么是一节成功的数学公开课”提出过五个字的评价标准：

一是“新”，即理念新、思路新、手段新；

二是“趣”，即引发兴趣、保持兴趣、提高兴趣；

三是“活”，即教法灵活、教材用活、学生学活；

四是“实”，即内容充实、训练扎实、目标落实；

五是“美”，即语言美、教风美、板书美。

华东师范大学叶澜教授对一堂“好课”的评价标准是：

一是有意义的课，即扎实的课；

二是有效率的课，即充实的课；

三是有生成性的课，即丰实的课；

四是常态下的课，即平实的课；

五是有待完善的课，即真实的课。

著名特级教师吴正宪老师在谈到“好课”的标准时更是精炼为十六个字，即“新在理念、巧在设计、赢在实践、成在后续”。即一节好的数学课，首先要“新”在设计者的教育理念上，要“巧”在独具匠心的设计构想上。这说明课前的预设和建构非常重要，但是“赢”还是需要着力在教师具体的课堂实践上。而最终一节好课是“成”在后续的发展上。也就是说，如果我们所面对的学生能够在后续学习中有一个可持续发展的势头，才能说明我们的数学课是富有成效的“好课”。

前辈大师们的观点让人叹服和认同，他们从不同角度阐述了对“好课”的认识。当然，我们也可以看到一堂“好”的数学课其实并没有严格统一的评价标准，正如“一千个人眼中有一千个哈姆雷特”。通过自身二十年教学实践、听课和评课的心得体会，我也对“什么是一节好数学课”有了一些自己的想法。我认为“好数学课”必须通过以下五个原则进行比对和评判：

一是兴趣原则，即“好数学课”必须是学生喜欢的；

二是内容原则，即“好数学课”必须是内容丰富的；

三是过程原则，即“好数学课”必须是过程精彩的；

四是思维原则，即“好数学课”必须是思维开放的；

五是文化原则，即“好数学课”必须是富有内涵的。

具体来看，大致如下：

“学生”是主体，所有的教学活动、策略都必须以学生的发展为目的；

“内容”是载体，其本身不是学习的目的，而是承载发展的容器；

“过程”是实体，认知形成历程所包含的价值是真正的教育内涵；

“思维”是源体，其根本的价值远远大于知识和技能的获得；

“文化”是灵体，是无形无相的个体本源，是由思想、经验、情感等意识所组成的最高形式。

一节“好”的数学课应该是“立体的”，以上五个方面的原则必然兼而有之，各部分的比例权重虽然可能因为教学内容及执教者侧重点的不同而有所变化，但其每一方面都绝不可缺失。因为“缺失”带来的绝不会是“缺憾的艺术”，而只会是“遗憾”本身。

这本书是笔者多年教育经验和感受的汇集，笔者真诚地希望这些大家熟悉又充满思考的教学感受，能带给教学一线的老师们些许灵感和思考。欢迎各位专家和同行批评指正。

吴建成

2019 年 11 月 19 日

目　录

第一章 “数学梦”

每个人都会做梦，在梦境中总会有奇妙的事情发生，或伤感，或喜悦，或惊奇，或激动，或荒诞，或真实，或恐怖，或惊悚……梦的种类也有很多种，有潜在的梦、显在的梦、情绪的梦、预知的梦，还有反梦和噩梦……千奇百怪、神秘无形是梦带给人们的印象，它好像难以捉摸，更难以驾驭。梦在大多数时候对人们的生活并无意义，但在绝望无助或迷茫不前的时候，梦又常常指引着人们迸发出奇迹的光芒继续前行。梦带给人们的是现实生活中没有的体验和感受；梦带给人们的是对生活的希望和期许；梦带给人们的更是对理想的追求和坚定的信念。我就有一个梦，我人生中最重要的一个梦，一个数学的梦！

一、我心中有一个“数学梦”

从学生时代起，数学就一直是我最喜欢的学科。现在想来，为什么我会喜欢这个在大多数人眼中“枯燥”“无趣”和“困难”的学科呢？我想可能是因为“数学”带给我的这些感受远没有其他体验深刻和真实吧！

记得在我年少的时候，人们还没有择校的意识，就近入学是大多数人的选择。小学时期的我在离家很近的一所小学就读，这所学校是在我小学三年级的时候，配合社区建设而新建的，整个学校只有两个教学班，我是这所学校的首批学生。那时候，在我的意识里“学习成绩好”的唯一作用就是在过年的时候可以向亲戚炫耀一下。但随着年龄的增长、年级的升高，对初中学校的比较慢慢成为同学和家长间的重要话题。“成绩好才能去重点学校”成为我新的学习动力。

六年级的时候，班主任非常严肃地告诉我们，我们这一届学生只有两个上重点学校的名额，因此学校决定每半个月进行一次数学考试，一共十三次。每次考试满分 110 分，包括 100 分的课内题和 10 分的拓展题。当时的我第一次感受到原来“数学”这样有价值，“数学”原来就是“人生的第一个转折点”。就这样，我开始加倍认真和努力学习数学，“不得 100 分就是失败”是我当时内心的誓言。正所谓：“有志者，事竟成，破釜沉舟，百二秦关终属楚；苦心人，天不负，卧薪尝胆，三千越甲可吞吴。”[①]带着这样的豪情壮志，我奇迹般地在考试中获得了十三次110分的成绩。当时年幼的我欣喜若狂，真有点“大鹏展翅恨天低”的感觉，一时间睡觉做的梦都是成为科学家以后的事情。但最终，“十三次满分”输给了同学爸爸对学校两卡车的“花卉赞助”，我没有因为“数学成绩的奇迹”而创造出“人生新的契机”。梦醒了，但梦没有碎！数学带给我很多难忘的东西，难忘同学赞赏的目光，难忘老师夸奖的话语，难忘父母自豪的神情，当然，还有那“壮志未酬”的遗憾。数学对我而言是美好的，它是开启希望的钥匙，是捍卫尊严的武器。我有了最初的“数学梦”。

三年的初中生活平淡无奇，唯一记忆深刻的就是对数学梦保有的热情延续了下来。代数、几何、物理、化学，凡是与数学沾边的学科我都喜欢。“化学学区考试第一名”“几何年级考试第一名”“代数班级考试第一名”……这些在当时可以用来炫耀的成绩都被我自然地归功于“数学好”。我在学习上有了明显的偏科现象，但我的“数学梦”也更牢固了！

我人生真正第一次“分岔路口”的选择出现在初中毕业之后。按照当时的中考模拟成绩，我是可以选择进入高中继续学习的，但由于家庭因素的影响，经过综合考虑，我的第一志愿选择了一所中专学校——东城区师范学校。就这样，我以中考556分的成绩顺利实现了第一志愿，成为一名“预备”小学教师。从踏入师范学校的那一天开始，我想我的“数学梦”可能就要醒了。未来工作内容的不确定性，以及步入中专与大学“绝缘”的现实，都让我感到与数学可能就此“缘尽”。但机遇总是留给有准备的人的。不久，我的机遇来了！师范二年级下半学期的时候，为响应国家“大力发展教师队伍”的号召，北京市教委制订了师范生继续深造计划，我所在的东城区师范学校就有保送大专的机会。保送的条件很简单，就是“代表师范学校参加高中数学竞赛并获奖”。数学！又见数学！师范学校的数学教材和高中数学教材难度差了几个等级，一年半的师范学习让我们与高中生的数学水平已经不在一个“次元”上了，但为了大学梦，拼了！拼杀的武器还是我曾经为之自豪和骄傲的数学！我的“数学梦”又回来了！

竞赛代表队的选拔异常激烈。为了让我们这些师范生和高中生的差距缩小，学校成立了由金继忠老师做教练的“数学兴趣班”，每天课后补习高中数学知识，并进一步做竞赛类拓展。为了重新燃起的大学希望，我和同学们都积极参与，六十余人的数学兴趣班就这样成立了！然而，理想是丰满的，现实却是骨感的。与高中水平的巨大鸿沟让主动参加兴趣班的同学逐渐知难而

① 司马迁：《史记》卷七《项羽本纪》，沈阳：辽海出版社，2010年，第118页。

退，每月一次的考试更是通过50%的淘汰率使人数进一步锐减。知识真难理解！那就看书，从头做起！题目真是不会！那就琢磨，不吃不睡！对未来的憧憬和希望激发了我的一股狠劲儿，一股韧劲儿，一股捍卫“数学梦”尊严的劲儿。功夫不负有心人。十一个厚厚的笔记本记载的不仅是各类知识点、例题和习题的解答方法，还有自己青春奋斗的痕迹和烙印，更有对“数学梦”的追求和渴望。

凭借“高中数学竞赛三等奖”的成绩，我成功圆了自己的大学梦。虽然青年政治学院对于经历过高考洗礼的高中生来说可能不算是成功的结果，但对于作为师范生的我来说却如“浴火涅槃”一般开启了新的人生。我想，这一切都是数学带给我的幸福和满足。大专的学习一帆风顺，数学的价值依然在我的生命中延续。凭借中师期间数学竞赛班的经历，高等数学、微积分等内容的学习对我来说虽不是驾轻就熟，却也毫无压力。在凭借理科科目全满分的成绩拿到一等奖学金的同时，我也参加了各类社团活动，锻炼了自己的能力，展现了自己的才华。“话剧团副团长”“外联部部长”“文化部部长”等学生团体的头衔让我自信满满！我想，数学就是我平凡生命中的“贵人”，与它相遇是我的幸运，也是我的福气！不过，此时我的“数学梦”却发生了一点儿细微的变化，我虽依然希望这个梦能够“继续下去”，但更希望它能够被“传递下去”！

带着我的“数学梦”，在20世纪的最后一年，我成为一名正式的小学教师，一名小学数学教师。我知道自己学生时代的“数学梦”这次可能真的要告一段落了，但它不会消亡，而是会以另外一种形式继续下去，那就是燃起别人的“数学梦”。这将是我在全新的教师时代为之奋斗的“全新的数学梦”！这就是我心中的那个梦，那个饱含人生温度的“数学梦”！

二、给孩子造一个“数学梦”

如果给小学生做一个问卷调查，问卷内容为“你喜欢数学吗?”，相信很多数学老师可能会失望。国际上相关调查的结果也证明了这一点，中国小学生的数学测试成绩虽然在世界范围内名列前茅，但是他们对数学的态度却最为负面。例如，有的中国孩子不认为数学是个有趣的学科，这是统计中所占比例最高的；还有的孩子不认为数学成就很伟大；等等。这与很多一线数学老师的直观感受是一致的。长久以来，提到“数学”大多数孩子的兴趣并不高，与此同时，对数学的评价总是伴随着“困难”和“无趣”等负面的词汇。那么，这究竟是什么原因造成的呢?

我想，这其实是一种非常自然的现象。如果我们问身边的成年人“你喜欢数学吗?”，相信给出肯定答案的人也不会是多数。从心理学的角度讲，这是由于我们的大脑并不擅长处理抽象的事物。人类从生活经验中抽象、发展而形成数学学科经历了相当漫长且艰辛的过程。学龄阶段的儿童处在认知发展的初级阶段，对于抽象的数学概念，既摸不到也闻不到，缺乏直观体验。相比之下，他们更喜欢能够直接感知的东西，这种能力是与生俱来的。而数学抽象性的本质却与之相反，它需要经过反复的学习体验，甚至是令人沮丧的错误体验，才能逐步发展起来。

我国义务教育阶段的数学教学文化，主要继承了苏联的模式，特点就是推崇抽象和逻辑严密的推理。即使在教育改革大力推进的今天，数学学科也依然将“数学抽象”确定为数学核心素养而写入课程标准(数学核心素养：数学抽象、逻辑推理、数学建模、直观想象、数学运算、数据分析)。数学教学中过分地强调抽象和推理，容易使课堂缺乏生活化体验，与学生自身的经验、语言、认知相契合的内容往往容易被忽视，这样的数学不会触碰到学生内在的认知漏洞，进而引发学生的共鸣和思考，学生的兴趣自然不会被提升。

记得一首歌中唱道：“灯红酒绿不是你的真模样。”我想说：“枯燥”“乏味”也不是数学的真模样！作为数学教师，特别是小学数学教师，面对知识、能力、技能都处于发展关键期和初级阶段的小学生，我们的工作是会影响其人生发展走向的。我们有责任，更有义务让学生真正认识到数学本来那美好的样子，在其幼小的心灵中种下数学的“种子”，为孩子美好的明天铸造多彩的“数学梦”！

那么，我们需要给孩子铸造一个什么样的“数学梦”呢？我想，那应该是一个“数学有趣的‘梦’”、“数学有用的‘梦’”和“数学美丽的‘梦’”。

1. 数学有趣的“梦”

数学领域的最高奖项是菲尔兹奖，其奖章上面刻有这样一段话：“智者的游戏，体验神奇的数学，超越人类极限，做宇宙主人。”如果说“做宇宙主人”是数学的最终目标，那么“智者的游戏”则说明其趣味性的自然本质。由此可以看到，数学在其冷峻、理性、严谨的背后是存在着趣味性的。古老的数学谜题、奇妙的数学规则和有趣的数学史话构成了智者的数学盛宴。

在孩子的“数学梦”里，他们需要感受到这种盛宴的存在。数学不仅仅是一门学科，它更应该是一种有趣的游戏。初见时，“比肩而立、近在咫尺”是其外在的形象；参与时，“情理之中、意料之外”是其感受上的写照；分析时，“剥茧抽丝，井然有序”是其内心的理解；过程中，“辗转曲折、会心一笑”是其历程上的感受；反思时，“反求诸己，三省吾身”是其回味中的体会；最终，“点点如墨，涓流成河”是其最后的成果……游戏是数学的表现形式，更是思维内在的运动外显，这些数学都不欠缺。

在孩子的“数学梦”里，他们需要感受到这种盛宴的存在。数学不应是枯燥的，它应该伴随着孩子们的各种笑声。有基于表现形式的“捧腹大笑”；有基于内容的“忍俊不禁”；有基于交流的“谈笑自若”；有基于结果的“褎如充耳”；有基于合作的“相视而笑”；有基于成功的“掩口失声”……笑可以源自直观感性，也可以源自抽象理性，这些数学都不欠缺。

在孩子的“数学梦”里，他们需要感受到这种盛宴的存在。数学不只有运算和解题，故事和传说的身影都隐藏其中。有“文彦博灌穴浮球”的思维方法；有“司马光砸缸救人”的机警睿智；有“韩信隔墙点兵”的计数原理；有“大禹九宫治水”的数字内涵；有“孙膑巧排顺序”的成功案例；有“周易先天八卦”的文化本质……这些生动的故事和案例，无论其直观的外在元素还是隐含的内在属性，数学都不欠缺。

这就是孩子们的“数学梦”，一个数学有趣的“梦”！

2. 数学有用的“梦”

当今的社会，人们总爱问一个问题：“有什么用?”我想，这是因为不管是孩子的教育，还是成人的生存，都被注入了一种固若金汤的、功利的实用主义思想。那数学有用吗？对此，前阿里巴巴集团董事局主席马云有过回答。他在首届阿里巴巴全球数学竞赛颁奖典礼上为获奖者颁奖。当被问到数学的作用时，马云说：“数学有什么用？无用才是最大的有用!”在他看来，数学应该成为年轻人的基础。在谈及举办数学竞赛的初衷时，马云表示：“数学跟哲学一样，是所有科学的基础，是推动整个社会进步的基础。从 IT 到 DT、人工智能、IoT、芯片、计算机科学、数据，都和数学有密切关系。阿里巴巴今天做这个数学竞赛，首先是因为乐趣，找到一批把数学当成人生乐趣的孩子，鼓励、帮助、支持他们，让更多的人热爱数学，这是我们的目的。数学应该成为年轻人的基础，就像运动、音乐和绘画一样。如果数学基础坚实，人类会更坚实。”庄子云：“无用之用，方为大用。”数学的用处和价值何其明显！数学是人们生活、劳动和学习必不可少的工具，它可以帮助人们更好地探求客观世界的规律，并对现实世界做出恰当的选择与判断。从数学教育哲学上讲，决定一个学生数学素养高低最为重要的标志是他如何看待数学，如何理解数学，以及能否运用数学的思维方式观察、分析日常生活现象，解决现实生活中可能遇到的实际问题，这正是新一轮课程改革追求的数学教育的价值。因此，在孩子的“数学梦”中，“有用”应该是重要的一环！

马云观点中的“无用”和“大用”更多的是从数学隐形的用处阐述的。其实，数学的用处又何止隐形呢？我国已故数学家华罗庚先生曾经说过：“宇宙之大，粒子之微，火箭之速，化工之巧，地球之变，日用之繁，无处不用数学。”[①]这意味着数学不仅仅是一堆堆枯燥的数字或图形，它与生活有着千丝万缕的联系。学龄阶段的孩子处于从形象思维向抽象思维过渡的关键时期，他们的生活以及相关的经验对于知识形成至关重要。杜威认为：生活和经验是教育的灵魂，离开生活和经验就没有生长，也就没有教育。[②] 弗莱登塔尔曾提出“普通常识的数学”的观点，他认为要学生学数学实际上就是把他们的生活常识或经验数学化，所以与其说是学生学习数学，倒不如说是“学习数学化”。

在孩子的“数学梦”里，无论身在何地、地在何方，数学都应该无处不在。他们需要知道在“八窗玲珑、窗明几净”的家里有数学中的尺寸和角度；在“书声琅琅、井然有序”的校园里有数学中的公式和定理；在“鸦雀无声、汗牛充栋”的图书馆里有数学中的定位和计数；在“欢声笑语、光怪陆离”的游乐场里也有数学中的价格和排序。

在孩子的“数学梦”里，无论坐卧起居、衣食住行，数学都应该无处不在。他们需要知道在“大步流星、高视阔步”的行动里有数学中的速度和时间；在“货比三家、精打细算”的购物里有数学中的价格和折扣；在“百步穿杨、箭无虚发”的赛场上有数学中的概率和统计；在“山珍海味、金馔玉餐”的美食里有数学中的比例和数据。

在孩子的“数学梦”里，无论时空转换、白驹过隙，数学都应该无处不在。他们需要知道在“源远流长、奔腾不息”的历史长河里有数学中的发明和发现；在“金鼓连天、枪林弹雨”的战场上有数学中的定位和测量；在“花红柳绿、傲雪凌霜”的四季更替里有数学中的天文和历法；在“旭日东升、暮色苍茫”的一天里有数学中的时间和换算。

这就是孩子们的“数学梦”，一个数学有用的“梦”！

3. 数学美丽的“梦”

“数学”一词是由“mathematics”翻译而来的，词源上并不联系着数量和图形，而是更接近于求知和思考方法的意思。一直以来困扰着人们，让人觉得很难学的“算术”或“数学”，其实并非其照面轻纱下的真实面容。真正的数学处处蕴藏着发现的无限喜悦，饱含着思想的深刻美丽。我们可以把数学比作一栋有史以来不断被创造、被丰富的宏伟思想“建筑”。这座建筑还没有全部完工，有的部分正经历着大改造，有的部分相对完善，还有的部分眼下正在建设中。为了给这栋建筑物再添一块砖，再加一片瓦，无数的数学家倾注了一生的心血。正因为如此，这栋建筑物才能如此美丽。而孩子们的“数学梦”需要去接近这栋建筑，去认识和领略它的宏伟和精致。

---

① 陈光，王迎冬：《中国儿童数学百科全书》，北京：中国大百科全书出版社，2016 年，第 83 页。

② 杜威：《我的教育信条》，上海：华东师范大学出版社，2015 年，第 127 页。

多年来，人们一直遵循数学是文化的组成部分的传统。数学是一种精神，一种探索精神，一种对理性与完美不懈追求的精神。数学以其不可抗拒的逻辑说服力和无可争辩的计算精确性成为人们解放思想的决定性武器。古希腊哲学家柏拉图提出，不懂几何者不得进入他的哲学学校；伟大的画家达·芬奇激情四溢地挥洒着数学密码；西点军校设置许多高深的数学课程；在英国，数学至今都是律政专业的必修课。当那些先知先觉的哲人、唯美创新的艺术家、运筹帷幄的将帅、能言善辩的律师把具体的数学知识忘得一干二净的时候，铭刻于心的数学精神和数学思想方法，却在发挥着重要的作用。这使我们深信，数学文化在精神的、非认知心理的层面上是永恒的，可以影响人的一生，成就人的一生。

法国超现实主义诗人洛特雷阿蒙曾写过一首名叫《马尔多罗之歌》的诗，其中有一句是这样描述的：“就像一架缝纫机和一把雨伞在解剖台上偶然相遇般美丽。”相遇即感美丽！在孩子的“数学梦”中，与数学相遇时理应被它的协调之美感动。数学不仅仅是一门独立存在的单一学科，它更应该是一种多彩的活动、多感官的冲击。孩子“梦”里的数学应该如名画般带来美的体验，色彩的变换、线条的曲折、明暗的对比、构图的精心，都为“数学梦”增添了颜色上的冲击；孩子“梦”里的数学应该如美食般带来美的体验，精巧的搭配、价值的彰显、食材的贵重、器具的考究，都为“数学梦”增添了内心中的冲动；孩子“梦”里的数学应该如诗歌般带来美的体验，对仗的语句、简明的呈现、深刻的含义、深厚的情感，都为“数学梦”增添了心灵上的共鸣。

这就是孩子们的“数学梦”，一个数学美丽的“梦”！

数学对孩子来说应该是美好的、充满温暖的体验。数学课堂教学一定要把学生作为教学的真正主体，以学生的生动、活泼、主动发展为出发点和落脚点。让学生对数学的感受像梦一般，如醉如痴，如真似幻。

三、为学生圆一个“数学梦”

正所谓“心动有梦，行动圆梦”。让学生有梦易，帮学生圆梦难。美好的预期与最终的实现相比是简单的。“画饼充饥”“望梅止渴”固然有其积极的一面，强调了意识能动作用对人体的调节作用，但说到底这不过是精神上的欺骗罢了。学生美好的“数学梦”绝不会是“从天上掉下来”的，它需要我们这些数学教育人的不懈努力。这个过程是富有艺术性的，更是需要付出艰辛劳动的。那么，我们如何帮助学生最终“圆”了这个“数学梦”呢？《西游记》里，“真经”的获得需要有“齐天大圣”孙悟空这样的强者进行辅助，再经历九九八十一难的考验。要想到达理想的“伊甸园”，为学生圆一个“数学梦”，首先需要我们打破固有的“自我”，进而重塑理想的“他我”。我想，在这个过程中我们需要从以下几个方面努力。

(一)强化数学的思维方式

现在各学校的小学数学教师队伍大多是通过公开招聘组成的，很多数学教师本身并不具备专业数学学科的背景，其人员组成的多元性使得数学教师内在的思维方式也变得多元。而教师作为传授知识的源头，其思维方式的外显将直接作用于学生本身，这对于小学生“数学世界”构造的影响是根本且具有决定性的。其数学“血统”的纯正与否也直接关系到人个体发展的最终方向和到达的距离。这一定要引起我们的关注和重视。

思维方式是人们大脑活动的内在程式，它对人们的言行起决定性作用。而数学思维方式则是指学生经过数学的系统学习，潜意识中会有数学思维意识，包括数学的逻辑意识、整体构成意识，以及理论联系实际的意识等。而考虑到数学学科本身抽象性的特点，逻辑意识应该是数学学习中非常关键的部分。因此，这就要求小学数学教师着力于自身思维方式的转变，进而让数学在潜移默化中影响学生的思维方式。

例如，教学三年级的一道练习题，题目大意是这样的：“用 12 厘米长的铁丝围成长方形，你认为怎样做更好?”对此，我将问题分别呈现给数学学科教师和非数学学科教师。通过对比答案，我发现非数学学科教师的关注点更多集中在“如何围”上，而数学学科的教师则关注“围成什么样最好”。我想，关注点不同是思维方式不同造成的必然结果。于是，我将这道练习题进行深加工，设计成“周长与面积”练习课，力求引导学生感受数学与众不同的思维方式。部分环节如下。

环节一：故事激趣，以退为进

师：我们先来听一个故事，故事的名字是《欧拉智改羊圈》。

欧拉是著名的数学家。他小时候，要帮助父亲放羊。羊渐渐越来越多了，父亲决定建一个新羊圈。父亲用尺量出了一块长方形的土地，长 40 米，宽 15 米，面积正好是 600 平方米。围这样一个羊圈，需要用多长的篱笆？答案是 15＋15＋40＋40＝110(米)。可父亲发现材料只够围 100 米的篱笆，不够用。正当父亲感到为难的时候，小欧拉却对父亲说：“我能用 100 米长的篱笆，围成一个比这个羊圈面积还大的羊圈。”

你认为小欧拉的说法可行吗?

生 1：围成正方形面积大。

生 2：围成圆形面积最大。

生3：靠墙围面积大。

师：看来我们还需要进一步来研究长方形、正方形的周长与面积。"100米"太大了不好研究，我们先从较小的数据入手，认识清楚，研究透彻，看看有什么规律，然后再来研究这个问题。

出示题目：用16米的篱笆围成长方形或正方形，可以怎么围？面积是多少平方米？

（引导学生明确问题，分析条件，提出思路，规划方案。）

师：要围成什么图形？这里的16米是什么意思？"怎么围"也就是要确定长方形的什么？

生：无论围成的是长方形还是正方形，周长都是16米。

师：怎么确定长方形的长和宽？

生：长加宽的和是8就可以了。

师：周长的一半是长和宽的和，因为周长一定，所以长和宽的和也是固定不变的。也就是长和宽的和是一定的。看来，我们只要确定宽的长度，就知道长了。

从《欧拉智改羊圈》的故事引入，激发学生的学习兴趣，进而引发学生的数学思考，分析题目条件和问题，规划设计方案，渗透"以退为进"研究问题的策略与方法。

环节二：自主探究，发现规律

1. 设计方案，合作交流

学生先独立完成学习单，再合作交流设计方案。

活动建议：请你把设计方案画在方格图上；将计算出的图形的面积填在表格中。

学生汇报：

生1没有将所有情况都找出来。

师：大家对他的设计方案还有什么补充？

生2将所有情况都找出来，但是无序。

师：对于他所填的内容，你们有什么好的建议吗？能不能对所填的数据进行调整呀？

生3将所有情况都找出来，且有序。

师：他所填的内容有没有值得我们学习的地方呀？对比有序与无序，说说有序有什么好处。那怎样能不重不漏地把所有情况都找出来呢？

生：按照顺序列举就不容易重复和遗漏了。

小结：看来我们考虑问题要全面，要有序地思考问题。

2. 观察图表，发现规律

周长/米		16		
长/米	宽/米	和/米	差/米	面积/平方米
7	1	8	6	7
6	2	8	4	12
5	3	8	2	15
4	4	8	0	16

师：仔细观察表格，你有什么发现？长方形的长和宽的变化与长方形的面积变化有什么关系？

学生小组讨论，交流汇报。

生1：长方形的长越来越短，宽越来越长。

生2：长减少1米，宽增加1米。

生3：长和宽的和不变，都是8米。

生4：长和宽的差距在缩小。

（学生只关注了长和宽的关系，没有建立与面积变化的联系，引导学生观察面积的变化。）

生5：正方形面积最大。

生6：长方形面积越来越大。

（学生只关注了面积的变化，引导学生建立面积变化与长和宽变化的联系。）

生7：长和宽越接近，面积越大。

师追问：随着长和宽怎样变化，面积越来越大？

“长和宽越接近”是什么意思？

长越短，宽越长也就是说长和宽的差怎么样？

为什么长和宽的差会越来越小？

什么情况下，面积最大？

这些发现在什么不变的情况下才出现？

小结：周长一定，长和宽越接近（差越小），面积越大，长和宽相等时（正方形）面积最大。

在“周长与面积”这节课中，引导学生对问题的关注点逐渐深入，从“是什么”逐渐向“为什么”过渡，让学生感受数学本质化的关注角度和理性化的思考过程，逐渐积累数学活动经验，在经验不断累积的过程中逐渐固化数学的思考方式。数学思维方式不是看得见、摸得着的，它是一种基于内在的、从本质上思考问题的习惯和意识。这不是用语言和行动能够传授和模仿的，需要在学习过程中慢慢体会和感受，经过一定量的积累才能引发质的变化。因此，数学教师的思维方式必须形成于学生之前，这也是一名优秀数学教师内在气质的体现，是学生“数学梦”的土壤和催化剂。

(二)提升数学的知识水准

我们常说：“要给学生一杯水，教师本身需要有一桶水。”数学教师的知识水平应该远远高于作为服务对象的学生，这一点是毋庸置疑的。但知识水平的高低绝不仅仅体现在“我比你知道得早”或“我比你知道得多”而已，它更应该体现在对同一知识内容的把握和对本质的理解程度上，这就是数学知识水准的不同。数学知识水准应该强调的是对数学问题的分析与处理能力，以及习惯运用数学知识将事物进行转化和处理，并进行客观的概括与总结。小学数学教师更应该在知识的深度上进行思考和研究，这对于学生“数学梦”的延展与持久是至关重要的。

例如，我在指导教师参加教学比赛时，通过抽签抽中了六年级下册的“平面图形复习”一课。教过这节课的老师应该知道，本节课的教学内容并不难，只是复习各平面图形测量公式(包括长方形、正方形、平行四边形、三角形、梯形、圆形)，并根据学生自身理解梳理知识网络图。课的内容虽然不难，但作为参赛课却总觉得深度不够，缺乏创意。对此，我想到平面图形面积公式推导过程的共性和本质是转化。但转化的仅仅是图形形状吗？还有什么深刻的内容也可以转化呢？带着这样的想法，在本课最后我设计了一个拓展环节，力求凸显“转化”更深层次的含义。具体过程如下。

师：同学们，通过这节课你们发现这些不同图形的面积计算公式有什么共同点吗？

生1：都会有乘法运算。

师：这是从运算角度的发现。还有吗？

生2：从平行四边形开始，都是通过转化为已知图形推导出计算公式。

师：这是从研究历程角度的发现。还有吗？

生3：梯形公式可以作为“万能公式”，说明图形间是存在联系的，是可以相互转化的。

师：更加严谨了，看到了图形间的联系。那关于“转化”的方法你们都会了吗？

生：会了。

师：口说无凭，我们检验一下。请看屏幕，屏幕上是一张方格图，图中

有一个椭圆形，你们能求出椭圆形的面积吗？（如图 1-1①所示）

生沉默。

师：你们不是会转化吗？这个不能转化了？

生纷纷摇头。

师：那你们可就太低估转化的作用了！请看屏幕，一分钟就让你们学会计算椭圆形的面积。看，屏幕上是一个什么图形？（如图 1-1②所示）

生：圆形。

师：会计算圆形的面积吗？

生：半径的平方乘圆周率。

师：公式记得很熟！什么叫半径的平方？它是什么样的？

生：就是一个正方形，边长是半径。

师：是这个样子的吗？

生：是。

师：圆的面积和这个正方形有什么关系呢？

生：圆的面积是这个正方形面积的 π 倍。

师：好！也就是说，圆的面积是以半径为边长的正方形面积的 π 倍。

生纷纷点头。

师：那再看椭圆形。现在请你猜一猜，椭圆形的面积怎么计算？

生 4：我猜椭圆形的面积是“πab”。

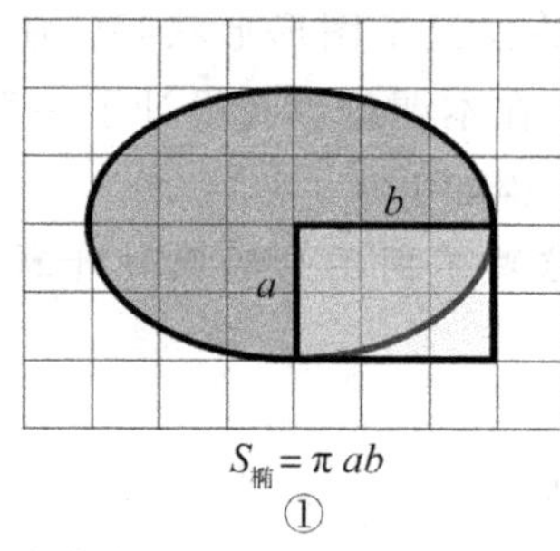

$S_{椭}=\pi ab$

①

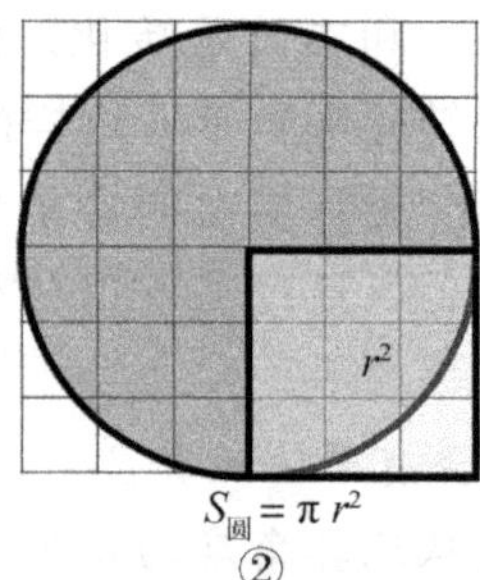

$S_{圆}=\pi r^2$

②

图 1-1

师：猜对了，这可是初中的知识呀！你太厉害了，能说说是怎么猜的吗？

生 4：我想，圆形是这个正方形面积的 π 倍，那椭圆形就应该是这个长方形面积的 π 倍。（生指图对比）

师：太厉害了！请给他点掌声！

生鼓掌。

师：现在请你再深入思考一下，转化仅仅转化的是形状吗？

生 4：我觉得不仅仅是图形的形状，方法本身也可以转化。

师：说得太好了！转化是一种思想，它绝不仅仅是看到的那么简单。这只是转化思想的“冰山一角”，还有更多的内容和价值需要我们深入挖掘和讨论！椭圆形的面积为什么是 πab 呢？还有什么其他方法可以证明和推导吗？我们静待以后深入研究。

像这样，将看似远远“超纲”的内容恰当地引入课堂教学中，并没有给学生带来困惑和烦恼，而是为学生原本被禁锢的思维开了一扇窗，激发学生研究欲望的同时也为学生的整体化学习埋下了伏笔。这一切源自教师自身的知识水准。我们试想，如果教师本身只知道小学范畴或中学范畴的知识点，而不能将其联系起来，如何能够形成这种对“转化”本质的沟通呢？因此，“好”的小学数学教师要努力提升自身的数学知识水准，高屋建瓴地进行设计和实践。这也是学生“数学梦”形成的重要保障。

(三)提高数学的应用水平

数学是源于生活，而又最终作用于生活实际的。现实世界是数学的丰富源泉，学生学习的数学应该是生活中的数学，是学生“自己的数学”。但由于各方面的限制，现在课本中呈现的例题与学生的生活经验和已有的知识背景还有一定的距离。这就要求教师立足于学生发展，深入钻研教材，挖掘教材潜在的资源，大胆重组教学内容，让学生在教师精心设计的学习内容中体验数学学习是现实的、有意义的。因此，在生活中寻找数学的元素，在数学中挖掘生活的背景，使二者相互作用，互相支撑，是数学教师应用水平的一种体现。

当然，强调数学与生活的联系并不是数学应用水平的全部体现。在解决数学问题时，数学知识本身的运用能力也是一种重要的表现形式。从某种意义上讲，这要比联系生活实际更困难，也更重要。数学的应用不仅仅是一串数字的演变，更是用发展的眼光来看待问题，将数学知识化繁为简，更好地运用数学相关知识对数学问题进行描述和解决，其中，强调对事物整体的把控是一种重要的手段。教师的数学应用水平为学生“数学梦”的形成提供了养分和支撑。

例如，修订后的人教版六年级数学教材中新增了一项必学内容——“圆中方”和“方中圆”。教材的要求是：“让学生解决圆的内接正方形、外切正方形与圆之间部分的面积这一实际问题，经历问题解决的全过程，并在解决具体问题的基础上发现更为一般的数学规律，提高发现问题、提出问题、分析问题、解决问题的能力。”①很多教师在教学这一内容时更多的是关注“之间部分的面积”，而忽略了“一般的数学规律”这一更高标准的教学要求。对此，我设计了一道练习题，希望通过解题过程的诠释，引导学生实现对“一般的数学规律”的深层次理解。具体问题如下：

如图 1-2 所示，大圆半径为 10 厘米，求正方形面积和小圆的面积(圆周率用 π 表示)。

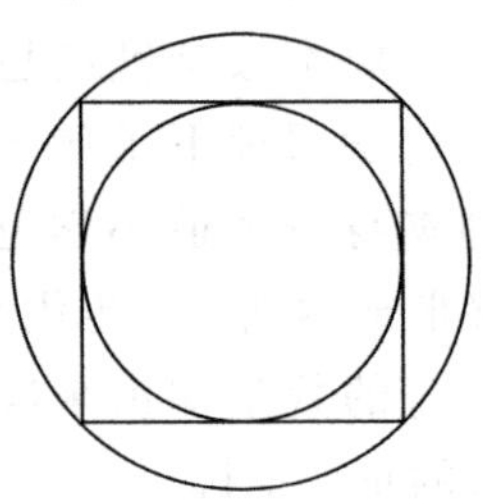

图 1-2

看到这一问题，学生基本上无从下手。个别基础好的学生虽然提出了用“勾股定理”求“正方形边长”的想法，但这只是极个别有过课外学习经验的学生能够提出的想法，大多数学生依然比较茫然。通过访谈不难发现，问题无从下手的根本原因在于学生的认识中形成了固有的模式，即要想计算“正方形的面积”就必须知道“正方形的边长”，要想计算“小圆的面积”就必须知道“小圆的半径”。而对于这个问题，他们不知道“大圆半径 10 厘米”这个已知条件和“正方形边长”及“小圆半径”这些必备条件有什么关系。对此，我希望引导学生通过以下三个步骤进行分析，在解决问题的同时，巩固知识的掌握，深化关系的理解，感受数学的逻辑美。

首先，引导学生观察图的构成。问题中图形组成并不复杂，仔细观察不难发现原图是由学生熟悉的图形复合而成的，如果不看小圆，大圆和正方形就形成了“圆中方”的关系，即圆的内接正方形；而如果不看大圆，正方形和小圆就形成了“方中圆”的关系，即圆的外切正方形。

其次，引导学生思考“圆中方”和“方中圆”的形式中，“方与圆”二者面积的比例关系。通过对比不难发现，在“方中圆”的形式中，如果将圆的半径用 r 表示，其面积就是 πr^2，而此时正方形的边长就相当于圆的直径，也就是半径的 2 倍，其面积应为$(2r)^2$，经整理为 $4r^2$。这样圆的面积与其外切正方形的面积比就是 $\pi r^2 : 4r^2$，经化简为 $\pi : 4$，也就是说，圆的面积如果是 π 份，其

① 卢江，杨刚：《义务教育教科书教师教学用书·数学(六年级上册)》，北京：人民教育出版社，2016 年，第 133 页。

外切正方形的面积就是 4 份。接着再看“圆中方”，如果此时圆的半径用 r 表示，其面积也是 πr^2，此时连接小正方形的对角线，将其平均分为四个相等的等腰直角三角形，其中一个等腰直角三角形的面积为 $r\times r\div 2$，小正方形的面积是四个等腰直角三角形的面积，也就是 $4r\times r\div 2$，经整理为 $2r^2$。这样，圆的面积与其内接正方形的面积比就是 $\pi r^2 : 2r^2$，经化简为 $\pi : 2$，也就是说，圆的面积如果是 π 份，其内接正方形的面积就是 2 份。

最后，引导学生把两组倍数关系数据进行二次对比。通过两组数据的对比不难发现，作为“桥梁”的正方形面积在与大圆面积比较时是 2 份，而在与小圆面积比较时是 4 份。只要将正方形面积统一用 4 份表示即可得到“大圆面积：正方形面积：小圆面积$=2\pi : 4 : \pi$”。再通过已知条件计算大圆面积，其面积为 $10^2\pi=100\pi$(平方厘米)，而在比中对应份数为 2π 份，这样就可以计算出 1 份的面积为 50 平方厘米，正方形面积为 4 份，即 200 平方厘米；小圆的面积为 π 份，即 50π 平方厘米。

在以上问题的设计中，我力求引导学生将已有的知识用活、用透。转变固有思维，从整体进行思考，通过寻找特定图形面积内在的倍数关系，进而得到“1 倍量”的具体数值，这样在“归一”方法下，几份数的求解就变得简单多了。像“方中圆”和“圆中方”这样的知识是教材中必学的内容，虽然看似简单，但其隐含的价值却是非常丰富的，而如果想让学生获取更关键、更本质的“一般数学规律”，则需要数学教师做到知识通达透彻、融会贯通。可见，“好”的数学教师，其数学知识的应用水平必须保持在高位，这样才能够更好地理解教材意图，为学生的个性化发展和共性化成长提供恰当且关键的指导和服务。

(四)增强数学的语言能力

在这里，我们谈到的“数学语言”不是“用语言表达数学”，而是用数学的方式进行“语言表达”。数学语言是数学思维的载体，数学学习实质上是数学思维活动，交流是思维活动中重要的环节，因此《义务教育数学课程标准(2011 年版)》中指出：“动手实践、自主探索与合作交流是学生学习数学的重要形式。”①由此可见，活动为数学语言的应用提供了平台和契机。对此，联合国教科文组织将有效的数学交流作为学习数学的目标之一，实现有效交流的前提是学习和掌握数学语言。

数学语言的分类是很明确的。数学语言可分为抽象性数学语言和直观性数学语言，包括数学概念、术语、符号、式子、图形等。数学语言又可归结

① 中华人民共和国教育部：《义务教育数学课程标准(2011 年版)》，北京：北京师范大学出版社，2012 年，第 29 页。

为文字语言、符号语言、图形语言三类。各种形态的数学语言各有其优越性，如概念定义严密，揭示本质属性；术语引入科学、自然，体系完整规范；符号指意简明，书写方便，且集中表达数学内容；式子将关系融于形式之中，有助于运算，便于思考；图形表现直观，有助于记忆和思维，有益于问题解决。

数学语言作为数学理论的基本构成成分，具有高度的抽象性、严密的逻辑性和应用的广泛性。简单地讲，数学语言科学、简洁、通用。

由此可见，课堂教学中的图形、公式、符号都能够准确地体现数学的思想，这些都是数学语言的组成和体现。其中，符号语言往往反映了数学教育的本质，即准确、简洁、客观，这些也是数学语言的本质特点和核心价值。当然，基于小学生的年龄阶段特点，在小学阶段，数学的图像、文字配合等直观符号语言成为抽象语言表达的基本方式之一，可以在小学数学教学中广泛应用。

例如，我在教学六年级“用分数解决问题”这部分知识时，为了丰富学生的解题策略，曾经给学生出了这样一道数学问题：“两个同学正在用一条绳子测量课桌的高度，结果绳子比课桌的高长了 0.4 米。把绳子对折后再量，绳子又比课桌的高短了 0.2 米。绳子长多少米?”面对这个问题，当时全班参测人数为 42 人，能够得到正确结果的只有 11 人，约占 26.2%。通过访谈调研，大多数学生不能正确解决问题的主要原因集中在“不明白问题的意思”和“不清楚数量关系”这两方面。而正确解答的 11 人无一例外都是使用列方程的方法得到答案的。对此，当我进一步对这 11 人提出“能否用算术方法解答”的问题时，得到的却全部是否定的答案。那么，这个问题是不是真的如调研数据显示的那样，对学生来说是很困难的呢？接着，我做出了如下尝试。

首先，我明确提出了“画线段图”的要求。让学生先不要关注问题的答案，而是用线段图的方式将问题表述出来，并在表述过程中尽量将题目中的条件标在相应位置，逐渐形成了线段图(如图 1-3 所示)。

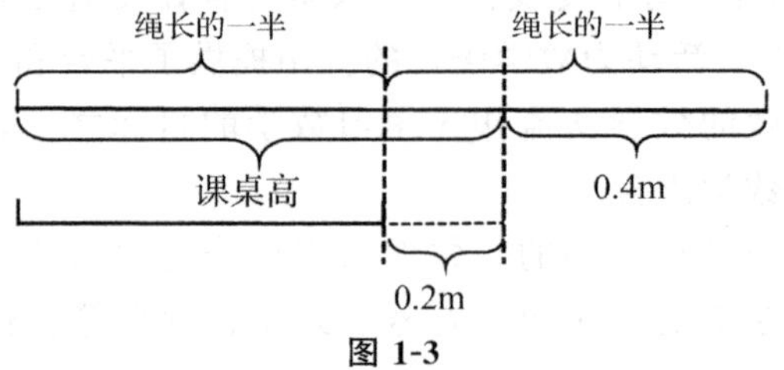

图 1-3

(注：第一条长线段表示整根绳长，第二条短线段表示对折后的绳长，即原绳长的一半。)

然后，我引导学生观察和阅读线段图。这时学生通过比较很容易就发现了“0.2 米和 0.4 米”的长度和就是绳长的一半，问题中“绳子的总长度”就可以通过这个发现轻易得到，即“(0.2+0.4)×2=1.2(米)”。

再如，我在教学五年级“用字母表示数”后，为了让学生进一步感受到“代数”的价值和意义，曾给学生出了这样一道复杂的分数计算题：

$$\left(1+\frac{1}{2}+\frac{1}{3}+\cdots+\frac{1}{2014}\right)\times\left(\frac{1}{2}+\frac{1}{3}+\cdots+\frac{1}{2015}\right)-\left(1+\frac{1}{2}+\frac{1}{3}+\cdots+\frac{1}{2015}\right)\times\left(\frac{1}{2}+\frac{1}{3}+\cdots+\frac{1}{2014}\right)$$

面对这个问题，学生毫无疑问都被“震撼”了！这要让人怎么算呢？先不说五年级的学生还没有学“异分母分数加减法”，即使是掌握了“分数四则运算”知识的六年级学生，面对两千余个数的运算也是无从下手的。但就像人们常说的：“只要思想不滑坡，办法总比困难多。”

首先，我让学生仔细观察问题的呈现有什么特点。静心观察之后，学生很快就发现了题目中的“数”很相似，都是$\frac{1}{2015}$至 1 中的一部分。

接着，我引导学生回顾“用字母表示数”的作用。通过回忆强化“用字母可以表示任何一个数”和“用字母可以表示数量间的关系”的价值。进而提出：“问题中算式的各个部分能否用字母表示？”通过方案的优化，最终形成用字母表示问题的方法，即设“$\frac{1}{2}+\frac{1}{3}+\cdots+\frac{1}{2014}$”为“$A$”，则“$1+\frac{1}{2}+\frac{1}{3}+\cdots+\frac{1}{2014}$”为“$A+1$”；再设“$\frac{1}{2}+\frac{1}{3}+\cdots+\frac{1}{2015}$”为 B，则“$1+\frac{1}{2}+\frac{1}{3}+\cdots+\frac{1}{2015}$”为“$B+1$”，这样原算式就变成了$(A+1)\times B-(B+1)\times A$；再利用乘法分配律进行整理，算式进一步变为 $A\times B+B-A\times B-A$，最后将相同部分抵消，最终化简为 $B-A$。

最后，学生通过解读原未知数的意义可以发现，“$B-A$”对应的就是“$\frac{1}{2}+\frac{1}{3}+\cdots+\frac{1}{2015}$”与“$\frac{1}{2}+\frac{1}{3}+\cdots+\frac{1}{2014}$”的差，也就是$\frac{1}{2015}$。

问题得到了最终的答案。此时学生再次被“震撼”了，但不同的是，此次的“震撼”不再是对问题难度的关注，而是对数学方法和数学魅力本身的“情感共鸣”。

通过上面的两个例子可以发现，图形和符号是数学语言的重要表达方式。“好”的数学教师需要善于利用数学语言解读数学问题，用数学特有的表达方式进行信息的交流和传递，体悟数学价值，感悟数学思想。

以上就是我心中的数学“梦”！“梦”往往是美丽的，“梦”往往又是超现实的；“梦”是一种期许，“梦”更是一种希望！它指引着我们为之奋斗，它吸引着我们为之倾倒！“梦”虽然会在现实中醒来，却又要求我们在现实中奋进。“梦”的实现不会有“守株待兔”般的幸运和传奇；“梦”的实现更不会有“信手拈来”般的轻松和写意。它的实现需要我们这些数学教育工作者默默奉献于四十分钟的课堂教学里，踏踏实实耕耘于三尺讲台上，不惧寒暑挥汗于三寸粉笔间。这也是习近平总书记“三寸粉笔，三尺讲台系国运；一颗丹心，一生秉烛筑民魂”的教师价值写照。王国维先生在《人间词话》里曾经谈到过人的三种境界。“古今之成大事业、大学问者，必经过三种之境界：‘昨夜西风凋碧树。独上高楼，望尽天涯路。’此第一境也。‘衣带渐宽终不悔，为伊消得人憔悴。’此第二境也。‘众里寻他千百度，蓦然回首，那人却在，灯火阑珊处。’此第三境也。”我想，自己二十年追求教育理想的过程属于哪种境界呢？荀子曰：“不积跬步无以至千里，不积小流无以成江海。”我深深地知道，每一堂“好”课的积累才是“数学梦”实现的必然途径；每一堂“好”课的积累才是量变引发质变的根本。作为教育工作者的我们需要认真面对每一节数学课的设计和实施，让“好课”助“好梦”，才能真正为所有人心中共同的“数学梦”插上放飞的翅膀！

第二章　上学生喜欢的“好课”——兴趣篇

“兴趣”作为“内因”是驱动人的主要因素，而“外因”只起辅助作用。这是心理学中最基础的理论成果。日本教育家木村久一也说过：“天才，就是强烈的兴趣和顽强的入迷。”[①]由此可见，激发学生数学学习的兴趣对于一节数学课而言是多么重要和富有现实意义啊！“好”的数学课，必须是学生喜欢的，这是无须质疑的前提条件，也是评价课是否“好”的第一标准。

小学阶段的学龄儿童，年龄相对还比较小，自控能力不够强，在课堂上的主要表现为注意力的集中程度和持久度均不足。在心理学中，注意是心理活动对一定对象的指向和集中。它是人的一切智力活动的保证，在人的心理活动中占据很重要的位置，对人类具有十分重要的意义。它是人们细致观察、良好记忆、创造想象、正确思维的重要条件。[②] 课堂上，学生集中注意力是有效教学的前提，也是提高学习质量的前提。正如俄国教育家乌申斯基所说：“‘注意’是我们心灵的唯一门户，意识中的一切，必然都要经过它才能进来。”[③]

“注意力”可以狭义地理解为“注意”的能力。具体来说，是指意识指向和集中于周围事物的能力。注意力是智力的五个基本因素之一，是记忆力、观察力、想象力、思维力的准备状态，所以注意力也被人们称为心灵的门户。[④]而现实中，由于数学学科自身的特点之一就是逻辑和抽象，因此不少学生不喜欢数学课，觉得它枯燥、乏味、无趣、难懂，这也正是影响学生数学学习的重要因素之一。

我们不难想象，如果上课时学生由于对数学学习没有兴趣而不能在关键节点集中注意力，那么无论数学知识本身多么浅显明了，教师的讲解多么深入浅出，都一定不会有好的效果。学生在数学课堂长期处于游离状态，必然会逐渐厌倦数学学习，甚至产生抵触和畏惧的情绪，这对于学生的终身学习

---

① 木村久一：《早期教育和天才》，石家庄：河北人民出版社，1998年，第174页。

② 张大昀：《教育心理学》，北京：人民教育出版社，2015年，第253页。

③ 乌申斯基：《乌申斯基教育文选》，北京：人民教育出版社，2007年，第112页。

④ 张大昀：《教育心理学》，北京：人民教育出版社，2015年，第59页。

将是灾难性的。兴趣是学习的种子，只有种子健康无损，经过孕育和栽培才有可能结出丰硕的果实。学习兴趣是根本，是基础。

这让我想起了《吴越春秋》中的一个历史故事——《煮粮计》。《吴越春秋·卷第九·勾践阴谋外传》中写道："二年，越王粟稔，拣择精粟而蒸还于吴，复还斗斛之数，亦使大夫种归之吴王。王得越粟长太息谓太宰嚭曰：'越地肥沃，其种甚嘉，可留使吾民植之。'于是吴种越粟，粟种杀而无生者，吴民大饥。"[①]其大意是：春秋时期，越王勾践为了灭掉吴国而使用了一个计策。前一年，越国大饥乏粮，从吴国那里借来很多粮食。第二年，越国丰收，在归还吴国粮食的时候，将比较精壮的粮食都煮了一遍再输送给吴国。吴国见越国归还的粮食粒粒饱满，于是将这些粮食留作了粮种。结果，下一年吴国颗粒无收，发生了大饥荒，饿死很多人，而越国也达到了从根本上动摇吴国的目的。由此可见，粮食种子的优劣决定国家的命运，那么作为学习"种子"的"兴趣"，必然也会决定学习和学习者本身的命运！

如何有效地提高学生的注意力，让学生对数学学习充满兴趣，乐于学习，爱上学习呢？我想，这就需要教师从教学方式、教学手段和教学内容等方面着力思考、巧心设计了。具体来说，可以从以下几个方面提高学生的学习兴趣。

一、凸显教师魅力，激发学习兴趣

《现代汉语词典(第7版)》对"魅力"的解释是：很能吸引人的力量。如果教师拥有魅力，那么，教育教学就成功了一半。春秋战国时期的教育论文《学记》中也写道："亲其师，信其道；尊其师，奉其教；敬其师，效其行。"[②]其大意为：亲近自己的老师，相信他的方法；尊重自己的老师，听从他的教诲；敬佩自己的老师，效仿他的做法。小学生受年龄特点制约，对学科的兴趣往往不是源自学科本身，而是源自对该学科教师的喜爱，这在低年级学生身上体现得尤为明显。

德国著名文学家歌德说过："哪里没有兴趣，哪里就没有记忆。"[③]小学教师面对心智没有完全成熟的小学生，应该从多角度充实自己，让自己成为"一专多能"的杂家，并且在明确"俯身、平等"意识的同时，具备"拉近与学生距离"的能力和资本。

教师的个人魅力可以体现在人格魅力、学识魅力、语言魅力和形象魅力

① 张觉：《吴越春秋译注》，北京：北京联合出版公司，2015年，第289页。

② 潜苗金译注：《学记》，杭州：浙江古籍出版社，2011年，第198页。

③ 朱光潜译：《歌德谈话录》，南昌：江西教育出版社，2016年，第382页。

四个方面。

其一，教师的人格魅力主要体现在道德品质和性格气质等方面。包括是否关爱学生、尊重学生；是否平等对待每位学生，做到一视同仁；是否具备高度的责任心和正义感；是否乐观开朗、积极向上等。

其二，教师的学识魅力体现在学科专业知识的“渊”、社会常识知识的“博”、教育教学知识的“实”和时代变革知识的“新”上。

其三，教师传授知识主要靠语言沟通和表达，因此教师的魅力很大程度上要靠语言来展现。包括是否具有幽默感；是否可以做到表达清晰、流畅；是否具备标准的普通话表达能力。

其四，教师的形象魅力也很重要。正所谓“爱美之心人皆有之”，教师一定要有教师的样子。具体来说，一方面，着装要干净、整洁、大方；另一方面，举止要自然、得体；此外，还要注重礼仪，要有亲和力。

对此，我深有感触，经过平时的积累和学习，也确实受益良多。

2017年，我随教师团赴云南安宁进行交流访问。当时，作为数学学科代表的我要给当地的学生上一节数学课。虽然很早就收到上研究课的任务通知，但由于时间紧张，一直到飞机落地，我还不清楚对方学校及学生的情况：用什么版本的教材？教学进度如何？学生人数有多少？信息技术设备有哪些？……对这些问题我都茫然不知。

经过一路奔波，下午四点，我终于见到了第二天一早授课的学生。七十三人！这还是对方学校为了照顾远道而来的我而挑选的人数最少的班。一眼望去，教室里的“人头攒动”着实刷新了我的授课人数纪录。边远地区的孩子有一些羞涩和胆怯，但从他们的眼神里我看出了渴望交流却又羞于表达的矛盾心情。为了打破沉默，让孩子们愿意与我这个陌生人交流，我想应该先营造友好、欢快的氛围，拉近与孩子们的距离。

“孩子们，我是一个数学老师，来自千里之外的北京。”我开门见山地做了自我介绍。

“今天见到你们特别开心，为了表达我激动的心情，我给你们表演个节目好吗?”就这样，学生一下子被我吸引过来了。

“可是表演什么呢?”我假装若有所思。

“唱首歌吧!”个别学生发声了。

“唱歌这个主意不错！可是这里是云南，在‘阿诗玛’的故乡我可不敢献丑!”我假装为难地说。

“那跳个舞吧!”孩子们的脸上已经露出了笑容。

“跳舞？就我这个身材，我敢跳，你们敢看吗?”我指着自己微凸的肚子说道。

学生们的笑声更响亮了。

“我看这样吧！我来自北京，北京是中国相声的三大发源地之一，这‘说’可是我的强项。”我拍着胸脯，自信地说道，“你们是我见过的最热情、最愿意交流和善于交流的孩子，我就给你们说一段相声《八扇屏》中的贯口《小孩子》吧！”

“我说说，你听听。想当初，大宋朝文彦博，幼儿倒有灌穴浮球之智。司马温公，倒有破瓮救儿之谋。汉孔融，四岁让梨，懂得谦逊之礼。十三郎五岁朝天。唐刘晏七岁举翰林，汉黄香九岁温席奉亲。秦甘罗十二岁身为宰相。吴周瑜七岁学文，九岁习武，一十三岁官拜水军都督，统带千军万马，执掌六郡八十一州之兵权，施苦肉，献连环，祭东风，借雕翎，火烧战船，使曹操望风鼠窜，险些丧命江南。虽有卧龙、凤雏之相帮，那周瑜也算小孩子当中之魁首。”我一气呵成、声情并茂的表演引得孩子们欢笑不断，掌声连连。

“这个老师真有趣！”一个孩子低声的评价让我心头一喜，我知道教育的契机出现了！

就这样，我以一小段表演拉近和学生的距离，也为第二天课上的平等交流奠定了情感基础。

为了更好地将学生的学习兴趣进一步转移到数学学科本身上来，在第二天的课堂上我又设计了一个小魔术作为课前预热环节。

“同学们，昨天见面的时候我给大家做了一个才艺展示，说了一段相声的贯口。因为时间仓促，我还有很多才艺没来得及给大家展示，你们想不想再看看？”

“想！”同学们异口同声地回答。

“那好，我给大家表演一个魔术，魔术的名字叫‘读心术’。我会请一位同学上前与我合作。我会请他任意挑选五张牌，不要让我看到。我可以通过观察大家的眼睛就把这些牌的花色和点数准确无误地猜出来。”我一本正经地说道。

听到如此新奇且不可思议的魔术，孩子们的热情再次被点燃。大家争先恐后地举手想参与游戏。我特意选了一位比较内向的小姑娘与我合作表演。只见她认真地从纸牌中随机挑选着，并把选出的纸牌一一展示给全体学生看，在这一过程中，她刻意背过身，努力不让我看到所选的纸牌。认真且轻松的表情告诉我，她想难住我这个“夸下海口”的成年人。

我将纸牌背面朝上，依次码放在讲台上，并故弄玄虚地说：“从你们的眼神中我已经看到了答案！”孩子们睁大眼睛、屏住呼吸的神情让人忍俊不禁。

“我知道了，第一张是红桃3!”我报出了第一张纸牌的信息，然后马上翻开牌“确认”结果。

“看，我猜对了吧!”再次扣过纸牌后我自言自语地说。

“从那位同学的眼睛里我看到了，第二张是黑桃5!”我继续说道，并再次翻看纸牌进行“确认”。

就这样，当我将五张牌的花色和点数一一正确报出时，孩子们的热情达到了顶点!

掌声和赞叹声过后，孩子们的兴趣点被新的问题所取代：“老师是怎么猜中的呢?”

我看出了这一点，淡淡地说：“你们知道我是怎么猜中的吗?”

“您在牌上做记号了!”“您有特异功能!”“您有魔法!”……

听着学生一个个脑洞大开的答案我甚感欣慰，因为此时答案的正确与否并不重要，重要的是孩子们的问题意识被激活了。

“你们的想象力和问题意识很强呀！但是你们知道吗？我之所以能够准确判断，用的不是什么魔法，而是数学方法。”学生一下子安静了下来，半信半疑地看着我。

“我用的方法叫递推，大家听说过吗?”我微笑着说道。

“其实道理很简单。当我接到这位同学递过来的牌时，偷偷地看到了最后一张牌是红桃3。”我一边比画一边说道。

“那只是一张牌，怎样能够把所有牌都猜对呢?”一个学生迫不及待地追问。

“别急呀！请看，我猜最上面的第一张牌时，本来是不知道信息的，但我故作自信地报出了‘红桃3’!”我一边演示一边说。

“接着，我马上翻开第一张牌进行确认，这时我就知道了第一张牌的真实信息是‘黑桃5’，于是再报第二张牌时我说出了第一张的信息‘黑桃5’。就这样，每次我都是看一张，下一张报出来，等五张都报完我再把最后一张放在第一张的位置，这样牌的花色、点数和顺序就都对了!”(如图2-1所示)

“噢！原来这么简单!”孩子们感叹道。

“这个魔术简单吗？你们从中得到了什么启发吗?”我追问。

“数学原来这么有趣呀!”一个孩子感叹道。

我想，在这个孩子的心里，数学学科的形象鲜活了起来。

“数学的道理可以用在生活中的很多地方，得好好学数学!”另一个孩子感慨道。

我想，在这个孩子的心里，数学学科的价值得到了强化和认同。

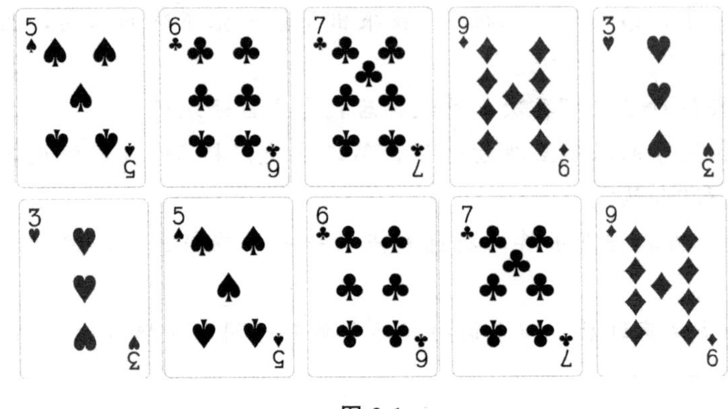

图 2-1

“老师太坏了!”一个小男孩笑着说道。

我想，在这个孩子的心里，“坏”不是贬义词，而是一种“爱”的吐露和表现。

就这样，一节数学课在和谐、欢乐和思辨的氛围中开始了。

教师的个人魅力可以很大程度上弥补教学设计上的小问题，为课堂教学的效果增色。这就好比冷兵器时代的武将，熟读兵书战策、通晓逗引埋伏是统兵打仗的能力体现。但如果武将自身有超高的武力，于千军万马中如入无人之境，纵然战术上有小小纰漏，也可以扭转劣势，改变战局。比如历史上巨鹿之战中的项羽，当时在战术层面上可以说是不占优势。在兵力对比上，秦将王离(王翦之孙)统兵二十万，秦军总帅章邯统兵二十万，合计四十万人。而项羽只有六万兵马，且与主帅离心离德，内部不够团结。但就是在这样敌我悬殊、内外交困的不利条件下，项羽充分展示了自身勇武彪悍的战斗作风和个人气质，破釜沉舟、背水一战，最终创造了“楚项羽九败章邯”的历史佳话。①

“好老师”是人生中难忘的财富，每每想起总会让人动容。因此我想，充分展现教师的个人魅力，借助小学生相对强烈的“向师性”(“向师性”即学生都有模仿、接近、趋向教师的自然倾向，有人把学生的这一心理特点形象地与花草树木趋向阳光类比)，在良性的环境和气氛中开展数学教学，不仅可以领先在“起跑线”上，还会成功于情感交融的“终点线”。

由此可见，教师的个人魅力很重要，喜欢教师是喜欢学科课程的催化剂。

① 司马迁：《史记》卷七《项羽本纪》，沈阳：辽海出版社，2010 年，第 102 页。原文：“项羽已杀卿子冠军(楚军统帅宋义)，威震楚国，名闻诸侯。乃遣当阳春、蒲将军将卒二万渡河(漳河)，救钜鹿。战少利，陈馀复请兵。项羽乃悉引兵渡河，皆沉船，破釜甑，烧庐舍，持三日粮，以示士卒必死，无一还心。”

专业精深、博学多才的教师个人魅力十足，谈吐儒雅则尽显书卷味道，平易近人则方便交流内心，幽默风趣更是课堂教学的润滑剂，可以使学生更加精神饱满地投入到学习中去。

二、巧心设计教学，激发学习兴趣

1. 创设生动的数学情境，激发学生学习兴趣

数学源于生活，而作用于生活。《义务教育数学课程标准(2011 年版)》中明确要求：“课程内容要反映社会的需要、数学的特点，要符合学生的认知规律。课程内容的选择要贴近学生的实际，有利于学生体验与理解、思考与探索。”①这就要求数学教学必须从学生熟悉的生活情境和感兴趣的事情中提供观察和操作的机会，使他们感受到数学就在身边，进而对数学产生亲切感。

小学数学与生活有着密切的联系，数学教学要尽量让学生认识到生活中处处有数学，数学中处处有生活的道理。美国科学教材主编劳伦斯教授指出：“教学就是要通过情景在学生的头脑中引起认识的兴奋，产生认知的冲突，形成思维的爆炸，进而引发学生的认知活动，建构新的认知结构。就如同在平静的水面上投进了一块石头，激起圈圈涟漪。”因此，我们在进行教学设计时要密切联系学生的生活实际，从学生的经验和已有的知识出发，创设数学情境，让学生经历学习过程，感受成功的喜悦，激发学生的数学学科兴趣，使数学素养得到真正的提高。例如，我在教学“复式折线统计图”一课时，就以“候鸟老人”现象作为引入，创设了“什么时候离开北京去杭州”这一问题情境，引导学生在情境中合理选择和创造，激发学生的学习兴趣。具体过程如下。

师：雾霾是当下人们非常关注的一个环境问题，根据这个问题衍生出了许多社会现象。比如“候鸟老人”现象。老师的妈妈也想离开北京去杭州住一个月，什么时候去最合适呢？

生：那需要知道北京和杭州的雾霾情况。

教师出示信息表：

表 2-1　北京 2015 年 5—12 月空气质量统计表

月份	5 月	6 月	7 月	8 月	9 月	10 月	11 月	12 月
污染指数	87	95	88	84	144	130	127	150

① 中华人民共和国教育部：《义务教育数学课程标准(2011 年版)》，北京：北京师范大学出版社，2012 年，第 2 页。

表 2-2 杭州 2015 年 5—12 月空气质量统计表

月份	5 月	6 月	7 月	8 月	9 月	10 月	11 月	12 月
污染指数	80	62	80	67	68	95	103	104

师：表格中的数据很多，想一目了然地看出哪个月出发更合适，应该用什么来表示呢？

生：用统计图表示最直观。

师：好的，这个我准备了，请看统计图。

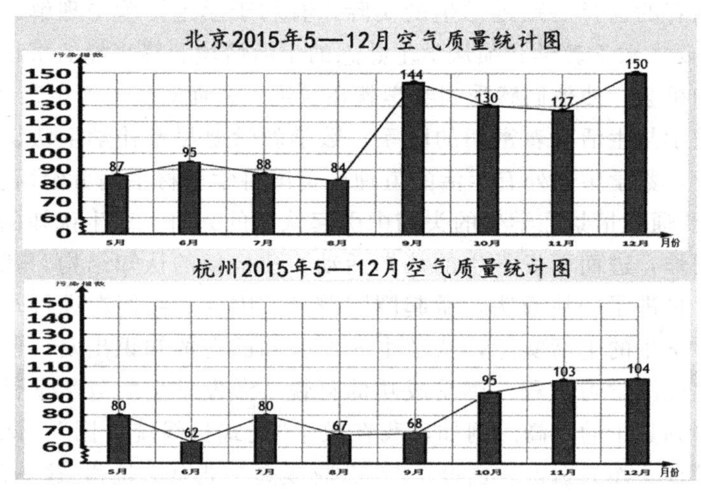

图 2-2

生：不好，这种条形统计图不适合观察。

师：为什么？你觉得用哪种统计图合适呢？

生：用折线统计图比较合适。因为条形统计图便于观察数量的多少，而折线统计图除了便于观察数量的多少外，还便于观察数量的增减变化趋势。

师：理由很充分。那就请看对应的折线统计图吧！请你任选一张统计图认真观察。

学生独立研究并填写学习单。

师：刚才你选择了哪个城市的空气质量统计图？现在你认为几月离开北京去杭州合适呢？

生：我选择的是北京的空气质量统计图。我认为应该 12 月去杭州，因为 12 月北京的空气污染指数是 150，在 5 月至 12 月中是最高的，所以我认为这个时候离开最合适。

师：大家同意这个观点吗？（一部分人举手表示同意）

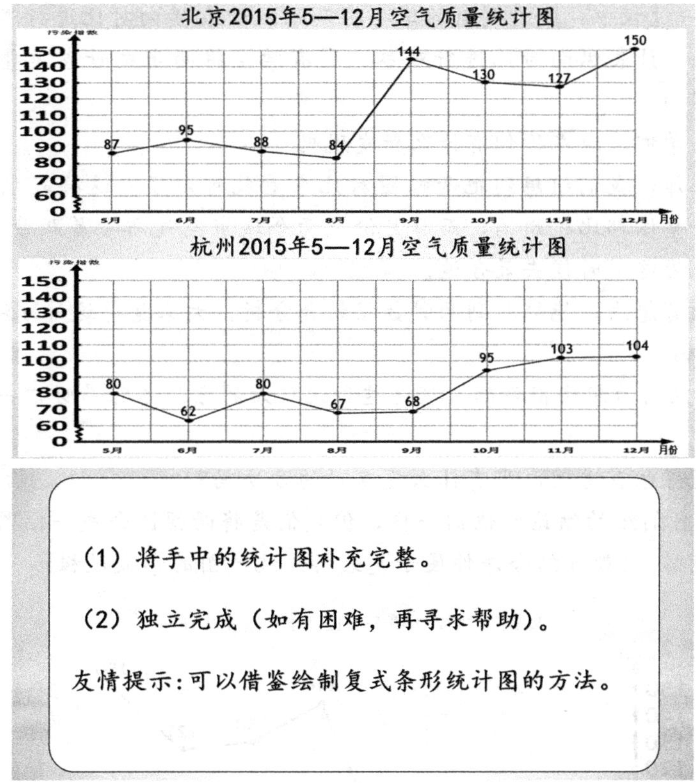

图 2-3

生：我不同意这个观点。我选择的是杭州的空气质量统计图。我认为应该6月去杭州，因为6月杭州的空气污染指数是62，在5月至12月中是最低的，当然得选择空气最好的时候去呀！

师：好像也有道理。大家同意这个观点吗？（一部分人举手表示同意）

师：两个同学的想法都有道理，可是这件事情不好实现呀！按你们的想法，我得让我的父母12月乘飞机离开，但是不能着急落地，需要到6月才能在杭州降落，这中间要在天上飞半年的时间！（学生大笑起来）看似都有道理，可是却不符合生活实际呀！这是什么原因造成的？

生：我想，这是因为刚才我们只选择了一个城市的污染指数数据，而选择离开这件事涉及两个城市，所以应该两个对比看才能做好判断。

师：有见地！请大家为这强大的反思能力鼓掌！（掌声响起）

师：那下面就请每组派一个代表上前面来把刚才没有选择的城市空气质量统计拿回去，对比观察，看看能不能做出更合理的决策。

学生补充资料，分组讨论。

（在这一过程中，我看到有的学生将两张统计表横向对比进行观察，有的学生将两张统计表纵向对比进行观察，还有学生将两张统计表重叠在一起对比进行观察。）

师：同学们，现在你们有什么新发现吗？

生：老师，我们组想到把两幅图对比来看就可以了。这样我们发现北京的污染指数整体都比杭州高，而9月份是两个城市空气质量差距最大的时候，所以我们认为这个时候去最合适。

师：很有想法，能够想到两种数据结合分析，大家觉得这种方法好吗？

生1：好！

生2：他们的想法挺好的，可是这种比较看的方法不容易呀，一不小心就看乱了。

师：说得也有道理，那有什么更直观的方法吗？

生3：我们组的结论和他们一样，但我们是将两幅图合成一幅图来看，这样更容易观察。（教师结合课件展示复式折线统计图的形成过程）

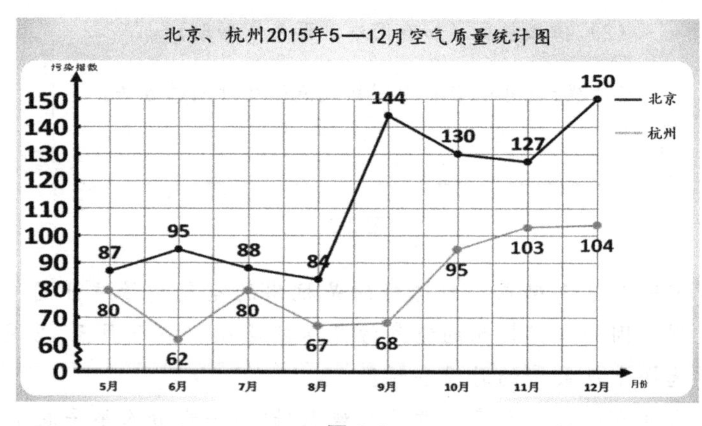

图 2-4

至此，我知道对于“复式折线统计图”中“复式”两字的真正意义学生明白了。在具体情境之下，学生结合生活实际自然地让已有数学知识产生化学反应，进一步感受到数学的逻辑美，增强成功感的同时提升数学学习兴趣，也使自身的数学活动经验得到发展和提升。

2. 巧妙设置悬念性问题，激发学生学习兴趣

“悬念”即欣赏文艺作品时，对故事情节和人物命运的关切心情。[①] “设置悬念”是小说、戏曲、影视等艺术作品的一种表现技法，是通过对剧情做悬而

① 路丽梅，王群会：《辞海》，北京：光明日报出版社，2012年，第1499页。

未决和结局难料的安排，以引起急欲知其结果的迫切期待心理的一种编剧技巧和重要艺术手段。心理的问题是相通的，将这种戏剧上的手段应用于教学中也必然可以起到积极的作用。古希腊哲学家亚里士多德提出过“思维自惊奇和疑问开始”的著名教育论断。伟大的思想家、教育家孔子也提出过“知之者不如好之者，好之者不如乐之者”的观点。课堂教学中巧妙设置悬念性问题可以成功地激发学生的好奇心和求知欲，提升学生的学习兴趣和参与研究的积极性，为有效地开展教学活动奠定基础。

当然，“悬念”的设定也不能是天马行空、任意胡来的。“悬念”的设定需要遵循一定的科学规律。具体来讲，有如下几点：“悬念”应紧扣重点，并能使学生迁移到课堂的主题；“悬念”应当出乎情理，给人耳目一新的感觉；“悬念”设置要适当和适度，符合学生的实际水平，让学生“跳一跳就能够碰到”；“悬念”设置应当以能达到教学效果为目的，不能注重形式、忽视内容。

例如，在教学“梯形的认识”一课时，通过大量的案例学习，我发现很多该内容的教学实例都是以“寻找生活中的梯形物体”作为引入。开始时，教师往往出示大量的图片和实例，引导学生分辨“哪个物体的形状是梯形的”。然后利用信息技术将实物梯形抽取为几何梯形。进而将抽取出的各种梯形进行比较，寻找共性，最终总结出梯形的定义。我想，这样的教学设计本身没有问题，它强调了数学与生活实际的关系，即来源于生活而又应用于生活。但同时这又引发了我的思考：这种“认识梯形”的方式是不是唯一的呢？是不是最佳的呢？

正所谓“隔山再远也有路，隔水无路能行船”。方式和途径一定不会是唯一的，我们可以转换视角，从不同方向进行创新和尝试。因此，在“梯形的认识”这节课中，一开始我就设置了“悬念”，进行了如下的设计和探索。

环节一：叠加创新，引入新课

师：在图形的世界里，我们已经系统地认识了长方形、正方形、平行四边形。（课件配合出示图形）谁来说说刚刚学过的平行四边形有什么特征？

生：两组对边分别平行。

师：这里还有一个三角形，如果把它和平行四边形重叠起来（如图 2-5 所示），请你闭上眼睛想一想，这个重叠部分又会是一个什么图形呢？（等待一会儿，给予学生充分的想象空间和时间）

生 1：任意四边形。

生 2：梯形。

生 3：不规则图形。

生 4：都有可能，不能确定。

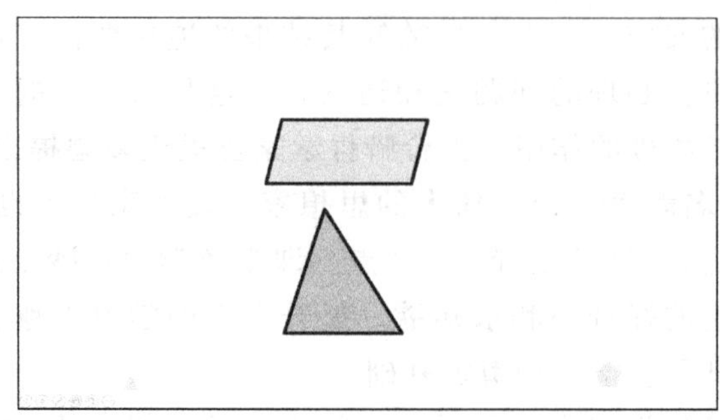

图 2-5

师：是不是像大家说的这样呢？我们一起来看一看重叠部分的图形和你想象的一样不一样。（课件演示，如图 2-6 所示）

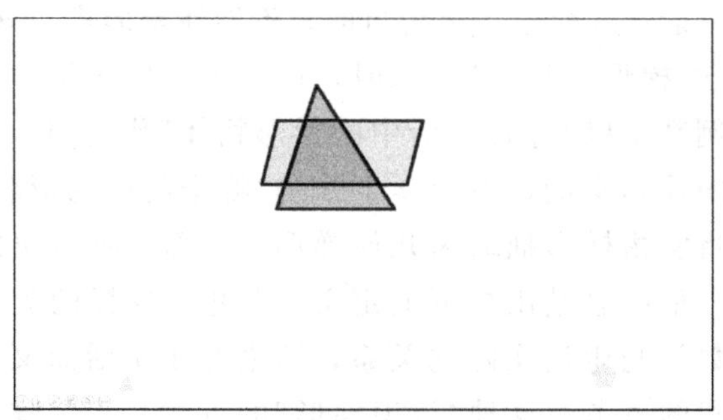

图 2-6

生：是梯形。

师：一定是梯形吗？如果把三角形再旋转一下，或者把平行四边形移动一下呢？（课件演示，如图 2-7 所示）

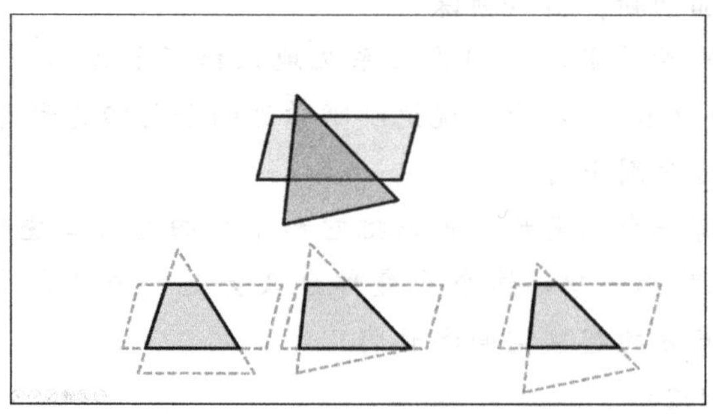

图 2-7

生：三角形和平行四边形重叠的图形都是梯形。

师：为什么重叠部分总是梯形呢？这里面有什么数学问题吗？今天我们就一起来认识梯形。(板书：认识梯形)

环节二：操作感悟，探究新知

认识梯形，建立概念。

师：仔细观察这些梯形，它们有什么特点？同桌两人互相说一说。

生 1：梯形的上下两条边互相平行，左右两条边不平行。

生 2：梯形一组对边平行，一组对边不平行。

生 3：梯形只有一组对边平行。

师：梯形中一组对边不平行很好看出来，怎么能肯定另一组对边平行呢？

生：三角形和平行四边形重叠在一起得到梯形，因为平行四边形的对边互相平行，而梯形的一组对边在平行四边形上，肯定是平行的。

师：如果让图形继续动起来，重叠的部分还是梯形吗？

课件演示：①平行四边形不动，三角形继续旋转(如图 2-8 所示)；②三角形不动，平行四边形旋转(如图 2-9 所示)。

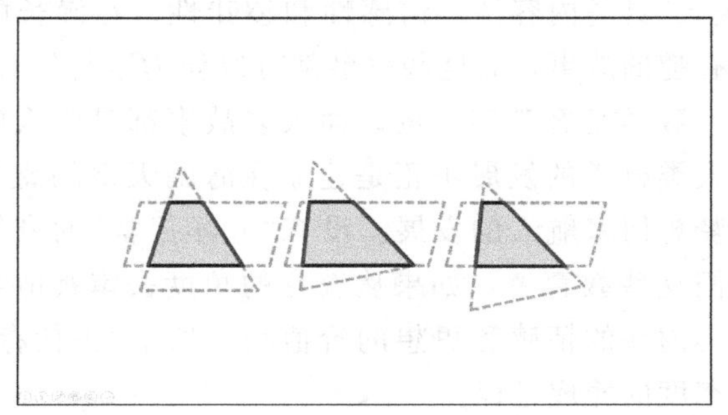

图 2-8

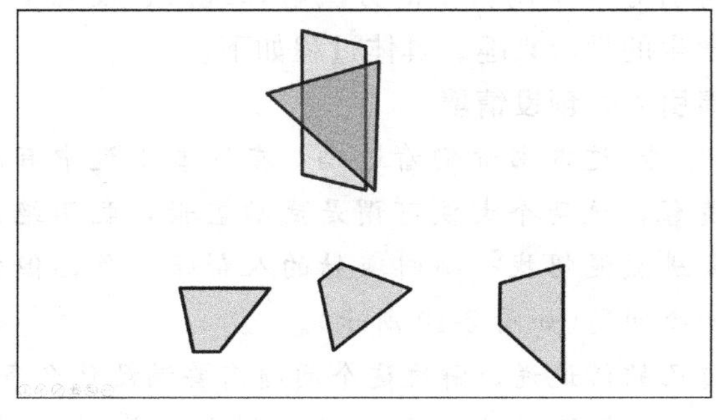

图 2-9

师：为什么重叠部分还是梯形？

生：图形中一组对边平行，另一组对边不平行。

师：谁能来概括一下什么样的图形是梯形？

生：只有一组对边平行的四边形，叫作梯形。

《孙膑兵法》中写道："进，路也；退，路也；左，路也；右，路也。"[①]确实，教学之路也是殊途同归、处处皆通的。基于学生已有的知识和经验，从数学的本源出发进行构建和创造，可以使学生感受到数学知识的高度逻辑性和联系性，从学科属性角度激发学生的学习兴趣。实践证明：在教学中巧妙地设置悬念，能引发学生的好奇心和探究欲望，激发学生的学习兴趣，开拓学生的思维，大大提高教学效果。

一个恰当且耐人寻味的问题可以激起学生思维的浪花。正如明代大文学家陈献章所说："学贵有疑，小疑则小进，大疑而大进。"[②]创设一个问题情境，由学生提出问题，可以激发学生的求知欲望，培养学生"知其然又知其所以然"的思维习惯，提高课堂的教学效率，同时发展学生的思维。

3. 发挥故事拓展性价值，激发学生学习兴趣

故事是文学题材的一种，侧重于事件发展过程的描述，强调情节的生动性和连贯性，"先天"具备内容性、情感性和趣味性。在漫长的数学发展过程中，发生过太多有趣的故事，而这些故事都可以作为素材被我们应用和发展。当然，有人会说：数学是客观实际的，而很多故事都是骗人的。对于这一点我并不否认，但人类科学的发展不正是建立在海阔天空的想象之上的吗？没有"九天揽月"的梦想何来航天的发展？没有"五洋捉鳖"的豪气何来对大洋海底的探索？而我们这些教育者，如果从教育的角度去审视故事的价值，即使是幻想不也具有其内在的情感和思想的价值吗？这个"去伪存真"的过程本身就是严谨的科学态度的养成过程。

例如，在教学数学思维训练课"三阶纵横图"时，我就结合场馆资源，从故事引出问题，再引导学生用科学的方法解释现象、反思本质，激发学生的探究欲望，提高学生的学习兴趣。具体过程如下。

环节一：故事引入，创设情境

师：《射雕英雄传》这本书你们看过吗？在这本小说中有两个人物，一个叫郭靖，一个叫黄蓉，这两个大侠可谓是武功盖世，聪明绝顶。有一天，黄蓉身受重伤，需要进黑泥沼找一个叫瑛姑的人帮忙疗伤，但要想开启进岛的机关就需要解答一个问题(如图 2-10 所示)。

师：谁能用自己的话说说，解决这个问题需要满足什么条件？

生：需要将 1—9 都填进去；需要满足横行、竖列以及对角线的和都

① 孙武等：《孙子兵法　孙膑兵法　三十六计》，成都：成都时代出版社，2014 年，第 284 页。

② 陈献章：《陈献章全集》，上海：上海古籍出版社，2019 年，第 292 页。

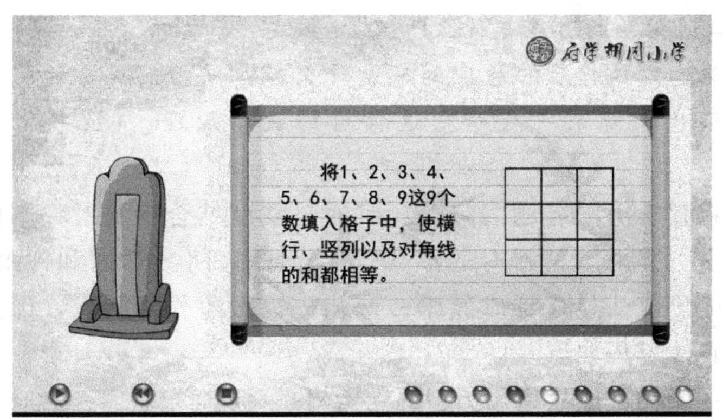

图 2-10

相等。

师：你能帮助黄蓉解决这个问题吗？请你拿出学习单自己试一试。

学生活动：尝试独立填写。

导学的目的不仅仅是激发学生的学习兴趣，更重要的是要包含数学模型。选取实例作为切入点，引发学生思考数学问题的同时，激发学生的学习兴趣，培养学生的数学意识，并为后续的研究奠定基础。

环节二：基于经验，自主探索

学生独立试做，并汇报交流。

学生活动：

(1)基于口诀填写：“二四为肩，六八为足，左三右七，戴九履一，五居中央。”

(2)凑数填写

4	9	2
3	5	7
8	1	6

师：请同学们检查一下，你们填写的都正确吗？你们想知道黄蓉是怎么填的吗？(播放视频)

师：对于填写的过程大家有什么问题吗？

生 1：口诀是怎么编出来的？

生 2：最中间一定填 5 吗，可不可以填别的？

生 3：一共有多少种填法？

生4：口诀背后的道理是什么？

师：是呀，口诀背后的原理到底是什么呢？同学们提出的问题的答案是什么呢？今天我们就来一起研究这背后的数学原理。（板书题目：三阶纵横图）

再如，在教学历史名题“韩信点兵”时，我就结合自身对评书的了解，设计了两段评书，并采用长课时的形式(60分钟)，将数学课和评书结合起来，尝试将故事的价值凸显于课堂教学。课初先以故事作为引入，课后再以故事作为补充。具体过程如下。

环节一：课初，以故事作为引入

师：同学们，今天我们要上一节思维训练课。课前我先给大家说段评书好吗？

生：好。（孩子对故事有着本能的亲近和喜爱）

师：那就且听我徐徐道来！

我要讲的是秦朝末年，汉高祖刘邦和大将韩信的故事。一天，高祖刘邦问大将韩信：“韩将军，你看以我的才干能带多少兵呢？”韩信垂手答道：“以主公之才干可统率铁甲十万！”高祖听罢，心中窃喜，顺口问道：“那你呢？”韩信淡然地说：“我呀！当然是多多益善啰！”那刘邦心中顿时不悦，沉着脸说道：“将军如此大才，我很佩服呀！现在，我有一个小小的问题向将军请教，凭将军的才学，想来一定是知道的。”

韩信不紧不慢地说道：“但请主公吩咐！”刘邦狡黠地一笑，传令叫来一小队士兵隔墙站队，然后问道：“将军可知帐外士兵人数几何？”刘邦想：“隔着墙看你如何计数！纵然你才华出众，这个问题也一定难倒你！”

只见韩信不慌不忙，传令道：“帐外士兵三三数之，余数报我！”刘邦一愣，没明白韩信要干什么，就没加阻拦。帐外小队长报道：“禀将军，三三数之余二。”

韩信点点头，又传令道：“帐外士兵五五数之，余数报我！”帐外小队长又报道：“禀将军，五五数之余三。”

“七七数来，余数报我！”韩信再次传令。

“禀将军，七七数之余二。”帐外小队长又报道。

韩信脱口而出：“帐外军士二十三人。”刘邦大惊，连忙查点人数，果然一个不多一个不少，正好二十三人。刘邦服气了，问道：“将军是怎样算的？”

韩信说：“臣幼得黄石公传授《孙子算经》，这孙子乃鬼谷子的弟子，算经中载有此题之口诀。”

师：同学们，听完这个故事，你们有什么数学问题吗？

生1：韩信具体是怎么算的？

生2：《孙子算经》里面记载的口诀是什么？

生3：为什么韩信要三三数、五五数、七七数？这里面有什么道理吗？

就这样，一个个数学问题直指“中国剩余定理”的核心，学生的探索欲望在故事的牵引下达到了新的高度，研究的欲望被点燃，数学兴趣高涨了起来。

环节二：课后，以故事作为补充

师：同学们，回到最开始的故事，你们如何评价韩信这个人？

生1：韩信很聪明。

生2：韩信很好学。

生3：韩信很有修养，他总是不急不躁的。

师：的确，韩信不仅才智过人，而且是一个很有修养和胸怀的人。关于韩信的故事，你们还想听吗？

生：想！（学生异口同声，兴趣高涨）

师：那就听我一一道来！

且说那韩信自幼失去双亲，机缘巧合之下，拜大军事家尉缭子为师，学艺一十三载。艺成之日，尉缭子将随身宝剑赠予韩信。韩信身挎宝剑，回家途中遇一屠夫当众羞辱。他对韩信说：“你这厮虽然长得又高又大，其实你胆子小得很，今日身挎宝剑，招摇过市实在可恶！有本事的话，你敢用你的佩剑来刺我吗？如果不敢，要么把佩剑留下给我，要么就从我的裤裆下钻过去。”韩信胸怀大志，不愿意因小失大，他淡然处之，当着许多围观人的面，便从那个屠夫的裤裆下钻了过去。在场的人都嘲笑韩信，认为他很胆小。

后来，韩信金台拜帅，荣归故里。他又找到那个屠夫，屠夫很是害怕，以为韩信要杀他报仇，没想到韩信却善待屠夫，并封他为护军卫。他对屠夫说，没有当年的“胯下之辱”，就没有今天的韩信。

唐代大诗人李白在《赠新平少年》一诗中写道：

韩信在淮阴，少年相欺凌。
屈体若无骨，壮心有所凭。
一遭龙颜君，叱咤从此兴。
千金答漂母，万古共嗟称。

师：同学们，听完这个“胯下之辱”的故事，你们又有什么感受呢？

生1：如果韩信当时受不了胯下之辱，他就不会有后来的成功。

生2：韩信很有胸怀，有容人之量。

生3：要学习韩信的坚忍。吃得苦中苦，方为人上人！

《中国学生应具备的核心素养》中明确提出"人文底蕴"的培养目标。通常情况下，育人的责任好像与数学学科有一定的距离，但实际上教育无疆界，育人无分科。数学教学更是可以通过鲜活的故事、动人的实例引发学生情感的共鸣，由内及外地引发学生对数学学科的兴趣。

苏联教育家赞可夫说："对所学知识内容的兴趣可能成为学习的最终动机。"①从看似出处不严谨的故事入手，引导学生感受原本看似简单合理的问题背后的本质并不简单。在这一过程中，让学生从全新的视角去看待问题，在感悟数学价值的同时，润物无声地激起其探究的欲望。

三、依托团体力量，激发学习兴趣

《义务教育数学课程标准(2011 年版)》中指出："学生学习应当是一个生动活泼的、主动的和富有个性的过程。除接受学习外，动手实践、自主探索与合作交流同样是学习数学的重要方式。"②由此可见，新课程理念强调学生个体的发展和合作精神的培养，倡导自主、合作、探究的学习方式。学生通过相互讨论，能激活思维，从而使学生个体的理解更加丰富和全面，达到自我创造、发展、完善，促进同伴创造、发展、完善，从而提高学生的整体数学素质和数学学习兴趣。但是，当今的数学课堂教学中依然存在忽视知识的生成过程，忽视学生的群体效应的现象，导致学生学习兴趣不高，探索精神与创新意识匮乏。

"小组合作学习"作为现代教育所提倡的学习模式之一，以培养、发展学生创新精神为重点，让学生在"自主探索""合作交流"的过程中探寻问题，在师生互动、生生互动的良性传递过程中培养创新精神，发展创造思维。合作学习不仅能够拉近学生与学生、学生与教师之间的关系，使学生的学习从被动向主动转化，同伴在合作过程中可以相互交流、相互补充各自不同的观点和解决问题的方法，活跃学生的思维，促进学生思维发展的深度和广度，让每个学生都有机会发表自己的观点，让每一个学生都有自我展示的舞台。

小组合作学习中，操作活动既能体现集体的智慧，又能培养学生的合作意识，是与人交流的良好机会，也是提高数学学习兴趣的良好契机。例如，在教学五年级数学广角"打电话"一课时，我力求通过小组学习的方式分散难点，将枯燥、抽象的数学问题趣味化，激发学生的学习兴趣。具体过程如下。

---

① 赞可夫：《教学论与生活》，武汉：长江文艺出版社，2017 年，第 174 页。

② 中华人民共和国教育部：《义务教育数学课程标准(2011 年版)》，北京：北京师范大学出版社，2012 年，第 2 页。

环节一：情境导入

师：相信很多同学都看过《战狼2》，其中有不少惊险、激烈的场景，这也让我们看到了中华民族的强大。精彩影片的背后，剧组演员付出了很多的辛苦。拍摄期间，剧组部分人员受伤。我们来看这条信息。

出示问题：“值班医生要通知15名在家休息的医护人员尽快赶到医院抢救伤员，采用打电话的方式进行通知。”

师：同学们都打过电话，打电话方便大家交流。打电话里也蕴藏着许多数学问题，今天我们一起研究打电话问题。(板书课题：打电话)

爱因斯坦说：“提出一个问题往往比解决一个问题更重要。”通过创设“值班医生尽快通知医护人员抢救伤员”的生活情境，从生活中选取素材，基于调研，选取学生关注的问题进行研究，再通过数学的方法和数学的视角去解决问题，激发学生的学习兴趣。从生活中汲取数学原型，进而用数学的方式去思考，用数学的方法去分析其中所蕴含的优化思想。

环节二：探究新知

师：这个问题的关键信息有哪些？(人数、方式、时间、要求)

师：请大家帮忙设计一个打电话的方案。设计方案时我们要注意什么？

生1：尽快，紧急。

生2：一定要15个人都通知到，不要重复也不能遗漏。(板书：不重复，不遗漏)

师：明确了我们要解决的问题，下面我们自己设计一个方案。

《义务教育数学课程标准(2011年版)》指出：教师是数学学习的组织者、引导者与合作者。[①] 以皮亚杰为代表的心理学家也指出：学习者是认知的主体，有主动建构自己知识经验的能力，但又不能忽视教师的指导作用，教师是学习者的忠实支持者、积极帮助者和智慧引导者。[②] 在这里培养学生认真审题、提取信息的习惯和能力，也为后面的探究学习留出了充足的时间。

环节三：全班汇报(探讨最优方案)

1. 用时优化

(1)逐个通知

师：我看到一个同学的方案(如图2-11①所示)，他是怎么通知的？

生：一个一个通知的，共需要15分钟。

---

① 中华人民共和国教育部：《义务教育数学课程标准(2011年版)》，北京：北京师范大学出版社，2012年，第4页。

② 让·皮亚杰：《教育科学与儿童心理学》，北京：教育科学出版社，2018年，第114页。

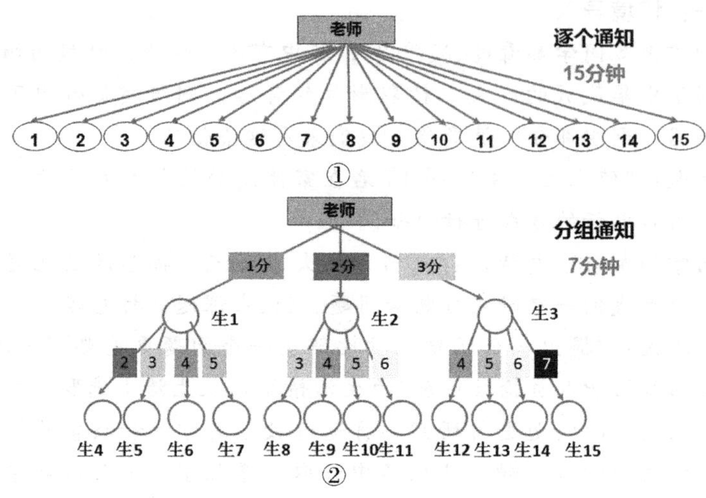

图 2-11

师：我们给这种通知方法起个名字——逐个通知。你们认为这种方法怎么样？

生：太慢了。

(2) 7 分钟方案(分 3 组)

学生介绍分 3 组(5，5，5)方案，需要 7 分钟(如图 2-11②所示)。

师：谁来评价一下他说得怎么样？

点评：看来这个同学说得很简洁，思维很清晰。

师：他是把 15 人分成了 3 组去通知。你们能给他的方法起个名字吗？

生：分组通知。(板书：分组通知)

师：(比较)这两种方法都完成了任务，怎么用时不同？时间省在哪里了？

生：逐一通知都是值班医生一人打电话，分组通知的方法同时打电话的人多了，空闲的人少了。

师：谁听清了？他说了一个什么词？

生：同时。

师：换句话说，逐个通知的方法都是值班医生在忙，而分组的方法有值班医生也有医护人员在忙。

(3)6 分钟方案(分 4 组)

学生介绍分 4 组(4，4，4，3)方案，需要 6 分钟。

师：请大家思考一下，这 2 种方法都是分组的方法，分 4 组的方法为什么用时更少了？是因为分的组多，就节省时间了吗？

生 1：同时打电话的人更多了。

生 2：空闲的人更少了。

师：我们以第 4 分钟为例(如图 2-12 所示)，谁来说说这两个组在这一分钟分别通知到了几人？

生：第 4 分钟分 4 组的通知了 4 人，而分 3 组的通知了 3 人。

师：你观察得真仔细，那我们再想一想，这种方法是用时最少的吗？

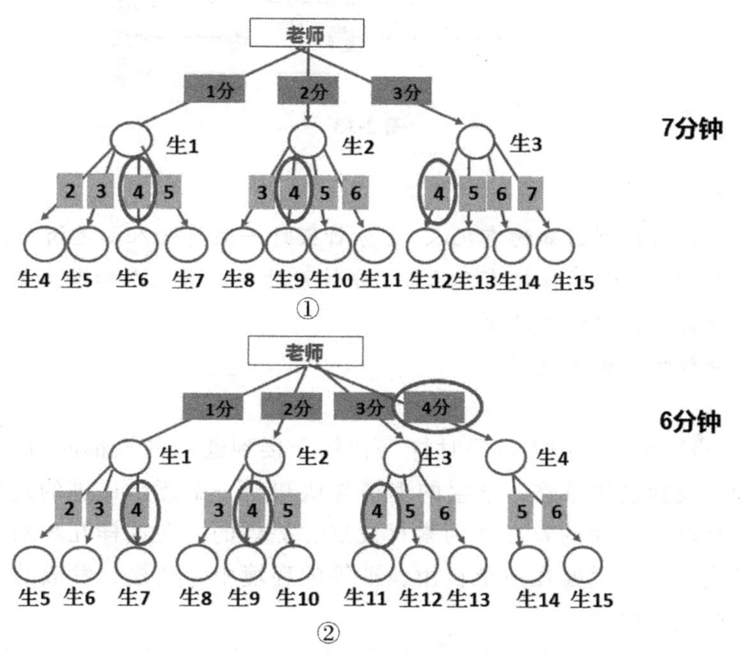

图 2-12

生：不是。

师：怎样打电话才能用时最少呢？

生：保证每一个人都不空闲。

师：真了不起，这真是一个重大发现！

2. 最优化

师：请大家重新设计一个你认为用时最少的方案。

小组合作(生交流方案)。

师：哪个组愿意向大家介绍自己的方案？怎样就能做到所需时间最少呢？

生：保证每个人都不空闲，接到通知后马上通知下一个人，这样通知的人就最多。

师：我们一起结合课件再来回顾一下(如图 2-13 所示)。

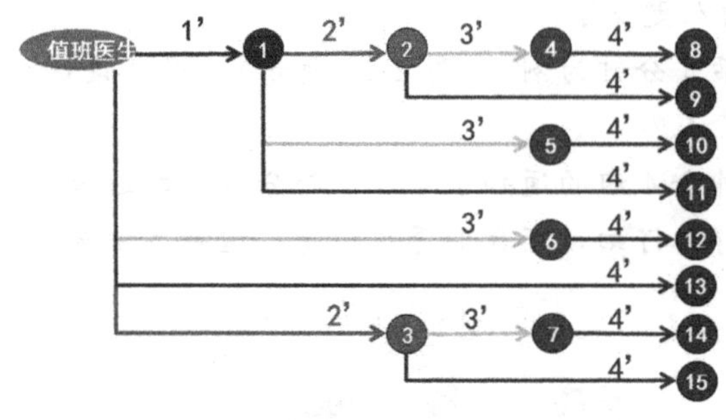

图 2-13

问题串：

第 1 分钟新接到通知的有几人？1 分钟累计一共有几人知道消息？

第 2 分钟新接到通知的有几人？2 分钟累计一共有几人知道消息？

第 3 分钟呢？谁能继续说？

第 4 分钟呢？谁来说说？

……

从“值班医生、医护人员同时打”到“每个接到通知的人都同时打”，即不空闲通知，找到最优策略，学生的理解与认知是一个逐步递进的过程。而这一过程正是以小组间的差异性为素材发展、提炼的。在这样互相对比、相互促进的模式下，学生处在一个自由、平等的环境中，宽松、发散的氛围更容易让学生产生愉悦感。

小组合作学习让学生由被动变主动，把个人自学、小组交流、全班讨论、教师指导等有机结合起来，进而促使小组之间合作、竞争，激发了学习热情，挖掘了个体学习潜能，使学生在互补、促进中共同提高。它让学生有更多的机会发表自己的看法，为他们提供一个较为轻松、自主的学习环境，提高了学生创造思维的能力，使他们在参与学习的活动中得到愉悦的情感体验。

四、整合学科优势，激发学习兴趣

头脑中的知识储存得多，就意味着解决数学问题的能力强吗？我想答案是否定的。例如，有的学生在解决一个问题时，百思不得其解，但经旁人指点，即刻恍然大悟，这说明在他的头脑里，认知结构已经具备了解决这个问题所必需的概念、性质和原理等知识，但他不能很好很快地应用，缺乏将知识系统化、分门别类的能力，从而出现遇到问题无从下手的现象。

我在教学过程中引导学生在基于整体知识的背景下，对所学知识进行重新组织和构建，通过对照比较寻找联系，将彼此分散、彼此分割开来的知识进行整合，形成统一的整体，从而使认知结构更完善。因此，以知识内容为中心，发挥不同学科的多元特点而作用于同一属性的知识内容，进而实现“1+1>2”的效果是当代教育所倡导的，也是“跨学科整合”的意义和价值所在。

试想，一个数学老师如果能在数学教学中整合语文、道德与法治、科学等多元课程，必将给数学教学增添不一样的活力。数学课程也强调：“不仅要考虑数学自身的特点，更应遵循学生学习数学的心理规律，强调从学生已有的生活经验出发……数学教学活动必须在学生的认知发展水平和已有的知识经验基础之上。”①这充分说明，数学教学要以学生的发展为本，要把学生的个人知识、直接经验和学习环境作为数学教学的重要资源，要加强数学与其他学科的结合，切实做好小学数学课程的拓展与延伸。

例如，我针对三年级的数学教学内容“年、月、日”设计了一个国学、科学和数学三学科同台教学的主题教学活动——“国学引发思考，科学揭示原理，数学还原本质”，大大提高了学生的兴趣，拓宽了学生的视野，达到了良好的教学效果。具体活动内容如下。

内容一：国学教学——杯弓蛇影和夏至

环节一：谈话导入

师：同学们，你们在课外班都学习什么呢？对于课外班的学习，你们怎么看？

总结：同一件事情，不同的人会有不同的意见。这就叫仁者见仁，智者见智。希望大家都能尝试表达自己独特的见解。

师：今天我们来聊聊“节气”，关于节气你们怎么看？这是我国古代的劳动人民为了便于记忆，将历法中的二十四节气编成了小诗歌，我们准确流畅地读一遍。

环节二：诵读“节气歌”

师：同学们能正确流利地读“节气歌”吗？

配乐有感情地诵读“节气歌”：

春雨惊春清谷天，夏满芒夏暑相连。

秋处露秋寒霜降，冬雪雪冬小大寒。

立春花开 雨水来淋 惊蛰春雷 蛙叫春分 清明犁田 谷雨春茶

立夏耕田 小满灌水 芒种看果 夏至看禾 小暑谷熟 大暑忙收

立秋之前 种完番豆 处暑莳田 白露耘田 秋分看禾 寒露前结

霜降一冷 立冬打禾 小大雪闲 等过冬年 小寒一年 大寒团圆

① 中华人民共和国教育部：《义务教育数学课程标准(2011年版)》，北京：北京师范大学出版社，2012年，第10页。

师：同学们，正因为有了二十四节气，我们才会感受到大自然的诗情画意。下面我们跟着音乐，仿佛穿梭在季节的长廊里，再来读一遍。

师：了解节气知识，有助于同学们从新的角度读懂成语故事。你们相信吗？

环节三：学习成语故事——杯弓蛇影

师：同学们，从这个故事中你们读懂了什么道理呢？（学生可以说从故事中明白的一个道理）

师：同学们，刚才我们是站在语文学科的角度，识文知理。下面我们站在科学的角度，用上节气知识，又能读懂什么呢？

预设1：找到答案。“同学们的课外知识真是丰富啊！我们可以从这段记载中印证你们的答案。”

预设2：没有找到答案。“善于观察、联想、思考的同学才会学习。我们试着从这段记载中找到答案。”

教师出示文言文：

汉朝应劭在《风俗通义》中记载：“杜宣夏至日赴饮，见酒杯中似有蛇，然不敢不饮。酒后胸腹痛切，多方医治不愈。后得知壁上赤弩照于杯中，影如蛇，病即愈。”[①]后以“杯弓蛇影”比喻疑神疑鬼，自相惊扰。

师：从这段记载中我们又了解到什么呢？

师：看完这段记载，你们有什么问题吗？（学生可以开放提问，在众多问题中总结：只有夏至日才能看到杯弓蛇影的现象吗？）

总结：如果杜宣了解节气的知识，恐怕就不会虚惊一场，闹出笑话啦！有这样一首诗：横看成岭侧成峰，远近高低各不同。不识庐山真面目，只缘身在此山中。其实这首诗也在告诉我们，从不同的角度学习、观察、探究，我们才有可能真正探究到事情的本质。下面有请徐老师掀开这道神秘的面纱。

内容二：科学教学——节气与影长

环节一：集中话题

师：地球公转形成四季变化。春分、秋分太阳直射赤道，物体的影子适中；冬至太阳直射南半球，北半球物体的影子最长；夏至太阳直射北半球，北半球物体的影子最短。（如图2-14所示）

谈话：在夏至日时，还有一个小故事，我给同学们介绍一下（介绍“杯弓蛇影”的故事）。

师：故事中，古人实际看到的是什么？在什么时候看到的？（板书：弓影

---

① 应劭撰，王利器校注：《风俗通义校注》，北京：中华书局，2010年，第252页。

子，夏至日）

布置任务：为杯弓蛇影的成语故事配插图。

出示相关插图，分析哪一幅图能出现“杯弓蛇影”的现象？为什么？

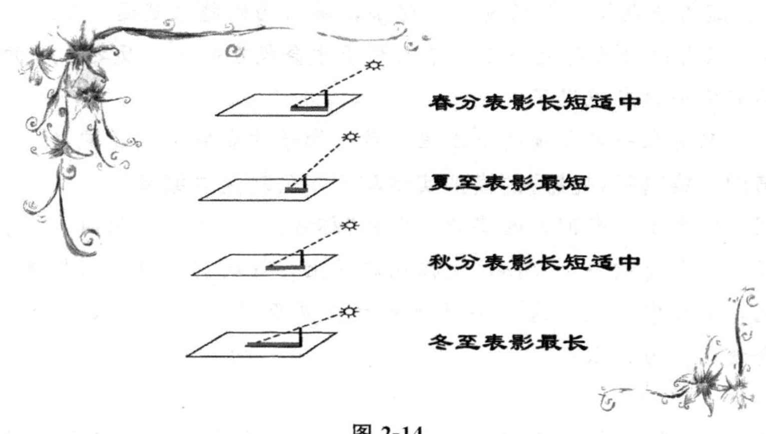

图 2-14

学生分析。

环节二：模拟“杯弓蛇影”的现象，发现影子变化的不同

(1)梳理归纳：看来要想出现“杯弓蛇影”的现象，需要满足几个条件：有太阳、弓、杯子；弓在太阳和杯子之间。

(2)启发：提供的材料能否模拟“杯弓蛇影”的现象？需要怎么做？(出示材料：手电筒、弓、碗)

(3)分组实验：模拟“杯弓蛇影”的现象。

(4)汇报实验现象：成功模拟“杯弓蛇影”的现象。

(5)提问：比较各小组模拟的器材位置有什么不同。你有什么想法？

(6)学生思考：

生 1：手电筒照射角度高，碗就离物体近；手电筒照射角度低，碗就离物体远。

生 2：手电筒照射角度高，弓的影子短，能完全出现在碗中；手电筒照射角度低，弓的影子长，不能完全出现在碗中。

环节三：模拟“杯弓蛇影”的现象，发现影子变化的规律

师启发：手电筒倾斜角度不同，弓的影子的长短、投射的位置也不同，怎样做才能验证你们的想法？

讨论：手电筒、弓的位置能变吗？变化的是什么？怎么记录位置变化？记录什么？

汇报：手电筒、弓的位置不变，只有倾斜角度变化。把酒杯放在影子的位置，画出弓的长度。

分组实验。

梳理实验记录，汇报实验结果：

生1：随着手电筒倾斜角度越来越小，碗离物体越来越远。

生2：只有倾斜角度大一点，弓的影子才会投在碗里。反之，弓的影子拉长，就不能完全投在碗里了。

小结：只有在一定角度的范围里，弓的影子才会完全投在碗里。

环节四：将“杯弓蛇影”的模拟实验与太阳公转建立联系

提问：结合刚才我们做的实验，解释“杯弓蛇影”现象的原因。

解释：手电筒相当于太阳，太阳照在弓上，弓的影子投在酒杯里。

提问：古文中记载，这一小故事发生在夏至日。应该怎么解释？其他季节会不会发生？为什么？

解释：

预设1：一年四季中只有夏至日影子最短，弓的影子能完全投射在酒杯中，才会出现“杯弓蛇影”的现象。

预设2：手电筒高的时候，相当于夏至，太阳照射角度大，影子短，其他季节影子长。

预设3：正午影子最短，所以每天都能看到“杯弓蛇影”的现象。

引导：

策略1：如果从刚才做的模拟实验来说，的确只有夏至日才能看到。

策略2：正午的影子在一天中的确是最短的，那么在一年中长短也是有变化的，当冬至影长的时候，能否完全投在酒杯里呢？

教师总结：看来自然现象是一个复杂的问题，我们今天只是从地球公转的角度分析了杯弓蛇影的现象，其实还有其他因素可能会影响它。还要考虑其他问题。

内容三：数学学科——年、月、日

环节一：创设情境，聚焦问题

师：古人总结道：“春日柳絮飘飘，夏季阳光普照，秋天落叶随风摇，冬日寒风呼啸。寒来暑往四季，不差半点丝毫。”就是在这样的四季更替中，我们幸福地生活着。你们知道“杯弓蛇影”的故事发生在哪个节气吗？

生：夏至。

师：你知道今年的夏至具体是从哪一时刻开始吗？

生：不知道。

教师出示：夏至2019年6月21日23时54分9秒(如图2-15所示)。

图 2-15

师：在这里有没有以前我们学过的时间单位？

生：时、分、秒。

师：除了时、分、秒外，还有其他时间单位吗？

生：年、月、日。

师：年、月、日也是时间单位，而且是比时、分、秒更大的时间单位。今天这节课我们就一起来学习。

数学情境有现实生活的情境，也有纯数学的情境。生活世界的数学情境，把生活世界引向符号世界，理解数学符号的现实意义。纯数学的情境是由数学本身的产物构成的情境。不论是怎样的情境，都应尽量与学生的生活现实、数学现实、其他学科现实相联系，应有利于加深学生对所要学习内容的数学理解。本节课用四季图片作为课的导入，和学生的生活相联系。学生对四季变化有很深入的了解，因此这样的引入更能激发学生的学习兴趣，使学生感受到数学源于生活。让学生把数学知识与生活实际相结合，体会数学的价值。通过夏至的具体时刻引导学生聚焦研究主题。

环节二：自主探究，总结规律

1. 研究年和月的关系

师：在正式研究之前，我想问问大家，你们对年、月、日都有哪些了解？

生 1：一年有 12 个月(年和月的关系——月)。

生 2：平年 365 天，闰年 366 天(年的类别——平年与闰年)。

生 3：每个月可能有 31、30、29、28 天(每个月的天数——天数)。

师：看来同学们对年、月、日已经有了一些了解，但他们说得都对吗？要想验证他们说得对不对，你觉得应该怎么做？

生：我们可以验证一下。

师：真是一个会学习的孩子，我听明白了，就是把你的想法对照着年历一个一个进行验证，是这样吗？在课前每个人都拿到了一份年历，为了表达有序，我们先来看看年和月之间的关系，刚才有同学说一年有 12 个月，你们快看看是这样吗？

预设：学生观察手中年历验证前期说法。

师：我来做一个采访。你拿的是哪年年历？你发现一年有多少个月？其他人有不同结果吗？有13个月的吗？15个月的呢？所以你能得到什么结论？

生：无论哪一年，一年都有12个月。（板书：一年有12个月）

学生对年、月、日的知识并不陌生，如一年有365天，一年有12个月……但是这些知识的来源只是听说，学生并没有亲自验证过。老师要做的是以学生为课堂的主体，把话语权交给学生。让学生先自由地说出对年、月、日有什么了解，然后通过观察手中的年历加以验证。学生通过自己验证得出的结论更加具有说服力。

2. 研究月和日的关系

师：研究完年和月之间的关系后，我们再来看看月和日之间有什么关系。刚才有同学说每个月可能有多少天？

生：31天、30天、29天、28天。

师：那究竟是不是像他说的那样呢？一会儿请你结合手中年历的实际情况，看看每个月可能有多少天？这些天分别出现在哪些月。把所有的月都写全，把你的观察结果记录在学习单上。

学生活动。

学生汇报。

生：31天的月有1月、3月、5月、7月、8月、10月、12月，7个大月；30天的月有4月、6月、9月、11月，4个小月；28天的月是2月。

师：汇报得特别有条理，都跟他的答案一样吗？有不一样的吗？哪儿不一样？

生：还有29天的。

师：是只有这4种可能吗？有没有哪个月是32天、27天或20天？看来每个月的天数都只有这4种可能。你能按天数给这些月分类吗？你想分为几类？你是根据什么分类的？

生1：分成2类，31天和30天的一类，29天和28天的一类。

生2：分成4类，31天的一类、30天的一类、29天的一类、28天的一类。

生3：分成3类，31天的一类、30天的一类、29天和28天的一类。

师：思路真清晰。请同学们再来观察观察，看看在这些不同的天数里面，有没有相同的东西？28天、29天都属于哪个月？所以还可以将28天、29天的分成一类。现在你知道分成几类了吗？

预设：分成3类，31天的一类、30天的一类，29天和28天的一类。

师：现在我们分好类了。每月有31天的月你知道叫什么月吗？（大月）那每月30天的月呢？（小月）2月这种特殊的月我们叫特殊月。说到这儿，你能快速判断哪些月是大月，哪些月是小月吗？

学生介绍方法。

师：同学们的知识面真广，一下就把方法都说出来了。我们再来回顾一下。就像同学们说的，我们可以用小拳头来判断，凸起的关节就是大月，凹下的关节就是小月(如图2-16所示)。伸出你的右拳，咱们来试试。1月大，2月小，3月……有心的同学一定发现了，刚才在判断的时候，我们叫2月什么？（2月小）虽然我们叫它小月，但是它是小月吗？为了押韵我们叫它小月，其实它是特殊月。

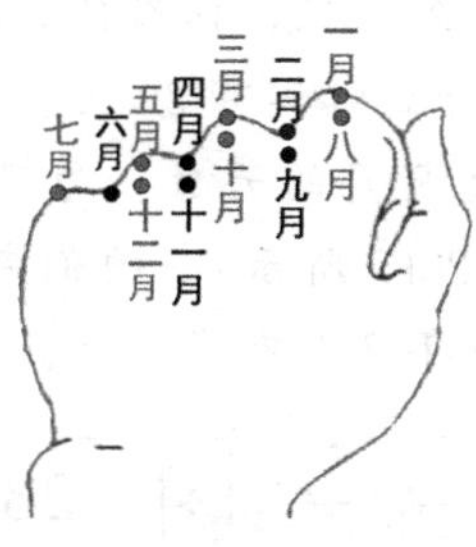

图 2-16

除了这个方法外，咱们还可以用儿歌来记忆。一会儿咱们就来一起读读，在读的时候能不能也按节奏来读？

一三五七八十腊，

三十一天永不差，

四六九冬三十日，

唯有二月二十八。

师：在这里，你知道“腊”表示什么意思吗？“冬”表示什么意思呢？

生：“腊”表示12月，“冬”表示11月。

师：同学们真是太棒了！以后判断大月、小月和特殊月时就用这首儿歌来判断可以吗？

生：不行。2月有时候有28天，有时候有29天。

师：你的想法真严谨，发现2月还可能有29天。看来这个口诀还不太完善。确实，2月的天数总在变化，有时候28天，有时候29天。你知道2月有28天的年叫什么年吗？2月有29天的年呢？平年、闰年到底有多少天？口说无凭，咱们是不是得算算？请你对照你的年历，在学习单背面列式算算，看看平年和闰年到底各有多少天。

生：平年 365 天，闰年 366 天。

学生汇报：

生 1：平年 31＋28＋31＋…＝365，闰年 365＋1＝366。

生 2：31×7＋30×4＋28＝365；365＋1＝366。

师：这个同学的方法真不错，说说你是怎么想的？

生：31 天的月有 7 个，所以大月有 7 个。30 天的月有 4 个，所以小月有 4 个。还有 1 个月 28 天（闰年 29 天）。所以确定平年有 365 天，闰年有 366 天。

3. 研究二月的变化规律

师：刚才我们研究了平年和闰年，发现 2 月的天数确实挺有意思的，有时候 28 天，有时候 29 天。说到这里，你有什么特别想问的问题吗？

生：什么时候有 28 天，什么时候有 29 天？

师：接下来我们就来研究 2 月的天数。为了方便研究，我在这里给大家准备了不同年份的 2 月（如图 2-17 所示）。咱们来做个互动，一会儿我说哪年的 2 月，你们大声告诉我这一年 2 月有多少天。

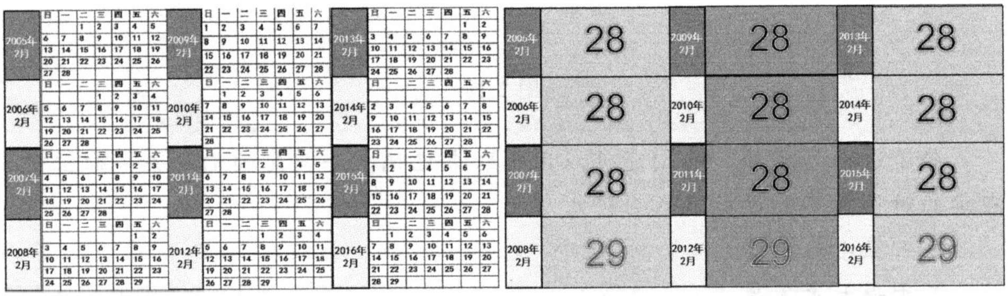

2005年2月	28	2009年2月	28	2013年2月	28
2006年2月	28	2010年2月	28	2014年2月	28
2007年2月	28	2011年2月	28	2015年2月	28
2008年2月	29	2012年2月	29	2016年2月	29

图 2-17

师：你们知道 2013 年的 2 月有多少天吗？你们是怎么知道的？发现什么规律了吗？

生 1：每次都是出现 28、28、28、29。

生 2：每隔三年 2 月就是 29 天，也就是每四年 2 月是 29 天。

师：请你预测一下，2017 年 2 月有多少天？为什么？

生：28 天，因为每四年 2 月会出现 29 天。

师：2018 年呢？2019 年呢？2020 年呢？看来同学们明白了 2 月天数的变化规律，太了不起了！刚才我听有同学说每四年就会出现一个闰年，大家都同意吗？这其中又有怎样的道理呢？

课件辅助，如图 2-18 所示。

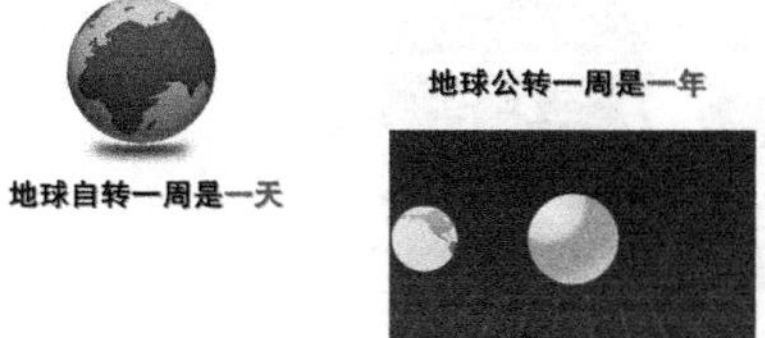

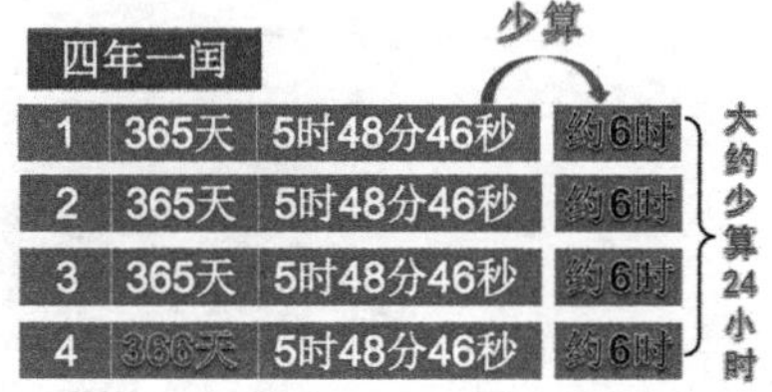

图 2-18

师：在科学课上，老师告诉我们地球绕太阳公转一周的具体时间是 365 天 5 时 48 分 46 秒，但是人们习惯把这一年看成 365 天，地球绕太阳公转 365 天后，能回到起点吗？也就是一年我们就少算了约 6 小时，两年呢？三年呢？四年呢？你发现什么了？

生：四年大约少算了 24 小时，将近一天。

师：我们要把这一天增加到第几年？第四年的 2 月。所以第四年就变成了 366 天。这就是我们所说的“四年一闰”的道理。现在你会判断平年、闰年了吗？应该怎么判断？

生：看年份是不是 4 的倍数。

师：看来同学们已经掌握了 2 月天数的变化规律。我给你们几个具体的年份，你们来判断一下：1997 年，2008 年，2100 年。

生 1：1997 除以 4 商 499 余 1，所以是平年。

生 2：2008 除以 4 商 502，没有余数，所以是闰年。

生 3：2100 除以 4 商 525，没有余数，所以是闰年。

师：看来这个问题有争议了，咱们快看看万年历，2100 年到底是什么年？

生：平年，2 月有 28 天。

师：2100 能除尽 4，为什么是平年？这个问题提得特别有价值，这是怎么回事呢？咱们回顾一下刚才的推算过程，你发现什么了？

我们刚才把 5 时 48 分 46 秒看成 6 小时，这样就精确了吗？（不精确）我们把 5 时 48 分 46 秒看成 6 小时，会怎么样？（多算）没错！一年多算 11 分 14 秒，这算得了什么？四年才多算 44 分 56 秒，不算什么。按理说 100、200、300、400 都是 4 的倍数，每年应该有多少天？

生：366 天。

师：聚沙成塔、积少成多，虽然一年才多算了 11 分 14 秒，但是 400 年下来就多算了 3 天 2 小时 53 分 20 秒。为了让时间更准确，多算的 3 天应该怎么办？时间立法规定我们要从这 400 年中的 100 年、200 年、300 年各减去一天。所以，在“四年一闰”的基础上规定了“百年不闰，四百年又闰”（如图 2-19 所示）。

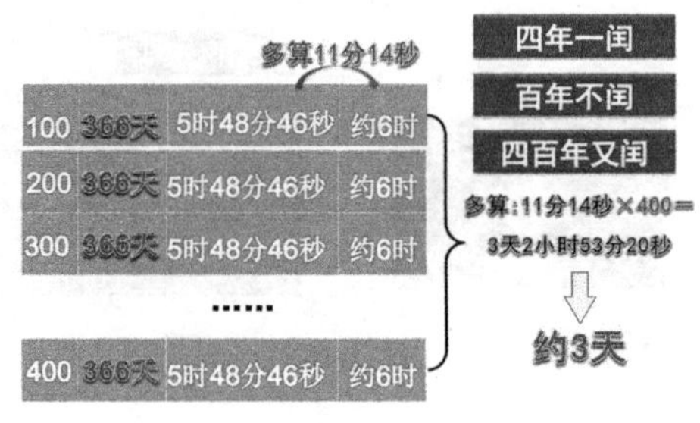

图 2-19

小结：通过刚才的学习，你对 2 月这个特殊月一定有了更深的认识。现在，你能把这个口诀完善一下吗？

生："唯有二月二十八"应该改成"平年二月二十八日，闰年二月二十九日"。还可以再加上"四年一闰，百年不闰，四百年又闰"。

运用信息技术手段，能够更好地突破教学难点，尊重学生的已有知识，梳理出知识体系。清晰、有条理地让学生明白"四年一闰，百年不闰，四百年又闰"的道理，并且利用手机中的万年历验证平年、闰年更加具有说服力，也培养了学生严谨思考的能力。

环节三：分层推进，巩固练习

1. 基础练习

判断对错：

(1)每年都是 365 天。(　　)

(2)一年中有 7 个大月，5 个小月。(　　)

(3)四月份有 4 个星期零 2 天。(　　)

(4)四、六、八月都是 30 天。(　　)

答案：(1)×　(2)×　(3)√　(4)×

2. 提高练习

猜一猜：

(1)小明是 2006 年上半年最后一个大月的 15 日出生的，你知道小明是哪年哪月哪日出生的吗？

(2)军军比小明大 5 天，你知道军军是哪年哪月哪日出生的吗？

本节课的练习题设置由浅入深、由易到难。从基础题目判断年、月、日三者之间的关系，慢慢地过渡到需要认真审题、严谨思考、灵活运用所学知识才能解决的较难题目。从而达到课标中的要求：照顾不同学生学习的感受，使不同的人在数学学习中有不同的收获。

环节四：全课总结，升华认识

师：上完这节课你有什么深刻的感受？你对哪一个环节最感兴趣？

欣赏时间：在研究时间单位的过程中，我们学会了很多知识。其实，时间对每个人都是公平的，一寸光阴一寸金，寸金难买寸光阴，时间在我们身边慢慢流逝，给我们带来了成长，带来了美丽。让我们看看时间给我们府学小学带来的靓丽之色吧(如图 2-20 所示)。

图 2-20

对于“年”这么长的时间单位，学生体会起来有一定的困难，在课堂的结尾，我播放了府学四季的短片，让学生感受时间带给我们的美，美其实就在我们的身边，从而升华到德育教育中的“珍惜我们学习和生活中的每一分、每一秒”。在这样的回味中，结束本节课的学习，让学生意犹未尽。

就这样，三个不同学科的内容实现了无缝衔接。中间没有安排常规的“换场”和主持人的连接，学生也没有休息一分钟，而是“一气呵成”地上了一节长达 80 分钟的“大课”。纵观整个活动的结果，虽然时间长、内容多、难度大，但学生依然兴趣高涨，甚至有的学生不愿意离开，希望继续学习。有的专家认为：“没有爱主动学习的自然人。”对此我不否定，但我想这样的反常现象正是说明了“辛苦学习”其实也是可以进行加工和转化的，“学科整合”的理念带来的就是一种冲击。通过学科间的互补，使学生的学习需求得到了最大限度的连贯与延展，也使学生的视角得以多元化。这样的设计有助于学生形成更广义的知识体系，建立学科间的有机联系，感悟学科内涵上的异同，从本质上激发学生的内在学习兴趣。

五、思辨看待错误，激发学习兴趣

长久以来，人们对“错误”的理解总是负面的，认为错误的出现一定伴随着阴暗的元素，事物发展的过程中都是正面的、积极的东西才能诠释完美。在这样的理解之下，一些追求“完美”的数学课也就诞生了。殊不知，否极泰来，物极必反。我们应辩证地看待事物，虽然错误的出现远离了正确的标准，但是其中也一定会存在着有利的因素，有时“错误”甚至比“正确”能够带来更多的发现和创造。

作为数学教师，我们用积极的心态去看待“错误”这一消极的元素，利用适当的方法和手段，从更加全面、审慎的角度出发，挖掘错误中存在的价值，使学生所犯的错误成为教学过程中的亮点和财富。学生在学习中所犯的错误是一种来源于学习本身的活动，是具有特殊教育作用的学习材料，它来自学生，具有教育智慧的教师一定会在教学中通过对错误的合理分析激发学生的探究兴趣，唤起学生的求知欲。试想，如果在课堂中连错误都能够成为有效的教学素材和新的生长点，这样的课堂有什么人会不喜欢呢?

例如，在教授中年级计算教学“小数乘小数”一课时，我在处理练习的过程中抓住了课堂上学生的一个明显错误，进而以错误为切入点，进一步帮助学生从本质上理解算理，积累数学活动经验，提高数学的学习兴趣。具体过程如下。

师：同学们，都计算完了吗？谁来说说“2.5×1.9”是怎么计算的？

生：答案是4.75。我把2.5和1.9先看成整数，分别扩大10倍，当成25和19计算乘法，然后再把积缩小到原来的$\frac{1}{100}$就可以了。

师：表达得很清楚，还有补充吗?

生：我再补充一点。我把2.5和1.9的末尾对齐，然后把它们当成整数乘法计算，算得的结果是475，再看2.5和1.9一共是两位小数，就将积的小数点从右往左移动两位，也就得到正确答案4.75了。

师：补充得很到位，算法很清楚！大家都和他们的算法一样吗?

（此时，几乎所有学生都举起了手，但我留意到班里相对后进的学生××此时没有举手，而是用铅笔盒刻意盖住自己的计算过程，不愿意让别人看到。根据他以往的学业情况，我知道他的想法十有八九是错的。这时，好奇心和责任感驱使我走到了他的身边，开始了下面的关于“错误”的对话。）

师：××同学，老师观察到你好像有什么不一样的想法，能和大家分享一下吗?

××：没有，没有，我做错了！

师：没关系，那就说说怎么错的吧！相信对其他同学也是有帮助的，请把你的计算过程拿到前面来。

实物投影展示计算过程：

2.5×1.9

=2×1+0.5×0.9

=2.45

师：能说说这个计算过程是什么意思吗？当时你是怎么想的？

赵：我觉得2.5和1.9有整数部分，也有小数部分。老师讲过，相同计数单位的数才能直接计算，所以我想整数和整数部分乘，小数和小数部分乘，最后加在一起就行了。

师：同学们，听着好像也有道理呀。这样做对吗？

生：不对，不能这样想！

师：这样可就不讲道理了！不能说“因为我的方法对，所以你的方法不对”。应该思考一下，究竟为什么不能这样想。这样错在哪里了呢？

（学生一时沉默）

师：下面就请同学们研究一下这个错误。请你用自己的方法证明“错误是错误的”。

学生分组讨论。

生1：我们用估算的方法证明。我们将1.9看成2，这样计算“2.5×2”的结果是5，所以说明“2.5×1.9”的结果应该比5稍微小一点，不可能是××同学计算的2.45。

师：非常好！想到用估算的方法确定结果的大致范围，虽稍欠精确，但有想法。

生2：我们借助整数乘法思考。“25×19”包括了10个25和9个25，10个25中又包括了20个10和5个10；9个25里又包括了9个20和9个5，也就是说“25×19”应该包含四部分：20个10、5个10、9个20和9个5。所以只算两部分肯定不对。

师：也很有创意，想到了借助整数乘法类比说明，虽有些许凌乱，但创意感很强！

生3：我们小组用画图的方法，请大家看看。（实物投影展示，如图2-21所示）

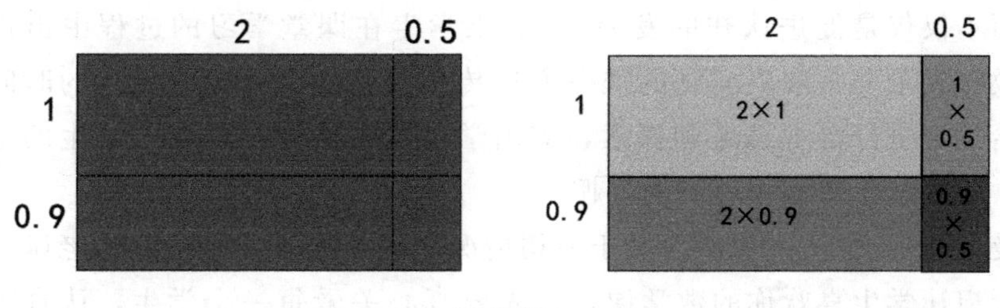

图 2-21

假设这个长方形长2.5米，宽1.9米，那么“2.5×1.9”的积就是它的面积。我们发现，如果将长方形的长和宽分别按照整数和小数分开，就会形成四个小长方形。而四个小长方形中，两个是××同学说的“2×1”和“0.5×0.9”，还有两个“2×0.9”和“1×0.5”没有计算进去，所以××同学的方法错了！

（此时掌声自发地响起）

师：太厉害了！竟然想到了用形来助数，结果大不一样呀！不但说明了错误的原因，而且给了我们一种全新的研究问题的思路。我觉得应该再给他们点掌声！

（掌声再次响起）

师：我觉得我们好像忘了点什么。俗话说：“吃水不忘挖井人。”是谁给我们带来了这么好的研究素材？

学生异口同声：××。

师：是呀！我们也应该感谢××同学。没有他有创意的想法和勇敢的表达，我们又怎么能有这么多的收获呢？同学们，不要害怕错误，很多时候错误是好事。北京教育学院的王长沛教授说过：“孩子最大的本事就是犯错误。”因为“错误”是成长的新起点，“错误”也是开阔视野的好素材，来吧，让我们为“错误”鼓掌！

要正确看待学生的错误，通常不要粗暴地直接指出，可以让学生通过反思和交流，以积极的心态去分析错误产生的原因和背后的积极价值，即“这个错误对你的启发是什么”，让学生各抒己见，调动起学生的积极性和热情。著名特级教师华应龙老师长期以来一直主张“化错”的教育理念。其核心思想就是在教学过程中随机融入，自然生成，而不是事先刻意安排；敏锐发现差错背后的意义，揭示其内在的矛盾、张力，巧妙彰显其积极意义，而不是简单地否定学生的错误；充分挖掘并利用差错资源的多方面价值，培养学生直面错误、超越错误的求真人格，学做真人，将教学活动引向深入，引向心灵深处，而不仅仅是促进认知的发展。① 如果学生在课堂学习的过程中出现了错误，教师先不要将解决问题的统一方法传达给学生，而要将更多的时间和空间留给学生进行自主思考和探索，突出学生的主体地位，调动学生的主观能动性，激发学生对学习本身的兴趣。

爱因斯坦说过：“我认为对于一切情况，只有热爱才是最好的老师。”老师们，要想让学生喜欢你的数学课，首先要真心关爱每一个学生，认真“用心”

① 华应龙：《华应龙与化错教育》，北京：北京师范大学出版社，2015年，第13页。

上好每一节课。用灵活多样的教学方式引导学生；用积极的人生态度鼓励学生；用高尚的人格魅力感染学生；用平等的教育视角审视学生。多与学生沟通交流，为他们创造快乐的学习氛围，激发他们的学习兴趣，让每一个学生都得到不同的发展。

第三章　上内容丰富的"好课"——内容篇

教育家布卢姆说过："人们无法预料教学所产生的成果的全部范围。没有预料不到的成果，教学也就不成为一种艺术了。"①是的，如果没有不可预知的课堂进程，没有灵机一动的思维闪念，没有恰到好处的直观辅助，课堂也就谈不上丰富和精彩了。

随着社会的发展与进步，现在学生的知识储备、问题视角和眼界已经是十几年前的学生无法比拟的了。照本宣科固然能完成知识教学的工作任务，但学生会得到预期的发展吗？数学素养的提升能够具体落实吗？课堂能够丰富和精彩吗？肯定不能！荀子曰："积土而为山，乘之而后高，积水而为海，积之而后深。故圣者众之所积也。"(大意为：堆积土便成为山，几倍之后山就变高了，积累水就变成海洋，积累之后就变深了。这就是圣人平时积累的原因。)成功绝不可能是单方面因素决定的，往往需要多方面的积累和协调，由量变而最终引发质变。因此，追求卓越和成功的数学教师就必须与时俱进，积极开动脑筋，寻找多种途径，选择学生便于理解的方法和易于接受的内容，勇于挑战的问题和乐于探索的素材，让教学实现良好的效果，进而获得良好的教学效益。

下面，我将结合自己的一点儿浅薄认识，从课堂教学中应用的"素材"、师生互动的"器材"和教学内容本身的"题材"三个方面来阐述对"丰富教学内容"的想法和认识。

一、艺术性运用"好"素材

根据心理学家皮亚杰的认知发展理论可知，小学年龄阶段的儿童正处于认知发展的具体运算期。在这一年龄阶段的小学生，其思维能力呈现出深刻化、丰富化和系统化的特点，思维能力和思维品质都逐渐发展起来。通过长期的教学实践也可以发现，小学年龄阶段(6—12 岁)的学生整体处于思想活跃的阶段，对新鲜事物的接受能力比较强，但由于其心智尚未完全成熟，表现

① 洛林·W. 安德森：《布卢姆教育目标分类学修订版》，北京：外语教学与研究出版社，2009 年，第 174 页。

在具体学习过程中，其各项学习技巧和解题方法的掌握又不能准确、快速地到位。而数学学科本身是一门相对复杂的学科，其高度的逻辑性和抽象性综合考验着学生的观察能力、联系能力、反思能力和应用能力。因此，诸多因素和矛盾就促使当今的数学教师要采用适当的方式加以引导和应对。

我们常听艺术家们说：“艺术源于生活而高于生活。”是呀，生活是艺术灵感的源泉！其实，生活又何尝不是科学发展的驱动力呢？人类的发展史中此类情况比比皆是，远古时期，正是人们在生活中对运输便利的需求才促使轮子的发明和产生；在生活中，因为人们对光的需求，才有了电灯的发明；在生活中，又是因为人们对通信的需求，才有了电话的发明……科学发展如此，那数学学科呢？它依然与生活有着扯不开的关系。恩格斯说过：“数学是研究现实生活中数量关系和空间形式的科学。”其中“生活”二字切实地为现代数学的发展提供了温床和动力。数学运算在生活中无处不见；点、线、面、体在生活中都有模型；比例、折扣在商场里总见身影；分数、小数尽在数据当中……数学知识本身就来源于生活，并最终会运用到生活中去。因此，我们数学教师在教学过程中，需要根据学生的学习特点和认知规律，将数学知识的学习和学生生活实际中能够接触到的素材密切地结合起来。数学知识的学习不再枯燥乏味，学生学起来就会感到自然亲切。这有利于培养学生用所学的数学知识来观察周围丰富多彩的事物，用数学的眼光看待生活的世界，进而增强其学习数学的兴趣，培养其能力，发展其智力，促进学生素质的全面发展。

1. 利用生活中的素材丰富课堂内容

《义务教育数学课程标准(2011 年版)》中指出：“学生能够认识到数学存在于现实生活中，并被广泛应用于现实世界，才能切实体会到数学的应用价值。”①把实际生活中的素材运用到知识的建构过程中，是学习数学的有效途径和手段。重视生活素材的应用，让学生结合所学数学知识，分析、解决一些简单的生活实际问题，使学生感受到数学知识与生活实际的密切联系，可以有效激发学生形成学数学、用数学的意识，培养正确的数学观。

我们都知道，数学是一门基础性学科，其中很多内容都与实际生活息息相关。例如，运算本身就是了解生活的一种手段；图形本身就是生活元素的高度抽象；统计本身就是认识生活的一种理性方法。从基本的时间计算、概率统计、单位测量、几何变换、生活购物到计算机技术、通信手段、移动设备都离不开数学知识的运用。数学对我们的实际生活有着重要的影响，我们数学教师要做的就是将数学和生活进行无声的衔接，并把这种衔接真正落实

① 中华人民共和国教育部：《义务教育数学课程标准(2011 年版)》，北京：北京师范大学出版社，2012 年，第 9 页。

到数学课堂中来。在课堂中加入生活素材，用生活化的元素来引发学生思考，帮助学生理解抽象的数学知识，让学生发现数学学习的乐趣，真正理解数学的基础知识和基本概念。

例如，教学六年级综合实践课“有趣的平衡”一课时，我就在课的引入环节和练习环节分别利用生活中的实际素材去丰富和拓展数学课堂。具体过程如下。

引入环节：电影欣赏，课前引思

师：上课时间还没到呢，我给同学们播放两个电影片段，不过今天大家在这里看和在电影院看可不一样，这些都与我们今天要学习的内容有关系，让我们欣赏一下。

1.《平衡达人》

视频《平衡达人》素材来源于互联网，描述的是一位日本平衡大师的平衡技能。他可以将身边的物品立于一点并保持平衡。视频时长 58 秒。

2.《断桥》

视频《断桥》是电影《真实的谎言》中的片段。内容讲述的是劫匪驾车逃离的过程中，桥梁被军方飞机用导弹炸断。劫匪的汽车紧急刹车，并停在了断桥处，最终由于一只海鸥落在了汽车上而改变了平衡状态，导致汽车掉下断桥爆炸。视频时长 1 分 4 秒。

《第三次国际数学和科学研究》(TIMSS)指出：“现实生活是数学的源泉，是科学世界的根基。教学只有首先关注人的现实生活，才能使人真正体验和理解生命的意义和价值。现实生活应该是数学的基础和前提，教学应与现实生活联系。”课前的预热，将数学与实际生活结合起来。通过观看两段视频可以在提高学生学习兴趣的同时，为后面的学习埋下伏笔。从学生的学习兴趣、参与状态以及学习成果来说，他们无疑是趣味盎然和收获甚丰的。我为学生提供的宽松、民主、和谐的研究氛围，极大程度地激发了学生的学习潜力。学生不但了解了许多课外知识，获得了解决问题的策略启发，而且提升了学习能力，更主要的是学习心理得到了健康成长。

练习环节：应用所学，解释现象

师：大家能够学以致用，非常好。课前我们看了两个电影片段，你们还想看吗？

生：想。

师：那就让我们再看两段。在电视剧《神话》中，有这么一个情节：偶然穿越到秦朝的易小川要和项羽比力气，他们约定能够凭自己的力量让千斤的巨鼎离开地面，并保持时间较长的人为胜者。请看屏幕，比赛开始了。

视频《霸王举鼎》内容为项羽凭天生神力举起巨鼎。时长 32 秒。

师：项羽成功地将巨鼎举了起来，接下来让我们看看小川的表现。

视频《小川不敌》内容为易小川凭借自己的力量尝试举鼎但不成功，片尾他自信地表示只用一个时辰就可以反败为胜。时长 34 秒。

师：自信满满的小川能用什么妙计战胜天生神力的项羽呢？同学们，如果是你，你有什么办法吗？

生 1：用杠杆把鼎撬起来。

生 2：借助杠杆的力量，就和我们今天学的方法一样，做一个大平衡杆。

师：让我们看看小川的妙计和大家想的一样吗？

视频《小川胜利》内容为易小川利用杠杆原理拉起巨鼎，最终取得胜利。时长 37 秒。

师：正如大家所料，小川利用杠杆最终取得了胜利。大家能不能用今天所学的知识解释一下小川胜利的方法？

生 1：把鼎的质量看成 100 份，如果小川把鼎捆在刻度数是 1 份的位置，他只要在另一边刻度数为 100 份的位置用 1 份力就可以和鼎平衡了。

师：多么形象的描述！还有补充吗？

生 2：他用的力要比 1 份大一点儿，正好是 1 份只会和鼎平衡，再大一点儿才会撬起它。

师：你看，他还从细节上进行了考虑，说得好！

生 3：小川那边的刻度数越大，用的力就越小，像他说的那样，如果刻度数是 200 份，他用的力就更小了。

师：好了，大家分析得非常好。通过刚才的故事，你能想到一句名言吗？

生：给我一个支点，我将撬起地球。

师：说对了，这句话是古希腊的数学家阿基米德说的，你觉得这仅仅是一句激励人的名言吗？

生：不是，这句话是有科学道理的。

用掌握的规律去解决生活中的实际问题是数学学习的根本目的。在"有趣的平衡"这节课中，电影和视频成为课堂的重要组成部分。区别于常态教学，练习不再是做题，应用也不再是模仿。正如大教育家陶行知先生所说："教育只有通过生活才能产生作用并真正成为教育。"[①]这两个应用环节没有让学生具体做什么题，模仿说什么话，而是引导学生用所学的内容来解释一些现象，这更考验了学生结论理解和知识内化的程度。通过电影故事中事例的呈现，

---

① 周洪宇：《陶行知教育名论精要(教师读本)》，福州：福建教育出版社，2016 年，第 253 页。

有意识地利用生活中的素材丰富课堂内容，引导学生运用所学知识对现象进行解释说明，进一步体现规律的应用价值和实际价值。

2. 利用生活中的素材提高学习效率

“减负”是当今中国教育界最受社会关注、最能引起社会反响的问题。自1985年普及义务教育以来，教育部门已经陆续下发了49次“减负令”。当然，这里所谈的“减负”绝不是降低要求，更不是放任不管。与“减负”同时亮相的还有“增效”一词。“效率”是数学中常用的数量名词，其含义为“单位时间完成的工作量”。“减负增效”就是要求降低学生过重的学业负担，同时还需要提高学习效率。这既是国家对教育的要求，也是我们教师所追求的至高境界。由此可见，课堂中的“效率”在当今“减负增效”的大背景下尤为重要，这也是很多教育专家提出“向40分钟要质量”的根源所在。

作为数学教师，在教学中我们要善于联系生活中的现象和相关问题，通过合理地引入生活素材配合课堂的教学，从而降低学生的学习难度，开阔学生的学习视野，拓展思维的角度，提高数学课堂效率。小学生容易产生思维定式，思考问题的习惯和判断问题的方法容易受到课堂教学内容的直接影响，因此好的数学教师要善于掌握学生的身心健康发展特点，提供学生喜闻乐见的研究素材，切实提高数学学习的效率。

例如，在教学四年级数学“平均数”一课时。基于以往的经验和思考，我发现学生学习平均数后往往会认为“平均数是最好的统计量”“平均数最能说明问题”。这与学生的年龄特点和学业水平是有直接关系的。那么，如何培养学生辩证地看待统计量的作用，并落实新课程标准中对统计的核心要求，即“数据分析意识”呢？对此，我特别设计了与常规教学不同的练习环节，希望利用生活中的鲜活素材，通过对现实问题的分析和解读促进学生对统计本质的理解。具体过程如下。

练习1：利用节约用水信息深入理解平均数的意义

师：同学们，今天在来学校的路上我看到路边有一幅宣传画(如图3-1所示)。你们知道这是什么意思吗?

生：这是宣传节约用水的广告画。

师：我们国家幅员辽阔、物产丰富，需要节约用水吗?

生：需要，现在都提倡节约用水。

师：我觉得好像没必要。我们不争吵，用数据来说话，请看我们国家的淡水资源情况(如图3-2所示)。

师：看到这条信息你有什么感觉?

生：我觉得我们国家的淡水资源真不少，只有三个国家比我们多。

图 3-1

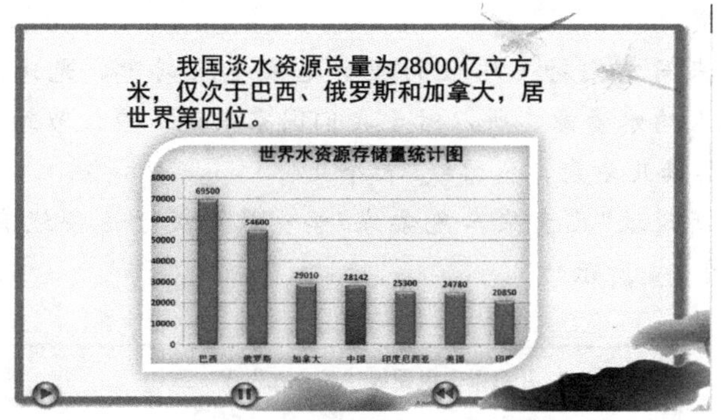

图 3-2

师：是呀，那还需要节约用水吗？

生 1：需要，因为中国人多，平均到每个人可能就不多了。

生 2：除了淡水总量我们还应该看看淡水资源的人均量，这样才能全面地说明问题。

师：同学们很严谨呀！那好，再让我们看看人均淡水资源的数据(如图 3-3 所示)。

师：请大家静静地读一读这条信息，你发现了什么？(静静等待)

生：我们人均只有 2350 立方米水可用，很少。

师：是我们每个人都有这么多水吗？

生：不是，有的地区的人可能会多一点儿，有的地区的人可能会少一点儿，2350 立方米是移多补少后的参考数据。

师：“贫乏”这个词是什么意思？有那么多水，为什么用“贫乏”来形容我们国家呢？

生：因为我们算到每个人头上就很少了。120 个国家都比我们多，所以我

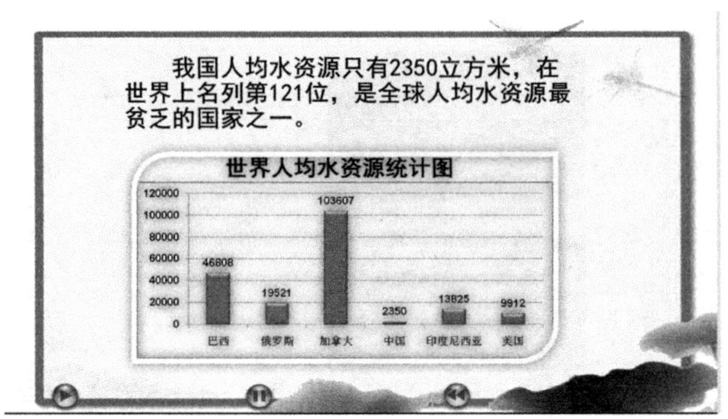

图 3-3

国淡水资源很贫乏。

总结：看来同学们对平均数的理解越来越深刻了，光比总量是不行的，还要看我们的人均水资源。所以对于我们国家来说，应该节约用水。

练习 2：解读儿童乘车免票线“长个儿”

师：你们听说过“儿童乘车免票线”吗？最近关于这条线有个新闻，我们一起看看(如图 3-4 所示)。

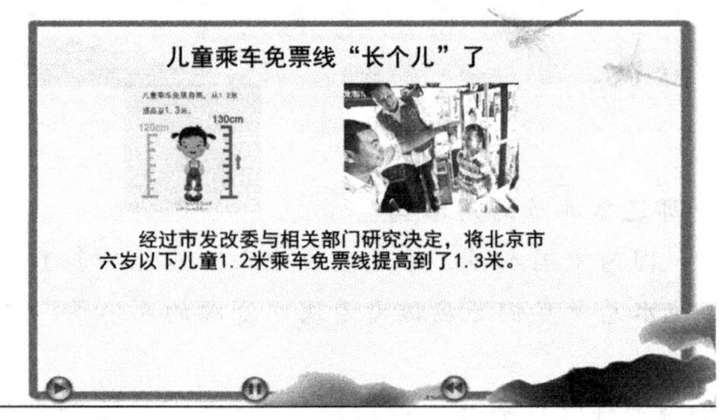

图 3-4

师：为什么儿童乘车免票线要提高？

生：我想是因为现在的生活条件好，孩子们的个子都比较高，所以儿童乘车免票线也要提高。

师：那我们怎么去确定这提高标准呢？

生：要调查。

师：调查谁？又调查什么呢？

生 1：应该调查北京市六岁儿童的身高，然后算出平均数就可以制定标准了。

生 2：我觉得每个人都调查太麻烦了，可以随意选一部分六岁儿童调查身高，然后算出平均数就行了。

师：我们同学真了不起，既能准确理解平均数的意义，又能想到可操作的办法。那我们一起看看实际是怎样做的。

出示：据统计，目前我市六岁男童身高平均值为 119.3 厘米，女童身高平均值为 118.7 厘米。

师：看，和你们想的一样，市发改委就是参照我市六岁儿童的平均身高，确定了免票线的高度。看来，这平均数的作用真是不小，连确定免票线的高度都可以参照它。你们能利用平均数解决问题吗？比如判断一件事情。

练习 3：分析美国名将埃蒙斯步枪射击水平

师：让我们走进 2008 年北京奥运会男子 100 米气步枪决赛的赛场。（播放视频）

师：通过这段视频你可以知道什么？

生：埃蒙斯很厉害，领先第二名很多。

师：让我们看看埃蒙斯前九枪的具体数据(如图 3-5 所示)。你们觉得应该用什么数据表示埃蒙斯前九枪的射击水平？

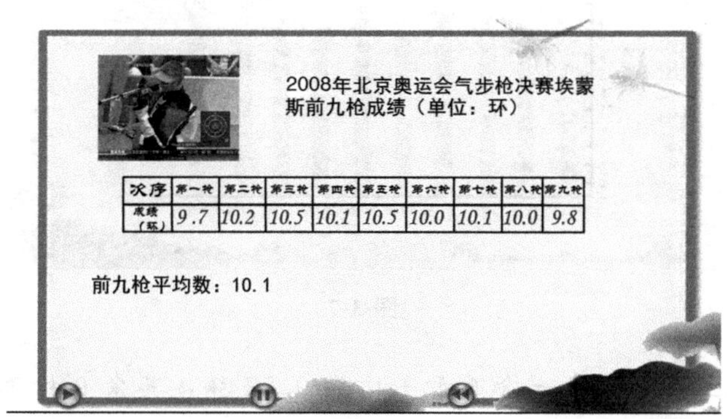

次序	第一枪	第二枪	第三枪	第四枪	第五枪	第六枪	第七枪	第八枪	第九枪
成绩（环）	9.7	10.2	10.5	10.1	10.5	10.0	10.1	10.0	9.8

图 3-5

生：用平均数。

师：我计算了一下，前九枪的平均数是 10.1 环。这个数据能代表埃蒙斯射击的总体水平吗？

生：可以，这九枪每一枪都在 10 环左右，所以可以。

师：看来大家都同意用平均数可以表示埃蒙斯的射击总体水平。接下来让我们看看关键的第十枪。（播放视频）

师：埃蒙斯的第十枪只打出了 4.4 环，现在看平均数才 9.53 环(如图 3-6 所示)。是不是刚才我们的判断错了，埃蒙斯水平并不高？

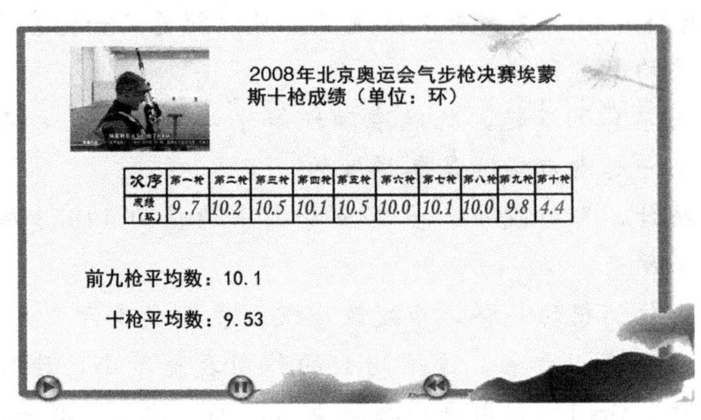

次序	第一枪	第二枪	第三枪	第四枪	第五枪	第六枪	第七枪	第八枪	第九枪	第十枪
成绩（环）	9.7	10.2	10.5	10.1	10.5	10.0	10.1	10.0	9.8	4.4

图 3-6

生：不是，这个时候用平均数表示埃蒙斯的总体水平就不合适了，因为平均数被拉低了。

师：为什么不合适了呢？让我们结合图形分析一下(如图 3-7 所示)。

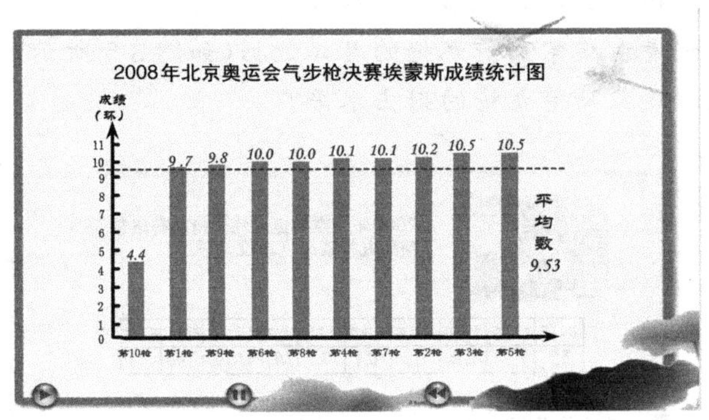

图 3-7

生：从图上看，只有一枪低于平均数 9.53 环，其余 9 枪都高于平均数，所以这时平均数就不能表示总体水平了。

师：同学们理解得非常到位，平均数是可以用来作为参考的，但是它反映的只是一般情况，并不能反映某种特殊情况。像这种出现明显偏大或偏小数据的情况，又应该用什么数据表示一般水平呢？我们以后再研究。

生活中的素材不计其数，可以说是“取之不尽，用之不竭”。但最关键的是我们数学教师需要有一双发现素材的眼睛，具备应用素材的意识。南宋大教育家朱熹曾说：“博学，谓天地万物之理，修己治人之方，皆所当学。然亦各有次序，当以其大而急者为先，不可杂而无统也。”[①]其大意为：学习应当广

① 朱熹：《朱子语类(第八卷)》，武汉：崇文书局，2018 年，第 193 页。

泛，对于天地间万事万物的道理，修养自身治理人世的方法等都应当学习。然而学习也各有次序，应当以重要而急需的作为首先学习的内容，不可杂乱没有系统。“博学”是指素材获取渠道的广泛，“次序”则需要执教者有效地将素材作用于教学实际。在“平均数”这节课的练习环节中，我从不同层次给出了三个不同的信息，让学生在亲身经历中理解平均数的意义，体会统计量的价值。第一个信息“节约用水”，重在体会平均数的意义和价值。第二个信息“儿童乘车免票线”则在引导学生思考平均数价值的同时，体会收集数据的方法和重要性。第三个信息“埃蒙斯射击水平”则重在引导学生辩证地看待统计量的优势和不足，为后续的学习(中位数、众数、标准差等)奠定基础。三个不同生活素材的利用，其个性意义虽然不尽相同，但都力求利用生活中的素材切实提高学生的学习效率。

3. 利用生活中的素材提升应用意识

“不管数学的任一分支是多么抽象，总有一天会应用在这实际世界上。”① 被誉为“几何学中哥白尼”的数学家罗巴切夫斯基准确地描述了数学与生活的关系。生活中到处有数学，到处存在着数学思想。数学学习的根本目的就是使其在实际生活中更有效地产生作用，帮助人们解决实际问题。数学与生活的紧密联系往往可以实现这两方面的双向渗透，即在数学学习中应用现实的生活素材理解和深化，而在生活中又自然地用数学知识去分析和解读出现的现象和问题，二者相互作用、相互影响，最终实现有机联系。这对于数学教学来说是非常有价值的契机，数学教师需要有效把握数学与生活的联系，聚焦提升数学知识的应用意识，发展学生的数学学科素养。

对于应用意识，课程标准中解读为两方面的含义：“一方面，有意识利用数学的概念、原理和方法解释现实世界中的现象，解决现实世界中的问题；另一方面，认识到现实生活中蕴含着大量与数量和图形有关的问题，这些问题可以抽象成数学问题，用数学的方法予以解决。在整个数学教育的过程中都应该培养学生的应用意识，综合实践活动是培养应用意识很好的载体。”② 由此可见，生活素材的运用是学生提升数学应用意识的良好途径。因此，作为数学教师，我们需要充分挖掘数学知识本身所蕴含的生活性、趣味性，调动学生善于质疑、自主研究，主动寻觅数学与生活之间的密切关系，探索生活材料数学化、数学课堂生活化的方法。

---

① 罗巴切夫斯基：《几何学及几何基础概要》，哈尔滨：哈尔滨工业大学出版社，2012 年，第 325 页。

② 中华人民共和国教育部：《义务教育数学课程标准(2011 年版)》，北京：北京师范大学出版社，2012 年，第 7 页。

例如，在教学六年级数学课“邮票中的数学问题”时，我就以生活中真实的邮寄问题为研究素材，引导学生经历从数学阅读进入抽象、总结的过程，努力提升学生的数学应用意识。具体过程如下。

环节一：问题导入，质疑前行

播放信件小视频和邮票图片。

师：同学们，这些发黄的信纸，字迹模糊的老信件，还有你们前一段时间刚刚在语文课上写的一封封信，都寄托着人们不同的情感。你们寄过信吗？想要寄出一封信，需要做什么？（出示空信封，如图 3-8 所示）

图 3-8

生：需要对方写入地址、邮编，还需要邮票。

师：是的。关于邮编，我们在三年级学习数字编码时学习过相关知识。那邮票中又有怎样的数学问题呢？让我们走进“邮票中的数学问题”。（板书课题）

环节二：探究邮资问题，正确计算邮费

师：在课前我请同学们带着一个问题去调查：“寄往不同地方的两封信贴的邮票面值是一样的吗？”谁来说说你调查的结果？

出示并阅读理解邮政基本资费表（如图 3-9 所示）。

国内普通邮件资费表

单位：元

编号	项目	计费说明	资费标准	
			本埠（县）	外埠
1	信函	重量在100克及以内的，每重20克（不足20克，按20克计）	0.80	1.20
		100克以上部分，每增加100克加收（不足100克，按100克计）	1.20	2.00
2	明信片	每件	0.80	
3	印刷品	重量在100克及以内的	[illegible]	[illegible]
		100克以上部分，每增加100克加收（不足100克，按100克计）	0.80	1.20
4	邮简	每件	0.20	0.40
5	回音卡	每件	[illegible]	
6	挂号费	每件	3.00	
7	回执	每件	3.00	
8	盲人读物	按平常邮件寄递	免费	
9	保价费	每笔保价金额在100元及以内的	1.00	
		每笔保价金额在100元以上的	按照保价金额的1%收取	
10	存局候领手续费	函件每件	1.00	
		包裹每件	3.00	
11	撤回邮件或更改收件人名址手续费	每件	3.00	
12	使用电报（传真）办理查询、撤回、更改收件人名址电报费	每件加收	2.00	

图 3-9

师：现在要想解决那两封信的问题，你们觉得要关注什么信息？

生：信函类的资费标准。

出示邮政业务(信函)资费表(如图 3-10 所示)。

业务种类	计费单位	资费标准/元	
		本埠(bù)	外埠
信函	首重100g内，每重20g（不足20g按20g计算）	0.80	1.20
	续重101—2000g 每重100g（不足100g按100g计算）	1.20	2.00

图 3-10

出示阅读建议：

(1)独立阅读，理解资费表中的信息。

(2)小组交流，用喜欢的方式梳理资费表中的信息。

师：资费表中有什么不明白的“生疏难词”吗？

生 1：什么叫“本埠”和“外埠”？

生 2：什么叫“首重”和“续重”？

师：我课前查了一下，“埠”(bù)原意为停船的码头或有码头的大城镇。“本埠”是指本地(多用于较大的城镇)。邮件寄递范围讲的“本埠”是指地级以上城市。“外埠”是指本地以外较大的城镇。邮件寄递范围讲的“外埠”是指本埠范围以外的地区。

师：现在关于这个资费表大家明白了吗？

生：明白了。

师：那请你用自己喜欢的方式解读一下这张资费表的含义，我们看看谁的方式最清晰。

学生独立尝试，并小组内交流。

师：我看有的组是用画图方式说明的，能给我们解释一下吗？(如图 3-11 所示)

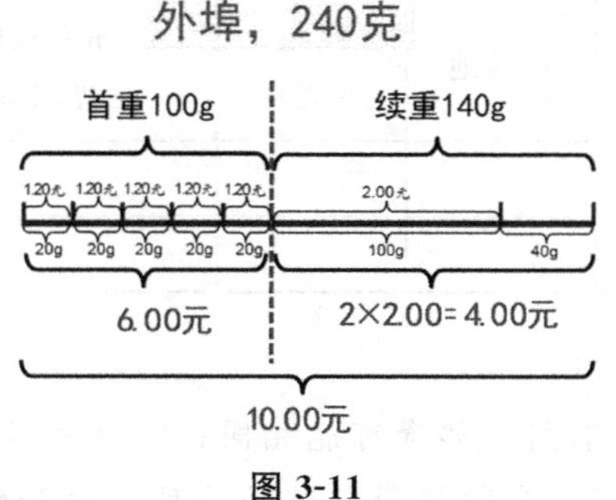

图 3-11

生1：如果寄到本埠，质量在100克及以内的，每20克(不足20克按20克计)收费0.8元。

生2：如果是寄到外埠则是每20克收费1.2元，不足20克按20克计。

生3：超过100克的部分，每增加100克，本埠加收1.2元，外埠加收2元，不足100克按100克计算。

师：让我们一同利用今天学习的知识确定以下邮资吧。

图 3-12

出示五封信并分组计算，汇总表格填写(如图3-12所示)。

表 3-1　汇总表

邮寄地	目的地	45g	60g	128g	290g
北京	北京		③		
	云南	①		④	
	山东		②		⑤

表 3-2　学习单(可自选进行)

选择	邮寄地	目的地	质量(克)	用你喜欢的方式算出邮资	邮资(元)
____号	北京				
____号					

回顾反思，总结发现：

目的地相同，质量不同，邮资可能相同；目的地不同，质量相同，邮资不同；超过100g的信件需要分段计费；信函的目的地和信函的质量决定邮资。

像这样将生活中的实际问题赋予数学的解读方式既能够丰富课堂的教学活动，又能够提升学生的综合见识，引发学生自由讨论，互相交流，提出更深层次的问题，在很大程度上激发了学生对数学知识的渴望与追求。新时代教师是学生学习过程中的合作者、参与者和引导者，必须关注能够运用于课堂的生活化元素，并通过数学课堂加工和提炼其中的数学内涵，最终提高数学课堂效率。

生活是数学学习的素材库，也是检验数学知识的训练场，回归生活的数学学习可以让学生对数学的认识得到改观，“枯燥”“乏味”“抽象”“难懂”这些评价大多是脱离生活而产生的影响。生活实际既能够让数学本身的魅力得以充分展现，又可以让学生的学习落地生根，富有实效，进而实现义务教育阶段的培养目标：“人人都能获得良好的数学教育，不同的人在数学上得到不同的发展。”[①]数学教学应努力激发学生的学习情感，将数学与学生的生活、学习联系起来，学习有活力的、活生生的数学。数学与实际生活相联系、相作用，才能够使数学学习的过程变得有血有肉、富有生气，才能够让学生感悟到数学学科的意义和价值，确立“用数学眼光看待生活”的意识。作为数学教师，一定要避免“就事论事”，不要说到概念就得一字不差，说到数学浮现的就是严谨扎实，最终将数学应用变得机械而冰冷。我们需要引导学生经历在生活中用数学，在数学中看生活的过程，强化学生的数学应用意识。

二、合理使用“好”器材

教具指的是用来讲解说明某事物的模型、实物、标本、仪器、图表、幻灯片等，包括教学设备、教学仪器、实训设备、教育装备、实验设备、教学标本、教学模型等。由于小学阶段的学生正处于从形象具体思维向逻辑抽象思维过渡的过程中，而教具突出的直观性特点可以很好地充当学生迈向“抽象”的桥梁。因此教师在教授相关的数学知识时，需要有针对性地借助直观教具帮助学生突破学习难点，帮助学生掌握正确的学习方法，使学生能够更加轻松、高效地学习。

1. 利用教具有助于培养学生的学习兴趣

学习兴趣对于数学学习是至关重要的。就像郭沫若先生所说：“爱好出勤奋，勤奋出天才。兴趣能使我们的注意力高度集中，从而使得人们能完善地完成自己的工作。”学习兴趣的加强有助于学生更好地记忆并内化知识，增强学习的内驱力。关于学习兴趣的重要性，我已经在前面的章节中进行了详细

① 中华人民共和国教育部：《义务教育数学课程标准(2011 年版)》，北京：北京师范大学出版社，2012 年，第 2 页。

的阐述和分析，在这里就不再赘述了。合理、恰当的教学用具在教学中可以有效激发学生的学习兴趣，而独创、新颖的教具有时候更是可以起到画龙点睛的作用，使原本枯燥无味的内容变得有趣，更使数学课堂教学焕发出别样的光彩。

例如，在教学五年级数学“用字母表示数”一课时，我有了以下的实践与思考。

“用字母表示数”属于“数与代数”领域，是人教版教材五年级上册“简易方程”这一单元第一课时的教学内容。这一部分内容的核心概念是符号意识和代数思维的培养。此前学生已经认识了简单数量关系，用字母表示计算公式、运算定律。后续还要学习简易方程，以及初中的代数式、方程和函数，因此本节内容具有承前启后的重要地位。与此同时，这一内容也是学生在小学阶段思维方式从算术思维向代数思维过渡的重要节点。代数思维作为数学的“核心思想”占有非常重要的地位，它是重在关注关系，运用符号表示关系，通过形式运算来推导关系的一种思维方式。《义务教育数学课程标准(2011年版)》认为：“从数到代数是数学表征的一次飞跃，数对于它所代表的具体事物来说是抽象的，而用字母表示数是又一次抽象。从算术思维到代数思维的跨越是儿童数学学习必须经历的一个极为重要的阶段，这个过渡并非是一个经过练习能够跨越的量变过程，而是一个必须经历结构转化的质变过程。”① 人教版教材通过“算年龄”和“求质量”的情境，引导学生学习用字母和含有字母的式子表示数及数量关系(加法模型和乘法模型)，体会用字母表示数的方法和作用，并渗透函数思想。

鉴于“用字母表示数”这一教学内容较为抽象的特点，以往教学总是感觉学生的学习兴趣不高，这一点通过大量的案例学习和分析也可以看出。因此在教学之初，如何让学生既明确用字母表示数的价值和意义，同时又引发学生浓厚的学习兴趣就是一个难题了，这种困惑和遗憾一直延续着。直到2015年秋天，我所在的学校接到了一项市级教学比赛任务，比赛采用同课异构的形式，而教学题目正好是这节让人发愁的“用字母表示数”。怎样才能巧妙引入教学主题，既能够激发学生的兴趣，又带有预期的数学模型呢？为此，我查阅了知网上大量的教学设计和相关文章，发现很多老师都有这样的困惑和问题，即使是一些名师、大家的教学实践案例，也要么很难借鉴，要么不令人满意。

随着比赛时间的临近，这一困难让我心急如焚，辗转难眠。凌晨两点好

---

① 中华人民共和国教育部：《义务教育数学课程标准(2011年版)》，北京：北京师范大学出版社，2012年，第214页。

不容易草草入睡，但不久就被一个奇怪的“魔盒”惊醒了。记得当时在梦中，我看到一个模糊的盒子，它能够把数“吃”进去，然后马上又会将数“吐”出来，奇怪的是，“吃进”和“吐出”的数总是不同的。我就在这不断吞吐“数”的过程中醒了。翻身下床，睡意全无，坐在桌前回想刚才的怪梦。忽然一个灵感涌上心头：如果数的“出”与“入”能够存在固定的规律，用字母表示数的概括性和简洁性不就可以体现出来了吗？这可能就是“日有所思，夜有所梦”的缘故吧！但是，如何让盒子能够“吃”进一个数，马上再“吐”出另一个不同的数呢？这时，书桌上一个圆柱形的小茶叶桶让我眼前一亮。就是它了！太极拳中有一招叫“圆转如意，如封似闭”，圆柱形的茶叶桶不正好具备了“圆”和“封”的特点吗？接下来只要转起来就行了！

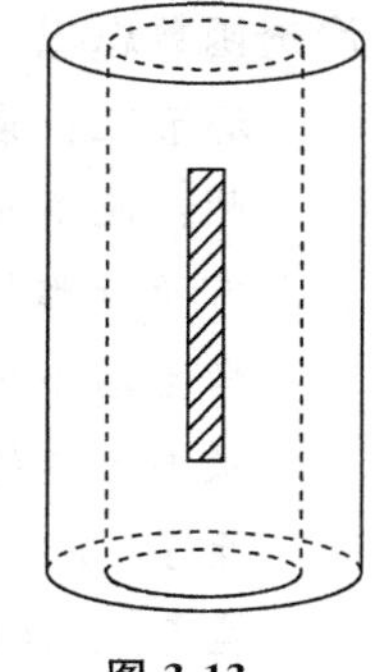
图 3-13

有了想法我马上动手实施。我将茶叶桶的桶壁用美工刀开了一个 8 厘米×0.5 厘米的孔，又将卫生纸的硬纸芯作为中间的转轴放到了茶叶桶的内部，使之形成了数学中的套管(如图 3-13 所示)，再将 A4 打印纸等分为三条，第一条正面写“1”，背面写“4”；第二条正面写“2”，背面写“8”；第三条正面写“5”，背面写“20”。只要将纸条的正面展示给学生，然后插入茶叶桶桶壁的开口，纸条就会在桶的内部实现旋转，顺势抽出，纸条的背面就会面向学生了。这一“入”一“出”的神奇过程可以有效激发学生的探究兴趣，引导学生观察“数”前后的变化，进而产生用字母表示数的需求。具体过程如下。

环节一：魔术游戏，引入新知

师：看，这里有一个盒子。不要小看这个盒子，这可是一个法力高强的魔盒，下面就请看看它的神奇能力。

教师演示魔术：入数 1，出数 4。(板书：入数 1　出数 4)

师：猜一猜，要是把 2 输入进去，猜猜这次会变出几？

生：我猜是 8。

师：你是怎么猜的？

生：进去的数，出来时都要乘 4。

生 1：我猜是 5。我想进去的数出来都会加 3。

教师演示验证猜想：出数 8。

师：这次送入的数是 5，你能预测一下出数吗？

生：出数 20。

师：你是怎么想的？

生：入数 1，出数 4，入数 2，出数 8。所以规律是：出数是入数的 4 倍。

师：如果一直这样放入数，出数会怎么样？

生：出数也会一直出现。

师：这样一直写下去，写得完吗？

生：写不完。

像这样，借助新颖的教具表演魔术盒游戏，调动学生参与的热情和学习的积极性，帮助学生感悟“出数”与“入数”的内在联系，构建心中的数学模型，渗透函数思想。

环节二：乘法模型，体会字母表示结果和关系

师：能不能把“进去的数”和“出来的数”用一个比较简单的方式表示出来，把所有的数都包含进去？独立完成并在学习单上记录下来。

学生动手独立完成。

板书可能的情况：

生1：x　y

生2：$x\times4=y$

生3：x　$4x$

师：这些表示的方法大家觉得那种比较好？我们先看第一种情况：x　y。请生1说一说你是怎么想的。

生1：入数是多少都可以，所以用x来表示；因为入数乘4就是出数，所以用y表示。

生2：这样概括，没有表示出入数和出数间的倍数关系，不合适。

师：那第二种情况$x\times4=y$行吗？请生2说一说想法。

生2：这样就能看出出数是入数的4倍了。

师：这里哪个是入数，哪个是出数？

生2：x是入数，y是出数。

生3：这不又回到了刚刚的第一种情况了吗？也不合适。

师：那第三种情况x　$4x$行吗？

生4：我觉得第三种情况更加简明概括，清楚地表示了出数，又能表示出数和入数之间的4倍关系。

（其他同学纷纷表示同意）

师：通过对比，我们发现含有字母的式子$4\times x$既能表示出数这个结果，也能表示出数与入数间的4倍关系。（板书：含有字母的式子——结果　关系）

师：如果x是1.2，$4\times x$是多少？

生：如果x是1.2，$4\times x$是4.8。

师：字母x在这里能表示哪些数？

生：任意数。（板书：字母——任意数）

师：$4\times x$ 呢？

生：输入一个数，就会得到一个相应的数，所以 $4\times x$ 也可以表示任意数。

师：你们觉得用字母和含有字母的式子来表示入数和出数，有什么好处？

生：更简洁。（板书：简洁　概括）

就这样，我引导学生深入分析教具带来的后续思考，在从特殊到发现共性、总结规律、讨论辨析用什么表示“入数”和“出数”的过程中，引导学生体会含有字母的式子既可以表示数量关系也可以表示一个结果，同时初步了解用字母表示数的含义，感悟函数思想，培养符号意识。

被动地学习会导致学生的学习效率不高，取得的学习成果不理想。试想，如果学生所掌握的知识是教师灌输的，学生自身没有经历过探究知识的过程，那么学生对知识的理解就不够透彻。而制作、使用凸显直观性和趣味性的教具能够提升学生对数学的兴趣，促使学生积极主动地参与到学习的过程中来，提高课堂教学的有效性。

2. 利用教具有助于培养学生的合作探索精神

三国时期著名的军事家、战略家孙权曾说过一句话：“能用众力，则无敌于天下矣；能用众智，则无畏于圣人矣！”[①]意思是说，能够充分发挥和利用众人的智慧和力量，就会所向无敌；有能力使用群众的智慧，那么即便是先贤圣人也没有什么可怕的了。孙权强调了集体与团队的价值和意义，那么，在数学教学中是不是也是如此呢？学习数学本身就是一个不断探索的过程，学生只有不断探索才能有更多的收获和体验，进而应用这些收获和体验去解决生活中遇到的实际问题。在学生探索数学知识的过程中，教具往往能够给学生一定的启发，扮演这个“培养学生合作精神”的重要角色，提高学生的探索能力。

例如，为了强化学生灵活运用数学知识解决实际问题的能力，我设计了一节名为“测量中的策略”的思维训练课，在课中的“三维测量”环节就充分利用了教具这方面的特性，在训练学生数学思维能力的同时，促进学生合作意识和探索精神的养成。具体过程如下。

师：同学们，请看我手中的是什么？

生：正方体。

师：能描述得具体点吗？

生：一个蓝色的正方体，体积大约是 1 立方分米。

① 陈寿：《三国志·吴书·孙权传》，长春：吉林出版集团，2010 年，第 237 页。

师：这次具体了，连体积方面的信息都看出来了。你还真说对了，这个正方体的体积就是1立方分米。由此你还能判断出什么数学信息吗？

生：它的棱长是1分米。

师：说得对，还有吗？

生：它的棱长和是12分米，表面积是6平方分米。

师：说得真全面，把所有重要信息都计算出来了！不过这些我也会算，没有什么稀奇的！有一个数据虽然我很感兴趣，但是实在不知道怎样获取，你们能帮帮我吗？

生：能！（学生信心满满）

师：你们能知道这两点间的距离是多少吗？（教师指着正方体模型的体对角线说）没看清吗？那请看屏幕(如图3-14所示)。

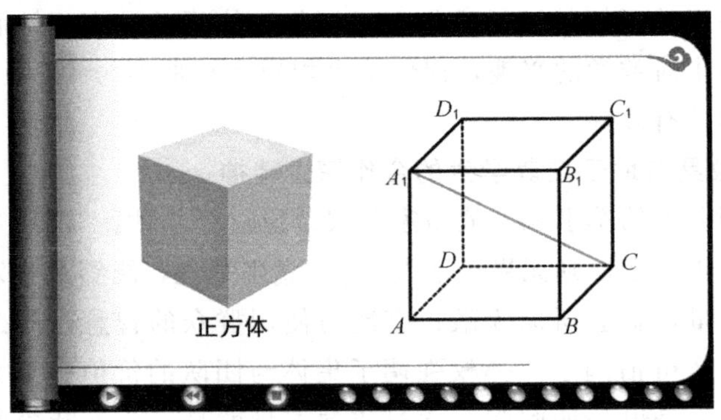

图 3-14

师：现在看清楚了吗？你们知道这条线叫什么名字吗？

生：斜线。

师：这可不叫什么斜线，它叫作正方体的“体对角线”。你们能想办法得到这条线段的长度吗？每个同学自己试一试，也可以小组合作。

（学生人手一个正方体模型，尝试测量。）

师：好了，同学们，大家都测量出来了吗？有什么困难？（先访问测量失败的小组）

生：我们组没有测量出来，因为尺子伸不进去，实在没办法！

师：没关系，失败是成功之母！我们听听别人的想法！有测量出来的吗？谁愿意和大家说一说？

生：我们组测量出来了。我把正方体的盒子上下两个面都拿走，这样就可以用尺子直接测量了，量得长度大约是1.8厘米。（学生边演示边说）

师：他们组的方法大家看明白了吗？你们觉得有什么优点和不足吗？

生：老师，我觉得这种方法的优点是能够直接测量，但是他们折了这个正方体，如果正方体是实心的怎么办呢？我觉得破坏了模型是他们组方法的缺点！

师：有道理，如果是实心的正方体，这种方法可能就不适用了。还有别的方法吗？

生：我们组是用计算的方法。我在学奥数的时候学过勾股定理：直角三角形中，两条直角边的平方和是斜边的平方。我们计算了一下，先连接 AC，AC 长度的平方是 $1^2+1^2=2$，体对角线的平方是 $1^2+2=3$，所以体对角线 $A_1C=\sqrt{3}$。

师：你们都听懂了吗？

生：没听懂！（大部分学生一脸茫然）

师：你们说的 $\sqrt{3}$ 到底是几呀？

生：就是 $\sqrt{3}$，奥数老师说是一个无限不循环小数，到底是几我们也不知道！

师：看来这种方法你们自己也没有特别明白！这个方法我们要到初中才会学习，有没有现在我们就能够明白的方法呢？

（学生沉吟不语）

师：这样吧！我给大家一个小提示：请小组合作，试着像屏幕上显示的那样将三个正方体整齐地摆放好。看看你们能发现些什么！（如图 3-15 所示）

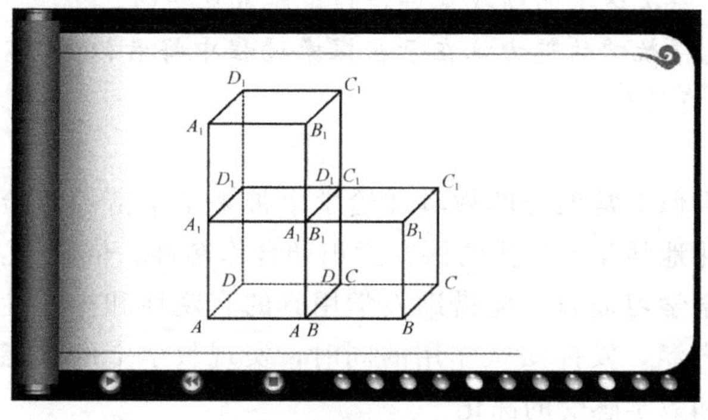

图 3-15

学生按要求摆放。摆放好后，学生开始静静地观察。突然，安静的气氛被一个学生的声音打破了，他大声叫起来：“我知道了！”从他的声音中我感受到了急切，感受到了兴奋，感受到了成功，更感受到了希望！

生：老师，我知道了。现在可以直接测量了。

师（故作不知）：能够直接测量？测量哪儿呀？你给大家指指。

生：测量 B_1C_1 就行。

师：我们要测量的是正方体的体对角线 A_1C，测量 B_1C_1 干什么？

生：它也是体对角线。因为右上角有一个看不见的正方体，B_1C_1 就是它的体对角线。（课件辅助，如图 3-16 所示）

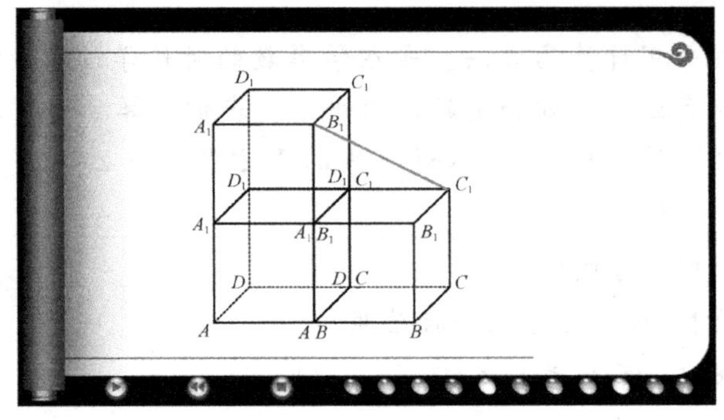

图 3-16

师：同学们，你们看明白了吗？

生：明白了！

师：通过刚才的过程大家有什么感受或想法？

生 1：我觉得方法很重要，如果方法得当，很多看似困难的问题其实不难解决。

生 2：通过解决这个问题我觉得合作是非常重要的。

生 3：我觉得数学的魅力就在于在探索过程中将看似的“不可能”变成“可能”，数学真有意思！

……

就这样，看似平常无奇的教具却给学生带来了丰富的体验和感受，更重要的是潜移默化地强化了学生的探究意识和合作精神。俗话说：“一个好汉三个帮。”对于数学学习而言，应借助教学用具的直观性和操作性，引导学生主动探索问题的内涵，发挥团队作用的同时，实现教学上的聚能效应，实现教学效果的提升和数学感受的深化。

3. 利用教具有助于帮助学生强化数学概念

小学生受本身年龄特点和知识储备所限，对事物的认识往往不够深刻和全面。对事物认识的过程通常是先初步感知事物，进而在头脑中形成相关知识的表象，再通过事物的表象总结出其本质特征，最终抽象成相应的科学概念。课堂中，利用教具进行操作的过程，恰好与学生的这一认知规律形成契合。学生的学习过程不再是被动地接受，而是主动地探索和发现。在这一“动态”的过程中，学生的多种感官得以调动，单方面的认识和感受得以复合，促使学生的感知多元化、立体化。由此可见，在小学数学教学中将教具利用起来，对于帮助学生形成数学概念十分有益[①]。

例如，在教学五年级数学“平行四边形面积”一课时，我有意识地设计了“方格纸”等相关学具，力求从本质上引导学生完成概念的建构。具体过程如下。

环节一：初次探究，验证猜想

师：平行四边形的面积究竟应该如何计算呢？请同学们用手中1号信封中的学具以小组为单位合作研究一下，并在学习单上记录研究的过程。（信封中的学具包括底和高均为整厘米数的相同平行四边形若干个，画有边长1厘米的小方格的激光胶片1张，如图3-17所示）

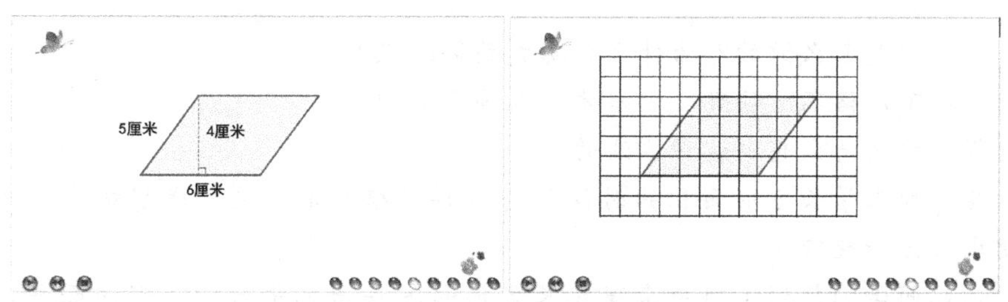

图 3-17

出示合作建议：

(1)想一想：我们都有什么研究图形面积的方法？

(2)忆一忆：我们已经掌握了哪些计算图形面积的方法？

(3)试一试：动手撕一撕、拼一拼，看看有没有什么新发现。

学生利用学具自主研究后集体交流。

情况一：通过数格计算平行四边形面积。

生1：逐格填补。（如图3-18所示）

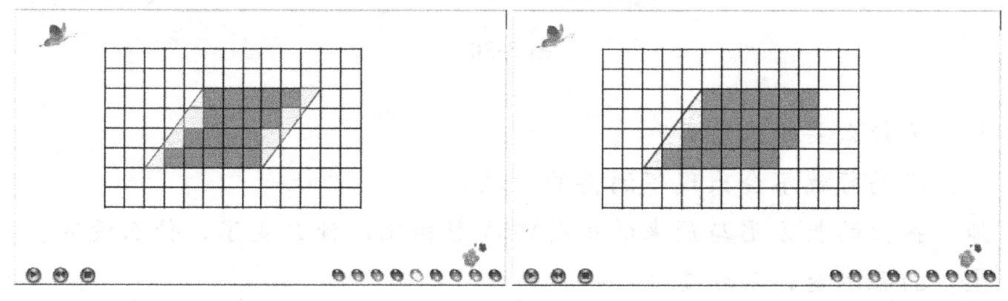

图 3-18

① 国玉超，代丽萍：《例谈小学数学教具的选择与有效运用》，《中国教育技术装备》，2015年第13期，第33—34页。

生 2：整体填补。（如图 3-19 所示）

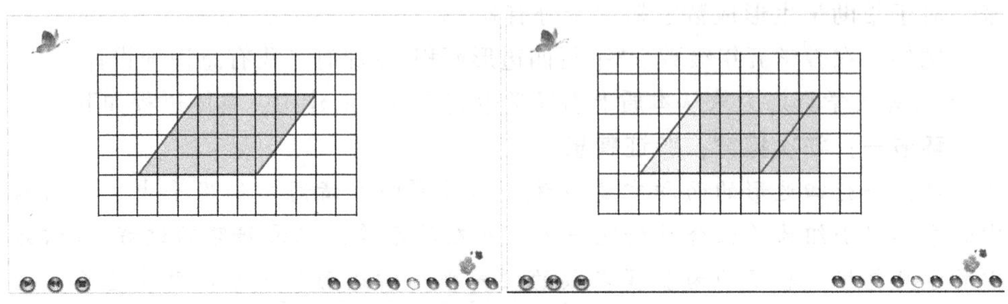

图 3-19

师：你是怎么做的？为什么要凑成整格的呢？

生：不满格不方便数，满格才可以确定面积。

师：你是怎么想到这种方法的？

生：原来学长方形面积的时候就是这样数格求面积的，我想把平行四边形变成长方形就行了。

师：同学们想到了用原来研究长方形的方法研究平行四边形的面积，很有创意。还有别的方法吗？

情况二：通过剪拼计算平行四边形面积（如图 3-20 所示）。

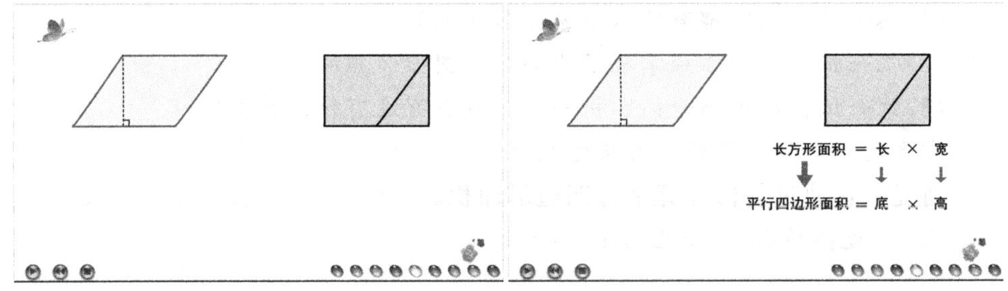

图 3-20

师：为什么要沿高剪开？

生：沿高剪就不会出现不满格的情况。

师：拼出的长方形与原来的平行四边形相比，什么变了，什么没变？

生：面积不变，形状变了。

师：你是怎么想到这种方法的？

生 1：我会算长方形面积，所以就想到把新的变成会算的。

生 2：数方格时通过补格想到的。

师：你喜欢哪种方法？对于刚才的方法你有没有什么问题或新想法？

生1：如果没有网格学具，不能数怎样计算？

生2：有没有通用的直接方法计算平行四边形面积？

让学生熟悉操作工具和基本的操作方法，进一步明确研究目标，亲身经历实验过程，初步印证自身想法。像这样引导学生对学习过程进行反思、总结，体会知识之间的紧密联系，有利于学生积累从事数学活动的经验和学习经验。

环节二：再次探究，深化认识

师：计算平行四边形面积为什么用底乘高，而不是邻边相乘呢？

生：因为平行四边形底的长度相当于一行小正方形的个数，高的长度相当于小正方形的行数，邻边明显比高长，表示的不是行数，所以必须用底乘高，不能用邻边相乘。

课件辅助。（如图 3-21 所示）

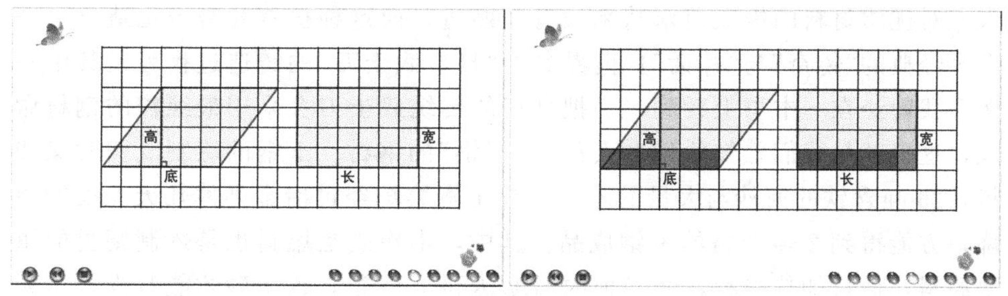

图 3-21

师：如果用邻边相乘，得到的结果比底乘高得到的面积多还是少？

生：多，因为邻边比高长。

师：那具体会多多少呢？让我们观察一下。（课件演示，如图 3-22 所示）

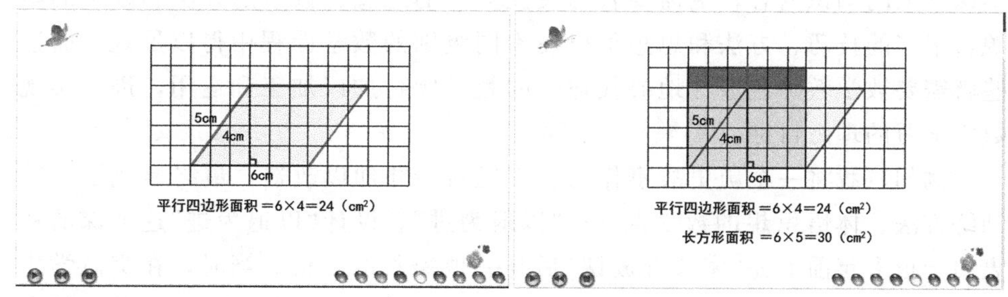

图 3-22

生：多的是整行的小正方形，一共 6 平方厘米。

……

操作活动后的交流反思是提取数学知识和方法的重要环节。在这一环节中，首先应要求学生用语言描述操作的过程和结果；其次则要引导学生观察比较不同的操作结果，提取共同属性或一般方法；最后让全体学生分享集体的学习成果。在教学环节中，运用教具引导学生通过自主探索的初步发现，满足学生的认知需求，通过进一步的实验论证，寻求规律的一般性。力求使学生经历一个完整的有目的、有设计、有步骤、有合作的实践活动，丰富学生的活动经验。

三、创造性寻找“好”题材

对于影视作品而言，好的剧本是成功的基础；对于美食而言，好的食材是味道的基础；对于建筑而言，好的建材是稳固的基础。基础性素材的优劣对于最终的成品虽不是唯一的决定性因素，却是最重要的因素。自古以来，人们对优质材料的极致追求从来没有间断过，而这种执着和努力也造就了一个个经典的“传奇”与“神话”！世界名刀“日本武士刀”的铸造过程就是其中一例。我曾经在一本书上看到，一把真正的传统武士刀会采用最纯粹的钢材做成，这也就是我们熟知的日本人称为“玉钢”的钢材。玉钢的炼制既费时又费料，25 吨含铁的河沙与大量的木炭，在土陶熔炉经过冶金师傅几天几夜的熔炼，方能得到 2 吨合格的玉钢成品。其中，木炭既是燃料也是炼制钢材的重要原料，通过加热过程，使得炉内温度达到 1400℃，铁矿砂才能和少量木炭结合生成玉钢。这种高成本的投入使得玉钢如此珍贵。而最高品质的玉钢的价值高出现代成品钢几十倍。这也是制作精良的日本刀的最高价格可以达到数十万美元的原因所在。那么对于数学教学而言呢？我想，好的题材就是数学课的“材料”，它应该同样是“好”数学课的基础。现在的数学课不仅仅是教学课本上的知识内容，更需要教师关注数学的思想、数学的方法和数学的本源，很多的技巧、方法和思想可以在不同级别的数学课程中得以展现，而这些就需要数学教师创造性地寻找适合的教学题材加以加工和运用，进而实现数学学习的理想目标。

例如，我将一个历史故事作为教学题材，并加以改造，最终形成了一节训练方法、体悟思想的数学课——“以退为进”。设计“以退为进”这节课的初衷源于很多年前上完“家长开放课”后与一位家长的对话。当时，在交流学生情况的时候，一位家长说道：“老师，您讲得特别明白、精彩！我的孩子回家总说喜欢听您的课。可是我发现一个问题，他在做没见过的新题时总是不知所措，您说这是怎么回事呢?”当时，这位家长的问题深深触动了我：是呀！为什么孩子在独立解决新问题的时候总会遇到困难呢？我想，这应该是孩子们没有解决问题的“方法”造成的，而没有“方法”的原因则是没有训练“方法”。古希腊著名数学家毕达哥拉斯曾经说过：“在数学的天地里，重要的不是我们知道什么，而是我们怎么知道什么。”美国的未来学家阿尔文·托夫斯也曾经说过：“未来的文盲不再是不识字的人，而是没有学会怎样学习的人。”自此，我就想设计一节专门训练“方法”的数学课。机缘巧合，一次无意的机会让我看到了这样一个故事：

据说著名犹太历史学家约瑟夫有过这样的经历：在罗马人占领乔塔帕特后，39 个犹太人与约瑟夫及他的朋友躲到一个洞中，39 个犹太人决定宁死也不要被敌人抓到，于是决定了一个自杀方式：41 个人排成一个圆圈，由第一个人开始报数，每数到第三个人，此人就必须自杀，然后再由下一个人重新报数，直到所有人都自杀身亡为止。然而约瑟夫和他的朋友并不想遵从。从一个人开始，越过 $k-2$ 个人(因为第一个人已经被越过)，并杀掉第 k 个人。接着，再越过 $k-1$ 个人，并杀掉第 k 个人。这个过程沿着圆圈一直进行，直到最终只剩下一个人，这个人就可以继续活着。问题是，给定了和，一开始要站在什么地方才能避免被处决？约瑟夫要他的朋友先假装遵从，他将朋友与自己安排在第 16 个与第 31 个位置，于是逃过了这场死亡游戏。[①]

17 世纪的法国数学家加斯帕在《数目的游戏问题》中也讲了一个类似的故事：

15 个教徒和 15 个非教徒在海上遇险，必须将一半人投入海中，其余的人才能幸免于难，于是他们想了一个办法：30 个人围成一个圆圈，从第一个人开始依次报数，每数到第九个人就将他扔进大海，如此循环进行，直到仅余 15 个人为止。问：怎样排，才能使每次投入大海的都是非教徒？

这就是计算机编程教学中著名的“约瑟夫问题”，也称为“抽杀问题”。

“约瑟夫问题”的描述引起了我的关注，数学老师的职业天性，使我不由自主地开始思考：用数学方法如何解决呢？这个问题能不能作为数学教学题材呢？经过深入的研究和思考，我想对于小学生而言，“约瑟夫问题”无论是情境的描述，还是问题的难度，都不太适合小学数学课堂教学，但其内含的思维价值却又是非常深刻和实用的。因此我改造了原问题的呈现，将血腥的“杀人”情境改为“体育老师选拔队员”这一生活情境，将“每数到第三个人该人就必须自杀”改为“每隔一个去掉一个”，并考虑到小学生的年龄特点详细解读为“也就是留下 1 号，去掉 2 号，留下 3 号，去掉 4 号……周而复始”，最终设计出了一节关注问题解决方法的思维训练课——“以退为进”。具体过程如下。

---

① Ronald L. Graham，Donald E. Knuth，Oren Patashnik：《具体数学计算机基础(第 2 版)》，北京：人民邮电出版社，2013 年，第 182 页。

环节一：现实情境导入

师：同学们，请看大屏幕，屏幕上显示的是什么？（如图 3-23 所示）

图 3-23

生：舞龙。

师：舞龙是我们中华民族传统的庆典项目之一，我们学校就有一支舞龙队。同学们，你们想不想也置身其中体验一把？如果让你来选择的话，你想舞龙的哪个部分？为什么？

生：我想舞龙头，因为龙头最好看，而且可以引导全队走向。

师：你可真会选，舞龙头的人往往是最露脸的。同学们，都有谁想舞龙头呀？我们请几位想舞龙头的同学上前面来。

（学生踊跃举手）

师：这么多人想舞龙头，可龙头只有一个，机会给谁呢？与其争论不休，不如我们做个游戏来决定吧。我们请这些想舞龙头的同学围成一圈，从 1 号同学开始，每隔一人留下一人，也就是留下 1 号，去掉 2 号，留下 3 号，去掉 4 号……周而复始，谁是最后留下的谁就舞龙头，行吗？让我们开始。

随机选取 8 名同学演示，结果最终剩下的是 1 号同学。

环节二：研究规律

师：这个选拔方法挺有意思的吧？你们知道吗，负责舞龙队的郑老师也遇到类似的问题了，他要在全校舞龙队 128 名技术相当的同学中选出一人舞龙头，而且也打算采用我们刚才的选拔方法：从 1 号开始按顺时针方向留下 1 号，去掉 2 号，留下 3 号，去掉 4 号……周而复始，直到剩下最后一个人，舞龙头的机会就给他。最后剩下的是几号同学呢？给大家 2 分钟时间，请你找找看。（如图 3-24 所示）

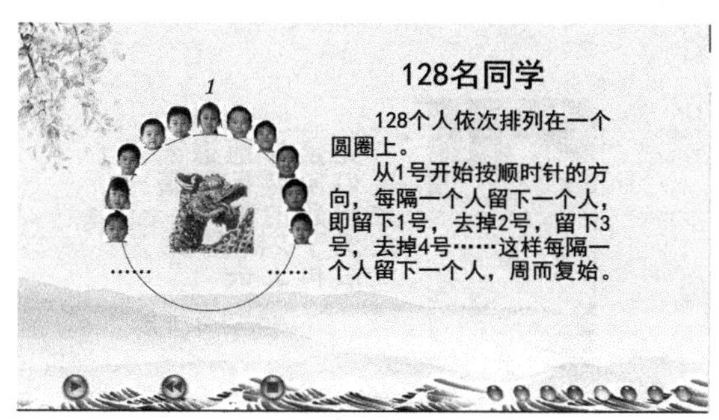

图 3-24

学生利用我下发的学习材料，动手尝试寻找。

师：找到结果了吗？

生：没有。

师：你们想不想知道 128 个人按规律最后剩下的到底是几号呢？让我们借助计算机来找一找。

课件演示：最后剩下的是 1 号。（如图 3-25 所示）

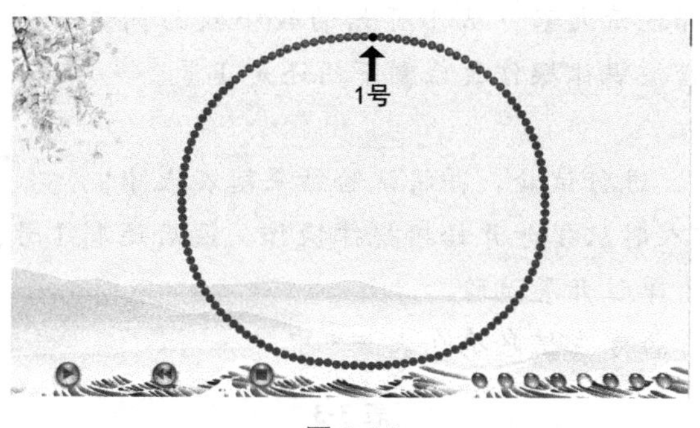

图 3-25

师：怎么刚才大多数同学都没有找到呀？在操作的过程中遇到什么困难了吗？

生 1：人太多了。

生 2：数太大了，容易乱，一会儿就晕了。

师：数大，麻烦！你们打算怎样进行研究？

生：我想可以选择较小的数试试看。

师：你的想法非常好。他的想法和一位著名的数学家不谋而合，我国著名的数学家华罗庚就说过这样的话，让我们看看。（如图 3-26 所示）

师：这位同学与数学家都有同样的想法，那就是我们遇到困难问题的时候不妨先策略性地退一退。（板书：退）

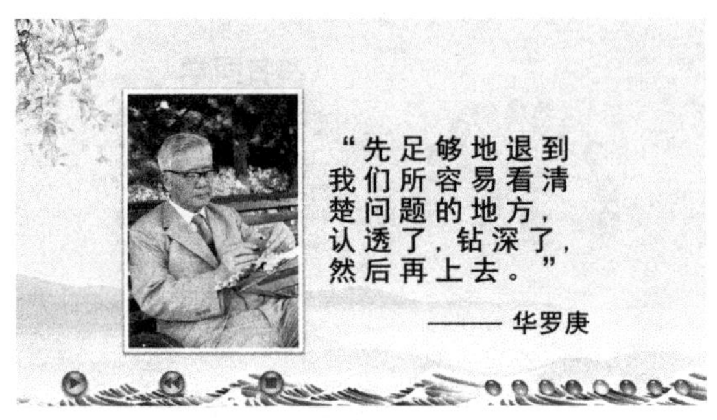

图 3-26

师：你觉得把 128 这个大数退到几进行研究比较合适呢？

生：退到 10 研究。

师：能退得彻底一点儿吗？

生：退到 1 研究。

师：那是只研究 1 吗？

生：不行，可以从 1 开始，多研究几个。

师：好的，那就请大家以从 1 开始的较小数为例进行尝试，看看多少人的时候从 1 号开始按规律操作最后剩下的还是 1 号。

出示建议：

(1)小组合作，进行试验，并将试验结果填在表中。

(2)观察多少人时从 1 号开始按规律操作，最后还剩 1 号。

学生以小组为单位开展试验。

反馈信息，并将学生信息填在表 3-3 中。

表 3-3

人数	剩下几号
1	1
2	1
3	3
4	1
5	3
6	5
7	7
8	1
9	3
10	5
11	7
12	9
13	11

师：大家快看看，多少人时从 1 号开始按规律操作，最后还剩 1 号？

生 1：人数是偶数剩下的都是 1 号。

生 2：不对，6 也是偶数，可剩下的就不是 1 号。

生 3：人数是 2^n 时剩下的都是 1 号。

师：2^n 是什么数？能具体说说吗？

生：2^n 就是由很多个 2 相乘得到的数。2 是 2^1，4 是 2^2，8 是 2^3。

师：他发现的规律对吗？下一个 2^n 是多少？

生：对，是 16。

师：16 个人时按照我们的规律操作，最后剩的是不是 1 号？让我们再试一试。

每个学生独立动手试验。

师：16 个人时按规律操作最后剩的是 1 号吗？是不是所有 2 的 n 次方个数时按照这样的规律最后剩下的都是 1 号呢？为什么？

学生暂时沉默了。

师：让我们结合刚才的研究，看看 16 个数时 1 号是如何保留下来的。（如图 3-27 所示）

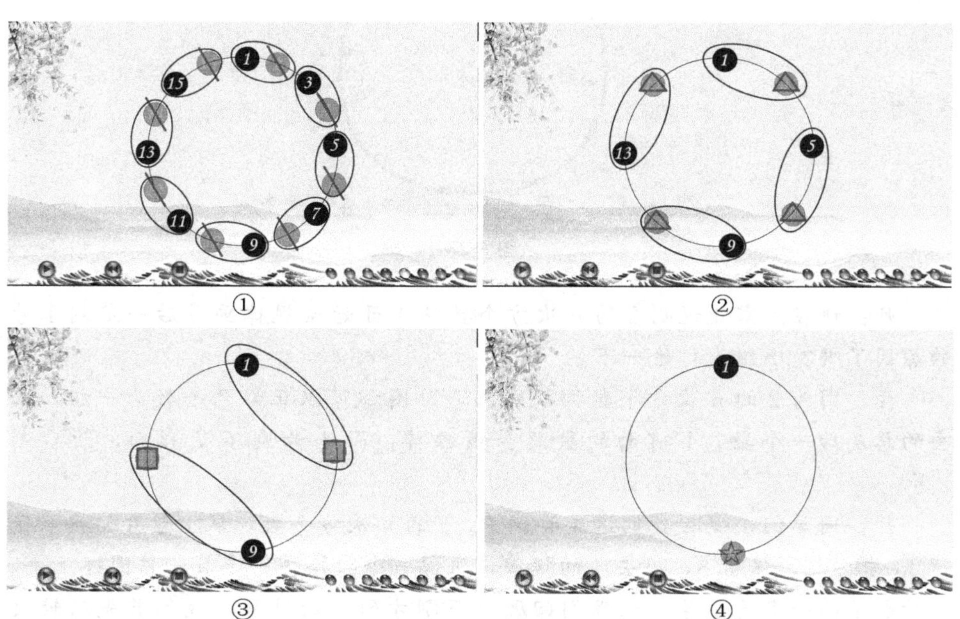

图 3-27

生：16 个数正好可以两个数一组，每次画去的是每组的后一个数，所以最后一组的后一个数，也就是 1 前面的数会被画掉，而 1 则会被保留下来。

师：再画一圈，又该留哪个了？为什么1又被留下了？还剩几个数？

生：又该留下1了。因为还剩8个数，每两个数为一组，正好分成整数组，每次去掉的是每组的第二个数，1作为第一组的第一个就被留下来了。这样看，还是去掉了一半的数，还剩下4个数。

师：再画一圈，又该留哪个了？为什么1又被留下了？还剩几个数？

生：又该留下1了。因为还剩4个数，可分成整数组，每次去掉的是每组的第二个数，1作为第一组的第一个就被留下来了。

师：为什么1总被留下？

生：因为每次剩下的数都是2的倍数。这样就可以两个数一组，每次去掉每组的第二个数，1作为第一组的第一个数就被留下来了。

师：128为什么最后剩的也是1，你能说明吗？

生：128是2的几次方，每次去掉一半，也就是除以2以后总是2的倍数。这样，两个数为一组可以分为整数组，每次去掉的是每组的第二个数，所以1作为第一组第一个数总能被留下来。(如图3-28所示)

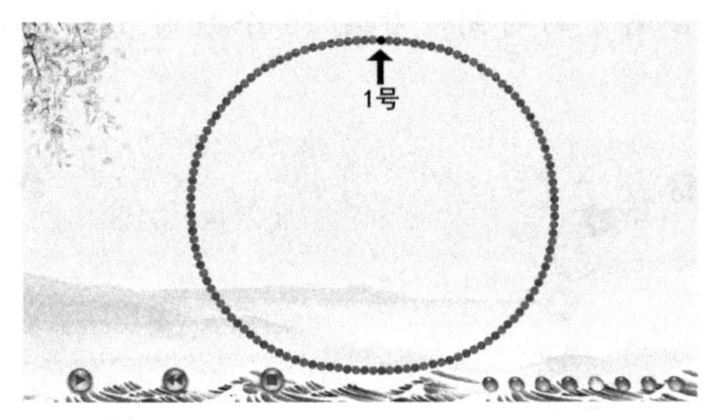

图 3-28

师：现在大家能说明2的 n 次方个数从1开始按规律画最后一定剩1号的原因了吗？小组先讨论一下。

生：因为2的 n 次方个数按规则画，每圈都可以正好两个数为一组，画去的总是后一个数，1前面的数总会被画掉，而1号则不受影响，最后剩1号。

师：同学们，现在我们达成共识了，2的 n 次方个数，从1号开始按照保留1，擦去2，保留3，擦去4的规律，每隔一个数擦去一个数，转圈擦下去，最后剩下的一定是1号。让我们回顾一下刚才研究的过程，我们首先从较大数据退到较小数据进行研究，进而发现规律，退是方法，其目的是进，这在兵法上就叫以退为进。这个过程也正是研究科学问题的基本过程。老师为你们今天的研究成果感到高兴，你们真了不起。

……

数学来源于生活，又应用于生活，数学与生活是一个相辅相成、和谐兼容的有机整体，生活的世界就是数学的世界。在生活中，像“以退为进”这样的数学题材其实比比皆是，每一个题材对于数学知识的掌握、数学方法的培养、数学思想的提升都具有积极的作用。当然，由于生活实际问题的多元性和复杂性，数学原生的题材往往不能直接使用，我们作为数学教师需要进一步根据需求和目标进行加工和整合，使之更好地为教学目标服务，为学生的实际发展服务，为学生数学素养的提升服务。而当这些“服务”能够得以落实的那一刻，也就是一节“好课”诞生的那一刻。

数学教学应该是“活”的教学，它不能仅仅拘泥于课本、教案，更不能拘泥于预定的答案和要求，而是一个充满思维意识和艺术感的、师生互动的、“动态生成”的多彩过程。荀子曰：“师术有四，而博习不与焉。尊严而惮，可以为师；耆艾而信，可以为师；诵说而不陵不犯，可以为师；知微而论，可以为师。故师术有四，而博习不与焉。”[①]其大意为：教师除了有渊博的学问之外，应具备四个基本条件。一要有尊严的威信；二要有丰富的阅历和崇高的信仰；三要有讲授儒家经典的能力，能够根据教材的内在逻辑，循序渐进，诵说时有条有理，不凌不乱；四要能钻研和精通教材的精粗，并且善于阐发微言大义，而不是记问之学。对于数学课堂教学，我们应该具有敏感度，随时捕捉教材中的细节加以分析，随时捕捉生活中的新信息加以利用，随时捕捉学生的新动态加以反思，通过观察和倾听，选择有效的信息及时转化为教学资源，调整预设的教学环节，真正地为解决“真问题”而进行“真教学”。课堂教学中，学生经历的素材是启迪智慧的钥匙，交流互动生成的问题是智慧火花的闪耀。好的数学教师要像一位艺术家，将课堂描绘得绚丽多彩，让教材的意图得以充分体现，将鲜活的素材直接作用于教学过程，让直观的教具辅助学生理解，更让思维的种子生根发芽，上出内容丰富的“好课”！

① 王威威译注：《荀子译注》，北京：北京联合出版公司，2015年，第72页。

第四章　上过程精彩的“好课”——过程篇

伟大的诗人泰戈尔曾经说过：“天空不曾留下鸟的痕迹，但它飞过。”这句话看似简单，却告诉我们一个深刻的道理。人的一生，会经历许多的风风雨雨，不是每件事情都可以被我们控制。有些事情的结果会出乎我们的意料，但无论结果如何，对我们都不是最重要的，重要的是我们曾为它努力过、拼搏过，只要有这个过程，我们就不后悔。因此，与最终的结果相比，学会品味过程更重要！很多人看《西游记》，都有过这样的想法：取经一事，如果交给孙悟空一人去做，那多省事！翻个筋斗就取回来了。哪用书中那样一路艰辛、披星戴月，还要饱受各路妖魔鬼怪的刁难谋害！作者如果真这么写，能写出一部惊心动魄、妙趣横生的传世名著吗？《西游记》的魅力并不在于师徒四人历经九九八十一难后取得的真经，而恰恰在于这八十一难的丰富多彩。换言之，魅力不在于结果，而在于过程。

过程做好了自然会有好的结果，尽管有时这种结果来得很缓慢。所以，享受过程才是最重要的。当我们有了目标的时候，如果单纯去看结果，往往会感到索然无味甚至痛苦伤心，那么我们为什么还要去追求？过程才是最重要的，我们更应该注重让过程考究、美妙起来。

在学生的学习活动中，“过程”二字也同样重要。美国心理学家奥苏伯尔首次提出并界定“有意义学习”，其后罗杰斯和迪·芬克在此基础上，扩大“意义”的内涵，开始讨论将知识学习与儿童的经验、情感、价值观以及儿童生活世界结合起来，将教与学从认知领域的知识学习拓展到对学习过程本身的意义建构，提出了“有意义的学习经历”，教与学具有了“为儿童未来生活做准备”的教育学意义。“有意义的学习经历”，就是学生能够对正在经历的学习活动做出积极的价值判断和意义领悟。构建“有意义的学习经历”就要关注学生的全面发展，引导学生在知识的探究中发现知识与经验、生活的联结，建构知识的意义。这样的教学理念必将引起课堂教学文化的深刻变化：从追求结构化的知识体系到追求生活化的知识意义，从强调课堂效率到强调课堂魅力。

这种变化正在中国的基础教育领域悄然发生。我国课堂教学文化改革与研究经历了三个阶段：一是 20 世纪 80 年代，以抓“双基”发展智力为目标的教学改革与研究；二是20世纪90年代，以素质教育为目标，促进智力与非智力因素全面发展，倡导主体性的教学改革与研究；三是21世纪初期，教学开始关注学生的生活世界，从塑造知识人向培养生活人转变的改革与研究。在这一变革的过程中，学习过程的价值逐渐被人们所关注和重视。当代的数学课程标准也印证了这一点。在《义务教育数学课程标准(2011年版)》的“课程基本理念”部分中明确指出：“课程内容的组织要重视过程，处理好过程与结果的关系……”在“教材编写建议”部分指出：“教材应选用合适的学习素材，介绍知识的背景；设计必要的数学活动，让学生通过观察、实验、猜测、推理、交流、反思等，感悟知识的形成和应用。恰当地让学生经历这样的过程，对于他们理解数学知识与方法、形成良好的数学思维习惯、增强应用意识、提高解决问题的能力有着重要的作用。”①如果聚焦小学数学课堂，数学学习过程的价值和意义会体现在哪些方面呢？下面我将结合具体实例进行简要说明。

一、重视教学“过程”体验的价值和意义

(一)有助于数学思想的渗透

著名教育家米山国藏指出：“学生所学的数学知识，在进入社会后几乎没有什么机会应用，因而这种作为知识的数学，通常在走出校门后不到一两年就忘掉了。然而不管他们从事什么工作，唯有深深铭刻于头脑中的数学思想和方法等随时地发生作用，使他们受益终身。”小学是学生学习数学知识的启蒙时期，这一阶段注意给学生渗透基本的数学思想便显得尤为重要。数学思想是分析、处理和解决数学问题的根本想法，是对数学规律的理性认识，是数学知识和方法的本质概括。

如平行四边形、三角形、梯形、圆形等图形的面积公式推导，均是在学生认识了这些图形，掌握了长方形面积的计算方法之后安排的，教学这些内容，一般是将要学习的图形转化成已经学会的图形。随着教学的步步深入，转化思想也渐渐浸入学生的意识中。

例如，我在教学人教版六年级“圆的面积”一课时，全课没有按照传统方式进行教学，而是结合数学发展史的相关内容，将学生的研究过程放大、加细，力求通过不同操作方法和体验过程引导学生充分感受“极限”思想。(该教学设计发表在《小学数学教学》2015年9月刊)具体过程如下。

① 中华人民共和国教育部：《义务教育数学课程标准(2011年版)》，北京：北京师范大学出版社，2012年，第2页。

环节一：创设情境，引入新课

师：同学们，谈到天气，有一个热门话题是什么？

生：雾霾。

师：雾霾给你们什么样的感觉？

生：污染环境。

师：请看屏幕，屏幕上的图片给你们什么感觉？（如图 4-1 所示）

图 4-1

生：清新，舒服。

师：大自然赐予我们的这一抹带有生机的绿色总能使人心旷神怡。同学们，你们喜欢这些带有生命的绿色吗？

生：喜欢。

师：小明也喜欢。看，他家的院子中就有一块圆形的草坪，每平方米草皮 8 元，根据现有的信息你能提出什么数学问题？（如图 4-2 所示）

图 4-2

生：草坪的总造价是多少钱？

师：你们能解决这个问题吗？

生：不能，要先求出草坪的直径或者半径，知道了直径或者半径就可以求圆的面积。

师：看来，要想求草坪的总造价是多少钱，我们首先要知道圆的面积。

师：怎么求圆的面积呢？

生：我知道圆的面积等于半径的平方再乘以 π。

师：为什么这么算呢？我们是不是有必要研究一下圆的面积呢？

师：今天老师给每个同学准备了一些大小相同的圆，我们就从这个圆的面积开始研究，这节课我们就来研究与圆的面积有关的知识。（板书题目：圆的面积）

环节二：复习旧知，回顾方法

师：“工欲善其事，必先利其器。”请大家回顾一下，我们以前研究图形的面积时用到过哪些方法？之前第一个研究的是什么图形的面积？

生：长方形。

师：我们是如何得到长方形的面积公式的？

生：用数方格法得到的。

师：我们通过数面积单位推导出了长方形的面积公式。

师：平行四边形呢？我们是怎么推导出面积公式的？

生：沿着平行四边形的一条高切下来，把一边的图形拼到平行四边形的另一边，把平行四边形转化成长方形，根据长方形的面积公式就能得到平行四边形的面积公式。

师：说得很好，我们把平行四边形转化成长方形，进而推导出平行四边形的面积公式。

师：那三角形呢？

生：用两个三角形拼成平行四边形，进而得到三角形的面积公式。

师：两个什么样的三角形都可以吗？（举起一大一小两个三角形）

生：不可以，由两个完全相同的三角形拼成平行四边形得到的。

师：是由两个完全相同的三角形拼在一起，把它们转化成平行四边形，进而得到公式。

师：梯形呢？

生：由两个完全一样的梯形拼成平行四边形得到的。

课件演示：回顾长方形、平行四边形、三角形、梯形面积推导过程。（如图 4-3 所示）

师：这些图形面积的推导过程有几种方法？

生：两种，转化和数方格。（如图 4-4 所示）

师：数方格也就是度量面积单位，转化也就是把未知的图形转化成我们已知的图形，进而得到面积公式。

师：今天研究圆的面积是否也可以利用这些方法呢？我们一起来试试。

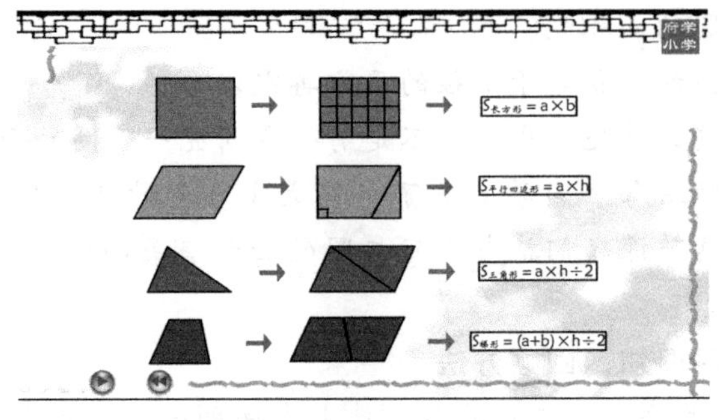

图 4-3

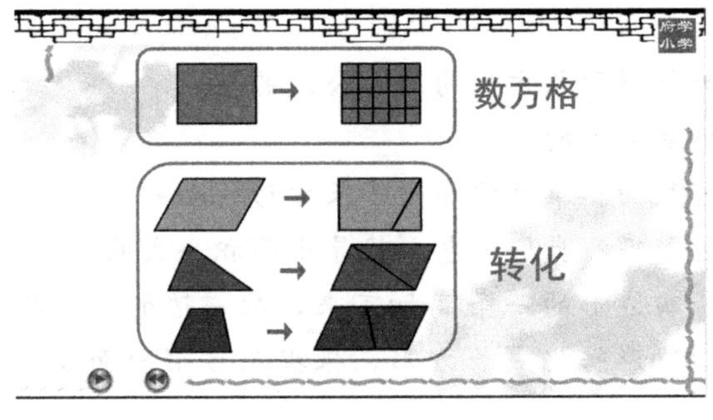

图 4-4

环节三：自主探索，合作交流

师：请同学们利用手中的学具，尝试得到圆的面积。（如图 4-5 所示）

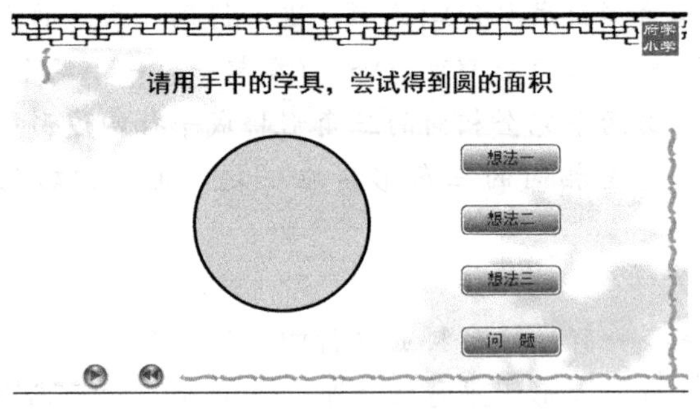

图 4-5

学生自由探索，组内交流。

1. 数方格方法

师：我们以前用数方格的方式测量过图形的面积，今天能通过数方格的办法得到圆的面积吗?

生 1：能。

生 2：也许可以。

师：老师看到这样一幅精美的作品，你能说说你的想法吗？（如图 4-6 所示）

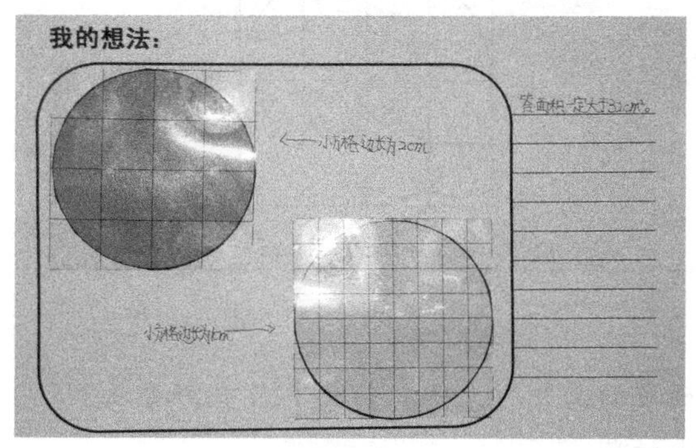

图 4-6

生 1：第一幅图的小方格的边长是 2 厘米，第二幅图的小方格的边长是 1 厘米，第一幅图可以确定的面积有 4 个小方格，也就是 16 平方厘米，第二幅图可以确定的小方格一共是 32 个，也就是 32 平方厘米，就可以确定这个圆的面积一定是大于 32 平方厘米的。

师：能不能说第二幅图的面积就是 32 平方厘米？

生：不能。

师：为什么？

生：圆的有些部分是曲线，不满一格，没法准确计算。

师：看来真的不行，你们算的是“大约”，我们想知道“就是”，谁能解决这个问题？

生：我们把小方格分得越小越细，测量出的面积就越接近圆的面积。

师：那还是接近圆的面积，不是圆的面积啊！

生：如果无限分下去的话，方格分得特别小的时候，可测量的面积就是圆的面积了。

师：一直分下去，可测量的面积就是圆的面积了吗？

生：是的。

师：我们结合课件一起来看一看，如果用边长为 2 厘米的小正方形来测量圆的面积，那一个小正方形的面积是多少？

生：4 平方厘米。

师：那么我们可以确定的面积是多大？

生：16 平方厘米。

师：这部分的面积我们可以记作 $2^2\times4$ 平方厘米。（如图 4-7 所示）

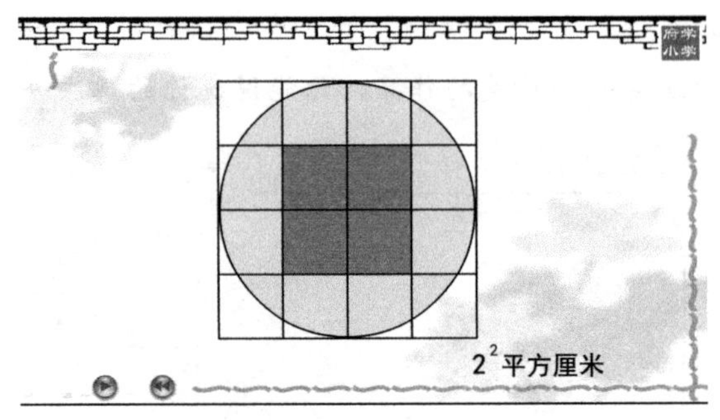

图 4-7

师：要想使确定的面积再大一些，你有什么好办法？

生：方格再小一些。

师：我们来看一看，除了刚才确定的部分外，还有哪些部分的面积也能确定了？

生：还有 16 个小方格的面积也能确定了，原来不能确定的部分又被分成了更小的独立的个体。

师：现在我们又确定了 16 个 1^2 平方厘米的面积，现在确定的面积更大了。

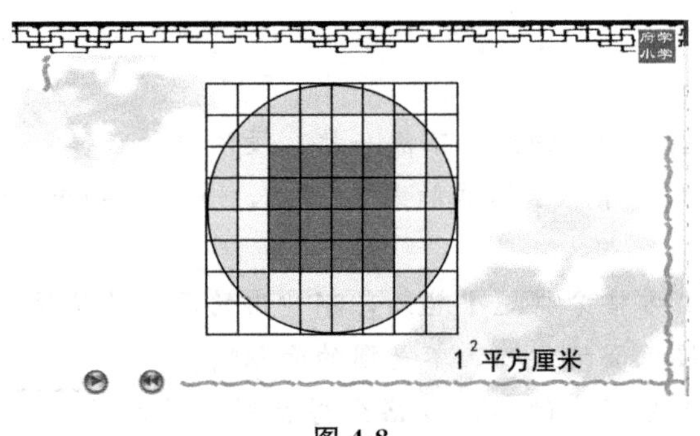

图 4-8

师：要想使测量的面积更接近圆的面积，怎么办？

生：方格再小一些。

师：会是什么样的呢？想一想。

生：方格特别小、特别密。

师：我们一起看看课件，和你想得一样吗？（如图 4-9 所示）

师：又多得到了一些可确定的面积，一共是多少个正方形？

生：36 个。

师：也就是说又多了 36 个 0.5^2 平方厘米的面积。

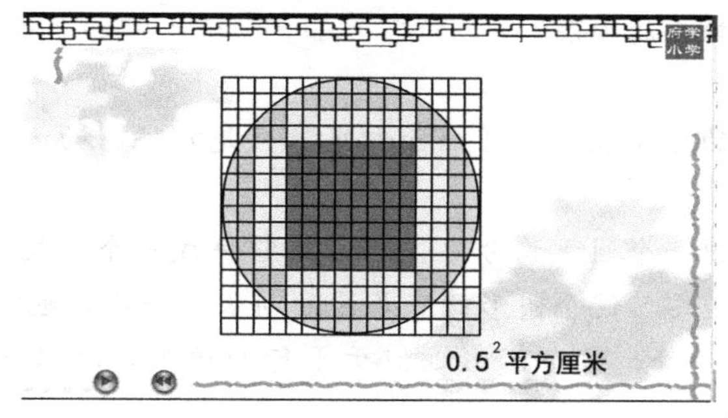

图 4-9

生：我觉得如果一直分下去，格子分到无限小的时候，这个圆就会变为黑色，因为格子太密了。

师：看看是不是和大家想得一样。能确定的部分是不是更多了？再细一点儿呢？能确定的部分更多了。(如图 4-10 所示)

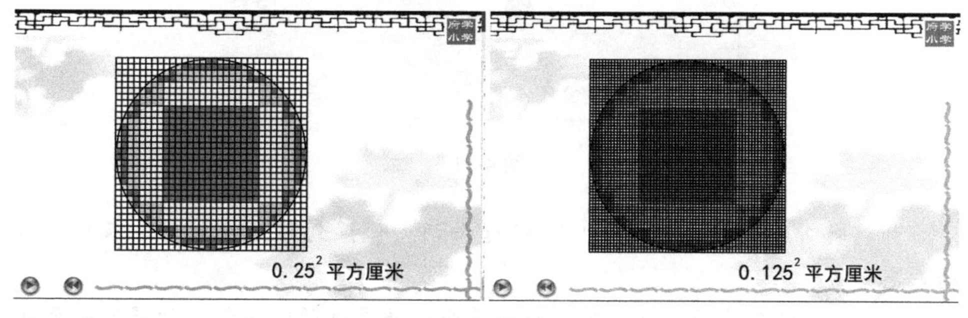

图 4-10

师：请大家闭上眼睛想象一下，当方格越分越小，小到如沙粒、微尘一般铺满整个圆时，圆内可确定的面积会怎么样？(几何直观——支撑学生表象、想象)

生：会越来越多。

师：能不能得到这个圆的面积？

生：能。

师：当方格无穷小的时候，圆内可确定的面积就是圆的面积。

师：那么，用数方格的方法能不能测量出圆的面积？

生 1：能。

生 2：可以，但很困难，比较麻烦。

师：而且还有一个问题，刚才的用数方格的方法只得到这一个圆的面积，如果换一个圆，需要重新再数。有没有别的办法呢？

生：可以用转化的方法。

2. 剪拼方法

师：用转化的方法能得到圆的面积吗？这是哪一组的方案，说说你们组是怎么想的。

生：我们组把一个圆平均分成 4 份，把它拼成一个不规则图形，这个图形近似于平行四边形，这个图形的底是圆的周长的一半，也就是 πr，这个图形的高就是圆的半径，这个圆形近似于平行四边形，所以它的面积是 πr^2。(如图 4-11 所示)

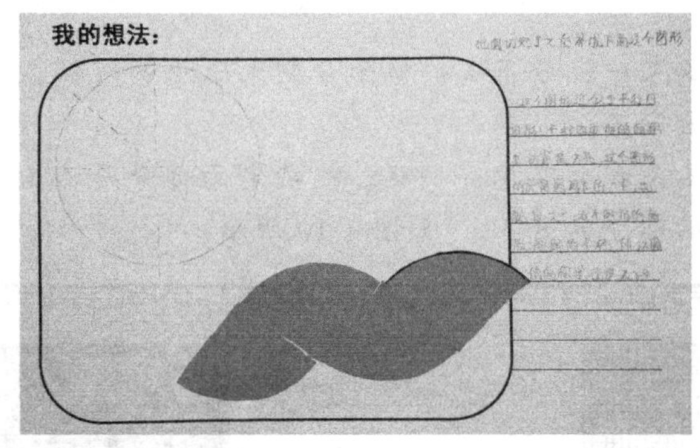

图 4-11

师：我听到这个同学用了“近似”这个词。你得到的是近似的，不是准确的，怎么办?

生 1：就像数格子一样，把这个圆等分成非常细的许多份，细得不能再细了，就可以拼成一个平行四边形了。

生 2：我同意她的说法，因为把圆的每份分得越小，拼得的圆周长的一半就会越接近一条直线。分得的份数无限多时，拼得的图形就是平行四边形了，拼得图形的边就是直的了，和数格子的方法是一样的。

师：确实是这样，很多同学想到了这种转化的方法。我们再来看看这组同学的想法，你们把这个圆等分成多少份拼成了这个图形？(如图 4-12 所示)

生：我们把这个圆等分成了 16 份，拼成了一个近似于平行四边形的图形，最后求得的结果和刚才小组的意见一样。

师：你们两个组的意见一样，但刚才有的小组有了争论，有的人认为拼得的图形近似于长方形，有的人认为近似于平行四边形，到底是什么图形？为什么？

生 1：至少是平行四边形，因为长方形也是平行四边形。

生 2：是不规则图形，因为如果等分的份数有限的话，拼得的图形上下的

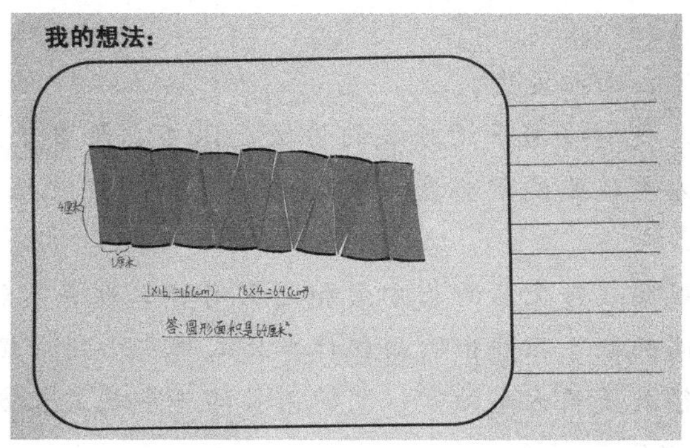

图 4-12

边都是曲线，不可能是直线。

生 3：我认为应该从无限的角度来看待有限的问题。

师：你说得真棒，听着还有点哲学味道呢！大家给点掌声！（学生鼓掌）我们结合课件看看，就按照你们的想法，把圆平均分成 4 份、8 份、16 份，拼得的图形越来越像平行四边形。如果把圆平均分成 32 份，就更像平行四边形了。（课件演示，如图 4-13 所示）

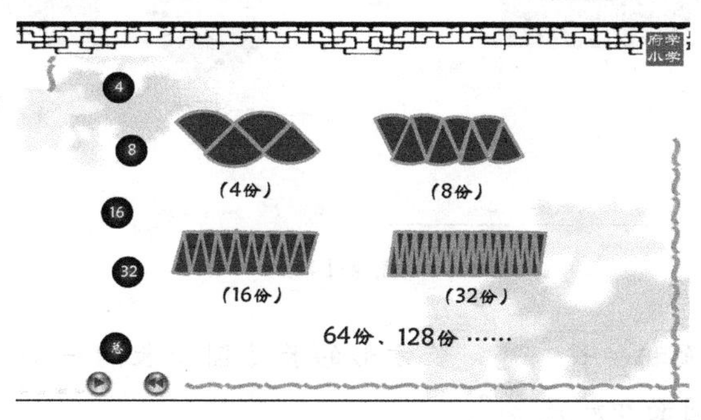

图 4-13

师：观察一下这几幅图，如果把圆平均分成 64 份、128 份、256 份、512 份……无限地等分下去，你有什么想法？

生：我认为拼得的图形越来越接近长方形。

师：你是怎么想的？

生：拼得的图形相邻两条边所组成的角越来越接近直角了，要是无限地等分下去，就是长方形了。

师：是这样吗，同学们？她还发现了这种变化的趋势，如果用这种方法是不是也可以得到圆的面积。

师：请仔细观察，转化后的长方形和圆形有什么联系？什么变了？什么没变?

生：形状变了，面积没变。

师小结：如果我们将圆平均分成的份数无限多，那么最后拼成的图形就会变成真正的长方形，曲线就会变成真正的直线，这样就把求圆的面积转化成求长方形面积。

师：请仔细观察，转化后的长方形和圆形有什么联系?(如图 4-14 所示)你能根据图形之间的联系推导出圆面积计算公式吗?小组讨论。

生：圆的半径就是长方形的宽，圆的周长的一半就是长方形的长。

师：πr 是什么?

生：圆周长是 $2\pi r$，所以圆周长的一半就是 πr。

师：长方形的宽呢?

生：r。

师：你能根据这样的对应关系推导出圆面积公式吗?

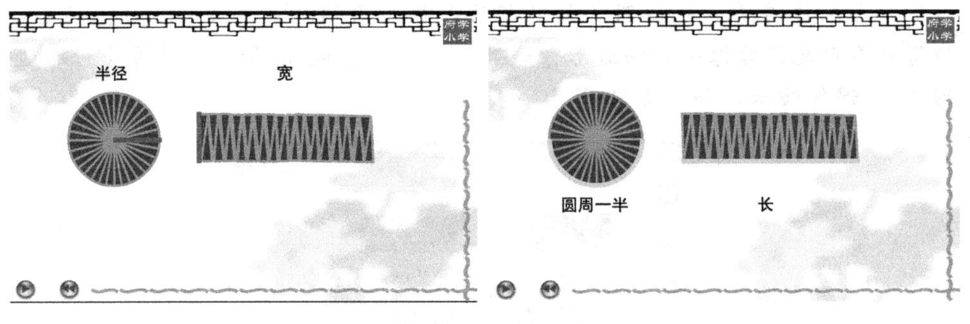

图 4-14

生：长方形面积=长×宽，长方形的长是圆周长的一半，就是 πr，宽就是半径 r，所以圆面积就是 πr^2。

师整理公式并用字母表示。

3. 圆内接多边形方法

师：我们利用这些方法都得到了圆的面积。老师看到还有别的方法，有的同学把圆对折很多次，折完后出现了很小的一份，谁明白他的意思?(如图 4-15 所示)

生：圆对折的次数越多，每一份就越接近三角形，当对折的次数是无限次的时候，每一份就是三角形，求出一个三角形的面积，再乘以它的份数，就是圆的面积了。

师：这种方法和原来我们学习圆的周长的方法有点相似，就是割圆术。我们来回顾一下，我们在学习圆周长的时候，见到过圆内接正四边形、正五

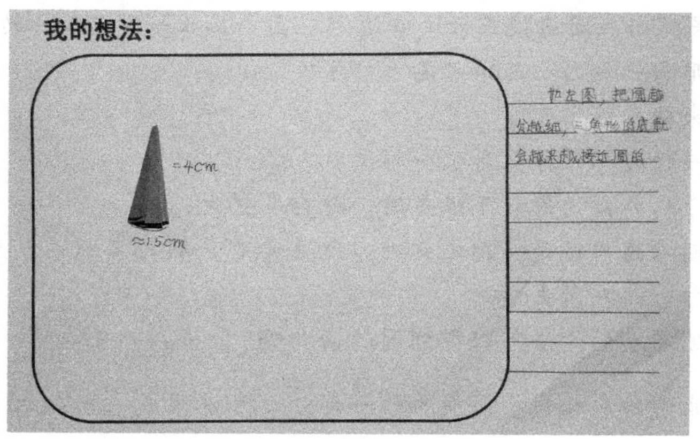

图 4-15

边形、正六边形、正八边形、正十六边形、正三十二边形，你有什么发现？（如图 4-16 所示）

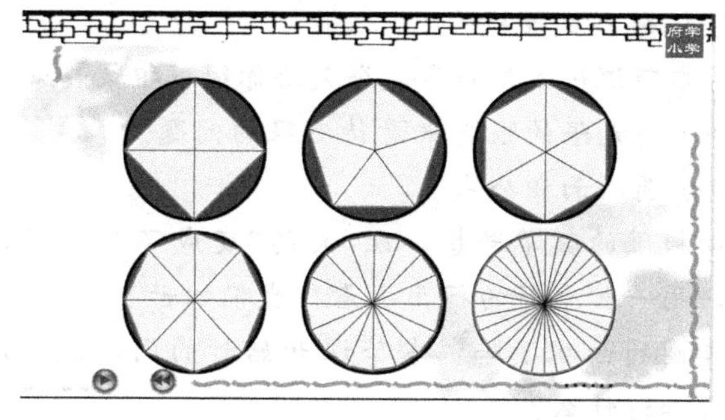

图 4-16

生：圆内接正多边形的边数越多，它的形状就越像圆。

师：我们发现，圆内接正多边形的边数越多，分得的每个小三角形的面积就越接近小扇形的面积，三角形的底就越接近圆的弧。（如图 4-17 所示）

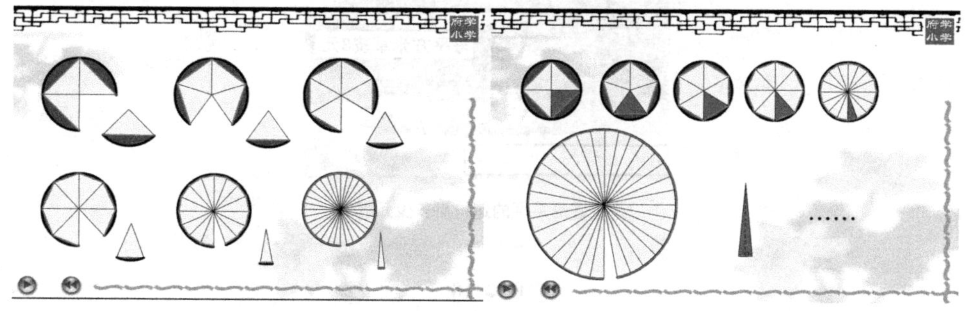

图 4-17

师：如果我们取圆内接正六十四边形、圆内接正一百二十八边形，会发现一份的小扇形和一份的小三角形怎么样了？

生：越来越接近了。

师：会一样大吗？什么时候一样大？

生：当平均分得的份数无限多时，就会一样大。

师：割圆术的内容是：割之弥细，所失弥少，割之又割，以至于不可割，则与圆周合体，而无所失矣。

师：用割圆术的方法可以得到圆的面积吗？

生：三角形的底相当于圆周长的一部分，可以写成$\frac{1}{n}\times 2\pi r$，三角形的高相当于圆的半径r，一个小三角形的面积就是$\frac{1}{n}\times 2\pi r\times r\div 2$，再乘三角形的个数$n$，整理后得到$\pi r^2$。

师：看来无论用什么样的方法，我们都能得到圆的面积$=\pi r^2$。

环节四：解决问题，拓展提升

师：同学们，本节课进入尾声了，今天给你留下印象最深刻的地方是什么？

生1：我学会了用无限的眼光来看待有限的问题。

生2：我知道了圆的面积公式。

师：我们借助极限的数学思想，让“大约”变成了“就是”，让“近似于”也能够变成“就是”，用一种全新的视角去看待我们的世界。

师：大家会算圆的面积了吗？本节课开始时的问题能解决了吗？要想知道草坪的总造价得知道什么？

生：圆的半径。

师出示课件。（如图4-18所示）

图 4-18

师：谁能列式？

生：$\pi \times 3^2 \times 8$。

师：同学们，今天我们是通过剪拼把圆转化成长方形进而验证了猜想并得到圆面积计算公式的。圆只能转化成长方形吗？能不能转化成其他学过的图形并推导出计算公式呢？你们认为可以吗？

生：可以。

师：其实我们还可以把圆转化成三角形和梯形，你能用这种方法推导出圆面积公式吗？有兴趣的同学下课可以试试。（出示课件，如图 4-19 所示）

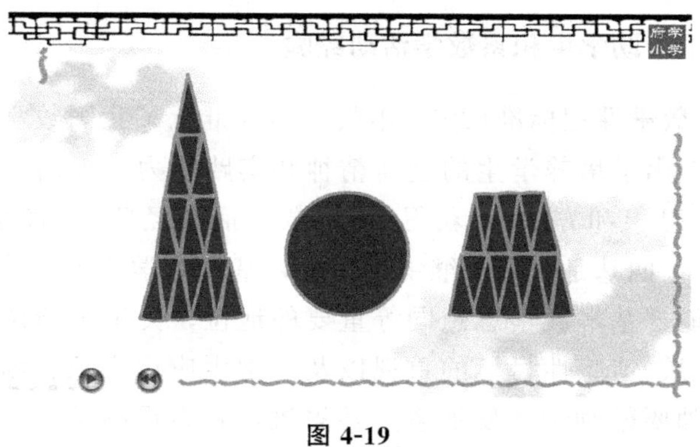

图 4-19

“圆的面积”教学中蕴含着丰富的数学思想方法，如转化的方法、极限思想、对应思想……对于学生而言，其中最为陌生的、困难的是极限思想。这是学生第一次亲历从有限到无限的认识过程，因此“圆的面积”教学是渗透极限思想的良好契机。叶圣陶曾经说过：“教师之为教，不在全盘授予，而在相机诱导。”教师一方面调研学生现状，分析学生学习需求，另一方面深入钻研教材，保证既充分展示学生的多种探究圆面积的方法，又将不同方法置于渗透极限思想这条主线之中。

第一次，数方格，从测量中渗透。所有的面积都是小正方形的集合。用数方格计量圆的面积，遵循了面积的数学本质。这是求面积最原始的方法，也是学生最容易想到的方法。经历运用数方格的方法估计圆面积大小的过程，使学生感到圆的面积越来越精确，同时深刻理解了度量单位的实际意义和价值。

第二次，剪拼成直边图形，从操作中渗透。剪拼成近似的平行四边形是最直接的，学生看得见、做得出的图形，剪拼成长方形需要进行二次转化。从学生“和数格子的方法一样”“从无限的角度看待有限”的交流中看出，刚刚感知的极限思想帮助学生自发突破了“曲—直”“平行四边形—长方形”的认知难点，使学生感悟“无限逼近”和“等积变形”的含义，发展了空间观念。

第三次，分割成直边图形，从观察中渗透。教师将圆等分成基本三角形与割圆术相结合，以圆内接正方形为起点，不断增加内接正多边形的边数，使学生体会到正多边形的边数越多，其面积就越接近圆的面积，再次渗透了极限的思想。

像这样由扶到放、由现象到本质地引导，使学生思维在交流中碰撞，在碰撞中发散，在想象中提升。学生思维的能动性和创造性得到充分激发，探索潜力、分析问题和解决问题的潜力得到了提高。

(二)有助于帮助学生积累数学活动经验

《义务教育数学课程标准(2011 年版)》不仅继承了我国数学教育注重双基的传统，同时突出了培养学生的创新精神和实践能力，提出了让学生理解和掌握“基本数学思想和方法”，获得“基本数学活动经验”。将原来提出的“双基”变为“四基”。四基是双基的继承和超越，基本数学活动经验获得了与基础知识、基本技能、基本数学思想同等重要的地位，突出了新课程对能力性目标、过程性目标、情感性目标的重视以及对学生应用意识、创新能力培养的重要指向。教师要鼓励学生发展创造性思维，着力提高学生的学习能力、实践能力、创新能力。

数学活动经验是指学习主体通过亲身经历数学活动过程所获得的具有个性特征的经验。它既可以是感觉的、知觉的，也可以是反省思考后留下的经验。也就是说，数学活动经验需要在做的过程和思考的过程中积淀。数学活动经验的积累是学生数学素养的重要标志。因此我们要重视数学活动经验的积累。

美国著名认知心理学家奥苏伯尔曾经说过：“如果不得不把教育心理学的所有内容简约成一条原理的话，那就是：影响学习的最重要的因素是学生已知的内容。只有弄清这一点后，才能进行相应的教学。”这里学生已知的内容同样可以理解为学生已经具备的基本数学活动经验。

在数学教学过程中，学生间有效的讨论是解决问题的有效手段。每个小组成员通过表达自己的想法，使解决问题的策略多元化，如果意见有不一致之处，就更加凸显讨论的价值。所谓“事不辩不明”。从某种程度上讲，学生有效讨论的过程也就是学生完善和积累数学思想方法的过程。那么究竟在什么地方讨论？有什么是需要讨论的呢？我想，有如下几个方面。

第一，在概念形成的过程中，通过讨论使学生积累发现概念规律的经验。概念教学在小学数学教学中占有非常重要的地位，掌握正确的数学概念是学生学习数学知识的基石，是培养数学能力的前提。要使学生准确掌握概念，在数学教学中，教师应采取灵活多样的形式，充分调动学生学习的主动性。

例如，在教学“方程的意义”时，我是这样做的：

课件出示天平。

师：你能说说天平的特点吗？

生叙述。

师概括总结得出天平平衡这一特点。

师：怎样才能使天平左右两边相等？

师出示一台天平，左边放 20 克和 30 克的物体，右边放 50 克的物体。

师：用算式怎么表示？

生：$20+30=50$。

师再出示天平左边放 20 克和“?”克的物体，右边放 100 克的物体。

师：“?”表示什么？我们可以用什么表示？

生 1：用字母表示。

生 2：$20+x=100$。

生 3：$100-x=20$。

生 4：$100-20=x$。

师：你认为用哪个式子更能表示天平的两边是平衡的？

生：$20+x=100$ 表示天平左右两边是平衡的。

师出示一些天平，让学生根据天平的平衡状态写算式。

把以下 8 个算式标序，得出练习：

①$20+30=50$　②$20+x=100$　③$50\times2=100$　④$50+2x>180$

⑤$80<2x$　⑥$3x=180$　⑦$100+20<100+50$　⑧$100+2x=3\times50$

师：你能给这些式子分类吗？说说你是按照什么标准分类的。

同桌合作交流汇报：

生 1：

等式	不等式
①$20+30=50$	④$50+2x>180$
②$20+x=100$	⑤$80<2x$
③$50\times2=100$	⑦$100+20<100+50$
⑥$3x=180$	
⑧$100+2x=3\times50$	

生 2：

含有未知数的式子	不含未知数的式子
②$20+x=100$	①$20+30=50$
④$50+2x>180$	③$50\times2=100$
⑤$80<2x$	⑦$100+20<100+50$
⑥$3x=180$	
⑧$100+2x=3\times50$	

师：既是等式，又含有未知数的式子有哪几个？

生：②$20+x=100$，⑥$3x=180$，⑧$100+2x=3\times50$。

师：像这种含有未知数的等式，我们今天给它起个新的名字，叫作“方程”。

通过分类，使学生在观察中更加关注概念间的联系和特点，使方程概念的建立更加充分。当学生认可对方程定义的理解时，得出“含有未知数的等式叫作方程”，对方程的意义有了一定的感知。

通过讨论不仅分散了教学的难点，更重要的是给学生提供了交流的机会和空间，让学生的思维撞击出智慧的火花，完善了学生对方程意义这一概念的认识，积累了应用分类数学思想方法解决问题的经验。

第二，在巩固概念的过程中，通过讨论，为进一步理解、深化概念积累经验。小学生数学概念的建立不是一蹴而就的，需要一个过程，他们对概念的理解有时不准确、不全面，有可能出现观点的针锋相对和正面交锋，在这种情况下，教师可以组织学生参与讨论，积累正反两方面的经验，加深对概念的理解。

第三，通过讨论，为从不同角度寻求解决问题的方法策略积累经验。例如，我在教学“75 38＝?”时，设计了如下教学过程。

师：你会算“75－38＝”这道题吗？把你的思考过程写清楚，记录下来。

生自主探索。

生 1：75－30＝45，45－8＝37。

生 2：75－40＝35，35＋2＝37。

生 3：70－38＝32，32＋5＝37。

生 4：15－8＝7，60－30＝30，30＋7＝37。

生 5：70－30＝40，40－10＝30，15－8＝7，7＋30＝37。

……

对于以上算法，我认为都应给予鼓励，并为学生提供交流的机会，使学生在相互交流中不断完善自己的方法。学生还应通过讨论，在不同的方法中获得最佳解题方案，体会到从特殊到一般的数学思想归纳法，积累解决问题策略多样化的经验。

学生通过观察、比较、归纳等活动得出数学结论，经历了数学化的学习过程。归纳是人们认识事物的基本思想方法，学生在数学活动中感悟数学思想方法，同时学会逐步积累数学活动经验，为后续学习数学做好准备。

（三）有助于学生学习兴趣的培养

对于许多学生和教师来说，一种可怕的灾难就是把学生的主要精力放在消极地获取知识上面，学生没有认识的欲望，实质上就是没有教育。学习的兴趣是学生活动的重要动力，因此，教师在教学过程中要激发学生的求知欲，注重培养学生学习数学的兴趣，让学生感到自己本身就是一个发现者、研究者、探索者。

我曾听到过一则故事：

陈景润是一个家喻户晓的数学家，在攻克哥德巴赫猜想方面做出了重大贡献，创立了著名的“陈氏定理”。但没人会想到，他的成就源于一个故事。

1937 年，勤奋的陈景润考上了福州英华书院，此时正值抗日战争时期，清华大学航空工程系主任、留英博士沈元教授回福建奔丧，不想因战事滞留家乡。几所大学得知消息，都想邀请沈教授前去讲学，他谢绝了邀请。由于沈元是英华的校友，为了报答母校，他来到这所中学为同学们讲授数学课。一天，沈元教授在数学课上给大家讲了一个故事：“200 年前，有个法国人发现了一个有趣的现象：6＝3＋3，8＝5＋3，10＝5＋5，12＝5＋7，28＝5＋23，100＝11＋89……每个大于 4 的偶数都可以表示为两个奇数之和。因为这个结论没有得到证明，所以还是一个猜想。大数学家欧拉说过：虽然我不能证明它，但是我确信这个结论是正确的。它像一个美丽的光环，在我们不远的前方闪耀着炫目的光辉……”陈景润瞪着眼睛，听得入神。

陈景润对这个奇妙的问题产生了浓厚的兴趣。课余时间，他最爱去图书馆，不仅读了中学辅导书，大学的数、理、化课程教材他也如饥似渴地阅读，他因此获得了“书呆子”的雅号。

兴趣是最好的老师。这样的数学故事，引发了陈景润的兴趣，引发了他的勤奋，从而成就了一位伟大的数学家。

例如，我在教学数学思维训练课“测量中的策略”一课时，是这样设计的：

师：我们的府学现在越办越好了，朝阳区也有我们的分校，大家挺自豪吧？但烦心事也来了，马校长想在分校修一个和我们这里一模一样的升旗台。昨天马校长给我布置了一个任务：测量出操场的旗杆有多高。我向大家求助，大家帮我出出主意，应该怎么测量？

生 1：爬到旗杆顶，放下一根绳子，借助绳子的长度就可以测量旗杆的高度了。

师：很好，想到利用等量代换思想去解决问题。我们就把你的办法编号为“A 方法”。（教师简单记录学生的方法，并编号，之后同理）

生 2：把旗杆锯断，放倒了来测量。

师：虽然有点破坏性但也能够达到最终测量的目的，我们就把你的办法编号为“B 方法”。还有别的想法吗？

生 3：找体育老师借来卷尺，把卷尺的一头系在旗杆绳上，像升国旗那样把卷尺升上去不就可以测量了吗？

师：嗯，能够联想到生活中的升旗活动，看来你是一个观察细致的同学。你的办法编号为“C 方法”吧。还有吗？

生 4：我听说可以用尺子和影子的长度关系来计算。

师：好像是有这么一种说法。你的办法编号为“D 方法”吧。

师：好了，同学们的办法很多，哪种更适合我们解决“测量旗杆的高度”这个问题呢？正所谓“实践出真知”，让我们移步到操场，真正试一试。

学生集合，来到操场国旗杆旁。

师：同学们，我们来到了国旗杆旁。下面我们就来真正试试这些办法吧。咱们先来试试“A 方法”：爬到旗杆顶，放下一根绳子，借助绳子的长度测量旗杆的高度。

全班哄然大笑起来。

师：大家笑什么？

生 1：旗杆太高了，而且又细又滑，爬不上去，这个方法太危险了。

生 2：是呀，站在这里抬头看旗杆都觉得高得可怕，肯定爬不上去。

师：是呀！那刚才出这个主意的同学怎么没想到呢？

生：我光想着怎么测量高度这件事了，没想到旗杆那么高，爬不上去。（学生不好意思地说）

师：对呀！空想是不能解决问题的。当然，你的想法是好的，从理论上是可行的，虽然实际操作会有这样或那样的困难，但随着科技的发展，没准以后科学家发明了“爬杆机器人”，你的想法就可以实现了！

学生纷纷点头。

师：咱们再看看“B 方法”吧！“B 方法”是把旗杆锯断，放倒了来测量。

学生再次大笑起来。

师：你们怎么又笑了？

生 1：老师，我觉得这个方法也不可行。因为旗杆是金属的，底座部分这么粗，实在不好锯。

生2：就算好锯也不行！要是锯倒了旗杆，虽然可以知道长度了，但是咱们的升旗仪式怎么办？如果把旗杆重新焊接起来就会产生费用，还会降低旗杆的强度，不但浪费，而且风大了会有危险，这个方法实在不可行。

师：说得特别有道理。其实，就算他真的想锯，我也不敢同意。真锯倒了校长一定找我算账，赔钱不说还得挨批评，划不来！划不来！（学生又大笑起来）

师：那再说说“C方法”吧！“C方法”是找体育老师借来卷尺，把卷尺的一头系在旗杆绳上，像升国旗那样把卷尺升上去。同学们觉得这个方法可行吗？

生1：我觉得这个方法还行。

生2：我也觉得可以。

师：为了验证你们的想法，我还真向体育老师借来了卷尺，让我们试一试吧。

学生将卷尺的一头系在了旗杆绳上，一人开始拉动旗绳，一人负责传送卷尺，缓缓将卷尺拉出，升到旗杆顶。

师：同学们，升好了！快看看旗杆多高！

生：大约18.2米。

师：为什么说“大约”？

生：老师您看，卷尺最高只能到绳子的滑轮位置，可是滑轮离杆顶还有一段距离，所以这个长度只能说“大约”，而不是精确值。

师：你的回答很严谨。那你们认为这种方法好吗？

生：有好的地方，也有不好的地方。好的地方是比较安全，不好的地方是不能量出从顶部到底部的全部长度，数据上会有误差。

师：总结得很客观。这种方法虽然可以量出旗杆的大致高度，但受滑轮位置影响会产生偏差。不过这个想法和前两种方法相比还是具有实际操作性的，请大家给方法的创始人来点掌声。

（掌声响起）

师：那“D方法”可行吗？“D方法”是用尺子和影子的长度关系来计算。

生1：怎么用关系计算呢？

生2：是呀！有点糊涂。

师：方法的提出者能给大家解释一下吗？

生：我只是听说过用杆高、影长的比就能计算，但具体的我也不是很清楚。

师：没关系，虽然不是很清楚，但是能够看出你是一个爱学习、善于积累的同学。大家知道吗？他的想法其实源于一个故事，你们想听听吗？（学生异口同声：想）那且听我一一道来。

金字塔是古埃及人的伟大创造。最早的金字塔建造于3500多年以前，坐落在撒哈拉沙漠的边缘，俯视着一望无际的戈壁沙丘和肥沃的绿洲。金字塔究竟有多高呢？由于年代久远，它的精确高度连埃及人也记不清了。金字塔又高又陡，况且又是法老们的陵墓，出于敬畏心理，没人敢登上去进行测量。所以，要精确地测出它的高度，并不容易。

有一次，古希腊哲学家、科学家泰勒斯来到埃及游览。埃及人听说这个哲人来了，希望他能利用这个机会，测出金字塔的高度。泰勒斯想了一下，答应了。测量金字塔高度的这一天，塔下挤满了观看的人群，人们都想看看充满智慧的泰勒斯是怎样测量的。泰勒斯只带了一把尺子就来了。人们感到疑惑：高高的金字塔怎么能用尺子测量呢？只见泰勒斯站在沙漠中，让助手测出自己的身长，再测出自己影子的长度。太阳较低时，泰勒斯拖着长长的影子。太阳渐渐上升，影子渐渐变短了。到了上午的某个时刻，他的助手测出，泰勒斯的影子长度与他的身长相同。泰勒斯一听，马上让助手测量金字塔的影子长度。不一会儿，助手测出了金字塔的影长。（如图4-20所示）

图 4-20

泰勒斯肯定地说："这就是金字塔的高度。"人们为泰勒斯的智慧感到由衷的钦佩，对他的巧妙方法感到说不出的惊奇。

金字塔很高、很陡，直接测出它的高度比较困难。泰勒斯就巧妙地把金字塔的高度问题转化为地面上的影子的长度问题，测量塔高变成了测量影长，这就把问题大大地简化了。而测量金字塔的影长，必须在金字塔的高度与影子的长度相同时才是有效的，在一天中，只有一个特定的时刻才符合这个要求。在这一时刻，人的身高与影子一样长，金字塔的高度与影子也一样长。此时，太阳光是平行光，它以45°角斜射大地，人与影子、金字塔的中心高度线与影子，都组成了等腰直角三角形。此时，测出了影长，也就测出了它的高度。（如图4-20所示）

问题是可以相互转化的。在一定的条件下，一个复杂的问题才可以转化成它的等价问题。泰勒斯利用相似三角形的原理，解决了金字塔高度的问题。

师：同学们，你们现在觉得这个方法可行吗？有什么新的想法呢？

生1：我觉得这个方法是可行的。要是我做，我就拿两把米尺，一把当作人，一把测量影，二者一样长的时候再测量旗杆的影长不就更方便、更准确了吗？

师：好主意，更严谨了。

生2：老师，我想改进一下这个办法，因为杆高和影长相同的时候，也就是长度比为1∶1的时候，这个时刻严谨地说只是一瞬间，太难把握了。我想是不是只要找到整倍数就行了呢？比如，把米尺当作人的时候，如果影子正好长0.5米，这时测量旗杆的影子，只要把长度乘2不就可以得到旗杆的高度了吗？

师：太棒了，你还发展了想法！厉害！

生3：老师，我想不用整倍数也行。只要在同一时刻测量出尺子的影长和旗杆的影长就可以通过计算得到旗杆的高度了。因为是同一时刻、同一角度，尺子长度和它影子长度的倍数关系一定和旗杆高度和它影子长度的倍数关系一样，也就是说，尺子长度∶尺子影子的长度＝旗杆高度∶旗杆影子的长度，这样只要解比例就可以计算了。这样就不受时间的限制了。

师：看，方法进一步得到了完善和发展。正所谓“纸上得来终觉浅，绝知此事要躬行”。

那就让我们行动起来，在实践中去验证我们的想法吧，记得把试验的过程用自己喜欢的方式记录下来，这就是我们今天的数学作业。

……

方法需要在实践中得到检验和发展。实践活动极大地激发了学生的学习兴趣和探究欲望，也让学生体会到有趣的数学问题即使穿越了时空，价值也是不会改变的。用这样的教学方式可以让学生的主体作用得到充分发挥，课堂氛围非常活跃，学生学习热情高涨，教学效率也得到了提升。正如篮球巨人姚明所说：“奋斗过程重于结果，永远攀升是我追求。”新课程倡导小学数学教学中应当培养学生独立思考、解决问题的能力，教师作为教学的引导者、组织者、合作者，也要改变以往传统的依赖教材的教学模式，引导学生在质疑、探究、实践中掌握数学知识，并在探究的过程中实现知识积累和能力提升。

由此可见，在小学数学课堂教学中，不仅要始终坚持知识与技能的学业目标，更要强调过程与方法的学业目标。数学教学的过程可以说是知识形成和思想方法渗透的过程，任何教学目标均需要通过一定的过程和方法才能实现。在小学数学课堂教学中确定有效落实“过程与方法”的目标和手段，有利于发挥学生的主体作用和教师的主导作用，是指导学生解决数学问题的重要途径。下面我就“如何上过程精彩的好课”这一问题谈谈自己的想法。

二、强化学习过程的具体策略

（一）在丰富的体验活动中经历建构数学概念的过程

皮亚杰曾经指出：传统教学的缺点，就在于往往是用口头讲解，而不是从实际操作开始数学教学。可以说，加强动手操作是现代的数学教学与传统的数学教学的重要区别之一。思维是从动作开始的，切断了活动与思维之间的联系就不能发展，教师在教学中应多让学生利用各种学具进行实际操作，学生在摆弄学具的过程中，思路会随之展开，从而在亲自获取的、丰富的感性认识和直接经验的基础上，逐步展开探索，逐步理解和掌握知识，并从中得到成功的体验，树立起学习的信心。

动手操作是学生学习数学的重要途径和方法。动手操作能把抽象的知识变成看得见、说得清的现象。学生经历动手、动脑、动口参与获取知识的全过程，能使操作、思维、语言等有机结合，从而使获得的体验深刻、牢固。

例如，在教学五年级数学“图形中的规律”一课时，我让学生以动手操作、感知规律为出发点，通过课堂学习单（如下）画一画，利用小棒摆一摆，在操作、观察、思考、列式的过程中感受到摆三角形的规律。具体的教学过程如下。

师：同学们，仔细观察，先画一画三角形，再数一数小棒的根数，你有什么发现？

“图形中的规律”课堂学习单

画一画，填一填，列一列。

三角形个数	画一画图形	小棒根数
1	△	
2	△▽	
3		
4		
5		
6		
7		

生 1：我画了 1 个三角形，用了 3 根小棒。

生 2：我画了 2 个三角形，用了 5 根小棒。

师：如果要摆 8 个三角形，需要几根小棒呢？用算式怎么表示小棒的总根数？

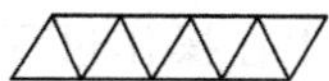

（生自主探究）

师：出示学习建议。

(1)画一画，摆一摆，填出小棒根数。

(2)看一看，想一想：随着三角形个数的增加，小棒根数是如何变化的？

(3)列一列，把你的想法用算式表示出来。

……

师：通过刚才的摆、算，你有什么发现？

生 1：我发现每增加一个三角形都增加两根小棒。看数字，一个三角形是 3 根小棒，两个三角形是 5 根，多了两根，3 个三角形是 7 根，又多了 2 根……

师：从图形中也可以看出，（课件演示）这是第一个三角形，多一个三角形，就增加了几根小棒？为什么只多了两根？再多一个三角形，又多了两根小棒……

生 2：三角形的个数×2＋1＝小棒的根数。

1 个三角形就是 1×2＋1＝3，2 个三角形就是 2×2＋1＝5，3 个三角形就是 3×2＋1＝7……

师：看课件演示，如果把第一个三角形的第一根小棒撇开不管的话，那么每个三角形都可以看成两根小棒，所以小棒的根数可以由三角形个数的 2 倍多 1 得到。

生 3：三角形的个数×3－重复的根数＝小棒的根数。

师：两个三角形时有一根小棒重复，三个三角形时有两根小棒重复（课件演示）……

师：（小结得出规律的方法）想一想，刚才我们通过什么方法知道了这么多规律？

生：摆一摆，数一数，想一想。

师：找到了规律，我们就要运用它，摆 15 个三角形需要多少根小棒？请大家在本子上独立完成。（交流方法，集体订正）

师：看来没能难倒同学们，那老师提出更高的要求，你们愿意接受挑战吗？

思考：41 根小棒可以摆几个三角形？

学生在“摆”三角形的过程中，不仅丰富了感觉、知觉的经验，而且也为相互之间的思维碰撞提供了丰富的资源。教学中，我并没有把摆三角形规律的相关知识直接告诉学生，“牵”着学生走，而是精心创设问题情境：“摆 8 个这样的三角形要几根小棒？”让学生在操作过程中发现相关的规律。

在这样的课中，我们其实抓住了知识的本质，让学生经历体验—比较—理解的过程，既能提升思维品质，又能深入理解数学知识，进而也提升了数学概念的自主建构能力。

(二)在自主探索中经历建构数学知识的过程

数学学习的过程就是数学认知结构的形成和发展的过程，是数学知识的生成过程。学生学习数学知识不能被动地接受，而是在现实的数学活动中自己主动去经历、体验、感悟和深化理解，是一个自主建构的过程。

学习的本质过程就是将疑问付诸实际行动而进行解析和验证。宋代理学家朱熹说：“读书，始读，未知有疑；其次，则渐渐有疑，中则节节是疑，过了这一番，疑渐渐释，以致融会贯通，都无所疑，方始是学。”数学知识的学习不是教师把现成的数学知识、方法、规律直接告诉学生，而是引导学生自己发现和提出问题，进而寻找问题解决的方法和手段，让学生通过亲身经历数学知识再创造的过程，自主建构数学知识结构。

例如，我在执教四年级数学“平行与垂直”一课时，引导学生通过游戏活动自主获取学习素材后，进行不断尝试、辩论和修正，从不同角度对素材进行分类，经历了自主且完整的数学知识建构全过程。具体过程如下。

环节一：创设情境，生活引入

师：同学们，这是两支铅笔，如果我们把这两支铅笔看成是线的话，线和线之间会有什么位置关系呢？今天我们就来研究同一平面内的两条线之间的位置关系。

(揭示课题。板书：两条线的位置关系)

环节二：探究比较，掌握特征

1. 画一画

师：如果这两支铅笔散落在桌子上，会有哪些情况呢？如果我们把这两支笔看成两条线的话，请大家把出现的情况在纸上画下来。(学生上前去贴)

学生作品情况(如图 4-21 所示)。

师：你能说说这些作品有什么不同吗？

生：有的有交点，有的没有交点。

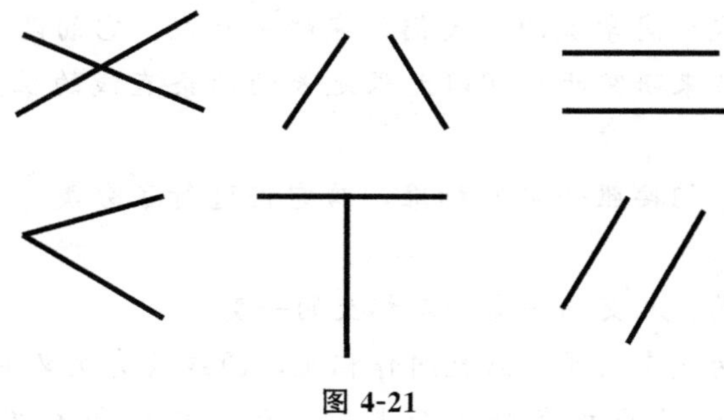

图 4-21

2. 汇报辨析

师：你们认为这两种作品的位置关系是否相同？（如图 4-22 所示）

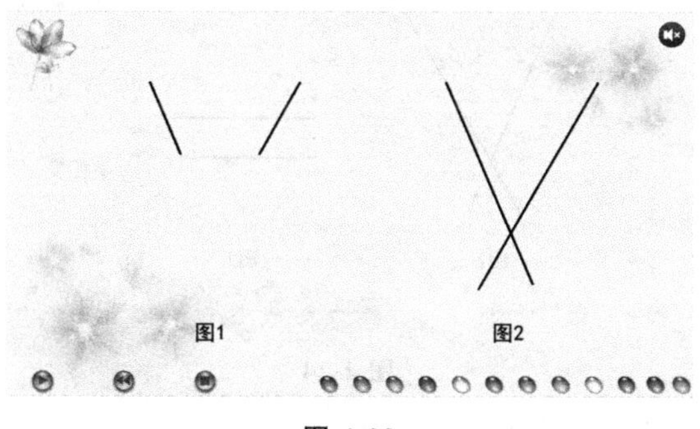

图 4-22

生：我认为是相同的，因为直线可以延伸，虽然现在没有相交，但延长后还是会相交在一起的。

师：同学们快来比画一下，黑板上的这两条直线延长后在哪里交叉？谁来画一画？

师：想象一下，两条直线再长点，会有交点吗？交点在哪儿？（课件演示，如图 4-23 所示）

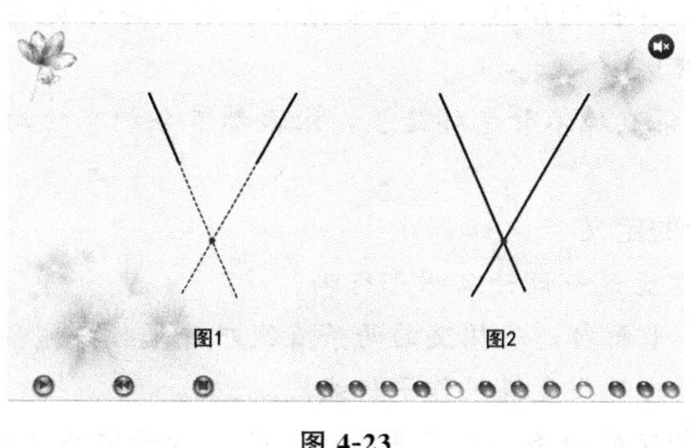

图 4-23

师：确实像这个同学说的，我们研究的是直线，它的两端是可以无限延长的，今天我们就来研究两端可以无限延长的两条直线的位置关系。（板书：直线）

师：刚才同学们按照一定的标准，给它们进行了分类。我们分为了几大类？谁能再说说？

生：分为两类：相交的一类和不相交的一类。

师：是的，两线交叉于一点就叫作相交，两线没有交叉的点就是不相交。我们按照两条直线是否相交分为两类，分别是相交和不相交。（如图 4-24 所示）

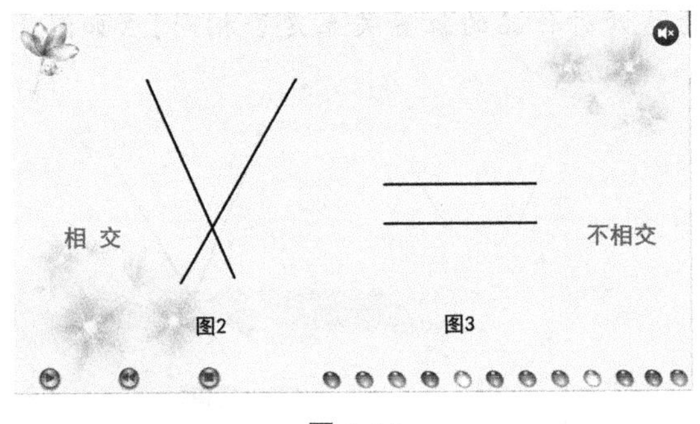

图 4-24

（板书：不相交、相交）

环节三：归纳特征，构建新知

1. 认识平行

(1)感知平行的特点

师：两条直线不相交，你们知道在数学上叫什么吗？

生：平行。（板书：平行）

师：请同学们继续观察黑板上的这种情况，想象一下，将两条直线再画长点，穿出教室，穿出朝阳区，穿出北京市，它们会相交吗？两条直线无限延长，会不会相交呢？

（课件演示两条直线不管怎样延长，永远都不会相交的动态过程，如图 4-25 所示。）

(2)揭示平行的定义

师：现在，你能说一说什么叫平行吗？

生 1：在同一平面内，不相交的两条直线叫作平行线。

生 2：不相交的两条直线叫作平行线。

师：永远不相交的两条直线是平行线，快来看看这个正方体。（如图 4-26

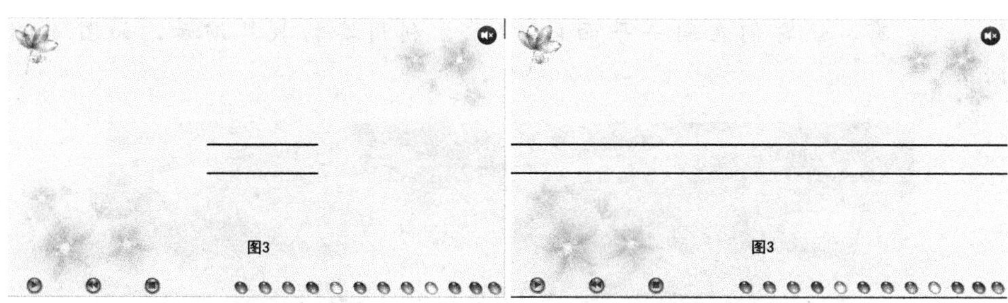

图 4-25

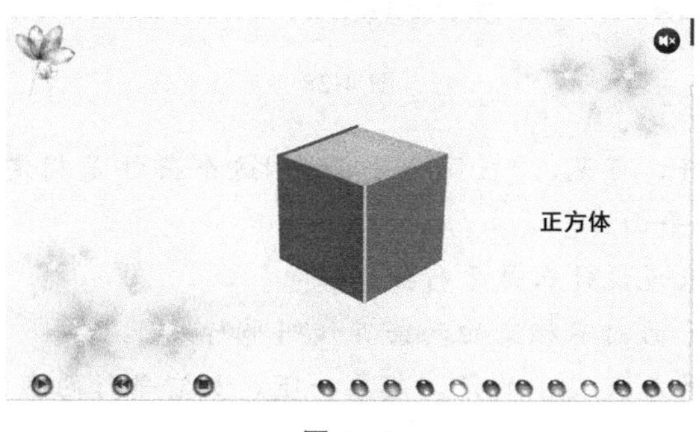

图 4-26

所示)

师：你觉得这两条线会相交吗？再长点呢？那你说它们叫作平行吗？(如图 4-27 所示)

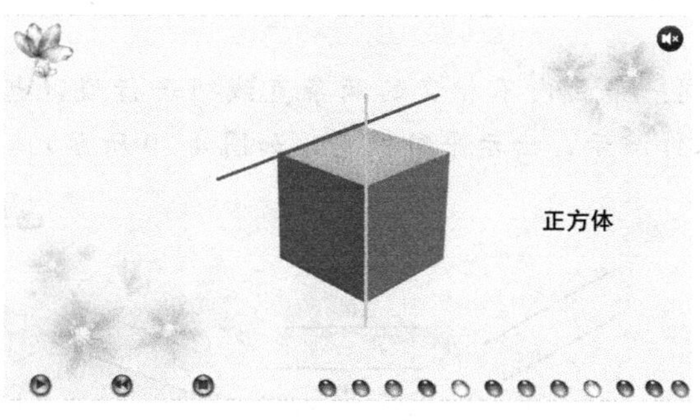

图 4-27

生：不是。

师：为什么不是平行？

生：不在一个平面内。

师：有办法让它们平行吗？

生：有，让它们在同一平面内。（学生利用实物教具演示，如图 4-28 所示）

图 4-28

师：说得真好，可见，“在同一平面内”这个条件是判定平行线必不可少的。（板书：同一平面）

师：现在再来说说什么是平行线。

生：在同一平面内不相交的两条直线叫平行线。

师：这条如果是直线 a 的话，想象一下，和它平行的直线 b 可以在哪里？生回答。

师：这里可以吗？（画直线 b，教师板书平行图）

师：谁和谁平行？

生：直线 a 和直线 b 平行，直线 b 和直线 a 平行。

师：你能用一个词概括说明一下谁和谁平行吗？

生；互相平行。

师小结：在同一平面内不相交的两条直线叫平行线，也可以说这两条直线互相平行。（课件演示，出示平行概念，如图 4-29 所示）

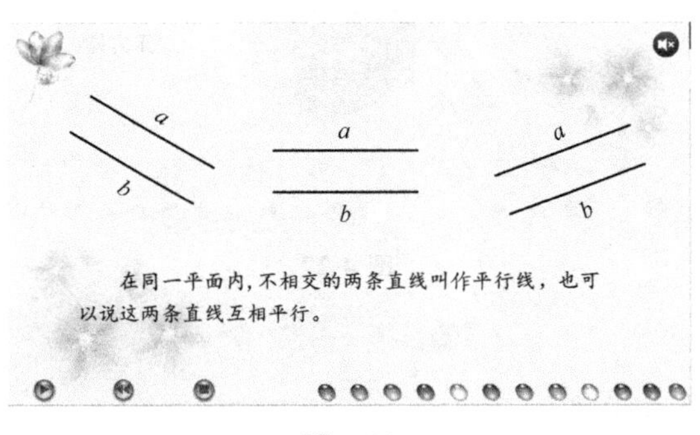

图 4-29

师：同学们，你们认为怎么判断两条直线互相平行呢？

生：在同一平面内，永不相交。

(3)介绍平行符号

师：这么重要的关系，其实用一个简练的符号就可以表示了，你们见过吗？“//”表示平行，直线 a 与直线 b 互相平行，记作 $a//b$。（板书：$a//b$）

2. 认识垂直

(1)感知垂直的特点

师：同学们，刚才我们根据两条直线是否相交把这些情况归为了一种情况，现在我们再来看看在两条直线相交的情况中，如果不考虑重合的情况，你觉得哪一种最特殊？

生：垂直。

师：你觉得特殊在哪里？（指黑板上的图）

生：有直角。

师：怎么验证到底是不是直角？

生：用量角器或者三角板。

找生验证黑板上的垂直情况。（师画直角符号）

师：看看是不是这个意思？两条直线相交，形成了这样的两个锐角和两个钝角，仔细观察，四个角发生了什么变化？

（课件演示旋转：两条直线绕着交点旋转，如图 4-30 所示）

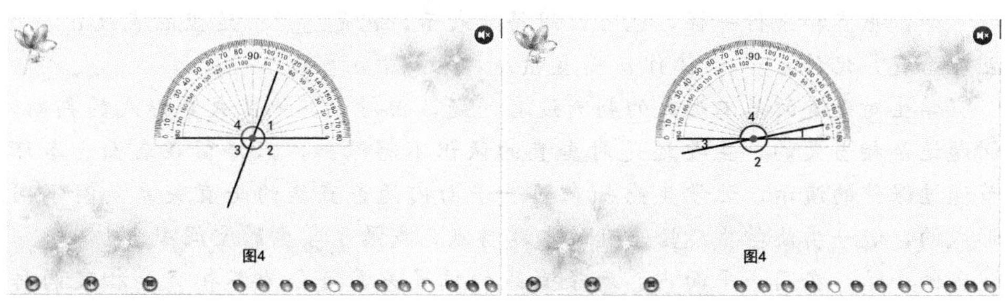

图 4-30

生：两个锐角，两个钝角。

师：现在呢？

生：四个直角。

（课件演示，如图 4-31 所示）

师：看来两条直线相交成直角——也就是垂直——的情况，只是相交里的一种特殊情况，因为这种情况是唯一的，四个角都是直角，而其他情况都是两个锐角、两个钝角。

这个课件采用多媒体动态演示两条直线相交形成角度的变化，从相交后

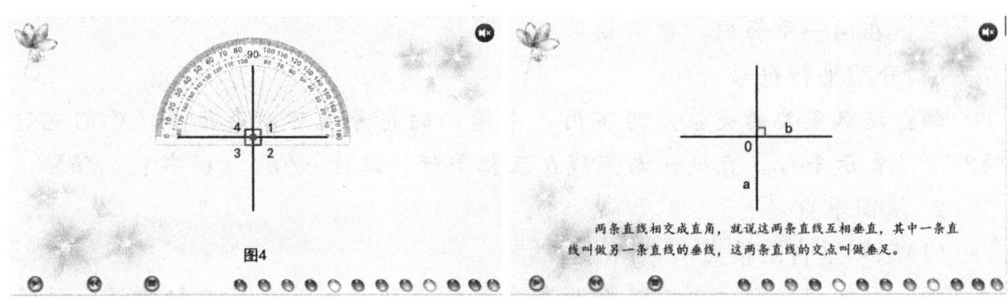

图 4-31

形成的角度来看，学生找到一种特殊的情况即相交形成直角，引出互相垂直的概念，从而理解“垂直”是相交的一种特例，渗透集合的思想。

(2)认识垂直的定义

师：其实我们把这种特殊的情况叫作垂直，两条直线相交成直角，我们就说这两条直线互相垂直，其中一条直线叫作另一条直线的垂线，这两条直线的交点叫作垂足。

师：什么叫互相垂直？

师：想象一下，直线 a 和直线 b 互相垂直，直线 b 可以画在哪里？

(板书：垂直)

(3)介绍垂直符号

师：垂直和平行一样，也可以用符号表示，就是“⊥”。这里的直线 a 与 b 互相垂直，记作 $a\perp b$，读作 a 垂直于 b。(板书：$a\perp b$)

学生对垂直的基本形式的判断没有问题，但对于其他变式等形式的判断，问题还是相当大的，主要还是对垂直的认识不够深刻，只停留在表面。本环节通过课件的演示，让学生感知在同一平面内两条直线的垂直关系是有不同形式的，进一步使学生感悟垂直的本质特点，发展了学生的空间观念。

师小结：在同一平面内，两条直线的位置关系可分为不相交和相交两种情况，其中不相交的叫互相平行，相交成直角的这种特殊情况叫互相垂直，还有一部分是相交但不垂直的，也就是斜交。

环节四：分层练习，升华认识

1. 概念练习

如果用图表示平行、相交、垂直三者之间的关系，下面哪个是对的？为什么？(不包含两条直线重合的情况)(如图 4-32 所示)

图 4-32

2. 赏析

①五线谱是在 5 根等距离的平行横线上，标以不同时值的音符及其他记号来记载音乐的一种方法。（如图 4-33 所示）

图 4-33

②高速发展的铁路更是在平行这种统一标准之下才将文明传递到世界各地。（如图 4-34 所示）

图 4-34

③运动场上的直道也是应用了平行的知识进行设计的。（如图 4-35 所示）

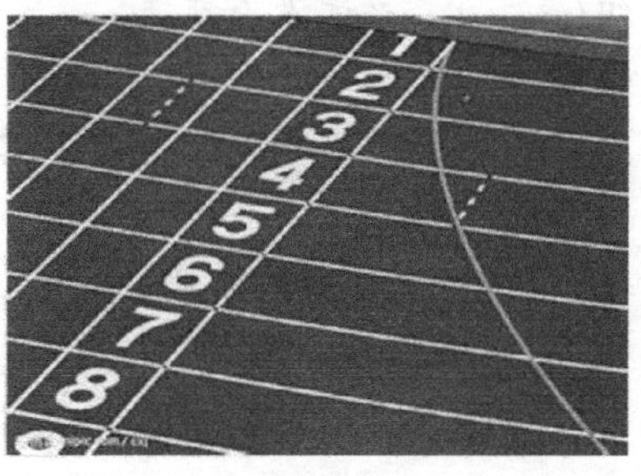

图 4-35

④在运动会的跳远比赛中，裁判员利用垂直的知识来测量跳远成绩。（如图 4-36 所示）

图 4-36

看来平行与垂直不仅带给我们一些便利，更带给我们一种美的享受。

3. 升华认识

师：请同学们根据自己的理解，将今天所学的“平行线”“垂线”和“相交线”这三个词分别填入下面三句话的空白处，看看是否对你有些启发。（如图4-37 所示）

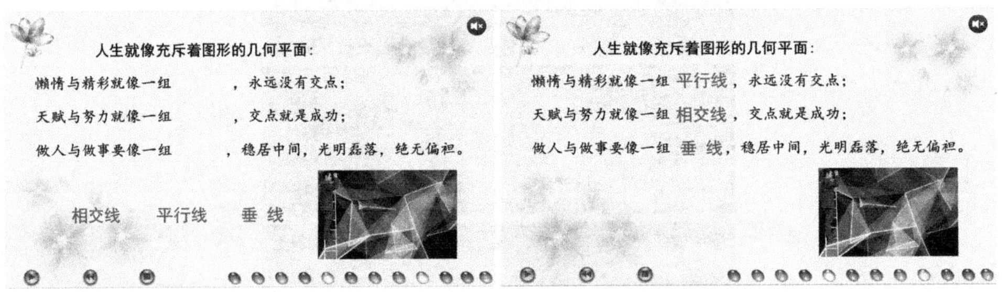

图 4-37

人生就像充斥着图形的几何平面：

懒惰与精彩就像一组(　　)，永远没有交点；

天赋与努力就像一组(　　)，交点就是成功；

做人与做事要像一组(　　)，稳居中间，光明磊落，绝无偏袒。

……

像这样，在课堂教学过程中力求知识建构的过程，凸显自主性，也就是让学生自己提出问题，自己分析问题，最终自己形成结论，进而解决问题。而教师则需要发挥组织者、合作者、引导者的作用。正如庄子所道：“天地有大美而不言，四时有明法而不议，万物有成理而不说。”真正的“真理”是需要潜移默化地体会和感悟的。让学生“润物无声”地经历知识探索和构建的全过程，有助于学生思维的开拓、能力的提升和数学学科素养的形成。

(三)在逐步抽象的活动中经历理解算理、掌握算法的过程

在计算教学中，算理与算法是两个不可或缺的关键。算理是对算法的解释，是理解算法的前提，算法是对算理的总结与提炼，它们是相互联系、有机统一的整体。透彻理解算理和熟练掌握算法是提高学生计算能力的重要保证。

在计算教学活动中，较多的教师非常注重计算技能的训练，而对计算原理的教学比较忽略。课堂上，对于计算原理，教师只讲一遍，一带而过，学生的探究活动也多是针对方法的探究活动，接下来就是对计算方法的反复强化。鲁迅先生在《作文秘籍》中写道：“有真意，去粉饰，少做作，勿卖弄。”数学学习更是应该少一些浮华的形式主义内容，更多地从知识的本质，即原理的教育加以理解和掌握。

一次教研活动中，我执教了五年级的“小数乘整数”这节课。在教学过程中，我充分运用直观图形辅助理解，并使之与抽象的算理结合起来，努力让算理变得透彻。具体过程如下。

师：(出示情境图)你能解决“西瓜每千克 0.8 元，买 3 千克这样的西瓜要用多少钱”这个问题吗？怎样列式？

生：0.8×3。

师：你是怎样想的？

生 1：单价×数量＝总价。

生 2：求 3 个 0.8 是多少。

师：观察这个乘法算式，它与我们以前学过的乘法算式有什么不同呢？

生 1：因数有小数。

生 2：以前学的两个因数都是整数，今天学的有一个因数是小数。

师：大家观察得真仔细，今天我们就一起来学习“小数乘整数”。

师：请大家尝试算一算，同时对自己的计算过程和方法进行适当的解释。

生 1：0.8×3＝2.4。因为 0.8 元就是 8 角，8×3＝24(角)，24 角＝2.4 元。

生 2：我算出的结果也是 2.4。0.8 就是 8 个 0.1，因为 8×3＝24，所以 0.8×3 就是 24 个 0.1。

生 3：我是画图的。(如图 4-38 所示)

生 4：因为 0.8×3 就是 3 个 0.8 相加，0.8＋0.8＋0.8＝2.4，所以 0.8×3＝2.4。

生 5：我是列竖式计算的。

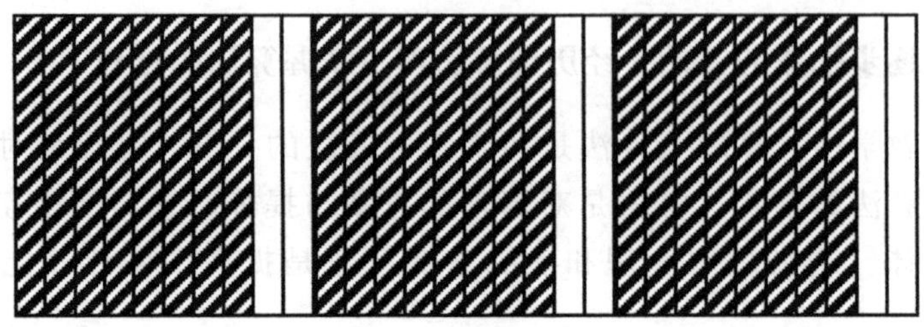

图 4-38

$$
\begin{array}{r}
0.8 \\
\times \quad 3 \\
\hline
2.4
\end{array}
$$

师：为什么把3和8对齐？然后怎样算？这里的“8”代表多少？“24”代表什么？得数的小数点应该点在什么位置？为什么要在“2”的右下方点小数点？

生6：0.8×10＝8，8×3＝24，24÷10＝2.4。

$$
\begin{array}{r}
0.8 \\
\times \quad 3 \\
\hline
2.4
\end{array}
\quad
\begin{array}{c}
\xrightarrow{\text{扩大10倍}} \\
\xleftarrow{\text{缩小到原来的}\frac{1}{10}}
\end{array}
\quad
\begin{array}{r}
8 \\
\times \quad 3 \\
\hline
24
\end{array}
$$

师：比较这几种计算方法，哪种最简便？

追问：0.8×3＝2.4中，0.8是几位小数？积呢？

……

这个过程其实就是引导学生进行分类、辨析、优化的过程，使学生认识到几种算法虽然形式不同，但都是建立了和以前知识之间的联系，进而让学生经历由特殊到一般的探索过程，进而理解小数乘整数的算理，同时也为后面建构小数乘小数计算方法的理解提供了重要的资源。学生在建构算法的过程中，数学思维也一步步向抽象层跃进。

（四）在解决问题的过程中经历分析和整理数据的过程

小学阶段所学的简单统计主要是让学生经历数据的收集、整理和分析的过程，学会把小组收集的数据进行简单的汇总，从而感受不同数据总体蕴含的信息既有不同，又存在关联。《义务教育数学课程标准（2011年版）》明确指出：“数据分析是统计的核心。”可见，小学统计学习的核心目标在于培养学生的数据分析观念，然而，学生数据分析观念的培养并不是一蹴而就的，教师应让学生在亲身经历的统计活动中，逐步感受收集数据对分析和解决问题的作用，从而培养学生的数据分析观念。[①]

例如，我在教学五年级“单式折线统计图”一课时，首先，在具体情境中通过比较引导学生进行探究和体验，引导学生比较数据的特点，选择合适的统计图，让学生在应用中感悟到：“更关注数量多少的时候，选择条形统计图表示更合适；更关注数量变化的时候，选择折线统计图更合适。”其次，根据能否交换统计数据的顺序，引导学生交流感悟：“统计的数据彼此独立时，选择条形统计图更合适；如果统计的数据是连续的，选择折线统计图更合适。”具体教学过程如下。

环节一：对比中研究问题

师：用心体会一下，条形统计图和折线统计图各有什么作用？

生：条形统计图可以表示数量的多少。折线统计图既可以表示数量的多少，也可以表示数量的变化趋势。

师：既然两种统计图都可以表示数量的多少，那我们还学习条形统计图干什么？直接学习折线统计图不就行了吗？

生：条形统计图是学习折线统计图的基础。

师：从认识的角度而言，可以这样说。不过这不是最关键的原因。

师：是不是所有的条形统计图都可以变成折线统计图？

环节二：操作中辨析问题

(1)选择合适的统计图，并制作

课件出示两组数据，如图 4-39 所示。

分别用哪种统计图表示数据更合适呢？

表1：五（1）班6位同学10岁时身高情况统计表

姓名	李列	冯晓宇	黄鑫	陆岩	陈其	丁丁
身高（cm）	140	130	130	135	140	145

表2：五（1）班陈东0—10岁身高情况统计表

年龄（岁）	0	2	4	6	8	10
身高（cm）	50	80	100	115	125	140

图 4-39

活动要求：请根据统计表的内容选择合适的统计图，并说出理由。

学生汇报展示，并说明理由：表 1 选条形统计图，因为这是 6 个人的身高情况，更关注数量的多少。表 2 选折线统计图，因为这是陈东一个人的身

① 禹辉煌：《问题解决与数学教育》，长沙：湖南师范大学，2000 年，第 153 页。

高情况，更关注数量的变化趋势。(如图 4-40 所示)

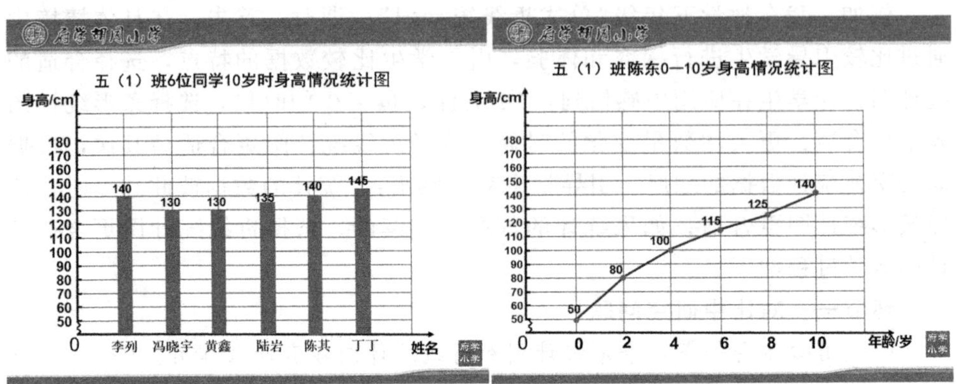

图 4-40

师小结：当我们更关注数量的多少时，选择条形统计图；当更关注数量的变化趋势时，选择折线统计图。(如图 4-41 所示)

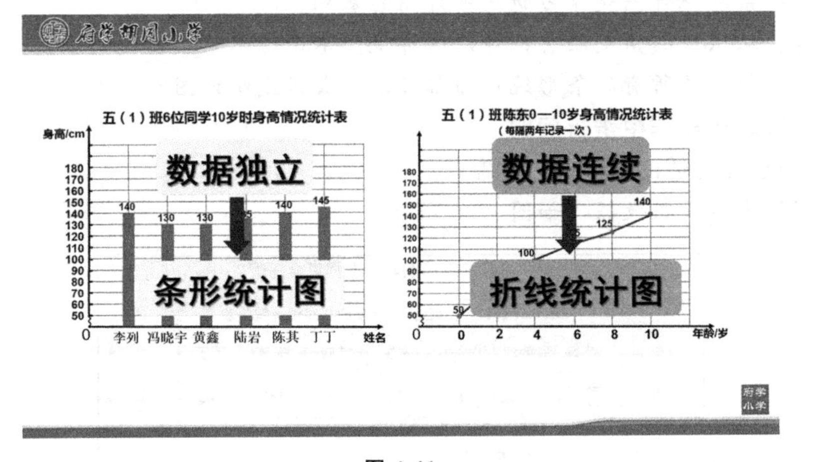

图 4-41

(2)数据对比

师：刚刚大家关注到根据统计的需要来选择统计图的类型。现在看看这些数据有什么不一样。如果把黄鑫和丁丁的统计顺序交换一下位置，可以吗？(课件动态演示)

生：可以，因为条形统计图的主要作用是表示数量的多少，交换以后数量的多少没有变化。

师：陈东 2 岁和 4 岁的身高情况能交换吗？

生 1：不能，因为不可能先 4 岁再 2 岁。

生 2：交换以后时间的先后顺序就变了，变化情况也就变了。

师：统计的数据是独立的，我们更关注数量的多少时，选择条形统计图更合适；而统计的数据是连续的，我们更关注数量的变化趋势时，选择折线统计图更合适。

师：让我们回顾一下本节课的学习过程。(依次出示学习过程中的四幅图，并抽象成折线统计图，如图 4-42 所示)。

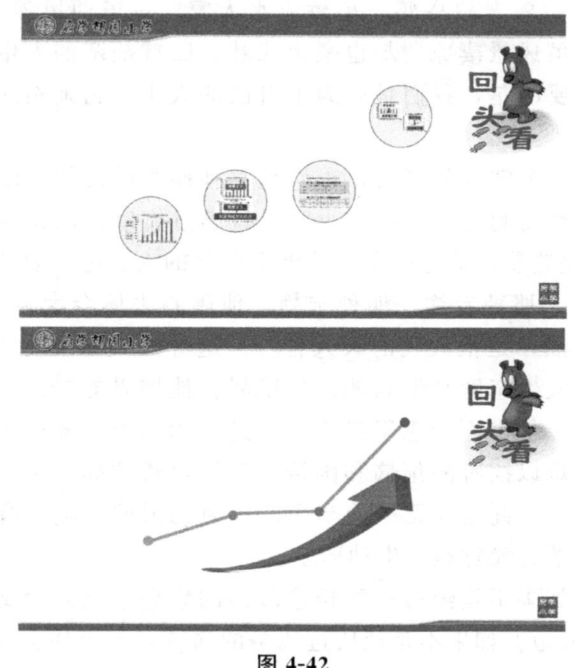

图 4-42

师：首先，我们从关注条形的高低到关注数据之间的变化，认识了折线统计图。通过分析对比，我们发现折线统计图不仅能表示数量的多少，更能表示数量的增减变化趋势，由此我们产生了一个问题：为什么还要学习条形统计图？通过具体的例子，我们发现当数据之间比较独立，更关注数量的多少时，选择条形统计图更合适；当数据可连续，更关注数量的变化趋势时，选择折线统计图更合适。

其实，学习就像这个折线统计图一样，是一个连续不断上升的过程，关于统计的知识还有很多，下节课我们还要学习复式折线统计图。今天的课就上到这里。

这一过程培养了学生的数据分析观念，同时我也借助数学的收集、整理、汇总和分析这一统计过程，让学生亲身经历收集数据的全过程，体会数学本身所蕴含的信息。本节课从数据出发，学生充分掌握了统计的方法，数据观念得到了培养。

在数学教学中，“过程”往往比“结果”更重要。同“过程”相比，“结果”往往是虚无缥缈、遥不可及的，无论是日常生活中还是教学工作中，我们只有认认真真地享受每个过程，才会迎来灿烂的明天。其实，好的“结果”就是因为经历了一段艰辛的历程而成就了其价值。就如元代曲作家马致远的《天净沙·秋思》所描述：“枯藤老树昏鸦，小桥流水人家，古道西风瘦马。夕阳西下，断肠人在天涯。”虽风景凄凉，却也豪迈悲壮。回首茫茫的人生路程，取得的成就不重要，重要的是，我们是否为了自己的人生努力地奋斗过，是否无愧于人生。①

过程也许是一个守候的经历，也许是一种痛苦的历练，因为这个过程需要耐得住寂寞、经得起考验。我们小时候就学过柳宗元的诗句“孤舟蓑笠翁，独钓寒江雪”。蓑笠翁，就是一个对结果不在意的人。他需要的是垂钓过程中的那种心无旁骛，那种专注，那种宁静，他用心去体会大自然的一切声音，是真正的融入自然，是很大气的天人合一。这等大气、大度的大家风范，完全来自他良好的人生态度和崇高的人生境界。他如果能“发迹”，那是最好的结果，如果不能，他也不会患得患失。正是因为拥有这样简单的快乐，他才会少了很多常人难以摆脱的烦恼和困苦，那种短暂的拥有是一件多么美好的事情啊！“过程”也因此变成无尽的享受，化为无限的乐趣。有人把钓鱼称为“垂钓人生”，可谓言简意赅、生动形象。

回顾历史，如果不是经过一番长途跋涉的攀登怎能体会到“会当凌绝顶，一览众山小”的豪迈？如果不是经历过战争的痛苦，怎能体会到和平生活的幸福？有时，过程虽然很漫长、很痛苦，但是只有经历过这些，才能感受到结果的完美。试着去品味过程、享受过程更重要。作为“好”的数学教师，我们要奉献给学生一堂堂“过程”精彩的好课。要多多关注学生的学习过程，为学生提供充分开展数学活动和交流的机会，帮助他们在自主探索的过程中真正理解和掌握基本的数学知识和技能、数学思想和方法，在这一过程中，凡是能让学生自己学会的，要让学生亲自体验，绝不去教；凡是能让学生自己去做的，要让学生亲自动手，绝不代劳；凡是能让学生自己去说的，要让学生自己动口，绝不多说。为学生多创造一些思考和活动的空间、表现的机会，让学生多尝试成功的快乐，做到于过程中感受魅力，于过程中品味数学！

---

① 萧涤非：《唐诗鉴赏辞典》，上海：上海辞书出版社，2005年，第84页。

第五章　上思维拓展的“好课”——思维篇

“教育兴则国家兴，教育强则国家强。”党的十八大以来，以习近平总书记为核心的党中央高度重视教育问题，习近平总书记在不同场合多次强调发展教育的重要意义，为教育强国的建设指明了方向。在此背景之下，作为基础教育的小学教育越来越被人们重视。相对于语文和英语这两门小学传统的“主科”的教学内容，小学数学学科的教学更加关注学生的思维发展，着重培养学生的思考能力。因此，有意识地关注小学生数学思考能力的提升将是今后基础教育阶段数学学科发展的主方向。

依据著名心理学家皮亚杰提出的儿童年龄发展阶段特点可知，小学阶段处在儿童数学思维发展的重要启蒙阶段，应为将来学习更具抽象性和概括性的高等数学奠定基础。作为一种深层次、全面性的思维活动，数学思维能力是一种隐性学力。商务印书馆出版的《现代汉语词典(第 7 版)》中，对“思考”一词是这样阐释的：进行比较深刻、周到的思维活动。人们在工作、学习、生活中每逢遇到问题，总要“想一想”，这种“想”，就是思维。它是通过分析、综合、概括、抽象、比较、具体化和系统化等一系列过程，对感性材料进行加工并转化为理性认识及解决问题的。我们常说的概念、判断和推理是思维的基本形式。无论是学生的学习活动，还是人类的一切发明创造活动，都离不开思维，思维能力是学习能力的核心。《义务教育数学课程标准(2011 年版)》也将“数学思考”明确列为数学学科四大目标之一。因此，培育学生的数学思维能力既是数学课程标准的客观要求，也是发展学生数学“核心素养”的内在需求。

心理学家克莱茵曾经说过：“数学是一种精神，一种理性精神。”什么是理性精神？启蒙主义者们宣称，一切所谓的真理、教义、法条、常识，都必须接受理性的审判，并为自己的存在寻找理由。简言之，理性精神就是不盲从、不盲信、不人云亦云、不唯书、不唯上，只唯实、只唯是、追求真理、追求真相。这一点对于学生乃至人类的发展而言是至关重要的。2005 年，时任国家总理温家宝去看望钱学森，钱老感慨道：“这么多年培养的学生，还没有哪一个的学术成就，能够跟民国时期培养的大师相比。”钱老又发问：“为什么我们的学校总是培养不出杰出的人才?”面对这著名的“钱学森之问”，长久以来人们总是将之归咎为中国学生的创造力不足，中国的教育创造力培养不足。但在我看来，缺乏理性精神要比缺乏创造力更可怕。中国人从不缺乏创造力。女娲补天、夸父逐日、嫦娥奔月、精卫填海……《山海经》中每一个故事都足够荒诞离奇，这些神话故事完全可以和古希腊神话媲美。古代中国的科技水平曾经远远走在人类的前列，中医就是经验与想象力结合的杰作。可直到现在，中医的科学性还饱受质疑。甚至一些西方国家将中医归为具有迷信色彩的玄学。这其中除了中西方文化的差异外，更主要的是中医在很多时候经不起质疑，在很多地方经不起求证，缺乏严格的实验数据支撑和系统的理论论证。在现代科学面前，中医必须为其“天人合一”的想象寻找合理的证明才能够说服世人，让不同文化背景的人接受。

在数学的世界里，这样的情况同样存在。从西方数学界对待《几何原本》和《九章算术》这两部数学典籍的态度就可以得窥一二。《几何原本》是古希腊数学家欧几里得在公元前 300 年完成的，又称欧几里得几何学，全书共 13 卷。书中包含了 5 条“公理”、5 条“公设”、23 个定义和 467 个命题。在每一卷中，欧几里得都采用了与前人完全不同的叙述方式，即先提出公理、公设和定义，再由简到繁地证明它们，进而推导出一系列定理，这使得全书的论述更加紧凑和明快。这就是《几何原本》的特征。而《九章算术》是我国古代第一部数学专著，是“算经十书”中最重要的一部。该书系统总结了战国、秦、汉时期的数学成就。全书采用问题集的形式，收有 246 个与生产、生活实践有联系的应用问题，其中每道题有问、答、术(问，即问题；答，即答案；术，即解题的步骤，但没有证明)，有的是一题一术，有的是多题一术或一题多术。《九章算术》确定了中国古代数学的框架，以计算为中心的特点，具有很强的实用性。《九章算术》和《几何原本》是类似的书，是不同国家的学者在几乎同一历史时期取得的数学最高成就，本是相同的内容，却由于风格不同而带来了不同的评价。国内外很多学者评价《九章算术》和《几何原本》得出了同样的结论：《几何原本》是理性的，《九章算术》是实用的、功利的。① 所谓“理性的”就是指《几何原本》中的逻辑性和系统性；而“功利的”则是源于中国古代的数学家们没有阐明其中的逻辑关系。《几何原本》有确切的概念、严密的逻辑推理和证明。《九章算术》则没有任何数学概念的定义，也没有给出任何推导和证明。这是其最大的缺点，也是被后人所诟病的问题。究其原因，我想问题还是出在“思维”上。

① 王晓亚，张守波，范文贵，司成勇：《数学教育视野下〈九章算术〉与〈几何原本〉的比较研究》，《渤海大学学报(自然科学版)》，2011 年第 32 卷第 1 期，第 22—26 页。

古希腊出现了很多伟大的哲学家，以苏格拉底、柏拉图和亚里士多德为代表的“古希腊三杰”让后世之人顶礼膜拜，这些思想巨匠们建立了逻辑的思维方法，而古希腊的数学就是在哲学基础上产生的，这就使欧几里得的《几何原本》先天具备了逻辑性、演绎性的“血液”，这也正是中国古代文化中所缺少的元素，所以在《九章算术》中没有逻辑的条理。哲学的逻辑智慧把《几何原本》造就成了真正的科学作品。《九章算术》的作者没有把和《几何原本》同样的内容阐述成确切的定义，没有进行逻辑的推理，相比之下，《九章算术》只能是科学的“半成品”。在《九章算术》中没有被表达出来的概念、定义就成了“秘诀”和“技能”，而没有成为完美的科学。所以当意大利的天主教耶稣会传教士、学者利玛窦在500年前把《几何原本》带入中国时，《九章算术》就立时变得暗淡无光了，殊不知事实上这两本书中承载的内容的本质是相同的。

《九章算术》与《几何原本》是数学史上东西方遥相辉映的两大巨著，它们分别引导着各自世界科学的发展，是后来东西方科学发展的原点，然而最终的结果却天差地别。《九章算术》没有带领贡献四大发明的民族在科学路上阔步前进而继续引领全球，《几何原本》却孕育出阿基米德及后来的科学队伍，造就了西欧的科学大发展。《九章算术》与《几何原本》的差别就是2000多年后东西方科学世界发展差别的根源。

由此可见，思维的价值何其重要。正确的思维方式可以帮助人们养成良好的思考习惯。对处在学习关键期的小学生进行思维能力的培养，可以有效促进少年儿童健康地成长。在实践中我们不得不承认只有很少一部分人有着别人不具备的天赋能力，但我们绝大多数人都是普通人，如爱因斯坦般的天才实属凤毛麟角，可遇而不可求。对于天才，着力进行思维能力的培养无疑会使他们如虎添翼，取得更大的成就；对于更多的普通人来说，着力进行思维能力的培养也能够使他们在前进的道路上少走弯路、少兜圈子，有助于他们整体健康地成长。

近几年，相对于更加宽泛的“数学思维能力”，以北京师范大学张春莉教授为代表的多位数学教育专家更是进一步地将小学数学领域的“数学思维能力的培养”聚焦为“数学思考力的培养”。所谓“数学思考力”，是指人们在问题情境中能够主动从数学视角进行观察、分析，探寻其中存在的数学信息，并运用数学方法解决问题。数学思考力是一种逻辑运用、本质探寻、信息建立的能力。在小学数学教学中，数学教学应该而且必须关注学生数学思考种子的萌发过程，蓄积学生数学思考的潜质，厘清学生数学思考的方向，让学生的数学思考在数学学习中落地、生根、发芽，引领学生学会数学思考。由于能力和水平所限，下面仅聚焦“思考力”的提升，结合教学实践中的案例谈谈我的想法和认识，请广大读者批评指正。

一、动静有常，强化学生的数学思考能力

人们常说："动中有静，静中有动。""动和静"长久以来都被认为是辩证统一的存在。从辩证法的角度来看，动与静相互对立，却又相互依存。动依赖静的对比而存在，而静又依赖动的对比而存在，没有动就没有静；没有静，也就没有动。《易经·系辞上传》中也有关于"动与静"的说法："天尊地卑，乾坤定矣。卑高以陈，贵贱位矣。动静有常，刚柔断矣。方以类聚，物以群分，吉凶生矣。在天成象，在地成形，变化见矣。"①其大意为：天尊贵高大在上，地卑微在下，乾坤的含义就确定了；卑微与高大因为同时排列并存，所以尊贵与低贱的位置就确定了；天动地静具有永恒的规律，可以用刚柔来划分；常规认为同类会集聚在一起，人类要以群体为单位分散在不同地方居住，这样祸福、好坏就产生了。"动静有常，刚柔断矣"强调的是天地的运动与静止的规律。那么，在数学教学中有没有"动和静"的身影呢？答案是肯定的。教学中也需要按照客观规律"动静结合"。

现行的小学数学教材多以"情境＋问题串"为基本的呈现方式。教学时，教师如果按照教材安排的情境、内容和问题逐一呈现给学生无疑是不合适的，这样的教学会显得呆板而缺乏生机，更会让学生感到茫然，不知如何思考问题。反之，如果数学教师能够根据教学目标与知识的内在联系，把握好思维的切入点，将静态的教学内容进行动态化的呈现，不失为对"动静有常"初层次的正确理解。如果再深层次挖掘，我们会发现数学问题的解决常常需要对数量加以分析，从"变"中感受逻辑，更从"不变"中寻求策略。从"变"中把握"不变"，从"不变"中看出"变化"，这本身也是数学学科理性精神的充分体现，更是对"动静有常"高层次的认识和体会。因此，在数学教学中，好的数学教师要创设"动静相宜"的教学情境和互动过程，激活学生的数学思考。

例如，在教学五年级数学思维训练课"测量中的策略"一课时，我就力求通过设计"动与静"相结合的数学活动，拓展学生的数学思路，培养学生解决数学问题的方法途径，强化学生的数学思考能力。具体过程如下。

二维测量

师：同学们，关于周长你们都了解哪些知识了？

生：我知道封闭图形一周的长度就是这个图形的周长。

师：你对于周长的定义很清楚。还有吗？

---

① 黄汉立：《易经讲堂》，合肥：黄山书社，2012年，第83页。

生：我知道长方形和正方形周长的求法。长方形周长等于长、宽和的2倍，正方形的周长是边长的4倍。

师：计算方法掌握得很牢固嘛！我这里也有一个平面图形，你能测量出它的周长吗？（如图5-1所示）

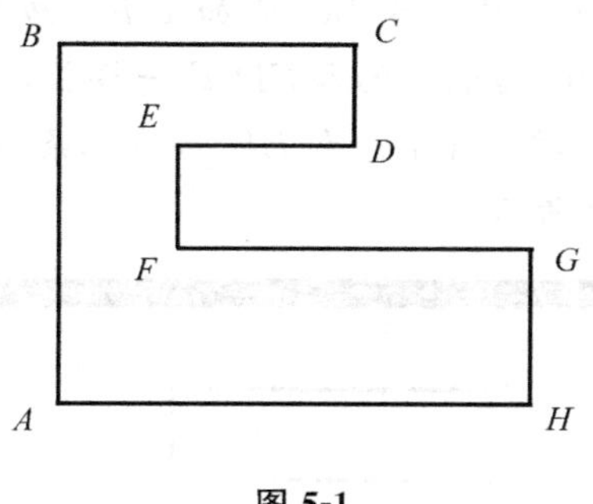

图5-1

生：没问题。

师：那你们打算怎样测量呢？

生：把每一条线的长度都量出来不就行了？

师：这固然是一种方法，但有没有简单一点儿的呢？想一想，每一条都需要量吗？

生：听您这么一说，我现在觉得不需要都测量。您看，最左边的那条竖线的长度和右边的三条竖线的长度和是一样的。只要测量最左边的那一条就好了，右边的三条竖线就不用测量了。

师：这样看来测量的方法可能会有不同，老师给每一组都准备了配套的学具，你们先自己试一试吧！（注：此处为学生提供了操作学具。学具由等比例的图形和一组不同长度的小棒组成，便于学生操作小棒实际观察和测量。）

学生小组合作并进行集体交流。

生：我们组认为测量AB、BC、ED、FG和AH这五条边就可以计算出图形的周长了。

师：明白了，你们就是借鉴了刚才的想法，省略了CD、EF、GH三条边。还有别的方法吗？

生：我们组认为测量四条边就行了。我们分别测量了AB边、AH边、BC边和ED边。

师：能说说是怎么想的吗？

生：因为CD、EF、GH三条边的和就是AB边，所以不用测量了。AH边比BC边多了FG边的一部分，而剩下的一部分和ED边一样长，所以测量一条就行了。

师：看，方法中的思维含量提升了！这样测量简单了。

生：我们组的方法更简单，只测量三条边就行了。

师：还能更简单？真厉害！快说说！

生：我们觉得既然 AH 边等于 BC 边加上 FG 边的一部分，那么只测量 AH 一条边就够了；而 FG 边剩下的和 ED 边一样长，所以只测量 ED 边就行了。所以只需要测量 AB 边、AH 边和 ED 边这三条边就行了。

课件辅助：如图 5-2 所示。

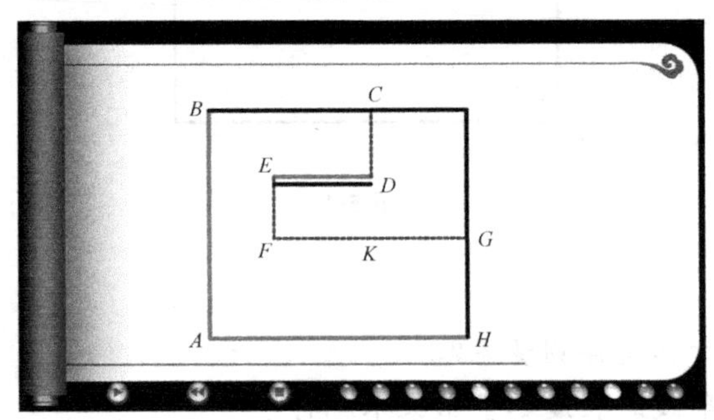

图 5-2

师：条理真清楚，快给点掌声！（学生掌声响起）

师：这样看测量 AB 解决了几条边的长度问题？测量 AH 解决了几条边的长度问题？

生：测量 AB 解决了四条边的长度问题，测量 AH 解决了三条边的长度问题。

师：只测量两条边行吗？只测量一条边行吗？

生：不行！

师：为什么不行呢？最少只能是三条边吗？只能是这三条边吗？

（学生沉默了）

师：别着急，我抓了一只小甲虫，看看它能不能给大家一些启发。请看屏幕。

课件辅助：一只小虫从 A 点顺时针绕行一周，如图 5-3 所示。

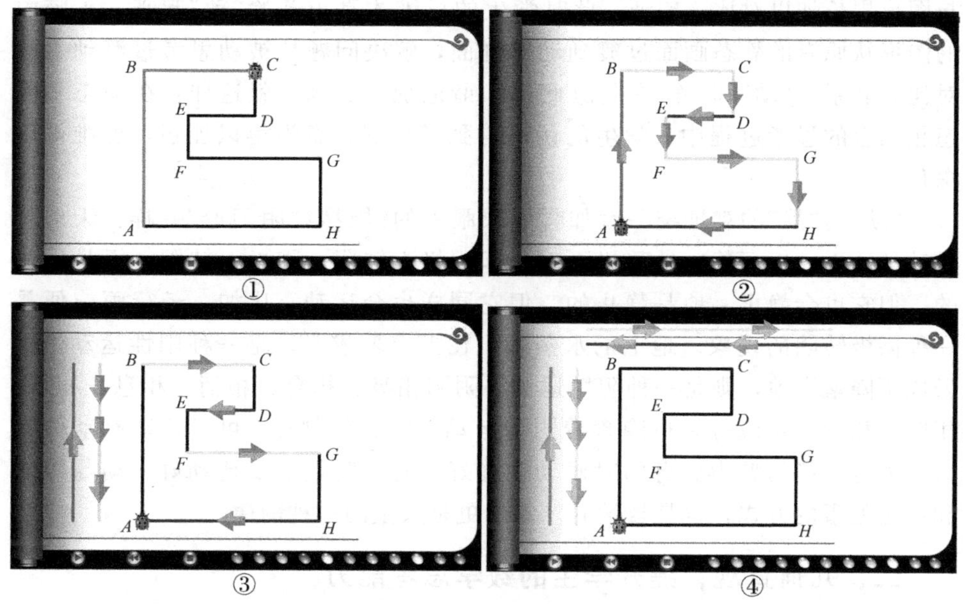

图 5-3

师：小组交流一下，看看有什么新的想法。

学生先独立思考，后小组交流。

生：老师，我们发现小甲虫的运动过程有四个方向：向上、向下、向左、向右。我们发现向上的总长度和向下的总长度是一样的，所以我们就猜想：向左的总长度和向右的总长度是不是也是一样的呢？结果我们测量了一下，发现还真是一样的。（学生手举学具对比长度）所以我们想向上的有一条，向下的却有三条，长度是一样的，只测量向上的就可以了。而向左的有两条，向右的也有两条，那任意挑选一组测量就行了，所以最少得测量三条边。

师：太有想法了！不但明确了具体方法，找到了所有的可能性，而且理解了问题的本质！佩服你们！请掌声再次响起！

（学生热烈的掌声再次响起）

……

在这个案例中，“静”指的是学生静态化看待问题的视角，这也是小学生固有思维能力的体现。学生将图形固化，以相对静态的手段逐段测量其长度，再对成功的方法加以比较，进而得到“最少测几条边”的问题答案。在这个过程中，学生“动手了”“活动了”，看似在“动”，但这种“动”是相对的“动”，也是低思维水平的“动”，其本质依然没有离开“静”。而后续的活动中，教师引导学生在头脑中先想象“小虫”的运动过程，再将其运动的轨迹、运动的方向与图形周长加以对比、印证，此时学生的思维才真正开始“动”起来，头脑中的图形从原有的静态画面过渡到动态画面，解决问题从被动思考过渡到主动对比、联系。“动”和“静”在此时此刻和谐地统一起来。就这样，在动态和静态相结合的思考过程中，学生的认识得到了拓展，意识得以加强，思维得以深化。

“动”与“静”的辩证统一就如哲学家眼中的《周易》“阴阳论”一样：天地都是动的，天动极而静，地静极而动，即阳极而转阴，阴极而转阳。天是运动的，但它也会静止，地是静止的，但它同样也会运动。比如，云行雨施便是一种阳极转阴的现象。地上的水蒸气，在天上聚成云，是一种阳性运动，聚云成雨降落大地，则是一种阴性运动。阴阳相吸、相合、相消、相息、相推、相磨、相感、相应等，也隐含着阴阳运动、转化的规律。可见，动有动的魅力，静也有静的魅力。有的时候动比静好，有的时候静反比动好。动与静的和谐是处事的方式，也是教学的艺术，更是人生的一种韵律。

二、几何直观，提升学生的数学思考能力

我们都知道，“代数”和“几何”是数学学科中的两大研究分支。在古代，当算术里积累了大量关于各种数量问题的解法后，为了寻求系统的、更普遍的方法，以解决各种数量关系的问题，就产生了以解代数方程的原理为中心问题的初等代数。而几何同样历史悠久，最早记载可以追溯到公元前3000年。早期的几何学是关于长度、角度、面积和体积的经验原理，被用于满足测绘、建筑、天文和各种工艺制作的实际需要。

“数”是数学中代数领域的重要研究内容，而“形”则是数学中几何的主要研究载体。“数”和“形”常依一定的条件相互联系。抽象的数量关系常有直观形象的几何意义，而直观的图形的性质也常用数量关系精确地描述。数和形也可以依据一定的条件相互转化，互相沟通。我们在研究数量关系时，有时要借助图形直观地去研究；而在研究图形时，又常借助数量关系去探求。“数”和“形”是研究数学的两个侧面，利用几何直观能使“数”和“形”统一起来，可以使要解决的问题化难为易，化繁为简，思维广阔。华罗庚教授对此有精辟的概述：“数无形，少直观；形无数，难入微。”这就是“几何直观”的威力与价值。

“几何直观”是《义务教育数学课程标准(2011年版)》提出的十个核心概念之一。新课程标准中指出：“几何直观主要是指利用图形描述和分析问题。借助几何直观可以把复杂的数学问题变得简明、形象，有助于探索解决问题的思路，预测结果。几何直观可以帮助学生直观地理解数学，在整个数学学习

过程中都发挥着重要作用。”[①]著名数学家徐利治先生也有过对几何直观的描述：“几何直观是借助于见到的或想到的几何图形的形象关系，产生对数量关系的直接感知。”也有学者描述：“几何直观是一种思维活动，是人脑对客观事物及其关系的一种直接的识别或猜想的心理状态。”[②]

从这些描述中，我们可以有以下认识：

(1)几何直观是一种运用图形认识事物的能力，或者说是一种解决数学问题的思维方式。

(2)这种能力可外化为一种解决某些数学问题的方法，这种方法区别于其他方法的典型特征在于它是以几何图形为工具的(“几何”两字的意义)。

(3)用这种方法解决问题，不是运用几何中常用的论证方法，而是通过经验、观察、想象等途径，直观地感知问题的结果或方向(“直观”两字的意义)。

“几何直观”的思想是数学思想方法的重要组成部分。“数”与“形”是贯穿整个中小学数学教材的两条主线，更是贯穿小学数学教学始终的基本内容。有意识地培养学生对“数”“形”之间联系的掌握，对于小学生数学思考能力的提升是非常有帮助的。

例如，在教学小学数学五年级上册“小数乘小数”一课时，为了更好地引导学生理解算理、掌握算法，我在整个教学过程中放手让学生充分运用已有知识自己去探索，让学生凭自己的理解寻找解决新问题的方法。再通过师生、生生的相互交流，不断产生认知冲突，产生思维碰撞的火花，营造出继续探索规律、解释新问题的氛围。在努力创设实际情境的同时，力求通过“几何直观”实现思想方法上的突破，引导学生学会如何思考，提升学生的数学思考力。具体过程如下。

谈话：同学们，作为北京人，你们知道老北京最著名的民居是什么吗？(四合院)下面就让我们走进老北京的四合院。

四合院之所以成为北京最普遍的居住样式，其原因之一就是这种布局方式使得尊卑、长幼、男女、主仆之间呈现明显的区别。你知道长辈一般住在四合院中的哪个位置吗？(正房)内宅中位置最显赫的是正房，是老一代的老爷、太太居住的地方，你能计算出这套四合院正房的面积吗？[如图5-4所示，正房：9×4=36(平方米)]

① 中华人民共和国教育部：《义务教育数学课程标准(2011年版)》，北京：北京师范大学出版社，2012年，第4页。

② 夏俊：《几何直观在低段数学中的运用研究》，《上海教育科研》，2012年第2期，第31页。

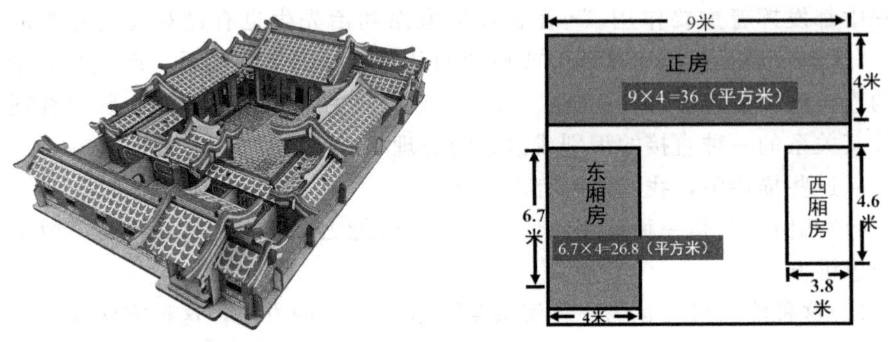

图 5-4

东、西厢房是晚辈居住的地方，东侧为尊，西侧为卑。请你再算算东厢房的面积是多少。[东厢房：6.7×4=26.8(平方米)]你是怎么算的？

师：有没有同学能计算西厢房的面积？怎样列式？[西厢房：4.6×3.8=17.48(平方米)]

师：这个算式和刚才的乘法算式有什么不同？(这是两个因数都是小数的计算)

出示研究建议：

(1)独立思考计算方法，并尝试进行计算。

(2)小组中交流，说明方法的合理性。

汇报成果，集体交流。(如图 5-5 所示)

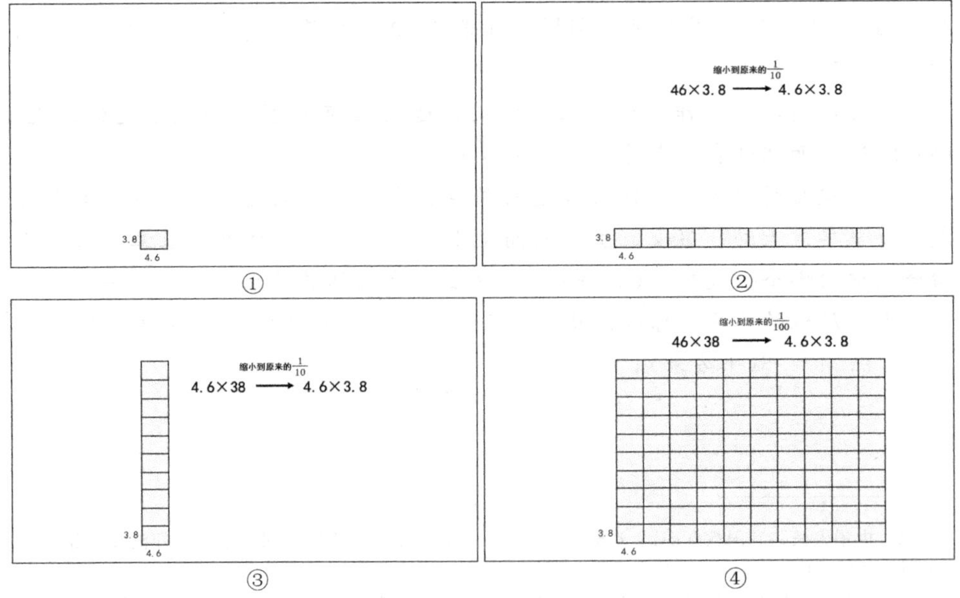

图 5-5

方法 1：将米转化成分米计算面积，然后再进行单位换算。

方法 2：将 4.6×3.8 这个长方形扩大 10 倍，即 4.6×38，然后再将积缩小为原先的$\frac{1}{10}$。

方法 3：将 4.6×3.8 这个长方形扩大 10 倍，即 46×3.8，然后再将积缩小为原先的$\frac{1}{10}$。

方法 4：将 4.6×3.8 这个长方形扩大 100 倍，即 46×38，然后再将积缩小为原先的$\frac{1}{100}$。

方法 5：把两个因数看成整数，等于把原来两个因数分别乘 10 得到整数，因数扩大 100 倍，积也就相应扩大 100 倍。因此要得到原来算式的积，应用整数相乘的积反过来除以 100。

师：请同学们观察一下，刚才大家的这些方法有什么共同之处？（都是将小数转化成整数再计算）

师：根据我们以往计算小数乘整数的经验，以及刚才大家发现的计算方法，请大家思考一下，怎样用竖式计算小数乘小数？大家自己动手试试好吗？

采样、板演并与 46×38 进行比较。

师：同学们，你们对于这个小数乘小数的问题还有什么疑问吗？为什么两个一位小数相乘，结果却是两位小数呢？

引导推理：随着学生的回答，出示分析推理图，如图 5-6 所示。（第一个箭头“扩大 10 倍”是把 4.6 看成 46，是乘 10；第二个箭头“扩大 10 倍”是把 3.8 看成 38，是乘 10；把两个因数都乘 10，得到的积就等于原来的积乘 100；最后一个箭头“缩小为$\frac{1}{100}$”表示要得到原来的积就要把得到的整数积除以 100。）

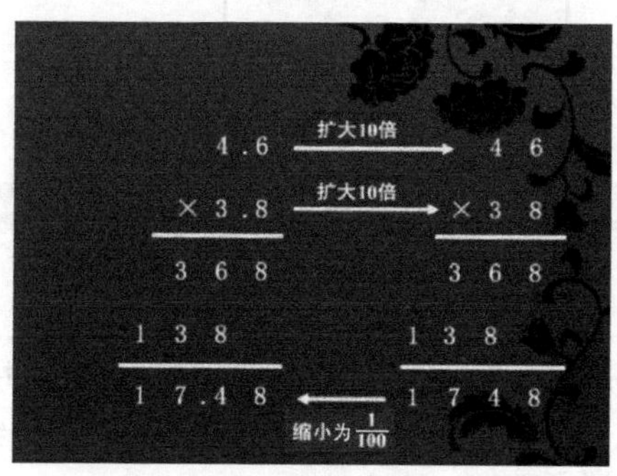

图 5-6

……

在“几何直观”的帮助下，学生进一步明确将小数转化为整数的过程，及将整数结果还原为小数结果的方法。在整个算理解析的过程中突出了“划归”的思想，通过“以形助数”的过程让学生充分理解计算原理，掌握计算方法。更有意义的是培养了学生用直观手段辅助思考的意识，使知识的形成过程成为学生自我吸收、内化的过程，培养了学生思维的深刻性，提升学生的数学思考能力。

再如，教学五年级数学“最大公因数”一课时，针对该内容高度的抽象性和逻辑性，我设计了借助“几何直观”辅助解读的环节，力求帮助学生完成概念的自主建构。具体过程如下。

环节一：创设情境，回顾旧知

师：同学们，你们平时最喜欢干什么呀？

生1：上网。

生2：踢足球。

……

师：老师听出来了，同学们平时最喜欢干的事其实就是一个字——玩，对吗？(学生笑)每个人都喜欢玩，但有的人会玩，有的人不会玩，今天上课之初我们就来玩一次，看看我们五(1)班的同学到底会不会玩。

出示活动：把一张长12厘米，宽8厘米的纸划分成同样大小的长方形(长、宽为整厘米数)。长是多少厘米？宽是多少厘米？(如图5-7所示)

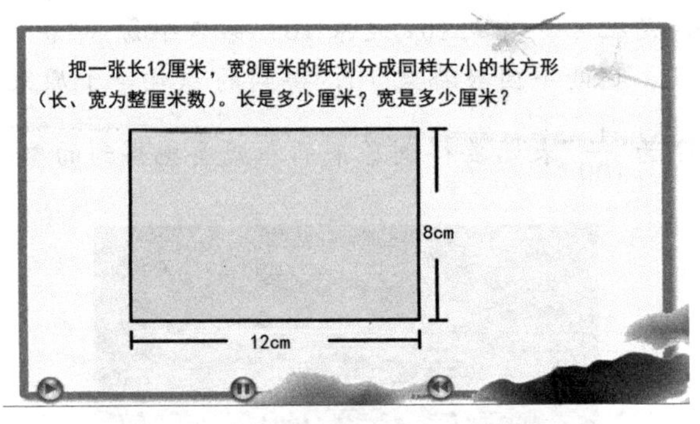

图 5-7

师：同学们，看清要求了吗？下面就请大家打开信封，拿出长方形的纸，每个人都动手画一画，看看谁能够又快又好地完成题目的要求。

(学生动手绘画)

师：同学们，按要求完成了吗？谁能说说自己将大长方形划分成什么样的小长方形？

生1：我把大长方形划分成长12厘米，宽2厘米的小长方形。

师：同学们，他的方案可行吗？给我们大家演示一下。

生1：我沿大长方形的宽码4个就可以将大长方形填满了。(如图5-8所示)

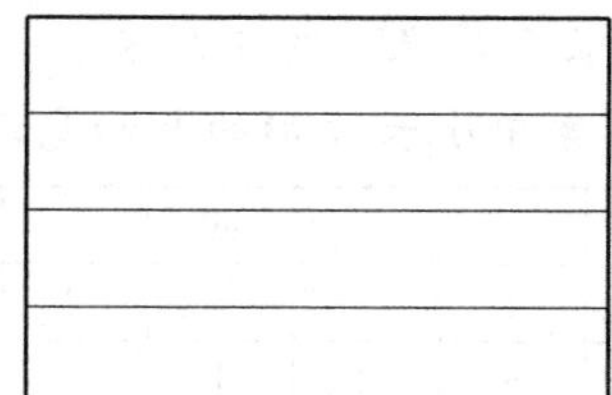

图 5-8

师：大家看，他的方法符合题目的要求。还有不同的方案吗？

生2：我把大长方形划分成长4厘米，宽8厘米的长方形。是这样码的。(如图5-9所示)

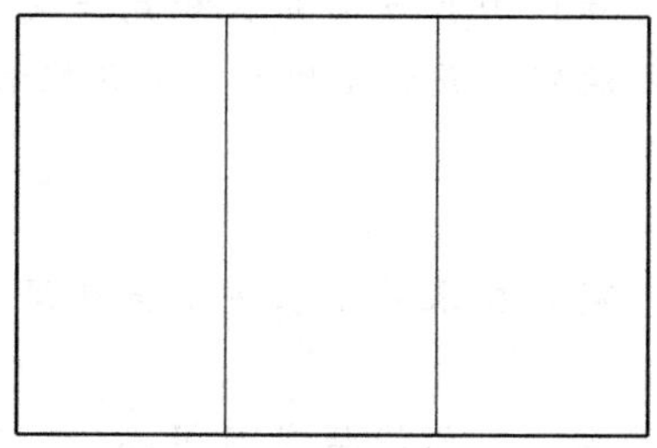

图 5-9

师：好的，这个方案也符合题目的要求。还有没有不同的方案？

生3：我把大长方形划分成长3厘米，宽2厘米的长方形。

师：你能给大家具体演示一下你的方案吗？

生3：我沿大长方形的长码4个，沿大长方形的宽码4个就可以将大长方形填满了。(如图5-10所示)

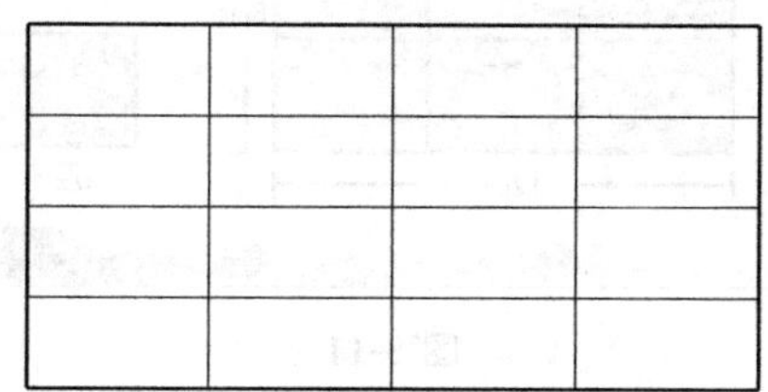

图 5-10

师：好了，我们五(1)班的同学还真是会玩的同学。大家设计的方案既可行，又丰富，真了不起！刚才老师在下面与同学们交流的时候还发现了许多种不同的方案，让我们再来看一看。这是哪位同学的作品？

生4：我的。

师：小长方形的长、宽分别是多少？

生4：长6厘米，宽1厘米。

师：这个作品呢？

生5：这是我的方案。长2厘米，宽4厘米。

师：我们将这些成功方案中小长方形的长和宽记录下来。（板书）

方案	一	二	三	四	五	六	…
长	12	4	3	6	2	1	…
宽	2	8	2	1	4	6	…

师：请大家观察一下黑板上的数据。这些小长方形的长与原来的大长方形的长“12”有什么关系？这些小长方形的宽与原来的宽“8”有什么关系？

生：小长方形的长都是12的因数，小长方形的宽都是8的因数。

师：你的观察能力真强！小长方形的长和宽一定分别是大长方形长和宽的因数才行吗？大长方形能划分成长4厘米，宽3厘米的小长方形吗？

生：不行。

师：为什么不行？

生：因为长4厘米，宽3厘米的小长方形虽然沿长能够码满，但是沿宽就不够了。

师：对于老师的这种画法，你能帮我想想办法，稍微改进一下，让方案可行吗？（如图5-11所示）

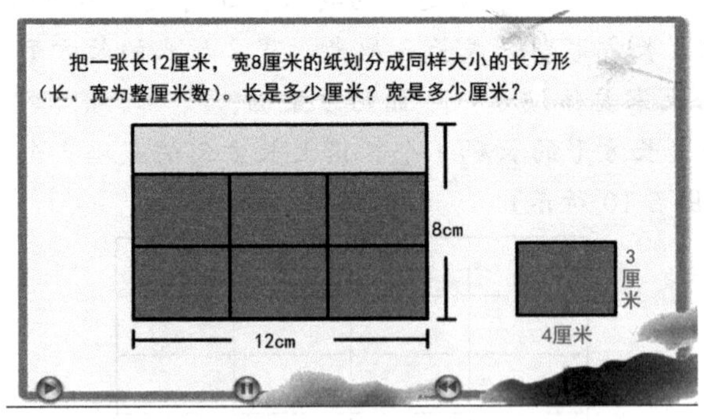

图5-11

生：把小长方形旋转一下就行了。（如图5-12所示）

师：为什么只是简单地旋转一下，原本不可行的方案就可行了呢？

生：因为这时横向的“3”是大长方形长“12”的因数，纵向的“4”也是大长方形宽“8”的因数，所以就可行了。

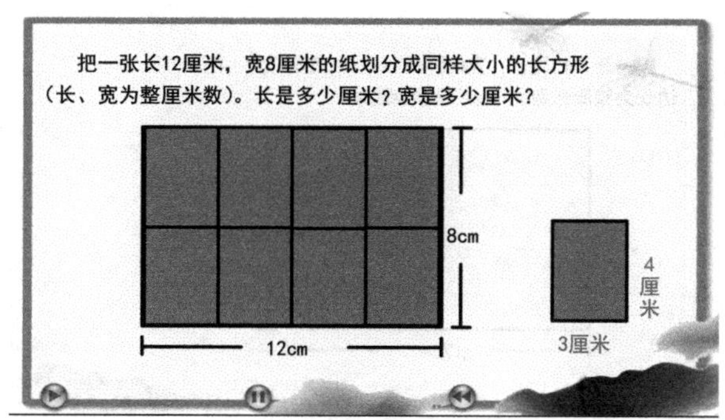

图 5-12

师总结：把长方形纸划分成相同的小长方形时，只有小长方形的长是大长方形长的因数，小长方形的宽是大长方形宽的因数才可以划分成功。（如图5-13 所示）

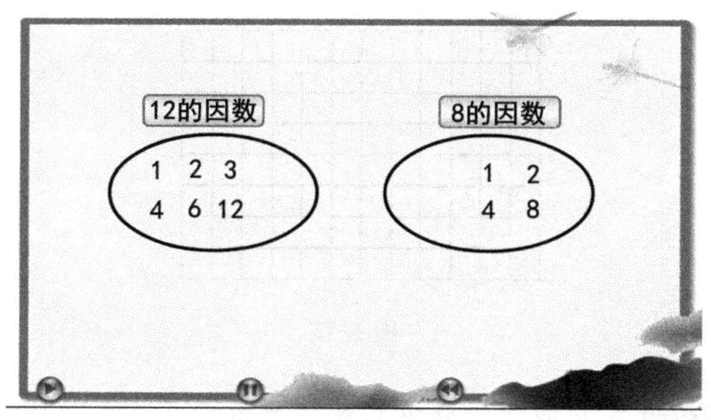

图 5-13

学生在动手操作的过程中发现，只有当小长方形的长是大长方形长的因数，小长方形的宽是大长方形宽的因数时才能划分成功。此环节利用在大长方形中画小长方形的活动情境，自然而然地复习了因数，同时为认识公因数做好了孕伏。

环节二：自主探索，建立概念

师：同学们，刚才大家玩得很精彩。接下来，我们接着玩，看看在下面的游戏中，谁不但能运用旧知识，还能发现新知识。

出示活动：把一张长 12 厘米，宽 8 厘米的纸划分成同样大小的正方形（边长为整厘米数）。边长是多少厘米？（如图 5-14 所示）

师：这个活动和刚才的活动很相似，你们发现有什么区别吗？

生：这次是划分成同样大小的正方形。

师：是的，要求大家明确了，下面小组合作动手试试吧。

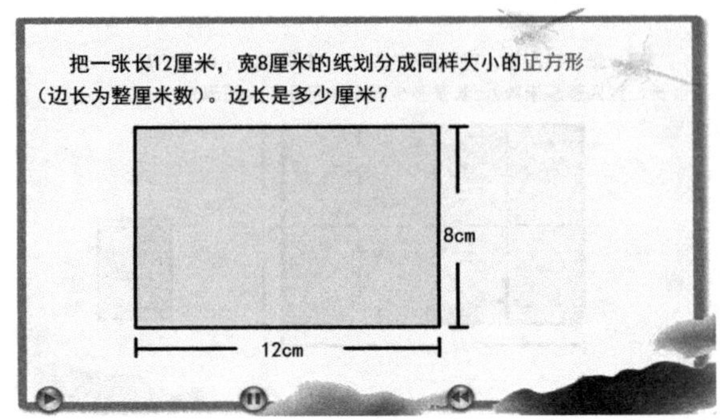

图 5-14

学生分组合作。

师：好了，同学们，大家找到解决的方案了吗？谁能给大家介绍一下？

生 1：我们组将长方形划分成边长是 1 厘米的正方形。（如图 5-15 所示）

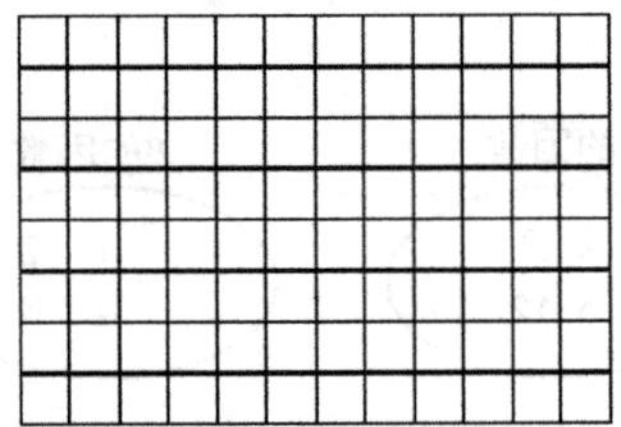

图 5-15

生 2：我们组将长方形划分成边长是 2 厘米的正方形。（如图 5-16 所示）

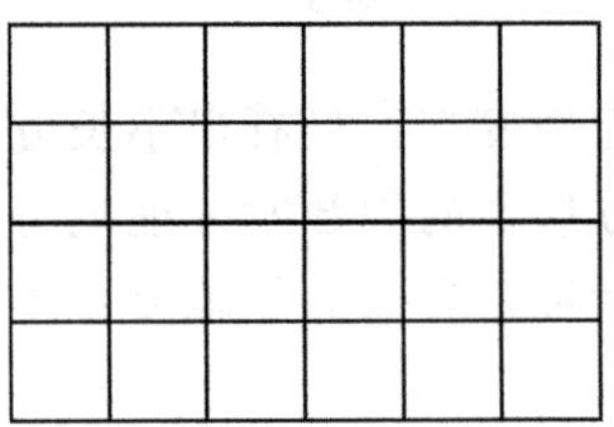

图 5-16

生 3：我们组将长方形划分成边长是 4 厘米的正方形。（如图 5-17 所示）

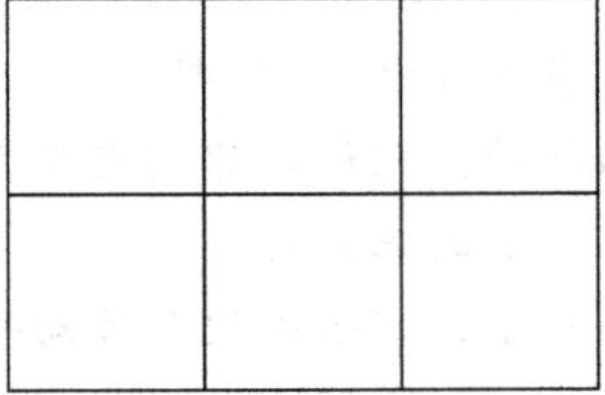

图 5-17

师：还有别的不同方案吗？

生：没有了。

师：同学们，回顾一下刚才我们的方案，只有边长是 1 厘米、2 厘米、4 厘米的正方形可以将长 12 厘米、宽 8 厘米的长方形填满。正方形的边长与长方形的长、宽有什么关系？同桌讨论一下。

方案	一	二	三
边长(cm)	1	2	4

生 1：正方形的边长是长的因数。

师：只是长的因数吗？将长方形划分成边长是 3 厘米的正方形可以吗？

生：不行，因为用边长是 3 厘米的正方形，长可以划分完，但宽不行。

课件辅助演示：如图 5-18 所示。

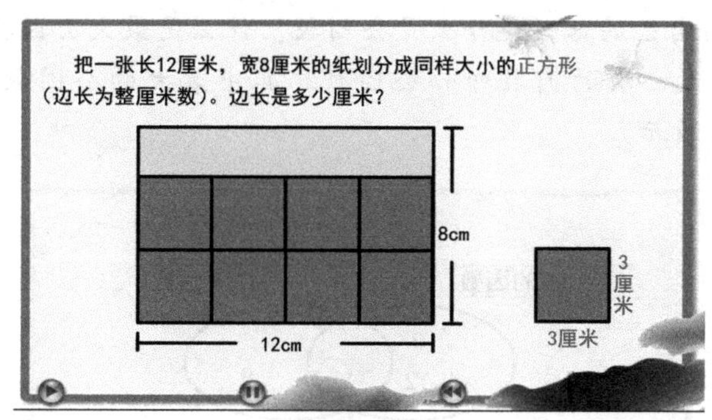

图 5-18

师：看来正方形的边长只是长的因数还不行，还有什么限制吗？

生 2：正方形的边长还是宽的因数。

师：谁能完整地说出正方形的边长与长方形的长、宽之间的关系？

生 2：正方形的边长既是长的因数，又是宽的因数。

师：是这样的吗？我们一起看看。

课件演示：如图 5-19 所示。

师总结：看来只有当正方形的边长既是长的因数，又是宽的因数时，划分才能成功。

师：同学们，你们能给这些数起个名字吗？

生 1：公有的因数。

师：还能再简练点吗？

生 2：公因数。

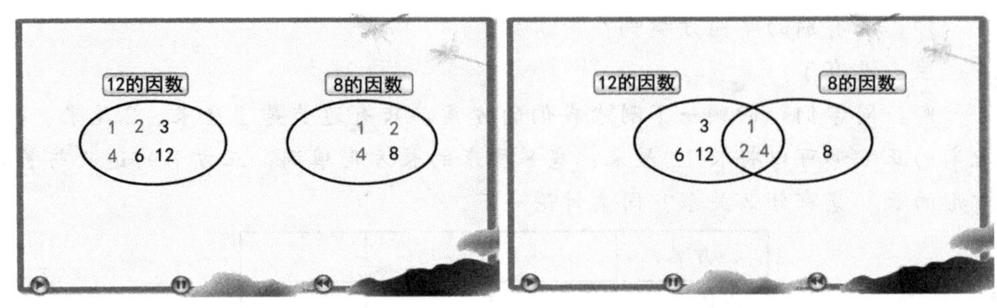

图 5-19

师：没错，你和数学家想到一块儿去了。数学家正是将像这些两个数公有的因数称为公因数。这几个公因数中哪个最大？

生 3：这几个公因数中最大的是 4。

师：我们把最大的公因数叫作最大公因数。（板书题目：最大公因数）同学们，你们能用自己的话说说什么是公因数？什么是最大公因数吗？

生 4：两个数公有的因数叫作公因数，其中最大的公因数叫作最大公因数。（如图 5-20 所示）

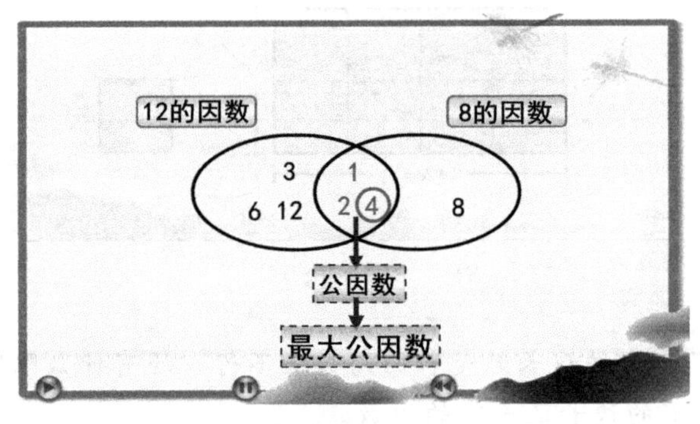

图 5-20

师：看来大家对公因数和最大公因数已经有一些了解了，那么能不能运用它们解决一些生活中的问题呢？让我们来试试看。

……

学生在动手操作的过程中，发现要将长方形划分成同样大小的正方形（边长为整厘米数），正方形边长必须既是长的因数，又是宽的因数。利用把大长方形划分成小正方形的操作活动，使学生通过自主探索、合作交流，建构公因数和最大公因数的概念。在操作的基础上，通过呈现集合图揭示因数、公因数、最大公因数的形成过程。由动手操作，感知概念，过渡到集合表示，建立表象，形成概念。

学生数学思想的形成要经历从感性认识到感悟、理解的过程。学生在学习数学的过程中逐渐由感性到感悟，直至理解，内化为逻辑的数学思想。这一建模过程以“几何直观”为贯通，把抽象的数与形象的数轴结合起来，以“形”思“数”，使学生先从形的方面进行形象思维，再通过观察、比较、分析进行归纳概括，进一步获得数的知识，同时也帮助学生从低年级开始就运用数形结合的方式来思考问题，积累数学思考的经验。正像郑毓信教授所说：“我们应以‘帮助学生通过数学学会思维’取代‘帮助学生学会数学地思维’作为数学教育的一项基本目标。”

“几何直观”是数学解题中常用的思想方法，可以使某些抽象的数学问题直观化、生动化，这一层次的教学主要是利用数与形之间的对应关系，借助形的生动和直观性来阐明数之间的联系，即以形为手段，数为目的，变抽象思维为形象思维，有助于把握数学问题的本质。

三、构建系统，提升学生的数学思考能力

在实际教学过程中，我们经常发现这样的情况：一些数学学习成绩落后的学生，不是不想学，而是真学不好、学不进去。人们通常评价这样的学生“天生不是学数学的料”。随着时间的推移、年级的升高，知识量和思维深度逐渐提高，这些学生在学习中的问题进一步积累，基础差、底子薄的弱点被逐渐放大，就更难学懂、学好数学。家长和老师对待这样的学生往往一筹莫展，老师通常采用的方法是重新讲解分析和反复强化练习，而不论是补课讲解还是大量的练习都会占用学生更多的时间，进一步加重学生的课业负担，同时也容易让学生对学科知识产生畏惧和厌烦情绪，使学习效果进入恶性循环；家长的应对方法则相对更简单直白，要么是花钱报班补课，要么是一味地责备和惩罚，更有所谓“佛系”的家长则接受现实，放任自流，彻底放弃，自认倒霉。一时间，孩子的学习甚至成为很多家庭中的“不安定因素”，有的家长戏称：“在家里，不谈学习，母慈子孝；一谈学习，鸡飞狗跳。”

这是多么形象的生活写照呀！相信很多人都有过类似的经历。看到孩子在学习中有不会的问题，家长的好心情马上就会消失；如果讲了还不会，不耐烦的情绪就会骤上心头；如果孩子再稍有逆反的态度，怒火瞬间就会冲破头顶。“笨死了！”“想什么呢！”“动动脑子！”“我怎么生了你这么个东西！”……这样的语言往往不经思考就冲口而出。对此，我也没能免俗，同样深有感触。就在前不久，一个周一的早上，我的妻子和女儿都因为刚刚结束双休日而略显倦怠，再加上早上时间紧张，大家的情绪都比平时显得急躁。“这个问题你怎么还错?”一声怒吼仿佛让空气都发生了震颤。原来妻子在检查上三年级的

女儿的作业时发现了一个错误，而类似的错误孩子已经犯过几次了。“都和你说过几回了，这么简单都不会，你傻呀!”……过分的语言、急躁的情绪，夹杂着愤怒的心情一股脑儿地从孩子妈妈的口中冲了出来。女儿因为委屈而不停地哭，妈妈因为不解气而不停地说，而我只能两边不停地做“灭火工作”。就这样，在孩子哭、大人叫的情境中，新的一天开始了。孩子的情绪可想而知，这一天的学习效果也是可以预见的。在上班的路上，回想早上的这一幕，我给妻子写了一首随笔小诗：

一早知识不牢，全家鸡飞狗跳，剑拔弩张声嘶叫，哪有母慈子孝。

可笑老吴烦恼，还想睡觉逍遥，残羹剩炙口中嚼，疲做和事之佬。

左劝贤妻别叫，右哄乖女气消，身处中间尴尬位，只盼和睦安好。

学习本是无聊，攀比之心更高，望子成龙家家是，过后为之一笑。

一首自嘲的写实小诗得到了妻子的微信回音：“我又没有控制住自己的情绪!”是呀！像这样控制不住情绪的家长是个别的吗？往往事后后悔不已，再遇到同样情况依然发飙。对此，我想家长的心情是可以理解的，但理性的分析告诉我们：不要总责备学生不刻苦、不努力、懒惰、懈怠。我们应该具体地分析实际情况，深入了解学生学习效果差的因缘，找准症结对症下药，循序渐进，帮助学生解决学习中的问题。

观察数学的学科特点，不难发现数学是一门系统性、科学性、逻辑性很强的科学。数学教材内容中各章节和知识点间的联系性很强，如果前期的内容学生没能掌握牢固，必然会影响后续内容的学习效果和学习兴趣，系统性和逻辑性强是这一学科的特点。因此，作为数学教师，特别是“好”的数学教师，更需要在“系统”二字上做文章：让学生能够经历系统化的学习过程，构建系统化的知识网络，形成系统化的学习方法，提纲挈领，融会贯通。

“系统”一词来源于英文“system”的音译，即若干部分相互联系、相互作用，形成的具有某些功能的整体。中国著名学者钱学森认为：系统是由相互作用、相互依赖的若干组成部分结合而成的，具有特定功能的有机整体，而且这个有机整体又是它从属的更大系统的组成部分。①

数学的系统性、逻辑性强是把双刃剑。这一特点虽然会影响部分学生的学习效果，但它也能提高得法的学生的学习效率。这主要是因为数学课程的系统性强，知识联系比较紧密，章节之间具有因果关系或顺承关系。因此，如果方法得当，且能下功夫，学好数学并不是什么困难的事情。在具体教学实践中我们也可以发现，有的学生稍微听听课就能明白。不用老师教，自己

① 钱学森：《论宏观建筑与微观建筑》，杭州：杭州出版社，2001年，第72页。

能够提前做后面功课的也大有人在，这足以说明数学的系统性强并不是什么坏事，较强的系统性是可以被良性利用的。数学教学不仅要引导学生进行串式、链式思考，更要引导学生进行整体性、系统性、结构性的思考。让学生不仅能将数学知识串起来，更能将数学知识联起来、合起来，让学生领悟数学知识的内在之魂，获得一种整体的学习迁移力和感悟力。

例如，教学五年级数学“用数对表示位置”一课时，我力求对学生的前期知识进行融合，使学生亲历系统性的知识建构过程，让学生在原有的知识基础和认知水平上进一步生长，发展学生的数学思考能力。具体过程如下。

环节一：课前谈话——回顾、激趣

师：同学们，今天和大家初次合作，我们先玩个小游戏吧，请看课件（出示金蛋，如图 5-21 所示）。猜到玩什么游戏了吗？

生：砸金蛋。

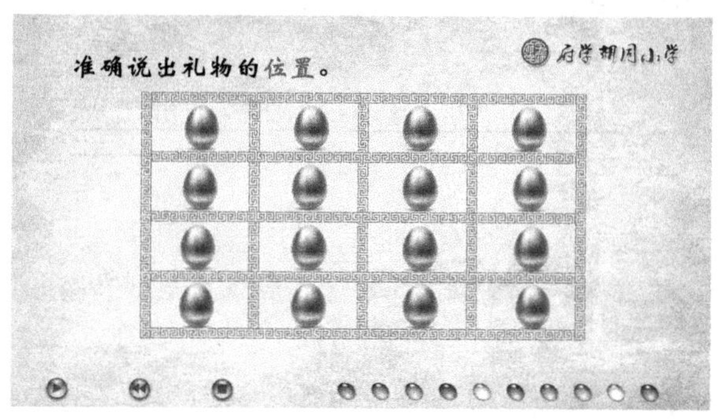

图 5-21

师：猜对了，不过今天我们砸金蛋不仅要看运气，还要看谁能说得清楚。请你准确地告诉老师你想选的那个金蛋的位置，同学们做评判，说得准确就可以开砸了。

生 1：第二行，第三列。

师评价：能够用准确的数学语言“行”和“列”描述位置，有数学素养。但没有说明顺序，不能准确定位。

生 2：从左往右数第二列，从上往下数第三行。

师评价：这次不但合理运用了数学语言，而且更加准确和严谨了。

师：对于这种用“行”和“列”描述位置的方法，大家满意吗？还有什么更简练的方式来达到准确定位的效果呢？今天这节课我们就来研究“表示位置”的问题。（板书课题：表示位置）

导学的艺术在于唤醒[①]。新的课程改革在数学教学方面十分重视问题情境的创设，而创设的情境一定要包含数学模型。通过“选礼物”的活动在有效激发学生的兴趣的同时，可唤起学生对用“行”“列”描述位置的回忆。

环节二：自主探索——研究、定位

1. 一维定位

师：为了让同学们更深入地研究这一问题，今天，我特意给大家带来了一位和我特别亲密的神秘小嘉宾。猜猜看，会是谁呢？

生：学生、孩子。

师：真是心有灵犀呀！这个嘉宾就是我的孩子。请看。（课件演示：5 人一排，如图 5-22 所示）

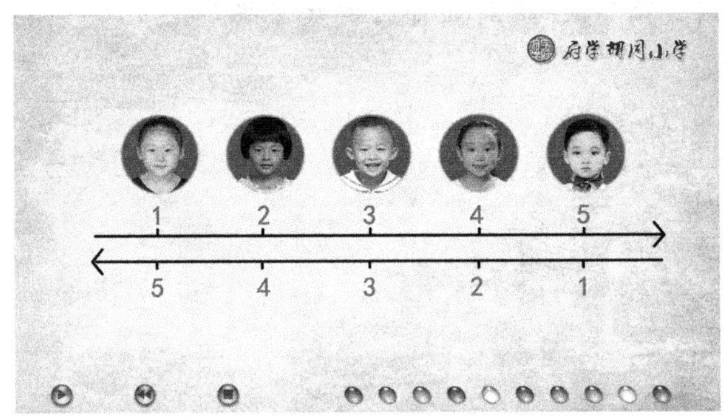

图 5-22

（学生笑）

师：你们别瞎想啊！我的孩子只有一个，你们能猜猜哪个是吗？

生：左数第 2 个，因为有点胖。

师评价：看来你是从遗传学的角度做出判断的。

……

师：揭晓正确答案，这个就是我的女儿，来和大家打个招呼！（播放视频）如果是从左往右数可以用哪个数表示我女儿的位置？如果从右往左数呢？

生 1：4。

生 2：2。

师：同学们，你们猜中了。反思一下，一行人确定方向后用几个数就可以确定位置了呢？

生：1 个数就够了。

① 刘加霞：《小学数学课堂的有效教学》，北京：北京师范大学出版社，2008 年，第 53 页。

学生的学习是建立在已有知识经验的基础之上的，有效地帮助学生从已有的知识基础入手，有助于学生将知识系统化和体系化。[①] 引导学生从一维定位入手，感知定位的必要条件，为其自主研究二维定位奠定经验和意识上的基础。

2. 二维定位

师：我的女儿很顽皮，她和班里的同学都戴上了面具，想和你们做个捉迷藏的游戏。(出示课件：5×5 方阵)现在你们谁能判断出她在哪个位置？

生：猜不到了，因为没有信息和线索。

师：确实，下面我就给大家一条线索，而且是一条准确的线索，分析正确就可以正确地判断她所在的位置，看看谁能读懂。[板书数对：(4，2)]请你根据线索判断，并将你认为正确的位置在学习单上标出来。

学生独立尝试。

师：同学们判断的位置有相同也有不同，让我们一起来看一看。(如图 5-23 所示)

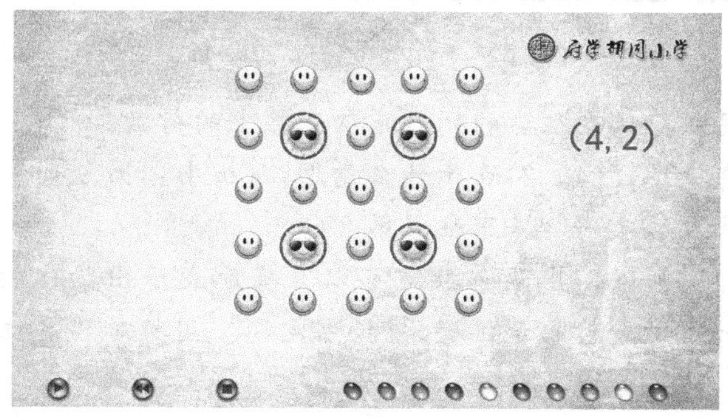

图 5-23

师：同学们，明明是一个位置，为什么我们会有这么多不同且合理的判断呢？

生：没有规则。

师：确实！没有规则，就不知道数的方向和顺序等信息了。(板书：方向、顺序、起点……)

师：像这样表示位置的规则是什么呢？你们是打算让我告诉你们，还是我再给一个信息你们自己研究？

生：自己研究。

① 杜威著，王承绪译：《民主主义与教育》，北京：人民教育出版社，2001 年，第 29 页。

师：已经知道我女儿的好朋友小芳的位置是(2，1)，你们能根据这个信息分析出用数对表示位置的标准吗？小组讨论讨论。

小组讨论并解释分析过程：图中小芳在从左往右第二列，从下往上第一行，用数对表示位置是(2，1)。所以说明第一个数字表示从左往右的列数，第二个数字表示从下往上的行数。(如图 5-24 所示)

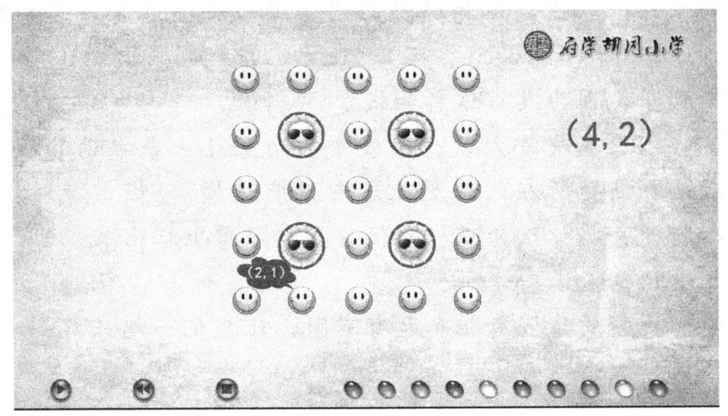

图 5-24

教师板书规则：从左往右的列数，从下往上的行数。

师：规则清楚了，(4，2)表示什么意思？(板书：第 4 列，第 2 行)

生：从左往右第 4 列，从下往上第 2 行。

师：在这种规则下，用两个数就可以准确地表示出物体的位置了，我们把这样的方法叫作用数对表示位置。(板书主题：用数对确定位置)

练习：

(1)根据位置找人：小刚(2，4)，小梦(4，4)。

(2)看人确定位置：小婷(4，3)，小鹏(3，2)。

师：看来在这种情况下，可以用一个数对表示一个位置，一个数对也只能表示一个位置。(板书：一一对应)

数学活动的教育意义，是让学生在亲身经历数学活动的过程中，能获得具有个体特征的情感体验、感性认识以及数学能力和数学素养。让学生获得“数学活动经验”，就是培养学生在活动中从数学的视角进行思考，直观地、合理地获得一些结果，这是数学创造的根本。在此环节中，引导学生通过分析和比较，判断定位的规则，在深化对知识的理解的同时，培养学生的推理能力。

环节三：反思质疑——过程、本质

1. 建立体系

师：同学们，请大家深入思考：为什么像刚才那样一排人的时候(课件出示：一排5人，然后变成一条射线)，确定方向后(课件出示箭头)，用一个数就可以确定位置，而现在却需要用两个数确定一个位置呢？

生1：用一个数只能确定在某一列或某一行。

生2：原来只有一行，所以不用特别说明，现在有很多行，所以除了说明是第几列，还要说明行的信息。

生3：原来是一条线，现在是一个面。

师：就像大家说的，以点(4，1)为例，这个位置首先表明了是在第四列(课件显示：第四列上出现一条射线)，而第四列上还有很多位置(课件展示：依次出现点)。所以就需要用另一个数据加以辅助说明。这样就清楚了吧？

师：为了便于我们确定位置，是不是每一列都需要画一条射线呢？

生：不用。在第一列画就可以对应着看了。(课件演示：移动射线至第一列)

师：在这种情况下，如果再来一个人，他的位置又应该用什么数对表示呢？

生：(0，2)。

课件辅助展示完整的直角坐标系。(完善坐标系的初步认识，如图5-25所示)

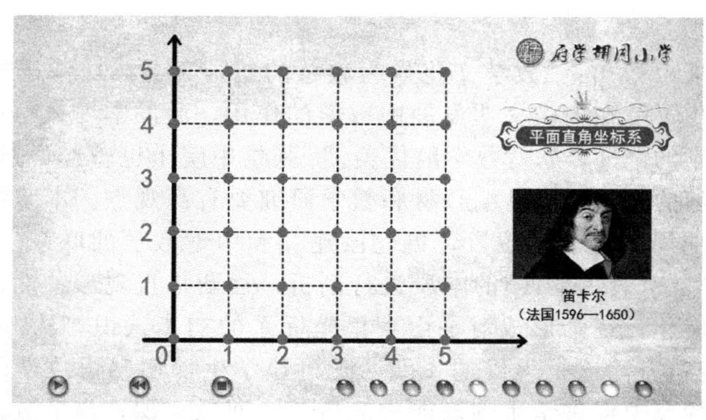

图 5-25

2. 回顾历史

师：同学们，你们知道吗？在刚才短短的20多分钟的时间里，我们经历了数学发展史上几千年的发展历程，请看屏幕。

数学史(配乐)

同学们，回顾人类发展的历史，早在3000多年前，人们就开始尝试用多个数据确定位置。

(1)中国的定位研究

陆上(司南)、海上(六分仪)、文化(罗盘)。

(2)西方的定位研究

(3)里程碑式的人物——笛卡尔

解说词：

人类对定位的研究可以追溯到六七千年前中国的伏羲时期，那时候人们就产生了八卦时空理念，并以“乾”“坎”“艮”“震”“巽”“离”“坤”“兑”代表八个方向，又以每个方向上的距离作为最终的参考量以确定具体位置。就这样，多元定位的意识开始萌芽。

随着技术的发展，陆地上司南的应用、航海中六分仪的推广为人类了解世界的步伐提供了动力。千年前，聪明的中国祖先甚至将文化融入奇妙的科学之中，神奇的罗盘展现着它神秘而又深邃的魅力。这时，以方向和距离共同定位的理念得以空前兴盛。

直到16世纪，一个名叫勒内·笛卡尔的法国数学家，打破了千年以来人们对定位的认知。他通过观察蜘蛛结网的过程，创造性地提出了“把几何图形和代数方程结合起来”的想法，建立了用数对表示位置的平面直角坐标系理论，创立了解析几何体系。笛卡尔堪称17世纪欧洲哲学界和科学界最有影响的巨匠之一，被后人誉为“近代科学的始祖”。

……

课程标准中指出：“数学文化作为教材的组成部分，应渗透在整套教材中，帮助学生了解在人类文明发展中数学的作用，激发学习数学的兴趣，感受数学家治学的严谨，欣赏数学的优美。”[①]张景中院士也曾经说过：“小学生学的是很初等的数学，但是编教材和教学研究要有高观点。”本节课的内容不仅仅是简单地用数对表示位置，更应该建立和中学数学的联系。此环节中，引导学生对“数对表示位置”的本质进行剖析，逐渐将直观形象性认知向抽象概括性认知转化，逐渐形成对平面直角坐标系的初步认识。从“一维”到“二维”空间确定位置，这是思维的飞跃。既可让学生深切感悟数学的思想和方法，又可在探究中促进学生创新能力的培养。回顾全课，借助方格图延伸逐渐构建平面直角系，初步建立起“形”与“数”理论体系的直观模型，简洁形象，加强了“抽象与概括”“符号与模型”“图形与几何”等数学核心素养的培养，使数学知识形成网络，让数学思维意识逐步积淀，通过数学系统的构建促进核

① 中华人民共和国教育部：《义务教育数学课程标准(2011年版)》，北京：北京师范大学出版社，2012年，第3页。

心素养落地、生根。

立足于结构，学生才能自由穿行在观察、感知、发现、归纳、演绎、构建等思维过程中。立足于结构，不仅仅是让数学知识从点状走向块状，实现结构化，更为重要的是让学生的数学思考从线性走向平面，从平面走向立体，从而让学生的数学思维实现结构化，提升学生的数学思考能力。

四、着力本质，深化学生的数学思考能力

数学的学习不仅仅是让学生获得公式和结论。与最后的答案相比，学生在学习过程中的体会和收获更为重要。好的数学教师要引导学生学会辩证地看待问题，学会主动地提出自己的思考和质疑，并用科学的、严谨的、有序的方式进行验证和推理，并在科学论证的基础上进一步深化理解，最终感受知识的本质。著名的教育家卢梭在《爱弥儿》中写道：“我们在路上不是像驿夫那样追赶路程，而是像旅行家似的沿途观赏。”①数学人的心中不应该只有一个起点和一个终点，更应该关注的是两点间的无限风光。这就像我们生活中的旅行一样，到达目的地并不是旅行的最终目标，而是更多乐趣的开始。只有明白这一点才可能对旅行本身的意义和价值有所体会和感悟。

“好”的数学课堂也应该如此。古希腊著名哲学家柏拉图说：“我们应该区分两种不同的存在——经验的存在和理性的存在。经验的存在是有缺陷的，理性的存在才是完美的。”在小学数学教学中，培育学生的数学思考力，关键在于让学生超越生活化、经验化的现象认知，形成对知识的理性化、形式化、公理化的本质认识。在数学教学过程中引导学生着力本质化思考，才能够引领数学教学最终走向深刻和智慧。

2013 年，我指导我校教师参加“东兴杯”教学比赛。当时参赛教师挑选了“三角形内角和”一课，在试讲过程中，学生提出了一个“刁钻”的问题，让我们的备课团队困惑不已。具体情况如下。

环节一：创设情境，揭示课题

谈话：我们已经认识了三角形，这里有一副三角板，如果将任意两个角相拼，你能直接说出所拼角的度数吗？

生：能。

师：好，请看这个角是多少度？（如图 5-26 所示）

生：135°。

师：为什么？

生：一个直角和一个 45°角拼在一起，90°＋45°＝135°。

---

① 伯特兰·罗素：《哲学简史》，北京：台海出版社，2015 年，第 78 页。

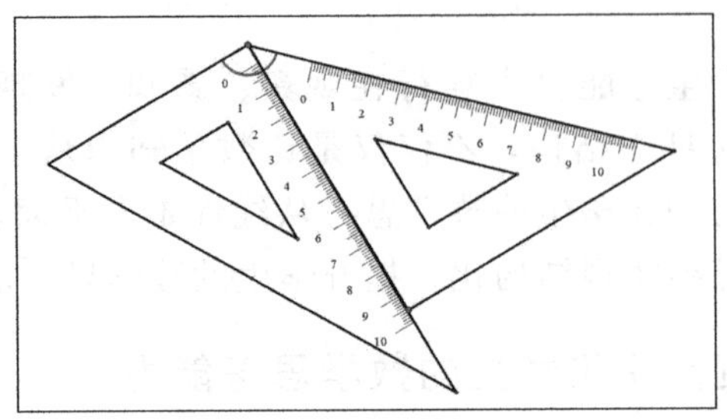

图 5-26

师：那这个角是多少度？（如图 5-27 所示）

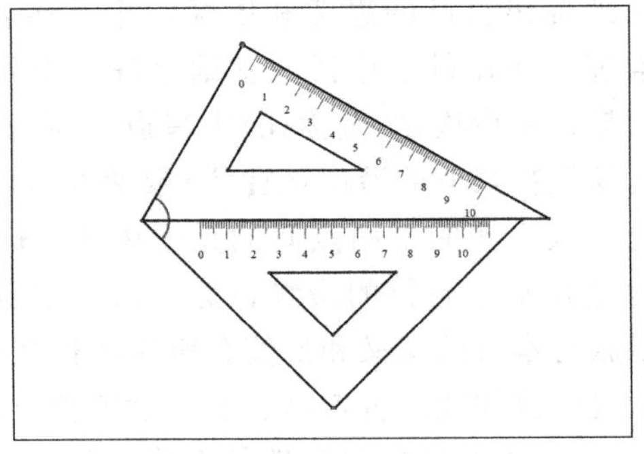

图 5-27

生：105°，60°＋45°＝105°。

师：这个角又是多少度？（如图 5-28 所示）

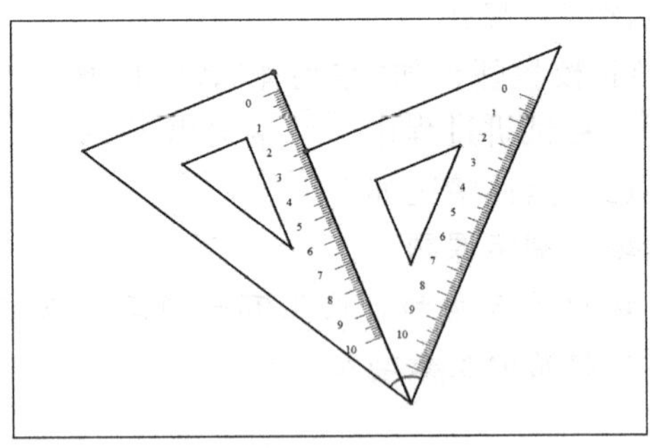

图 5-28

生：75°，30°＋45°＝75°。

师：为什么没用量角器度量，你们就能很快说出角的度数？

生：因为我们已经知道这两个三角板的角分别是 90°、60°、30°和 90°、45°、45°。

师：这两个三角形是我们认识的特殊三角形，三角板三个角的度数是一定的。谁来指一指，什么是三角形的内角？什么是三角形的内角和呢？

生：三角形的内角和就是把三角形的三个内角相加。

师：你能很快算出这两个特殊的三角形的内角和是多少度吗？怎么列式？

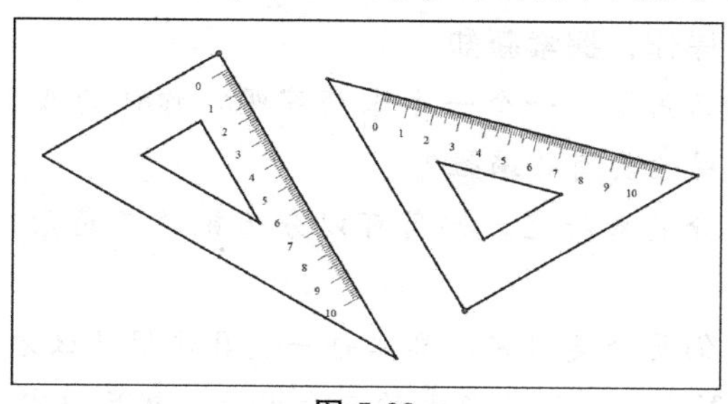

图 5-29

生：90°＋60°＋30°＝180°。（板书）

生：90°＋45°＋45°＝180°。（板书）

师：那两个相同的三角板拼成的大三角形的内角和是多少度？（如图 5-30 所示）

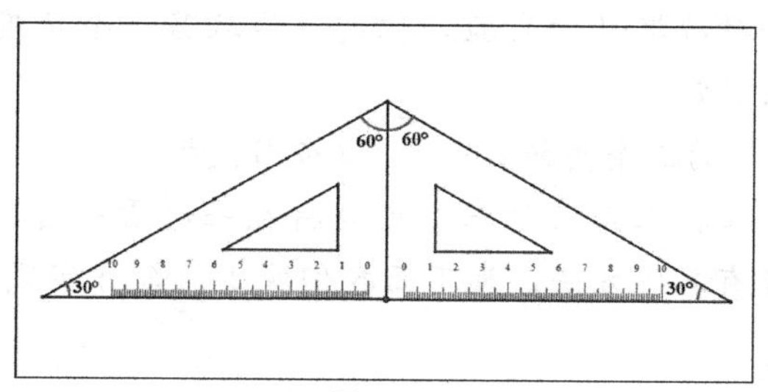

图 5-30

生：180°。

师：你是怎么知道的？

生 1：180°加 180°再减去两个 90°。

师：为什么要减去两个直角？

生：两个直角不是这个大三角形的内角。

师：这个大三角形的内角指的是哪几个角？谁上黑板指一指？

生 2：30°＋30°＋60°＋60°＝180°。（板书列式）

师：明明是两个三角形，为什么内角和不是 360°，还是 180°？

生：不是 360°，还要减去这两个直角，仍是 180°。

师：我们通过计算的方法得出了这几个三角形的内角和是 180°。

揭示课题：（再出示一些三角形）这里还有一些形状、大小都不同的三角形，它们的内角和又是多少度呢？

生：三角形内角和都是180°。

师：是这样的吗？这节课我们就来研究三角形的内角和。(板书)刚才同学们猜想三角形的内角和是180°，这个猜想对不对呢？我们在大胆猜想的基础上，还要小心验证。

环节二：动手操作，探索新知

师：这么多的三角形，一个一个来研究吗？你认为我们应该研究哪几类三角形来说明这个结论具有普遍性？

生：我们可以分类来研究，按角可以分为锐角三角形、直角三角形和钝角三角形。

师：看来，我们要分类研究，那么每一类具体用什么方法来验证呢？

生1：用量角器测量一下三角形的三个内角，然后把它们加起来，看一看得不得180°。(板书：量)

师：是个好办法，不过老师有个小要求，要真实记录测量结果。还有别的办法吗？

生2：把三角形的三个角撕下来，拼在一起成一个平角。(板书：拼)

师：看似是一种破坏性的实验，但是可能从另一个角度验证了我们的猜想。还有别的想法吗？

生3：把三角形的三个角折在一起。(板书：折)

师：也是想办法把三角形的三个内角拼在一起看一看。同学们想出了这几种方法，还可能有其他方法，那下面我们就小组合作实践一下我们的想法。请看活动建议。

小组合作(出示活动建议)：

(1)可以自己任意画几个三角形，也可以借助信封中的材料，选择自己喜欢的方法进行验证；

(2)验证不同类型的三角形；

(3)将实验过程和结论记录在实验报告中。

师：听清楚了吗？开始验证吧，有困难可以示意老师。

学生以小组的形式讨论。

生1：我选择的是一个直角三角形，用量角器量出三个角的度数，然后相加得到180°。

师：看来我们可以用测量的方法来验证不同的三角形的内角和是180°。还有谁是用测量的方法验证的？有测量锐角(钝角)三角形的吗？

生2：我选择的是一个锐角三角形，实验方法是：将它的三个内角撕下来，然后把它们拼成一个平角，因为平角的度数为180°，所以得出三角形的内角和也是180°。

师：看来用这种撕拼的方法，我们也可以验证锐角三角形、直角三角形和钝角三角形的内角和是180°。

生3：我选择的是一个钝角三角形，把三个角依次向一条边折，折后三个角可以拼成一个平角，由此也可以得出三角形的内角和是180°的结论。

师：折的方法特别有技巧，请同学们看屏幕，折痕要与底边平行，顶点落在底边上。这个方法适用于所有的三角形吗？我们把三角形的三个角折在一起形成了平角，你能得出什么结论？

生：三角形内角和是180°。

师：我们通过折一折，又一次验证了三角形的内角和是180°。

课进行到这里应该说是“一帆风顺”。我们可以肯定教师的教学过程是经过认真思考的，从效果上看也是比较成功的。该教师首先从生活中的“三角板”引出问题，关注了学生的已有经验和认知。在聚焦研究问题后，又给了学生充分的时间和空间，引导学生运用“量”“拼”“折”等不同方法，分别验证“锐角”“钝角”和“直角”等不同三角形内角的情况，做到通过学生的自主操作获取大量鲜活的实验数据，为后续环节总结共性的结论奠定了基础，同时也使结论的科学性和严谨性得以深化。但就在这“顺风顺水”的过程中，一个学生的发言使原本平静的“湖面”泛起了“波澜”。

“老师，我觉得三角形内角和不见得是180°。”一个男孩举手说道。

“是吗?”教师很显然对这突如其来的问题感到意外。

“那你说说，三角形内角和怎么不见得是180°?”教师耐心地问道。

孩子拿起自己记录研究数据的学习单，快步走上讲台，把学习单放在投影仪上，一边演示一边说道：“大家看，我先用量的方法验证，测量出这个三角形三个角的度数分别是31°、48°和100°，加在一起是179°，不是180°。”

“你这个量得不准呀!”教师依旧耐心说道。

“可是如果说我得到的179°不准，那怎么说明180°就一定准呢?”男孩小声嘟囔道。

孩子说话的声音虽然不大，却在学生中产生了共鸣。

“是呀，为什么180°就一定是准确的？我刚才也认真地测量了，可结果加在一起是182°。”另一个孩子也开始质疑起来。

教师很显然没有想到会出现这样的问题，于是急忙开始补救：“你们说得都有道理，‘量’的方法存在误差，所以就不准确了。不过其他证明方法就没问题了，说明三角形内角和就是180°呀!”

“老师，也不行！您看我也用‘折’的方法了，可是三个角折在一起有一点点重叠，这说明三角形内角和应该大于180°呀！”男孩接着说道，“‘拼’的方法我也试了，可是拼在一起成为一个平角的时候，三个角之间是有缝隙的，这说明三角形内角和不到180°呀！怎么能说明一定不多不少就是180°呢?”

男孩的想法得到了更多学生的赞同，大家七嘴八舌地展开了热烈的讨论，而老师却沉默了……

课后，我们备课团队坐在一起讨论这节课。大家一致认为，那个男孩不是故意捣乱，他所说的是他的“真思考”和“真问题”。这说明教师备课还不够深入，没有考虑到实际操作中对误差的正确处理，更没有从本质上对概念的建立做好分析和解读。通过大家的研讨，我们认为之前的教学过程还是比较成功的，可以保留，只是还需要重视从概念的本质入手，不能仅仅依靠操作得来的感性经验，还应该结合推理和分析等理性经验引导学生从本质上理解概念、完善认知。因此，我们增设了一个新环节，具体过程如下。

师：把直角三角形的两个锐角折在一起拼成了一个直角，说明了什么?

生：说明直角三角形的内角和是180°，还说明了直角三角形中的两个锐角的和是90°。

师：对于直角三角形，还有别的验证方法说明内角和一定是180°吗?

生：我把一个长方形对折，因为长方形的四个角为直角，内角和为360°。把长方形对折实际上就是把长方形平均分成两份，其中的一份也就是一个直角三角形的内角和为180°。

师：谁听清楚了?他说的是什么意思?

师：长方形的内角和是多少度?

生：360°，4个90°。

师：沿对角线分开的这两个三角形怎么样?

生：完全一样。

师：这个直角三角形的内角是∠1和∠2，谁来指一指这个三角形中的∠1和∠2?

师：∠1和∠2拼成了什么角?

生：直角，90°。

师：所以直角三角形内角和是多少度?

生：360°除以2等于180°。

师：我们利用长方形的知识，推出了任意的直角三角形的内角和是180°。你们真了不起!

师：同学们，你们知道吗?其实早在300多年前，法国著名科学家帕斯卡在12岁时，就已经发现了三角形内角和是180°。帕斯卡是怎么证明的呢?

我们一起来看看。(如图 5-31 所示)

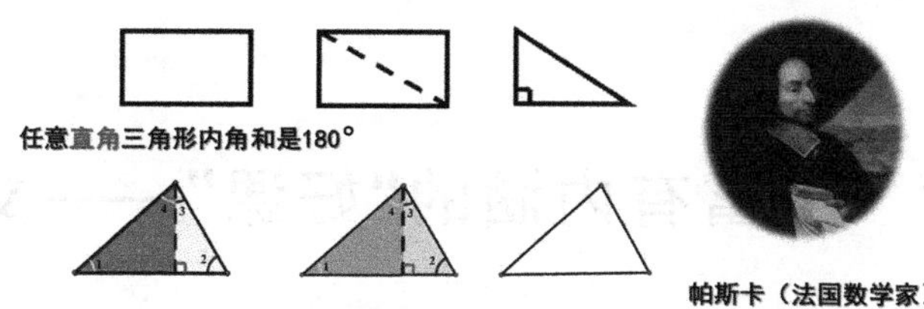

图 5-31

生 1：长方形的四个角都是直角，长方形的四个角的和一定是 360°。把长方形沿对角线一分为二，就变成两个直角三角形，每个直角三角形的内角和就是 360°除以 2 等于 180°。任意一个直角三角形都可以看作长方形剪开得到的，所以任意直角三角形的内角和一定是 180°。

生 2：任何一个锐角三角形都可以沿高分为两个直角三角形，两个直角三角形的和为 180°＋180°＝360°，而其中有两个直角拼在一起成了一条直线，所以真正作为锐角三角形的三个内角的和就是 360°－90°－90°＝180°。同样的道理可以说明钝角三角形内角和也是 180°。

师：通过刚才的验证，我们可以得出什么结论？

生：任意一个三角形的内角和都是 180°。

……

将感性经验和理性经验相结合是一个拓展思维宽度的过程，既对学生认知平面图形角度的方法进行了深化，同时也推动学生将新旧知识建立联系、进行整合，不断走近数学的本质。支持学生的学习，需要为学生提供机会，让他们能够有探究思考的空间，并不断学会如何质疑与反思，在这个过程中经历知识的形成和优化，这既是对数学概念的理解，也是对思想方法形成的把握，更是我们对数学学科本质的追求。

总之，在教学中应注意方式的“动静结合”，弄清知识内涵脉络，抓住知识与知识之间的联系点、思维的切入点，合理运用“几何直观”的呈现方式，化抽象为直观，营造良好的思考环境，引导学生主动参与数学活动，让学生在学习数学知识的同时，学会“数学方式的理性思维”，提升数学思考力，形成良好的数学素养。此外，巩固知识储备，保证思维的可发展性和持续性，重视阅读和语言的训练，培养思维素养等都是对学生思考力的培养。“好”的教师需要在课堂教学中注重思维能力的发展，上具备“思维含量”的好课！

第六章　上富有内涵的“好课”——文化篇

“文化”是当今社会的热门词汇，各个领域，不论大小，都在强调“文化”的拓展和渗透。大到全领域的“中国文化”和“国学文化”被人们广为宣传；中到地域领域的“北方文化”和“南方文化”也被各地方区域的人们津津乐道；小到专业领域的“足球文化”“摇滚文化”同样被痴迷者追捧、膜拜。作为社会各领域中重要组成部分的教育，又怎么能够没有自己的文化呢？什么是文化？什么又是我们数学学科的文化呢？

“文化”一词是指相对于经济、政治而言的人类全部精神活动及其产品，是非常广泛和最具人文意味的概念。简单来说，文化就是地区人类的生活要素形态的统称，即衣、冠、文、物、食、住、行等。给文化下一个准确或精确的定义，的确是一件非常困难的事情。对文化这个概念的解读，也一直众说不一。但东、西方的辞书或百科中有一个较为统一的解释和理解：文化是相对于政治、经济而言的人类全部精神活动及其活动产品。它是智慧群族的一切群族社会现象与群族内在精神的既有、传承、创造、发展的总和。它包括智慧群族从过去到未来的历史，是群族基于自然基础的所有活动内容，是群族所有物质表象与精神内在的整体。

据专家考证，“文化”是中国语言系统中古已有之的词汇。“文”的本义，指各色交错的纹理。《易·系辞下》载：“物相杂，故曰文。”《礼记·乐记》称：“五色成文而不乱。”《说文解字》称：“文，错画也，象交叉。”均指此义。在此基础上，“文”又有若干引申义。其一，为包括语言文字在内的各种象征符号，进而具体化为文物典籍、礼乐制度。《尚书·序》所载伏羲画八卦，造书契，“由是文籍生焉”，《论语·子罕》所载孔子说“文王既没，文不在兹乎”，是其实例。其二，由伦理之说导出彩画、装饰、人为修养之义，与“质”“实”对称，所以《尚书·舜典》疏曰“经纬天地曰文”，《论语·雍也》称“质胜文则野，文胜质则史，文质彬彬，然后君子”。其三，在前两层意义之上，更导出美、善、德行之义，这便是《礼记·乐记》所谓“礼减而进，以进为文”，郑玄注“文犹美也，善也”，《尚书·大禹谟》所谓“文命敷于四海，祇承于帝”。

“化”，本义为改易、生成、造化，如《庄子·逍遥游》：“北冥有鱼，其名为鲲，鲲之大，不知其几千里也。化而为鸟，其名为鹏，鹏之背，不知其几千里也。”《易·系辞下》：“男女构精，万物化生。”《黄帝内经·素问》：“化不可代，时不可违。”《礼记·中庸》：“可以赞天地之化育。”……归纳以上诸说，“化”指事物形态或性质的改变，同时“化”又引申为教行迁善之义。

“文”与“化”并联使用，较早见于战国末年儒生编撰的《周易》：“观乎天文，以察时变；观乎人文，以化成天下。”意思是：通过观察天象，来了解时序的变化；通过观察人类社会的各种现象，用教育感化的手段来治理天下。这段话里的“文”，即从纹理之义演化而来。日月往来交错文饰于天，即“天文”，亦即天道自然规律。同样，“人文”，指人伦社会规律，即社会生活中人与人之间纵横交织的关系，如君臣、父子、夫妇、兄弟、朋友，构成复杂网络，具有纹理表象。这段话是说，治国者须观察天文，以明了时序之变化，又须观察人文，使天下之人均能遵从文明礼仪，行为止其所当止。在这里，“人文”与“化成天下”紧密联系，“以文教化”的思想已十分明确。

西汉刘向将“文”与“化”二字联为一词，在《说苑·指武》中写道：“圣人之治天下也，先文德而后武力。凡武之兴，为不服也。文化不改，然后加诛。”“文化内辑，武功外悠。”(《文选·补之诗》)这里的“文化”，或与天造地设的自然对举，或与无教化的“质朴”“野蛮”对举。因此，在汉语系统中，“文化”的本义就是“以文教化”，它表示对人性情的陶冶、品德的教养，本属精神领域之范畴。随着时间的流变和空间的差异，“文化”逐渐成为一个内涵丰富、外延宽广的多维概念，成为众多学科探究、阐发、争鸣的对象。①

什么是数学文化呢？通常学过几个数字，买菜卖菜会算个账，在民间就被理解为有些文化了，既然是数学方面的，当然也会被理解成有些“数学文化”了。这种对数学文化的理解可能是最狭义的。难道数学知识就是数学文化的全部吗？学生所学习的各种定理、公式、性质等具体的内容如果是数学文化的全部，一旦忘掉，学生身上就什么都不剩了吗？就没有数学文化了吗？答案是否定的。可以说，把数学文化等同于数学知识是“盲人摸象”和“管中窥豹”最好的现实解释。

那到底什么是数学文化呢？要理解数学文化，我们先从字面上把它拆解开来，从字面上来讲，“数学文化”应该是“数学的文化”，所以数学文化首先是文化，其次才是数学的，有数学特征的。根据古人对文化的认识我们可以推得数学文化的定义：用数学的标准和尺度去改变人的行为过程及其结果。从这个定义中我们可以看出，数学文化不能单纯理解为一个名词，应该理解

---

① 罗钢：《文化研究读本》，北京：中国社会科学出版社，2000 年，第 29 页。

为一个动词，它重在“对人的数学教化”，包含两项主要内容：一是“人(事物)数学化”，也就是让人(事物)具备数学的属性，即用数学的语言去描述世界；二是“数学化人(事物)”，也就是用数学的知识去改造人(事物)。可能这种描述有些抽象，我们举个例子来说明：

先将一个苹果放到篮子里，后来又放入两个苹果。这个生活现象可以抽象成“1＋2＝3”，这个抽象的过程就是使得这件事情“数学化”，也就是“人(事物)数学化的过程”。如果某人学会了这种数学抽象，再遇到先将两个梨放到盘子里，再放进三个梨，肯定能够马上想到盘子中一共有“2＋3＝5”个梨。这个过程就是“数学化人(事物)”。

“数学文化”在当今教育中的价值越来越凸显。近年来，高考数学试题也开始渗透数学文化，主要体现在数学史、数学精神、数学应用三个方面，其中数学史是最能体现数学文化的内容，数学史作为试题背景，主要包括数学家的生平事迹、数学史事件、数学史名著、数学名题、数学发展的历史等。以数学史为试题背景，可以培养学生学习数学的兴趣，让学生感受到数学家探究数学问题时锲而不舍的精神，可以弘扬中国优秀传统文化，并潜移默化地激发学生的爱国主义情感。这样的变化是因为“数学文化”可以体现数学的人文价值和科学价值，在培养学生数学核心素养的教育中扮演着至关重要的角色。普通高中数学课程标准提出要了解数学在人类文明发展中的作用，逐步形成正确的数学观，提倡体现数学的文化价值。① 据不完全统计，在2018年全国各省高考13套文理科数学卷中，总共考查了6道“数学文化”试题。题目大多是从中国古代数学著作中选取材料片段，体现了中华古代数学的辉煌成就。试题重在考查考生的阅读能力和数学素养，强调数学知识体系和实际应用能力。

如此重要的“数学文化”在小学数学教学中又是什么情况呢？

我认为，我国小学数学教育历来比较重视基础知识教学，基本技能训练，数学计算、推理和空间想象能力的培养，相对而言弱化了学生数学思想的培养以及数学文化的渗透。为了更好地用数据说明问题，我对北京市东城区府学胡同小学40名数学教师进行了问卷调查，统计发现：100％的教师认为数学文化在数学教学中有重要的作用；71％的教师会在课堂教学中设计数学文化方面的知识，但在呈现方式上，89％的教师只是在导入新课时或新课结束后以知识拓展的方式呈现给学生。86％的教师对于如何将数学文化与数学思想的教学进行有机结合存在困惑。通过以上数据可以看出，数学文化在小学

① 张奠宙，赵小平：《当心“去数学化”》，《数学教学》，2005年第6期，第31页。

数学教学中的应用存在着“高评价，低效应用”的现象。

究其原因，一方面是“依考定教”的现象阻碍了数学文化在课堂教学实践中的应用；另一方面是教师对于数学文化和数学文化的教育价值缺乏深层次的理解，对于如何发挥教育文化的教育价值，提高课堂教学实效的经验不足。数学文化在教材中的呈现方式，往往是在边框处放置一个数学家的头像，介绍其数学贡献；有的直接介绍数学史料，却没有展开。大部分教师在数学教育中对数学文化知识的运用，还停留在数学文化资料本身，只讲是什么，少讲为什么。

反例 1：一教师在教学五年级上册“用字母表示数”一课时，在课的最后，该教师用多媒体播放了名为《你知道吗》的数学文化短片。具体解说词如下：人们认识用字母表示数的过程是很漫长的。早在 3800 年前，古埃及人用“堆”表示特定的数。公元 4 世纪前后，古希腊学者丢番图开始用希腊字母表示数和一些运算，成为用字母表示数的先驱。这之后又经历了 1200 年，16 世纪的法国数学家韦达才有意识地、系统地用字母表示数，因此，他被尊称为“现代代数学之父”。环视课堂，孩子们眼神空洞、茫然，显然这段音频和文字没有触动他们的情和知。在练习环节，仍然有部分学生质疑“$4+x$”既可以表示一种关系，也可以表示一个结果这一结论。在后续的学习中，甚至有的学生不知道该设什么为 x。究其原因，主要是学生没有经历“用字母表示数”发展过程的必要体验。“用字母表示数”的新意义要进入学生已有的认知结构，字母运用的原有经验是学习新知的起点。学生的认识要实现飞跃，就必须对“用字母表示数”的新意义和旧经验之间的区别有清楚的认识。而儿童的认知过程也往往在一定程度上反映了人类认识的发展历程。鉴于此，在课堂中再现人类认识提升的 1200 多年历史也就顺理成章了。

反例 2：五年级上册“平面图形的面积”这部分内容，教材中编排了《你知道吗？——出入相补》，即刘徽的割补术“出入相补原理”：一个平面图形由一处移至他处，面积不变。史料中刘徽用割补术系统地给出了各种图形面积公式的证明。而在教学中，大部分教师都是在课的结尾处，将其作为数学文化给学生播放。很少有教师借助这个数学文化知识来呈现数学家思考问题、解决问题的过程。殊不知，本节课中此史料的作用不仅仅是数学文化拓展，抑或是让学生掌握数学技能，更重要的是让学生参与知识的形成过程，理解数学的本质，渗透“化归”这一数学思想。

中国科学院李文林先生指出：“数学史除了为历史、为数学而历史之外，还应该为教育而历史。”数学文化与数学教育的貌合神离，主要是因为大部分教师还没有确立“为教育而文化”的意识，没有真正领悟教育文化的教育价值，而只是关注自己的课堂是否穿上了华丽时尚的“文化”外衣！

那么，“数学文化”究竟如何在数学教学中渗透、发展呢？什么样的“文化”内容可以应用于数学课堂教学呢？我在此将结合实际教学中的具体案例尝试解读说明。

一、“数学文化”在数学教学中的应用

“几何学”在中国发展的过程中，“规矩”起着基本的作用。“规矩”这个词，是由“规”和“矩”复合而成的。其中的“规”是中国古时候的圆规，用来画圆；“矩”是中国古时候的角尺，用来画直线图形。“规矩”一词出自东汉时期山东省武梁祠墓室石壁的石刻画。画中手拿圆规的是女娲，手拿角尺的是伏羲。（如图 6-1 所示）根据中国古代神话所述，他们两位都是人首蛇身，伏羲是兄长，女娲是妹妹。

图 6-1

数学是人类的一种文化，它的内容、思想、方法和语言是现代文明的重要组成部分。当我们看到一个数学定义的时候，眼前会浮现出古人的身影，产生敬畏之心吗？在我们思考问题的时候，我们是否关注它在数量方面，是常量还是变量？在打开一本书，看到里面有一行行的符号时，我们是立刻就丢掉不看了，还是不怕符号？在一连串的变换之后解答了问题，我们会由衷地感叹数学之美吗？在律师叙述理由的时候，我们会不会觉察理由是否充分？是否必要？在碰到购买彩票等随机事件时，我们会习惯性地看看中奖的概率有多少吗？我们能够欣赏“指数爆炸”“直线上升”“事业坐标”“人生轨迹”这样的语言吗？数学不仅是静态的结果，更是人类不断探索与创造的一种文化。

《义务教育数学课程标准(2011 年版)》指出：“数学更加广泛地应用于社会生产和日常生活的各个方面。数学作为对于客观现象抽象概括而成的科学语言工具，不仅是自然科学和技术科学的基础，而且在人文科学和社会科学中发挥着越来越大的作用，数学是人类文化的重要组成部分。”[①]同时，在课程实

① 中华人民共和国教育部：《义务教育数学课程标准(2011 年版)》，北京：北京师范大学出版社，2012 年，第 2 页。

施建议的教材编写建议中强调了各学段都要注重数学的文化价值，介绍有关的数学背景知识、数学家的故事、数学趣闻与数学史料等。

数学是人类的一种文化，它的内容、思想、方法和语言是现代文明的重要组成部分。数学活动是一种特殊的社会文化活动，体现和反映了参与者的伦理观、人生观、世界观和价值观。数学教学活动是培养人的新思想、新观念、新精神的催化剂，有其独特的人文性的一面。钱学森先生认为，科学与人文是一枚硬币的两个面，缺一不可。因此，我们在数学教学中，要注意建构数学人文精神的体系，加大人文教育力度，提高学生的人文修养，使他们从小就能做个文明的现代人。

谈到数学文化，我们往往会联想到数学史。确实，宏观地观察数学，从历史上考察数学的进步，确实是揭示数学文化层面的重要途径。初唐诗人陈子昂诗云：“前不见古人，后不见来者，念天地之悠悠，独怆然而涕下。”这是古人乃至今天人们对时间与空间的认识。一般的语文解释说：上两句俯仰古今，写出时间绵长；第三句登楼眺望，写出空间辽阔；在广阔无垠的背景中，第四句描绘了诗人孤单寂寞、悲哀苦闷的情绪。两相映照，分外动人。然而，从数学上来看，这是一首固定时间和空间感知的佳句。前两句表示时间，可以看成一条直线(一维空间)，诗人取自己为原点，“前不见古人”指时间可以延伸到负无穷大，“后不见来者”则意味着未来的时间是正无穷大。后两句则描写三维的现实空间：天是平面，地是平面，悠悠地张成三维的立体几何环境。全诗将时间和空间放在一起思考，使人感到自然之伟大，产生了敬畏之心，以至怆然涕下。这样的意境，数学和文学是彼此相通的。

进入21世纪之后，数学文化的研究更加深入。一个重要的标志是数学文化走进中小学课堂，渗入实际数学教学，努力使学生在学习数学的过程中真正受到文化的感染，产生文化共鸣，体会数学的文化品位，体察社会文化和数学文化之间的互动。其间明确提出要逐步培养学生的“数学素养”。小学生的数学素养包括数学的问题意识、观察能力、思维能力、解决问题的方法和策略、自觉地运用数学的意识和能力，还涵盖更高层次的创新意识、数学的美学价值及人文精神等方面的综合素养。学生的数学素养不是教师能教出来的，它需要教师改变教学方式，创设问题情境，引导、激励和唤醒学生，使学生在主动实践、探究、感悟中得以逐步提升。

具体来说，“数学文化”在数学教学中的应用途径大致有如下几个方面。

1. 通过数学内容渗透“数学文化”

数学教科书中的内容是数学教学的知识载体。纵观当前各个版本的主流数学教材，其共性之一就是教学内容中知识的含量相对较多，与之对应的数学文化则相对不足。以我接触最多的人教版数学教材为例，大多数涉及数学文化的内容仅仅是在“你知道吗?”“数学小知识”和“数学窗”等插图式窗口中提示出现。教学中，教材没有明显完备的文化渗透题材和指导，这就需要教师发挥个人能力在上课前多备教材，了解教材的编排意图，深入地挖掘教材内容，进而再通过图书馆、互联网等辅助媒介了解教材中可能包含的数学文化，并利用学生喜闻乐见的教学方式，潜移默化地将数学知识与数学文化有机地结合起来，在课堂教学中践行、实施。

例如，我在教学六年级“圆的认识”一课时，设计了“活动中认识圆”的环节，意图根据圆的特征，结合历史前人的描述和分析，将传统文化与数学学科相结合，通过数学内容本身渗透“数学文化”。具体过程如下。

环节一：折圆中认识半径和直径

师：刚刚大家认识了圆心和半径。用圆规画圆、用线绳画圆，圆心半径都好找。用实物画的圆，它的圆心和半径在哪里呢？老师给每个组准备了几个圆片，你们找一找它的圆心和半径。(如图 6-2 所示)

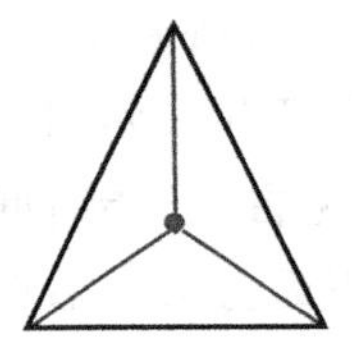 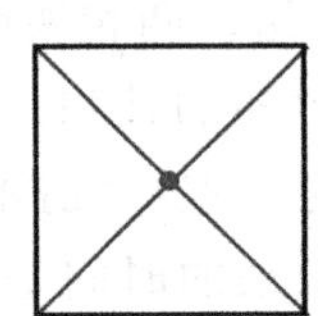 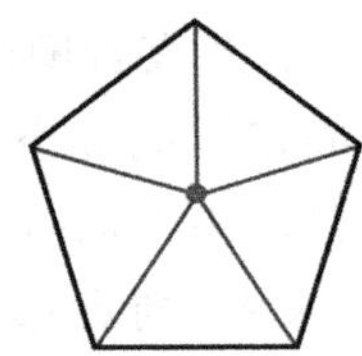 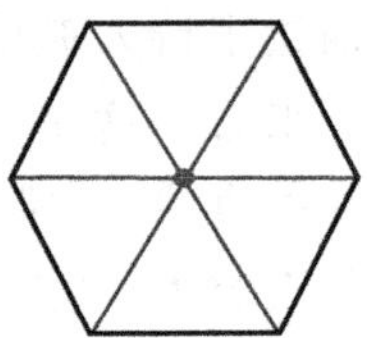

图 6-2

学生动手操作，交流展示。(如图 6-3 所示)

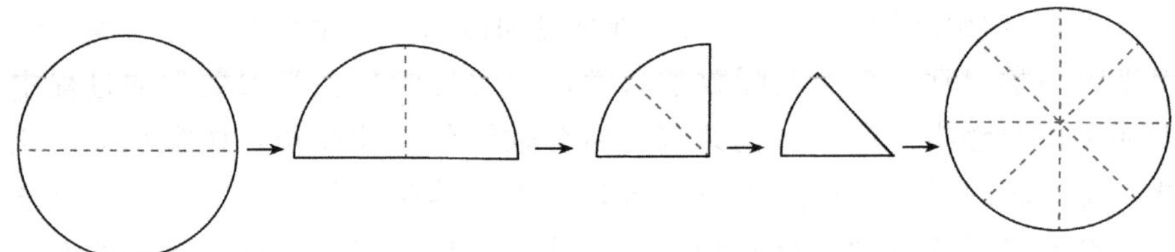

图 6-3

师追问：为什么它就是圆心？

生：因为通过对折发现这些半径都重合了，说明一样长。从圆心到圆上的距离都一样长，所以它是圆心。

问：圆的半径和直径是什么？

生：半径是从圆心到圆上的线段；直径是穿过圆心到圆上的线段……

师生总结：从圆心到圆上的线段叫半径，用 r 表示。(板书)

过圆心到圆两端的线段叫直径，用 d 表示。(板书，并在圆上标出半径和直径)

环节二：研讨中了解圆的特征

小组讨论交流：圆有什么特征？

集体交流总结圆的特征：

(1)同圆或等圆中，半径有无数条，且都相等；

(2)同圆或等圆中，直径有无数条，且都相等；

(3)同圆或等圆中，半径是直径的一半。

环节三：在历史文化中夯实对圆特征的理解

师：通过本节课的研究，同学们初步认识了圆及其特征。我们的祖先早在2000多年前就对圆有了研究。古人墨子说：“圆，一中同长也。”“一中”指什么？

生：圆心。

师：“同长”，什么同长？

生：半径、直径。

师：只有圆有这个特征吗？难道正三角形、正方形、正五边形、正六边形不是“一中同长”吗？

生：不是，如果把线连到三角形的边上，长度就不一样了。

师：哦，原来中心到顶点和到边的距离不一样长，但是圆呢？

生：一样长。

师：是啊，圆上的点都是平等的，没有哪一个点搞特殊！正三角形内中心到顶点相等的线段有三条，正方形有四条，正五边形有五条……圆呢？

生：无数条。

师：为什么是无数条？

生：因为圆上有无数个点。

师：同学们请看——这是正七边形、正八边形、正十边形、正二十八边形和正五十六边形。(课件演示，如图6-4所示)同学们想象一下，随着正多边形的边数越来越多，正多边形会发生什么？

生：就是一个圆了。

师：学到这里，你认为圆是一个什么样的图形？

生：我认为圆是一个正无数边形。

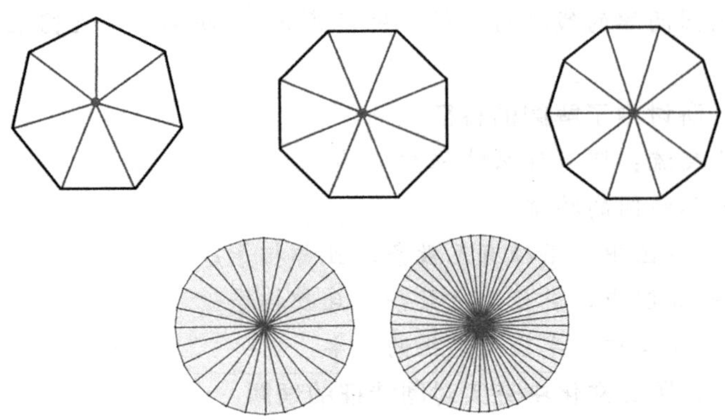

图 6-4

师：圆确实有这样的特点。但是，难道没有角就是圆了吗？还有同学说圆的特征是没有角的，圆只有一条边，边是曲线。（课件出示椭圆，如图 6-5 所示）我们来看这个图形是不是没有角？是不是只有一条边、边是曲线？它是圆吗？

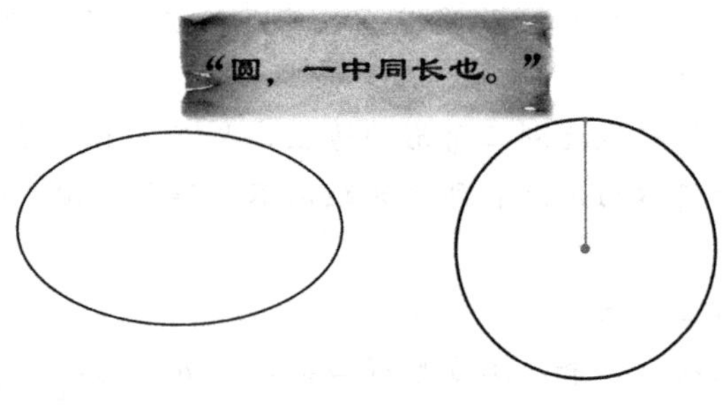

图 6-5

生：不是圆，它是椭圆。

师：它是一中同长吗？

生：不是。

师：所以说“一中同长”才是圆最重要的特征。墨子的这一发现比西方早了 1000 多年，谁能学古人的样子读一读？

生：圆，一中同长也。

环节四：欣赏美妙的“圆”

师：不只是我国的古人对圆有研究，国外的数学家毕达哥拉斯也曾说：“一切平面图形中，最美的是圆形。”让我们一起来欣赏一下“圆”的美。

播放视频解说各种各样的圆。（如图 6-6 所示）

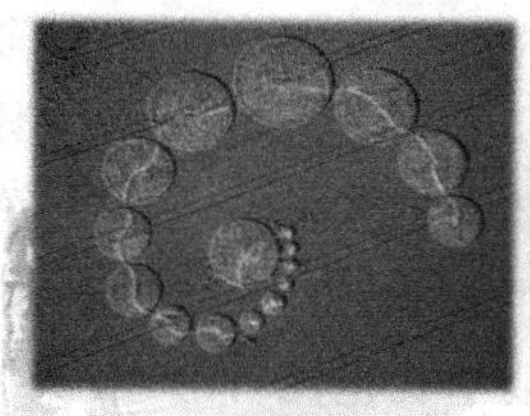
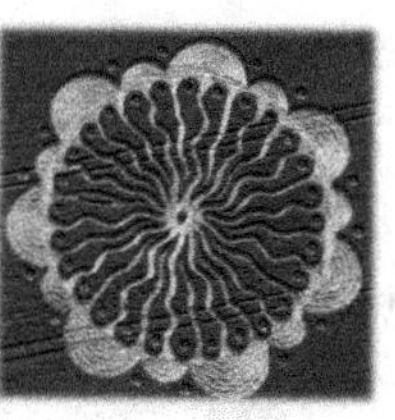

图 6-6

解说词：圆在大自然中随处可见：嫩绿的植物，耀眼的日晕，甚至水中泛起的涟漪。有人说：因为有了圆，我们的世界才变得如此美妙而神奇。其实又何止大自然对圆情有独钟呢？在我们人类生活的每一个角落，圆都扮演着重要的角色。古朴的石桥，威严的祈年殿，还有点缀城市的喷泉与花坛，无不与圆结缘。中国传统文化也离不开圆。无论是天圆地方的构想，还是辩证的太极阴阳，都注入了对和谐和团圆的期盼。圆是美的使者，更是千年文化的积淀。

……

“儿童的智慧就在他的手指尖上。”动手操作的过程，不仅能使学生学得生动活泼，而且能使学生对所学知识理解得更深刻，记忆得更牢固。本环节，学生在动手折圆中感悟圆心、半径和直径的关系，理解半径和直径的概念。教师让学生在交流中了解圆的基本特征，并通过数学史料引导学生在历史文化中夯实对圆本质特征的理解，同时也渗透了爱国主义教育。课的最后，更是借助多媒体设备，让学生感受到圆的美以及圆就在我们身边，数学就在我们身边。

像这样，进一步解读教材中的内容，充分地了解其“前世”和“今生”，透彻了解内容所涉及知识点的内涵和外延，往往能够发现很多没有想到或没有了解，却可以应用的数学素材。在对素材进行重新加工和解读的同时，数学本身的魅力得到了进一步的展现，对数学文化的体会也会逐渐加深。

2. 通过数学思想渗透“数学文化”

小学生数学思维能力的培养是发现数学问题和解决数学问题的关键。现代的数学教学已经逐渐改变了“唯知识论”的观点和态度，相对于结论性的数学知识本身，其获取过程中涉及的方法显得更加重要，而比数学方法更具抽象性、概括性和思维高度的数学思想则变成了新时代数学教育人追求的“象牙塔”。数学思想应用于数学当中所反映出来的绝不仅仅是“会做几道题”那样简单，更多的是反映在举手投足、言谈举止中所渗透出的点滴造诣。这就是人们常说的“数学能力”，更前沿的称谓是“数学素养”。数学素养的培养不是一蹴而就的，随着时间的积累，它会逐渐在学生的头脑中留下深刻的印象。数学文化作为数学高度凝练后的内涵与数学思想密不可分，它是数学素养的重要组成部分，对其发展起着至关重要的作用。在今后的不断学习中，数学思想将一直影响学生知识的学习和能力的培养，它决定着一个人的终身发展。而当数学思想与数学文化二者形成一种默契的时候，数学就会变得更加生动、深刻和美丽。

例如，我在教学五年级数学“三角形面积”一课时，在利用转化方法推导出面积计算公式之后(将两个完全一样的三角形拼成平行四边形，再通过对比转化前后图形各部分的对应关系推导面积计算公式)，还设计了数学思想与数学文化相结合的环节，进一步巩固学生认识的同时，力求使学生获得更加深刻的数学体验。具体过程如下。

师：同学们，刚才通过利用将两个完全一样的三角形转化为等底等高的平行四边形的方法，我们推导出了三角形面积计算公式是“底乘高除以 2”。对于这样的方法你们有什么想法吗？可以肯定，也可以说说不足。

生 1：我觉得这个方法挺好的。和平行四边形面积求法一样，都不是直接的，都是通过转化成学过的图形再分析、总结出来的。

师：嗯，你看得很透彻。这是肯定的想法。还有别的吗？

生 2：我也觉得这个方法挺好的。它让我们知道了图形之间是存在关系的，这样有助于我们记住它们。

师：嗯，说得也很深刻！这也是肯定的想法。还有不同的吗？

生 3：我也觉得挺好的。我听爸爸妈妈说过，以后学习的梯形、圆形，都可以通过转化的方法得到面积计算公式。转化的方法很常用，很重要。

师：又是肯定的想法，把未来的学习内容都涉及了，很好！对于这个三角形面积的转化方法就没有什么意见吗？

(学生沉默了一会儿)

生 4：老师，我有一点儿想法。我觉得用两个三角形拼成平行四边形的方法虽然很清楚，但是在研究平行四边形面积的时候是将一个平行四边形转化成一个长方形的，转化过程中面积是不变的。而现在是用两个完全一样的三角形转化为一个平行四边形，面积变了。能不能也用一个三角形转化呢？

师：眼光很独到！是呀！研究平行四边形面积的时候是将一个平行四边形转化成一个长方形，而现在是将两个三角形转化成一个平行四边形，面积肯定不一样了，平行四边形的面积是原来三角形面积的 2 倍，所以要除以 2 嘛！能不能像他说的那样，用一个三角形就推导出面积计算公式呢？同桌可以交流交流。

同桌学生交流。

师：怎么样？对于他的诉求有想法吗？

生1：我觉得不行。三角形有三条边，长方形、正方形、平行四边形都是我们学过的图形，它们都是四条边，怎么能变成学过的图形呢？

生2：我们也觉得不行，三角形是边数最少的平面图形，不好转化。

师：大家都认为不可行！可是你们知道吗？在数学家的眼里，看似“不可行”，在一定的条件下也能变为“可行”。早在1900多年前，我国的数学家就想出了用一个三角形推导面积计算公式的方法，并把这种方法记录在著名的数学典籍《九章算术》中。请看。

课件显示：圭田术曰：“半广以乘正从(zòng)。”

师：同学们，你们知道这是什么意思吗？

(学生纷纷摇头)

师：我来稍微解释一下，你们就明白了。“广”通常指平面图形横向的长度，相当于我们说的“长”或者“底”；“从”则通常指平面图形竖向的长度，相当于“宽”或者“高”。现在明白了吗？

生1：明白了，古人就是说：半个“底”乘一个“高”。

生2：那和“底乘高除以2”是一个意思呀。

师：是呀。那三角形面积为什么是半个“底”乘一个“高”？我们一起来看看古人是如何解释的。

课件显示：取三角形底边中点和一腰中点，连线后，把取下的三角形旋转，进而转化为等积的平行四边形。(如图6-7所示)

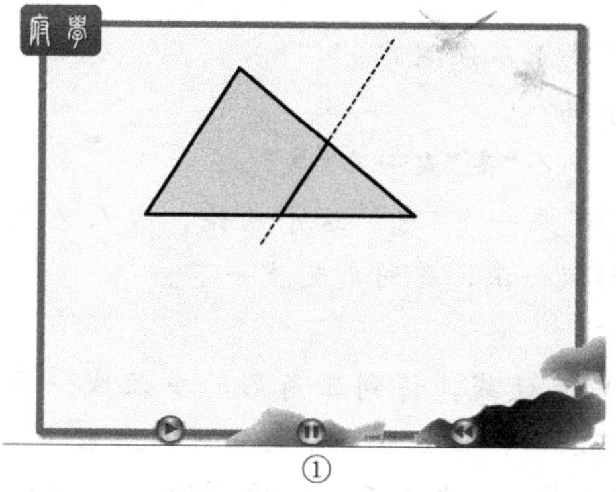
①

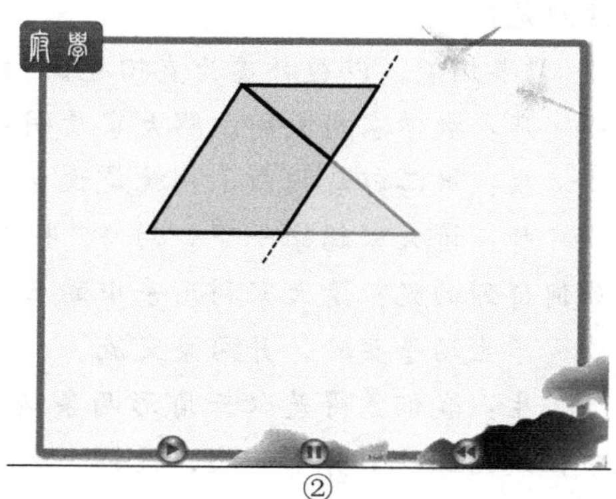
②

图6-7(1)

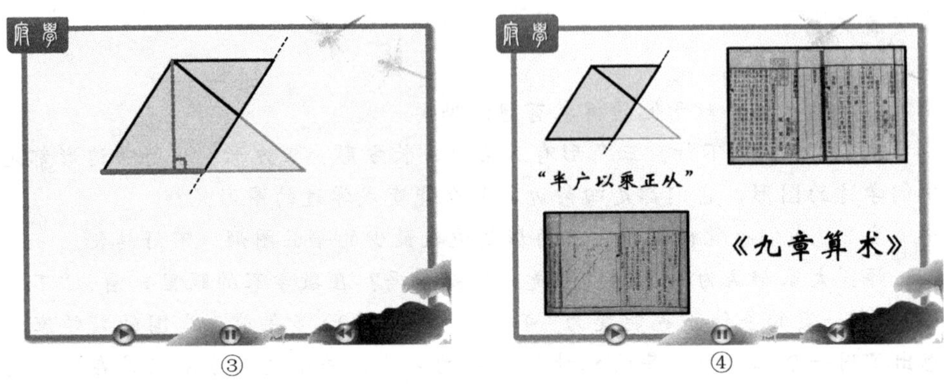

③ ④

图 6-7(2)

师：大家看明白了吗？

生：我明白了，沿着三角形底边中点和一条边的中点，把三角形切下一块再旋转就可以转化成平行四边形了。平行四边形的底相当于三角形底的一半，也就是刚才说的"半广"；平行四边形的高就是三角形的高，也就是刚才说的"正从"。平行四边形面积是"底乘高"，所以三角形面积是半个"底"乘一个"高"。

师：条理很清楚。大家都明白了吗？所以看来用一个三角形也可以实现与平行四边形的等积转化。让我们给提出问题的同学和刚才解读的同学以及我们伟大的古人一点儿掌声。

(学生掌声响起)

师：三国时期的数学家刘徽为《九章算术》做过注解。其中对"圭田术"的注解是：

"半广者，以盈补虚为直田也。""亦可半正从以乘广。"

师：数学家刘徽的注解大家看明白了吗？

生：第二句看明白了。就是说也可以半个"高"乘一个"底"。

师：请大家想象一下，对于"半个'高'乘一个'底'"这个结论，古人又是如何得到的呢？请大家利用手中的三角形试一试，并同桌交流一下。

学生动手实验，并同桌交流。

生：我们觉得是取三角形两条边的中点连线，得到三角形的中位线。沿中位线把三角形剪下一块，旋转一下就可以转化为面积相等的平行四边形了。

师：谁听明白了？可以再解释一下为什么是"半正从以乘广"吗？(课件辅助)

生：沿三角形中位线把上面的小三角形剪下来，旋转小三角形就可以转化为面积相等的平行四边形了。这时平行四边形的高相当于三角形高的一半，也就是“半正从”；底就相当于三角形的底，也就是“广”。所以三角形面积是“半正从以乘广”。

师：解释得太清楚了，给点掌声。(学生掌声响起)那第一句话又是什么意思呢？请看解读。

课件出示：“以盈补虚”又称“出入相补”。我国古代数学家刘徽利用“出入相补”的原理来计算平面图形的面积。“出入相补”就是在图形面积保持不变的前提下对一个图形进行分割、移补，从而计算出图形的面积。

师：同学们，这次看明白了吗？

生：我明白了。“出入相补”就是说把“凸出的”补给“凹入的”，其实说的就是转化。

师：你的体会更深刻了。

……

在以上案例中，我将三角形面积的求法进行了拓展，基于数学发展史中的相关解释和说明，进一步引导学生从不同角度体会“转化”思想的应用及价值。在这一过程中数学文化的资料起到了重要的作用。正像东北师范大学史宁中教授所说：“数学文化是数学的形态表现，数学思想是数学文化的核心。”将数学文化和数学思想结合起来，也就是将数学的“魂”结合起来。

3. 通过情感交流渗透“数学文化”

所谓“师者，所以传道受业解惑也”。与数学知识的传授和数学能力的培养相比，情感的交融更是为师者的本分。2014 年第 30 个教师节前夕，习近平总书记考察北京师范大学时就提出了“四有好教师”的标准，即有理想信念、有道德情操、有扎实学识、有仁爱之心。作为一名教师，首先要爱每一个学生。只有爱的教育才能培养出德、智、体、美、劳全面发展的优秀学生，新时代的教师需要与学生建立情感纽带，重视与学生的情感培养，这绝不仅仅是班主任或语文老师的工作，而应该是每一个教师的本分。对于“好”的数学教师而言，在做到情感交流的基础上还应该抓住这种内心互动的契机，将之转化为教育的成果而作用于数学课堂，在传授给学生知识的同时，还要教育学生如何做人。

例如，在北京师范大学举办的全国第二届绘本大会上，我执教了一节名为“兔子的十二个大麻烦”的数学绘本课。

绘本读物《兔子的十二个大麻烦》是美国麦克米伦世纪大奖获奖绘本，作者根据 13 世纪著名的斐波那契数学命题，创造了一个斐波那契兔子王国。在这个王国里，兔子们生儿育女，播种收获，既有对日常所需的追求，也有在精神层面的渴望。随着时间的流逝，兔子们不断遇到新的问题，比如饥饿、严寒、酷热、拥挤、空虚等。最后，兔子数量超级爆炸，所有问题累加在一起，兔子们也终于寻找到最终的答案：离开这片试验田，实现真正的精神突破。我所设计的数学绘本案例所涉及的"斐波那契数列"这一数学知识是课程标准之外的学习内容，考虑到本节内容学生自学有一定难度，同时该知识内容对培养学生学习数学的兴趣，提高学生对数列的认识和后续学习都很有帮助，因此教学中强调学生自主学习后的反思与探索，力求通过自主探索、合作交流的学习过程实现知识和能力的同步提升。

"兔子的十二个大麻烦"这节课主要是对"数与代数"领域中的"数列"进行深入而细致的解读，而对斐波那契数列的解读过程又是学生"模型思想"的重要体验历程，因此其背后的思维价值和育人价值都非常丰富。然而，在实际的教学中，教师们往往重视现象，即"从第三个数开始，后一个数是前两个数的和"，而忽视其内在的原理和数列规律的成因。表现为把数列规律的发现作为教学过程中重点处理的内容，而弱化了让学生根据具体情境体会斐波那契数列的实际意义和内在本质。因此，我努力让学生经历一个规律自主探索的过程，从变化过程的角度来研究斐波那契数列，努力实现"法"与"理"的交融，实现对概念本质的理解。课末更是根据学生体验的发生、发展全过程设置了创新环节，力求实现情感和知识双发展的理想目标。具体过程如下。

教学环节：看书质疑，发散提升

师：通过今天的学习，你有什么感受？

生：斐波那契数列太神奇了。

师：回想一下我们可爱的兔子们，它们的"大麻烦"是一下就产生了吗？（如图6-8所示）

生：不是。是从小麻烦一点点变过来的。

图 6-8

师：是呀！正是有了前面若干个小麻烦，最终才形成不可忍受的大麻烦。所以我们要关注点滴的积累，因为事物由量的变化积累最终会引发质变的结果。通过这个故事你能想到什么名人名言吗？

生1：不积跬步，无以至千里。

生2：千里之行始于足下。

生3：汇小溪成江海。

生4：千里之堤毁于蚁穴。

师：同学们的词汇量太丰富了！看，老师也找到了一句名言，与大家分享。（如图6-9所示）

图 6-9

师：战国时期杰出的思想家、哲学家和散文家，法家代表人物韩非在他的代表作《韩非子·喻老》中写道：“千丈之堤，以蝼蚁之穴溃；百尺之室，以突隙之烟焚。”同学们，你们知道这两句话是什么意思吗？

生1：我想意思是千里长的大堤，因蝼蚁的洞而溃决；百尺高的房屋，因烟囱裂缝中迸出的火苗而焚毁。

生2：就是说有时候一点儿小事也会酿成大祸。

师：是呀！生活中我们千万不能小看一些看似微小的问题，否则最终可能会变成无法弥补的大问题。

（学生纷纷点头）

师：同学们，你们现在觉得斐波那契数列好吗？

生：挺好的呀！很有意思！

师：不是吧！你们看，像斐波那契数列这样变化剧烈的方式总给我们带来“大麻烦”呀！不论是兔子们的“逃离”，还是千丈之堤的“溃”、“百尺之室”的“焚”，都是不好的呀！

生：这和斐波那契数列没关系，如果是好事，也按照斐波那契数列的方式发展不是就会有更大的好事了吗？

师：有道理！请看屏幕。（如图6-10所示）

图 6-10

师：这是一个发生在四川的故事。一天，一位老人摔倒了，路过的很多人都因为网络上传说的“碰瓷”事件而不敢去搀扶。这时，一个年轻的小伙子毫不犹豫地跑了过去，搀起了老人。当老人诚恳致谢时，小伙子说了一句话，感动了在场的所有人。他说：“您不用感谢我，只是请您给我一个承诺，那就是‘当别人需要帮助时，请不要拒绝’。”我们想，如果每一个人都能像这位小伙子一样无私、热忱，把爱心以斐波那契数列的方式传递下去，我们的世界会怎么样？

生：世界一定会充满爱心，充满温暖。（如图 6-11 所示）

图 6-11

师：对！这就是“勿以善小而不为，勿以恶小而为之”的真谛！

……

像这样，一节数学课已经不是只有传递数学知识、培养数学能力这一单一功能了。“好”的数学课同样需要弘扬正义、唤醒人性。现在，每一位教育人都应该知道，教育的根本任务是立德树人。我国在“十三五”规划中明确强调：把思想政治工作贯穿教学全过程，从而实现全员育人、全过程育人、全方位育人。德育其实是学校实施素质教育的重要组成部分，小学德育则是社会主义精神文明基础。小学数学教学大纲明确提出：“根据学科特点，对学生进行学习目的教育。”因此，作为“好”的数学教师，需要关注与学生的情感交流，在这一过程中数学文化既是“好”的传递途径，又是“好”的传递素材。

二、“多元文化”与数学教学的具体结合

对教育工作者而言，2016 年 9 月 13 日是一个重要的日子，可以说这一天是中国教育的里程碑。因为在这一天，《中国学生发展核心素养》总体框架正式发布。总体框架中指出，学生发展核心素养，主要指学生应具备的，能够适应终身发展和社会发展需要的必备品格和关键能力。中国学生发展核心素养，以科学性、时代性和民族性为基本原则，以培养“全面发展的人”为核心，分为文化基础、自主发展、社会参与三个方面。综合表现为人文底蕴、科学精神、学会学习、健康生活、责任担当、实践创新六大素养，具体细化为国家认同等十八个基本要点。各素养之间相互联系、相互补充、相互促进，在不同情境中整体发挥作用。为方便实践应用，将六大素养进一步细化为十八个基本要点，并对其主要表现进行了描述。其中特别提到了文化是人存在的根和魂。文化基础，重在强调能习得人文、科学等各领域的知识和技能，掌握和运用人类优秀智慧成果，涵养内在精神，追求真善美的统一，发展成为有宽厚文化基础、有更高精神追求的人。它包含人文底蕴和科学精神。

人文底蕴，即学生在学习、理解、运用人文领域知识和技能等方面所形成的基本能力、情感态度和价值取向。具体包括人文积淀、人文情怀和审美情趣等基本要点。科学精神，即学生在学习、理解、运用科学知识和技能等方面所形成的价值标准、思维方式和行为表现。具体包括理性思维、批判质疑、勇于探究等基本要点。

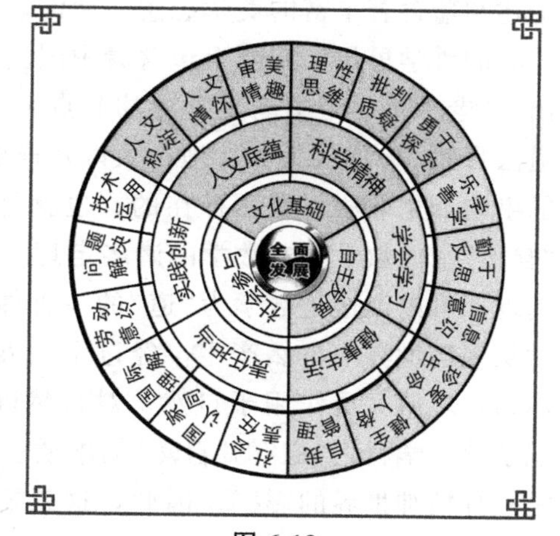

图 6-12

人文底蕴只能在传统意义上的语文课、美术课和音乐课上培养吗？当然不是。数学作为工具性学科具有很强的通识性，不同领域的文化都可以在数学教学中绽放自身光彩，同时也能够使数学本身得到更深刻的理解和更广阔的发展，进而全方面地积淀学生的人文底蕴。下面我就结合具体的事例阐述和说明。

1.“美学文化”在数学教学中的体现

人们对数学最大的认识误区就是把数学看成单一的自然科学。对于一般

人来说，这种说法似乎已经成为定式，但其实数学不但求真而且求美。自然科学的本质是发现，而数学的本质则是发明；自然科学的目标是寻求对客观事实的解释，而数学则是寻求概念之间的逻辑关系，其结果形成定理或算法等。数学还与艺术存在共性与差异。虽然表面上数学与其并无直接明显关系，但都具有创造性，强调原创性，以显示为参照物却都突破了现实的局限。同时，数学的理解是具有程序性的，而艺术则强调直观性。

数学美与自然美、艺术美相比，没有那么直接和潇洒，与其他社会美相比也没有那么直观与具体，抽象、严谨、深沉、冷峻、含蓄是数学美的表现。可以说数学是一种具有新的美学维度的精神空间。英国数学家哈代曾经这样表述数学的美："数学确属美妙的杰作，宛如画家或诗人的创作一样，是思想的综合；如同颜色或词汇的综合一样，应当具有内在的和谐一致。对于数学概念来说，美是她的第一个试金石；世界上不存在畸形丑陋的数学。"数学家狄德罗也说："数学中所谓美的问题，是指一个难以解决的问题。所谓美的解答，则是指一个困难、复杂问题的简易回答。"人们向来钟爱数学理智的美、抽象的美，深入钻研和创造而成的数学成果从中世纪开始就被世人当作最神圣的东西来推崇。对此，我想到了中国思想家老子关于美的阐述。老子是道家自然美学的开创者。《道德经》一书虽然鲜有直接论述美学的言论，但很多论述却蕴含着丰富的美学思想。台湾著名学者徐复观先生认为："老子以道为核心的哲学思想，实际上包含着中国真正的最高的艺术精神。"[①]叶朗则明确指出："老子美学是中国美学史的起点。"[②]老子说："人法地，地法天，天法道，道法自然。"[③]他认为天、地、人以及连他本人也"不知其名"而勉强命名为"道"的事物都是效法自然而存在的。也就是说，老子认为"道"的最高境界是达到"自然"。而数学呢？数学的诸多定理、性质都是科学发展过程中必须遵循的真理，可以说这是数学为"道"的一种体现。数学也是"自然"的一种体现。数学从现实世界中自然产生，经过了发展、抽象和提炼的过程之后形成系统和体系，之后又反作用于自然，对自然进行再探索、再改造。这种过程正是体现了数学学科之"道"的"自然"的本质。由此可见，数学之美是真理性存在的，是一种精神世界的震撼。因此，这就要求"好"的数学教师在实际教学中充分挖掘数学美的诸多因素，引领学生一起走进数学的真实世界，感受数学之美的存在，并亲身去发现、鉴赏和领悟。

例如，我在教学五年级数学"轴对称"之后，又结合中国科技馆相关资源

---

① 徐复观：《中国艺术精神》，沈阳：春风文艺出版社，1987年，第43页。

② 叶朗：《中国美学史大纲》，上海：上海人民出版社，1985年，第19页，第24—25页。

③ 老子：《道德经》，北京：中国文联出版社，2016年，第54页。

开发设计了一节关于“对称”的拓展练习课——“对称中的美”，力求引导学生从数学的视角审视生活中的事物，在丰富学生认知的同时，引导学生体悟艺术之美和数学之美的内在联系。具体过程如下。

环节一：生活情境，引入思考

师：前几天老师看了一则公益广告，同学们请看屏幕，你能看出这个广告讲的是什么道理吗？（如图 6-13 所示）

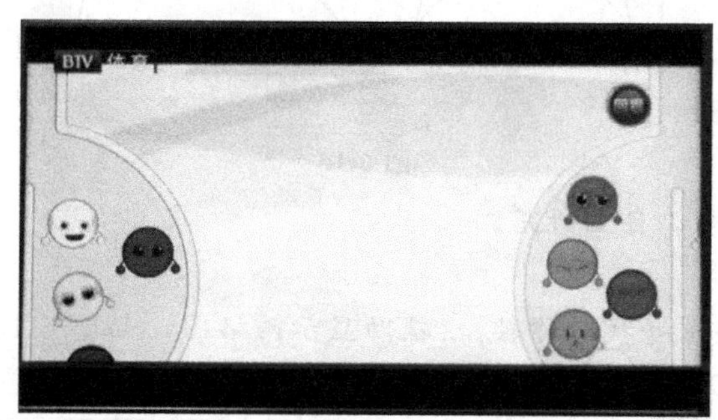

图 6-13

师：秩序是一种规则，更是一种美，在美术中人们将之称为“秩序美”。（板书：秩序美）

环节二：复习旧知，发展认识

师：中国很多传统的元素都具有这样的秩序美。

师：这些图形都有什么共同的特征？（如图 6-14 所示）

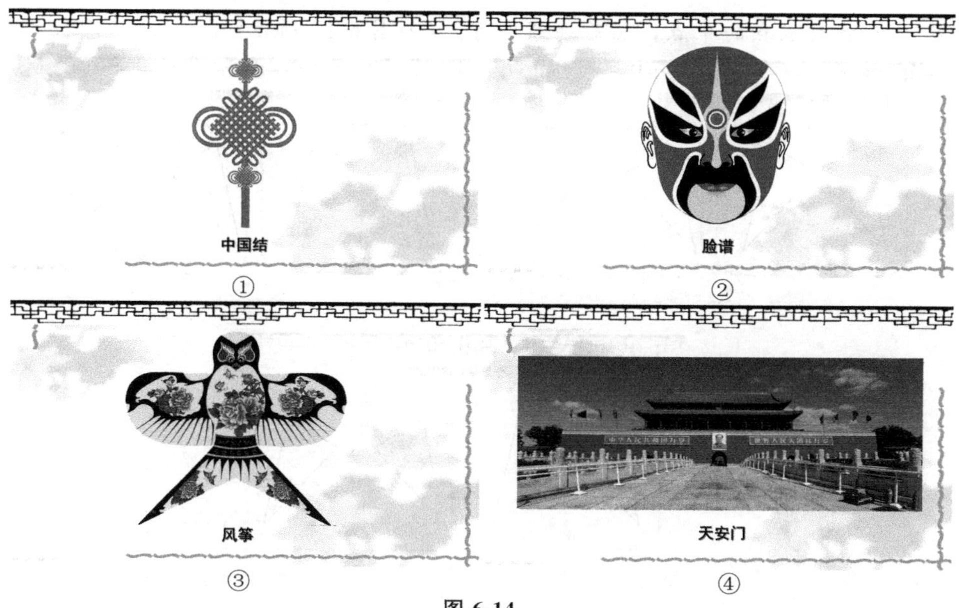

图 6-14

师：请你判断一下这两幅图哪个是轴对称图形？为什么？（如图 6-15 所示）

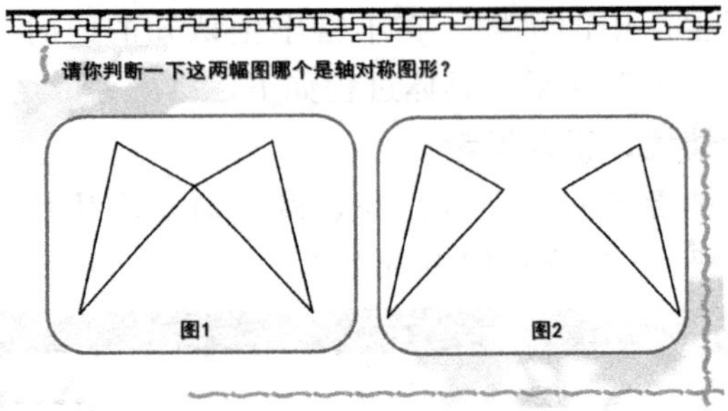

图 6-15

学生独立探索，自主研究。

集体交流。

(1)借助网格图寻找对称轴。（辅助显示网格图，如图 6-16 所示）

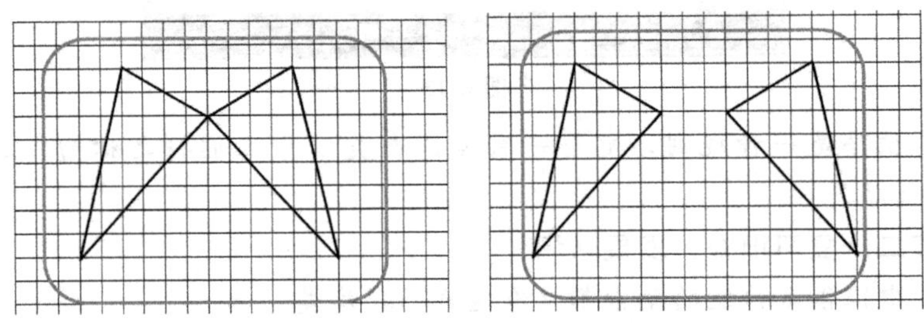

图 6-16

(2)找对应点的中点，然后连线即可。（如图 6-17 所示）

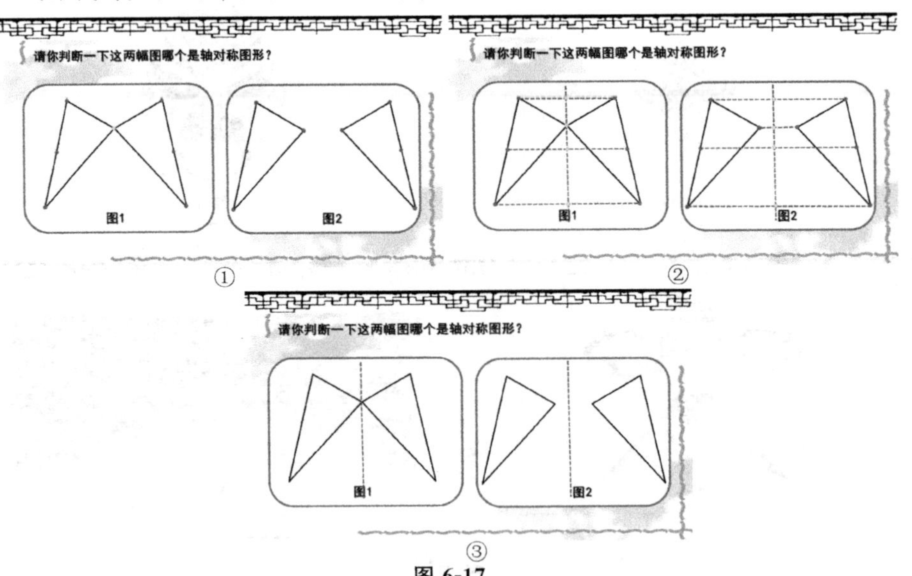

图 6-17

师：你能用这种微观分析的方法说说这些图形哪里有对称性吗？

环节三：分析图形，感受对称

师：同学们，除了刚才这些图形外，有时对称美还以一种更加隐蔽的方式默默存在着，让我们看看它们是怎样体现的。（出示图片，如图6-18所示）

①　　②

图 6-18

师：同学们能发现图形中具有对称性的地方吗？

总结：数量对称、颜色对称、形状对称、要素对称……

师：你们能想到这些美丽的图形是通过什么样的运动而产生的吗？

这些不规则的图片变一变后，给你们什么感受呢？很显然，当这些不规则的图片被整齐排列之后，原本杂乱无章的画面变得有序得多，也舒服得多，整齐能带来美，就是“秩序美”。

环节四：深入认识，拓展对称

（1）分析蝴蝶图片中对称的形式（如图6-19所示）

镜面对称：蝴蝶的花纹左右完全一样，可以折叠重合，它具有左右或上下对称的特点，像这样的对称叫镜面对称。生活中有哪些事物具有这样的特点呢？

图 6-19

(2)分析竹节图片中对称的形式(如图 6-20 所示)

平移对称：当画面中这段竹节，平行移动一定的间隔，并且图形完全重复的时候，会给人一种连贯流畅的感觉，我们将之称为“平移对称”。

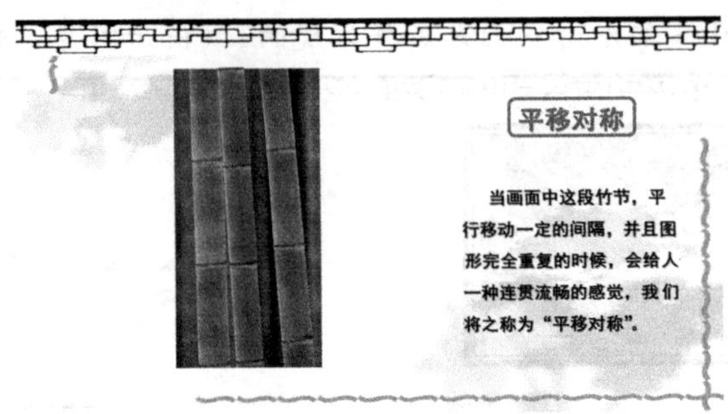

图 6-20

(3)分析雪花图片中对称的形式(如图 6-21 所示)

旋转对称：一片非常美丽的雪花，其中的一片与其他的一模一样，如果老师将雪花旋转一下，发现雪花的形状完全一样，也就是当一个事物被旋转后，其形状保持不变，我们便称之为“旋转对称”。生活中又有哪些事物具有这样的特征呢?

图 6-21

环节五：应用练习，巩固认识

寻找构图中的对称美。

(1)摄影构图分析(如图 6-22 所示)

A. 问：你能看出这些摄影作品的构图中哪里有对称的体现吗?

B. 问：你能看出这些摄影作品用的是什么构图方法吗?

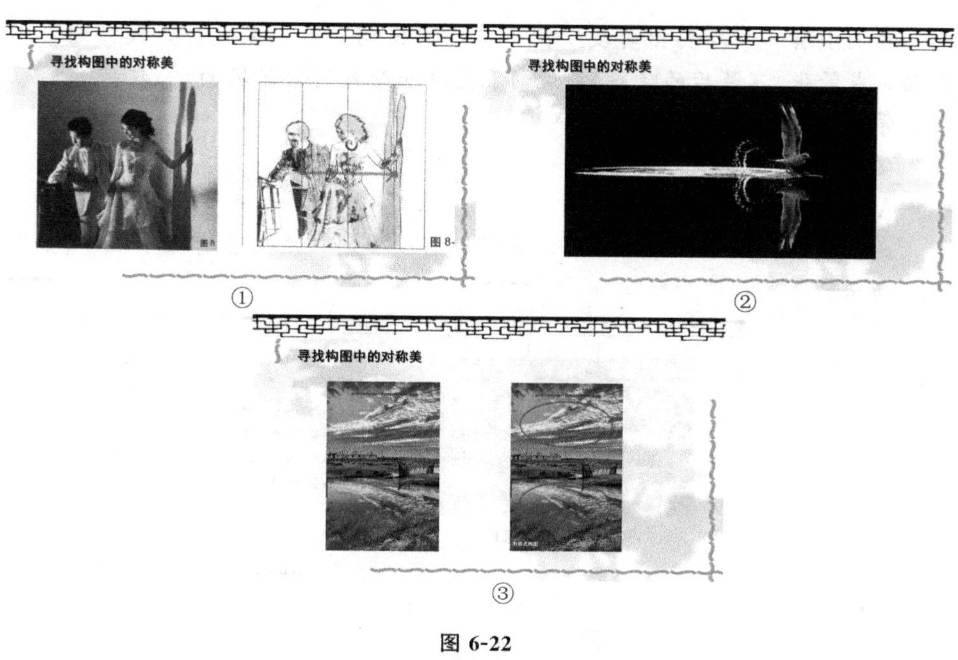

图 6-22

(2)世界名画赏析

①出示作品：达·芬奇名画《最后的晚餐》(如图 6-23 所示)

图 6-23

②内容简介：

《最后的晚餐》取材于《新约圣经》，据《新约圣经·马可福音》记载：耶稣最后一次到耶路撒冷去过逾越节，犹太教祭司长计划在夜间逮捕他，但苦于无人带路。正在这时，耶稣的门徒犹大向犹太教祭司长告密说：“我把他交给你们，你们愿意给我多少钱?”犹太教祭司长就给了犹大 30 个银币。于是，犹大跟祭司长约好：自己亲吻的那个人就是耶稣。逾越节那天，耶稣跟十二个门徒坐在一起，共进最后一次晚餐，他忧郁地对十二个门徒说：“我告诉你们，你们中有一个人要出卖我了！”十二个门徒闻言后，或震惊，或愤怒，或激动，或紧张。《最后的晚餐》表现的就是这一时刻的紧张场面。

学生小组讨论名画中的对称。

集体交流。

A. 数量上对称

画面中的人物一共有十三个，而耶稣居于中间，左右各有六个人。（如图6-24 所示）

图 6-24

B. 结构上对称

在画面中横向和纵向各画一条中轴线，耶稣的头像恰好处在这两条中轴线的交点上，即画面的正中心。（如图 6-25 所示）

图 6-25

C. 视觉上对称

整个画面是以室内为背景的，室内的门窗从画面的中轴线开始对称、均匀地排列开。门和墙顶的透视线，连同前方大桌子的透视线，都消失于一个透视点上。而这个透视点，便正好在画面的正中心，即耶稣的头部。（如图 6-26 所示）

图 6-26

环节六：艺术赏析，提升认识

艺术作品中的对称美，如图 6-27 所示。

图 6-27

……

数学知识中所隐含的美学因素往往是隐性的，它需要我们用数学的眼光去发掘，用数学的语言去阐述，用数学的方式去践行。回归自然生活的数学，可以让学生的感受更加亲切。美国数学家哈尔莫斯曾经说过：“数学是创造性的艺术，因为数学家创造了美好的新概念；数学是创造性的艺术，因为数学家的生活、言行如同艺术家一样；数学是创造性的艺术，因为数学家就是这样认为的。”孩子们感受到数学美的同时，也学会了用数学的眼光看待数学的美，在感受、欣赏、体验美学文化的过程中体会到数学学习给自己的学习、生活带来的无穷乐趣与价值。

2.“历史文化”在数学教学中的体现

在当下，社会上对历史的消费异常旺盛，但凡历史题材的电视剧、电影、小说都很有市场。由此可见，历史的价值是深入每一个人心中的。“引经据典、旁征博引”是知识渊博、文化性强的体现；“以史为鉴、古为今用”是每一个教育人都明白的道理。在人类文明的历史长河中，感人的事例、鲜活的素材、伟大的人物、经典的案例如点点繁星，数不胜数。这些内容与生俱来的真实性、故事性和趣味性，使得它们都能够成为教学中难能可贵的素材。这些素材的使用必然可以激发学生的兴趣，丰富教学的内容。而在兴趣推动下的数学学习往往不会让学生心生厌倦，不仅如此，学生还会在自己亲身“重走历史之路”的探究过程中获得成就感与兴奋感。因此“好”的教师需要丰富自身的知识储备，将历史文化中有价值的内容加工提炼，使之作用于现代的数学课堂。

例如，我在教学五年级数学活动课“可能性”时，就强调了历史文化的作用和意义，使学生巩固认知的同时感受数学的趣味与美丽。具体过程如下。

师：看，老师手中拿的是什么？

生：1元硬币。

师：我们就用它来玩一个常见的游戏。请大家也拿出你准备的1元硬币，仔细看一看，1元硬币上面有什么？

生1：一面有面额、年份，还有“中国人民银行”字样。

生2：另一面有中国人民银行的拼音，还有一朵菊花。

生3：带面额的那面还有大写的汉语拼音“YIYUAN”。

师：同学们观察得很仔细。你们知道哪一面是我们常说的“正面”，哪一面是“反面”，也就是“背面”吗？

学生众说纷纭。

师：其实这个问题是有权威说法的，让我们一起来看一看。（课件出示）

按发行方中国人民银行的定义：

第二套人民币铝分币1分、2分、5分：国徽/国名为正面，麦穗齿轮/面额/年份为背面。

第三套人民币长城系列硬币1角、2角、5角，1元：国徽/年份为正面，麦穗齿轮/面额/长城为背面。

第四套人民币花卉系列硬币1角、5角，1元：国徽/年份为正面，菊花/梅花/牡丹/面额为背面。

第五套人民币花卉系列硬币 1 角、5 角，1 元：中文行名/面额/年份为正面，拼音行名/兰花/荷花/菊花为背面。

同学们，这次看明白了吗？谁说说哪一面是正面，哪一面是反面？

生：我们现在用的是第五套人民币，按照规定，1 元硬币的正面是带面额和年份的那一面；反面是带有菊花图案的那一面。

师：说得很明白，如果老师把它放在齐胸高度，松手掷下。当它落在桌面上时，可能会发生什么情况呢？

生 1：可能正面朝上，也可能反面朝上。

生 2：极特殊的情况下，也可能立在桌面上。

师：“极特殊”这个词是什么意思呢？

生：就是说出现这种情况的概率特别小。

师：可能性特别小的情况我们暂时忽略不计。这样是不是就可以说硬币“可能正面朝上，也可能反面朝上”呢？

（学生点头认可）

师：关于“掷硬币”这件事你有什么想研究的数学问题吗？

生：老师，您是不是想让我们研究“是正面朝上的可能性大，还是反面朝上的可能性大”这个问题呢？

师：为什么会有这样的想法呢？

生：我们都知道，硬币正面朝上和反面朝上的可能性一样大。

师：真的吗？你是怎么知道的？

生 1：爸爸告诉我的。

生 2：我在奥数班学到的。

师：真的像你们说的那样，“硬币正面朝上和反面朝上的可能性一样大”吗？

（学生纷纷肯定地点头）

师：好的，那我们就来试一试。

此时，教师将硬币放在齐胸高度，松手落下，并用手机拍照，展示硬币落下的结果。

师：快看看，哪一面朝上？

生：正面。

师：猜一猜，下次是哪一面朝上？

生 1：反面。

生 2：也可能还是正面。

师：好的，快看看他们谁猜得对。（教师掷出硬币）

生：还是正面。

师：两次可都是正面！不像你们说的，“硬币正面朝上和反面朝上的可能性一样大”呀！

生：您掷的次数太少了。

师：好的。那我再掷一次。猜猜，这次是哪一面朝上？

生 1：反面。

生 2：正面。

生 3：还是正面和反面都可能。

师：看看，多“没谱”的回答呀！真的来试一试，看这一次哪一面朝上。（教师掷出硬币）

生：还是正面。

师：我彻底糊涂了，你们不是说“硬币正面朝上和反面朝上的可能性一样大吗?”可是试验证明，正、反面朝上的次数不是一样多的呀！你们怎么解释？

生 1：还是因为您掷的次数不够多。

生 2：是可能性一样大，不是次数一样多。

师：我更糊涂了，“可能性一样大”不就应该正、反面朝上的次数一样多吗？

（学生沉思）

师：别着急，“实践出真知”。下面我们亲手试一试。请看活动建议：

(1)小组活动，每人掷 5 次，做好记录。掷之前先猜一猜哪个面朝上、哪个面朝下，再实际看看。

(2)将试验结果记录在记录单上，在对应栏内打“√”。

(3)各组间进行交流，看看有什么发现。

表 6-1　记录单

姓名					
第一次	正面				
	反面				
第二次	正面				
	反面				
第三次	正面				
	反面				

续表

姓名					
第四次	正面				
	反面				
第五次	正面				
	反面				
总次数	正面				
	反面				

……

汇报结果：每组汇报时把记录单平放在实物投影仪上，进行汇报。(此时教师将学生实验的“总正面”和“总反面”数据输入 Excel 表，进一步观察、比对)

师：同学们，请大家观察一下这 10 组数据。我们看有哪一组硬币正面朝上的次数和反面朝上的次数相同呢？

生：都没有。

师：那是什么原因导致你们说的“硬币正面朝上和反面朝上的可能性一样大”没有实现呢？

生：是试验的次数太少造成的。

师：好，正所谓“聚沙成塔，积少成多”。我们把全班的数据汇总一下(用 Excel 汇总)。请看，硬币正面朝上的次数和反面朝上的次数相同吗？

生：还是不相同。

师：那“硬币正面朝上和反面朝上的可能性一样大”这个结论你们动摇了吗？

生：没有动摇。

师：那为什么次数总不相同呢？这又怎么说明你们的结论呢？

生：老师。我觉得说明“可能性”一样大不能看次数。

师：那需要看什么？

生：我觉得需要在大数据的情况下看部分与整体的关系。

师：很独到的见解！你是怎么想到的？

生：我通过看各小组的数据和全班的数据发现，试验的数据越多，正、反面朝上的次数在整体中的差距就越小，越接近一半。

师：你的发现太了不起了。同学们，你们知道吗？他的发现和历史上很多数学家不谋而合。请看数据(如表 6-2 所示)。

表 6-2　数学家掷硬币统计表

数学家	掷硬币总次数	正面朝上的次数	反面朝上的次数	硬币总次数的一半
英国数学家德·摩根	4092	2048	2044	2046
法国数学家蒲丰	4040	2048	1992	2020
美国数学家费勒	10000	4979	5021	5000
英国数学皮尔逊	24000	12012	11988	12000
苏联数学家罗曼诺夫斯基	80640	39699	40941	40320

师：同学们，历史上不同数学家的研究数据是不是印证了他的想法？对此你有什么感受吗？

生1：我觉得数学太有意思了。不是以为什么就是什么，需要用真正的实验来说明。

生2：我觉得这件事还说明研究问题要有毅力。数学家做了几万次的试验来证明这个看似简单的道理。我们做事也要学习数学家的严谨。

师：对！这也是数学本身魅力的一部分。

……

再如，我在教学五年级“可能性”一课时，总觉得让学生体会“可能”“不可能”和“一定”太过简单，不容易激发学生的学习兴趣。如何引入新课才能够使学生既觉得有意思，又能够自然聚焦主题呢？基于这样的需求，我就以《三国演义》原文为背景，以电视剧《三国》第49集的片段作为具体教学素材，结合历史故事中的具体事件引导学生分析和体会，进而感悟数学文化。具体过程如下。

环节一：创设情境，引入新课

《三国》故事引入。(视频20秒)

故事原文：玄德入城安抚已毕，赏劳三军。乃问众将曰：“零陵已取了，桂阳郡何人敢取?”赵云应曰：“某愿往。”张飞奋然出曰：“飞亦愿往!”二人相争。孔明曰：“终是子龙先应，只教子龙去。”张飞不服，定要去取。孔明教拈阄，阄着的便去。又是子龙拈着。(《三国演义》第52回)

故事描述：赤壁之战后，刘备迅速发展，差遣张飞取下了重镇零陵，又计划乘胜攻取桂阳。此时张飞与赵云都申请要去攻打，诸葛亮想立功的机会应该公平，就想让赵云前往，但不好明说，于是想出了一个主意，让张、赵二将抓阄决定，摸到“去”则出战，摸到“不去”则留守。

师：你们认为张、赵二将摸纸条时会出现什么结果？

生：可能张飞去，赵云不去；也可能赵云去，张飞不去。

师：对，大家用了一个词——“可能”。就是两种结果都有可能。

师：生活中的事情就像故事中的一样，有些我们不能肯定它的结果，有些则可以肯定它的结果，类似的例子还有很多。这就是今天我们要一起研究的内容——事情发生的可能性。

新的课程改革在数学教学方面十分重视问题情境的创设，而创设的情境一定要包含数学模型。因此，在上课伊始，选用历史故事导入新课，激发学生的兴趣，引发学生的思考，启发学生参与故事情节的讨论。让学生在现实情境中学习，不仅使学生对“可能性”有了初步感知，而且能领悟到数学与现实生活的联系，从而产生探索的需求，激发学生浓厚的学习兴趣。

环节二：巩固练习，拓展认识

1. 故事承前

师：课前我们看了电视剧《三国》的一个小片段。诸葛亮想：张飞已经取得了战功，这次我要帮助赵云，一定让他去攻取桂阳。你说，诸葛亮的愿望能实现吗？你能够想个办法帮助诸葛亮吗？(视频 20 秒)

故事描述：张飞抢先抽签，打开看是“不去”，赵云打开签发现也是“不去”，正要询问时却被诸葛亮阻止。诸葛亮说：“既然张将军抽到的是‘不去’，想必赵将军必然抽的是‘去’，那这趟就有劳赵将军了！”于是赵云高兴地领命走了。

师：同学们，你们知道这是怎么回事吗？

生：两张都是“不去”。张飞一定会抽到“不去”，所以赵云一定会去。

师：你能用今天学过的知识解释一下吗？

生：诸葛亮在两张纸条上都写“不去”是特例。一般情况下，人们都会以为一张是“去”，一张是“不去”。张飞认为在抽签过程中可能抽到“去”，也可能抽到“不去”，两种情况的可能性是一样的，才同意抽签决定的方式。当张飞抽到“不去”时，他按照一般的想法就认为剩下的一定是“去”，所以就放弃了。

师：说得特别清楚！那通过这个故事你有什么想法？

生 1：我觉得“可能性”这个知识还是很有意思的，比如诸葛亮运用好了能够出人意料。

生 2：通过这例子我也明白了对事情必须要仔细分析，不能盲目放弃，否则就容易像张飞那样上当了。

2. 故事启后

师：其实，像这样的事例还有很多。看，屏幕上的就是一个。这是名为

《以寡击众，百钱破敌》的故事。我们把这个故事的阅读留作今天的课后作业，请大家试着用今天学过的可能性的知识来解释，主人公是如何“以寡击众”的。

故事原文：这是禅宗里的一个故事。宋代有一位智勇双全的将军，一次，他率军对抗西夏国的侵略，但双方兵力悬殊，他的全部人马只及对方十分之一，因此众将士有点信心不足。这位将军就到一座庙里求神问卜，然后，他取出100枚铜钱，当着众将士说：“胜负在天，就让神灵决定我们的命运吧！如果铜钱落地后全部正面朝上，神将保佑我们战无不胜；如果有一枚正面朝下，就是神让我们失败，我们只有听天由命。”说着，将军轻轻向上一抛，铜钱落地，全部正面朝上，顿时全军欣然，将士们欢腾雀跃，士气大振，终于获得全胜。胜利归来后，将士们纷纷提出要感谢神灵的保佑。这时，将军才拿出铜钱让大家看，原来，这些铜钱的两面都是正面。众位将士这才恍然大悟，保佑他们获胜的不是神灵，而是自己。这位智勇双全的大将就是宋代名将狄青。

……

通过对问题的思考与讨论，将复杂的问题简明化，充分调动学生学习数学的主动性。中科院院士、中国统计学会副会长陈希孺先生说：“统计规律的教育意义是看问题不可绝对化。习惯于从统计规律看问题的人在思想上不会偏执一端，他既认识到一种事物从总的方面看有其一定的规律，也承认存在例外的个案，二者看似矛盾，其实并行不悖，反映了世界的多样性和复杂性。如果世界上的一切都被铁板钉钉的规律所支配，那么我们的生活将变得何等单调乏味。”课中，引导学生主动探索，使学生通过参与具有教育价值的数学活动，初步领会到一个深奥的“可能性”问题的意义。

数学的文化特征最为重要的是数学的历史性和美学价值。数学历史文化在课堂教学中的运用使得学生能够更好地感受数学知识的来龙去脉，对数学知识产生兴趣与探究欲望，也使学生的学习效率无形中得到大大的提高。我们在引导学生接受数学知识与方法的同时，数学以一种文化的形态不断地改善学生的思考方法和思维品质，丰富着其精神世界。真正使学生的数学学习成为获得知识、形成方法、感悟文化、提升素质的过程。

3.“哲学文化”在数学教学中的体现

有人说：“数学是哲学的一部分。”也有人说：“哲学与数学是两个领域的亲兄弟。”还有人更直接地说：“数学也是哲学。”二者是否存在包含或相交的具体关系，我觉得并不重要。但二者存在着联系和共性却是不争的事实。伟大的哲学家柏拉图曾经这样阐述：“哲学家也要学数学，因为他必须跳出浩如烟海的万变现象而抓住真正的实质。又因为这是使灵魂过渡到真理和永存的捷径。”由此可见，数学与哲学的本质是存在相通之处的。

我认为，说数学是哲学，并不是指数学的研究内容是哲学。确切地讲，这种提法是源于对数学的深层次思想理念和研究方法的一种觉悟。怀特海曾经说过：“教育的问题就在于使学生通过树木而见到森林。”哲学理应超越任何自然科学，是研究世界观、方法论的体系，是关于世界的本质、发展的根本规律，人的思维和存在的根本关系的理论体系。哲学的科学化程度与哲学的世界观和方法论的地位成正比。许多哲学家把哲学的核心思想放在了研究宇宙万物统一的，最普遍、最一般的本质或共性上，认为它是万物存在的根本根据。哲学之下才是自然科学，而数学又是自然科学的基础。数学与哲学最大的共性在于强调本质，最本质的东西才是最值得研究、最难追求也最有生命力的。从这个角度来看，我们说数学透露了一种“哲学之道”是毫无问题的。数学课引导学生理解知识的本质，“好”的数学课除了关注知识的本质之外，还应该关注方法及思想的本质，这就与哲学建立了联系。

例如，在执教六年级数学“已知一个数的几分之几是多少求这个数”这节课时，很多老师所遇到的最大困惑往往是学生在解决此类问题的时候总是习惯于利用算术的方法，也就是旧教材中强调的“对应量÷对应率＝单位‘1’”。学生的这种解法并不是新理念所提倡的。新的教材及教学要求是引导学生利用方程的方法解决，而学生却因为嫌弃方程过程要求烦琐(需要写“解”“设”等要求)不愿意使用。对此，我通过深入学习，努力体会教材的设计意图，并有意识地将数学方法与哲学思想相结合，设计了如下的教学过程。

环节一：创设情境，复习引入

师：同学们，看了屏幕上的照片，你有什么感受？是的，生态环境的恶化正日益侵蚀着我们生存的家园。让我们看一组数据：

(1)20 世纪 80 年代初，北极冰盖的面积大约为 800 万平方千米，而 2011 年其面积已缩小到原来的$\frac{11}{16}$。

(2)冰盖消退令一些冰面以下的小岛“浮出水面”。位于北冰洋上、总面积约 6.2 万平方千米的斯瓦尔巴群岛政府今年就新发现了一座小岛，面积达到其国土总面积的$\frac{15}{31}$。

师：根据上面的信息，你能提出什么数学问题？

生 1：2011 年北极冰盖的面积有多大？

生 2：新出现的小岛面积是多少？

师：你能用学过的知识解决提出的问题吗？

生1：$800\times\frac{11}{16}=550$（万平方千米）。

生2：$6.2\times\frac{15}{31}=3$（万平方千米）。

师：这是我们学过的什么知识？请大家找找题目中的单位“1”。数量关系式是什么？

生1：求一个数的几分之几是多少。

生2：原面积$\times\frac{11}{16}=$现在面积。

生3：国土总面积$\times\frac{15}{31}=$小岛面积。

师小结：第一个问题是部分与整体的比，第二个问题是一个量与另一个量的比。和谁比，谁就是标准，就是单位“1”。

数学教学应是现实的、有意义的。教师以当今的热点问题——气候变暖、冰川融化——为依托，让学生根据信息提出数学问题，并解决数学问题。这一环节，教师对学生已有知识、解题思路进行了复习整理，温故而知新。同时学生提出了本节课要研究的新问题，为下面的学习奠定基础。更重要的是学生感受到环境保护的重要性。

环节二：自主探索，寻求方法

出示题目：2011年北极冰盖面积仅为550万平方千米，相当于南极冰盖的$\frac{5}{8}$，你知道南极冰盖面积有多大吗？

师：这个问题和我们刚才研究的问题有什么区别？

生：单位“1”未知。

师：你能画出这道题的线段图吗？

师：这个问题大家能解决吗？

出示活动建议：

(1)用自己的方法独立解决问题。

(2)同桌交流解决方法，寻找异同。

(3)填写学习单。

展示学生方法：

生1：方程方法解决。

生2：转化成学过的知识解决。

生3：算术方法解决。

评价：反向思考能力很强。

师：算术方法与方程方法有什么联系？（是方程的第二步）

生 4：图形辅助，用份数解决。

师评价：能够想到利用图形直观地呈现数量间的关系。

比较方法异同：

(1)不同点：具体策略不同，思考方向不同。

(2)相同点：算术和方程都利用了“求一个数的几分之几是多少”的数量关系。

方法择优：你喜欢哪种方法？

师：挪威科学考察队 2000 年公布的数据显示，南极冰盖面积大约为 1850 万平方千米。十年间南极冰盖的面积几乎缩小了一半。（如图 6-28 所示）

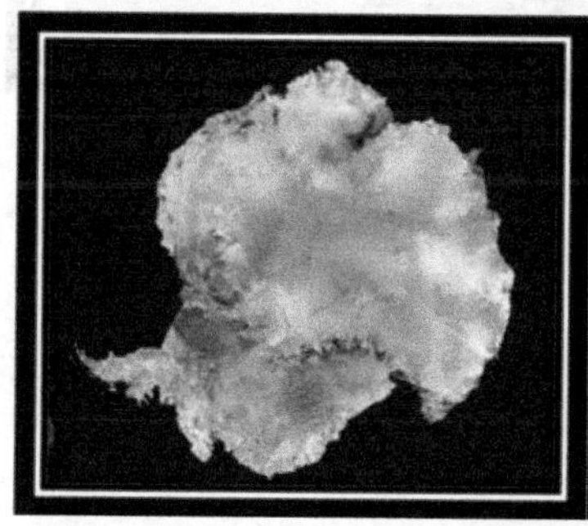

图 6-28

师：前面的学习给了你什么启发吗？在了解大自然的同时，我们掌握了一种解决问题的办法。数学作为基础性学科，无处不在！我们身边其实也有数学问题，我们一起来看看。

解决问题在数学教学中占有非常重要的位置，可以说学生从入学起就开始进行解决问题的训练，六年级学生与中、低年级学生相比，理性思维有了很大的发展，已能从数学的角度提出问题、理解问题，并能综合运用所学的知识和技能解决问题，也有了一定的应用意识和解决问题的策略。这些都成为他们学习本节内容的重要方法基础。

教师利用学生已有生活经验和知识基础，让学生在自主探索、合作交流中学习新知识。学生可以采用数形结合的方法，画线段图分析数量之间的关系；也可以从分数乘法意义的角度思考，理解“求一个数的几分之几是多少”应该用乘法计算，学会解决“求一个数的几分之几是多少”的实际问题等；还可以用方程解决。教师应给学生充分的时间和空间，使每个学生根据自己的情况解决这一问题，并在交流中不断学习、反思、优化。在这一过程中，使学生能综合运用所学的知识解决一些简单的问题，逐渐形成技能，增强应用意识，具有一些解决问题的策略，促进学生分析、判断和推理能力的发展，同时也积累了数学活动经验。

环节三：深化理解，再次探究

出示题目，并思考问题。(如图 6-29 所示)

图 6-29

问题串：

(1)你能了解到哪些信息？

(2)你能提出什么数学问题吗？

(3)这两个问题的数量关系式是什么？

生 1：图书馆共有多少本书？

生 2：图书馆有多少本故事书？

生 3：全部图书的本数$\times\frac{2}{5}=$科普读物的本数；故事书的本数$\times\frac{4}{3}=$科普读物的本数。

师：请你任选一个问题，用自己喜欢的方法解答。

讨论：今天解答的数学问题有什么特点？今天的数学问题的解答方法有什么特点？

小结：今天学习的两道例题，单位“1”的量都是未知条件。知道单位“1”的几分之几是多少，计算单位“1”，应该通过列方程的方法来解答。

从学生熟悉的环境入手，从身边具体的生活情境中获取信息，引导学生发现问题、提出问题、分析问题、解决问题。让学生感受到数学来源于生活，生活中处处有数学，培养学生学习数学的兴趣，进而激发学生的求知欲，再通过师生共同梳理，发现解决这种问题的一般方法和窍门，帮助学生建立数学模型。

环节四：巩固应用，拓展延伸

出示问题：

问题1：布达拉宫是西藏的象征，它气势雄伟壮观。布达拉宫高240米，是长的$\frac{2}{3}$，你知道布达拉宫有多长吗？

图 6-30

问题2：陕西的兵马俑被称作“世界第八大奇迹”，共有陶俑8000多件，其中步兵俑占全部陶俑的$\frac{3}{5}$，你知道步兵俑共有多少件吗？

图 6-31

问题3：新疆是我国的西北边疆，那里夏至日照时间为18小时，使得出产的瓜果特别香甜，到了冬至日照时间缩短到9小时，冬至日照时间是夏至日照时间的几分之几？

图 6-32

学生尝试独立解决。

集体汇报(多种方法)。

寻找方法异同：

不同点：所求量在数量关系式中的位置不同。

相同点：都是借助数量关系式解决。

总结：借助方程都可以转化成求一个数的几分之几是多少的应用题来解决。

环节五：反思总结，拓宽思维

《荀子·儒效》："千举万变，其道一也。"(如图 6-33 所示)

图 6-33

……

通过一组练习，把"求一个数的几分之几是多少""已知一个数的几分之几是多少，求这个数"以及"求一个数是另一个数的几分之几"三类分数问题有机结合，引导学生在练习中感悟它们之间的异同及关系，使学生在知识系统化的同时深化理解。

三、数学文化升华内心修养的途径

数学的学习对人的发展至关重要。数学可以帮助人们把握事物的数量关系与空间形式，培养和发展人的思维能力，使人学会"数学"地思考问题，掌握数学能力。这一点在人类文化发展的历史中也可以得到证实。数学的产生与发展，与人类的语言文字、科学技术、社会经济等各个方面都有着千丝万缕的联系。只有把数学放在文化的大背景下，才能深切理解数学与其他学科知识的融会贯通，把握数学的实际应用。新时代的数学教师，特别是"好"的数学教师必须将视角提高到文化的层面上。既需要"低头走路"，也需要"抬头看路"；既需要"脚踏实地"，更需要"仰望星空"。"好"的数学教师不仅能够灵活、扎实地进行知识传授，更需要具备将数学学科与其他科目结合的能力和意识，进而融会贯通，达到数学教学的新境界。要想实现这一目标，教师除了注重自身的专业化发展外，更需要有意识地拓宽知识面，全面了解数学的历史、数学的文化、数学的哲学，通晓数学学科与其他科目的内在联系，掌握数学思想方法的精髓，使身心得到全面的提升。

我国伟大的思想家老子在《道德经》中写道：“大白若辱，大方无隅，大器晚成，大音希声，大象无形，道隐无名。”这里面蕴含了老子的辩证思维和对自然状态的崇尚，把万物的最高境界归于自然而非人为。这句话可谓字字珠玑、句句智慧，闪耀着哲学的光芒。白色是最纯洁的一种颜色，但如果太白了，稍微有些许污点就会很显眼，反而不禁玷辱，故曰“大白若辱”；方形本是有棱有角的，但方形大到一定程度，就近于圆形，失去了棱角，故曰“大方无隅”；器为用者，小器小用，大器大用，器用大者则难以成形，往往看似很无用，然器不定形则其用不可限量，故“大器晚成”；音乐是声音的一种，最美妙的声音归于天籁，与大自然的自然之音融为一体，而无人声之噪，故曰“大音希声”；现象是事物存在、运动变化的反映，事物的存在、运动变化是有规律的，最大的现象就成了物质存在、运动变化的规律，也就是透过现象可知其本质。而规律是无形的，通过规律，我们就可预知事物的现象。把具体现象抽象成规律，就是大象，抽象则不见象，故曰“大象无形”；“道”就是客观规律，客观规律就是自然规律，唯自然规律乃为大道。唯大道，“百姓日用而不知”。这就是老子所谓“道可道，非恒道；名可名，非恒名”。恒道即大道，隐而不称其名，故曰“道隐无名”。教学之“道”亦是如此。教学过程中，太过强调“学生自主研究”而没有教师的引导作用，则似“大白若辱”；严格按照教学设计，逐步推进、锱铢必较则使教学形式化严重，交流性降低则无“大方无隅”；专注学生获取的知识结论而忽略其发展过程中的体会与收获，则难“大器晚成”；唯成绩论，视分数为唯一评价手段，学生对世界的理解则无“大音希声”；零散式学习、碎片化记忆不能帮助学生建立知识体系，学生的视野和能力则难“大象无形”。最终，学生通过数学学习所获取的综合性认识和感悟永远不会升华为数学的“道隐无名”。

具体来说，如何通过数学文化来实现学生升华内心修养的终极目标呢？我认为大致有以下几个途径。

1. 借助数学文化，感受数学思想方法

借助数学文化来渗透数学思想方法，不仅能从本质上介绍数学思想方法的产生和发展，有利于小学生数学思想方法的掌握，还有利于学习兴趣的激发和数学素养的培养。例如：在教学“小数乘法”“小数除法”“异分母加减法”或“平行四边形的面积”等蕴含转化思想的教学内容时，可以通过匈牙利女数学家罗莎· 彼得曾提出的一个有趣的问题来创设情境。(如图 6-34 所示)

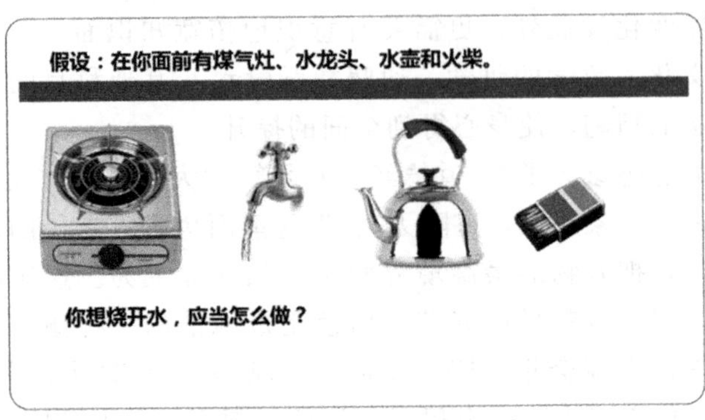

图 6-34　罗莎・彼得的问题情境

学生大多会说："将壶中注满水，再把壶放在煤气灶上，点燃煤气。"接着罗莎又提出了第二个问题："假设所有的条件和原来一样，只是壶中已经注满水，这时你该怎样做?"通常学生会很开心地回答："把壶放在煤气灶上，点燃煤气。"然而，这个回答却不是罗莎认为的最好的答案，因为她认为最好的回答是："把壶中的水倒掉!"（如图 6-35 所示）

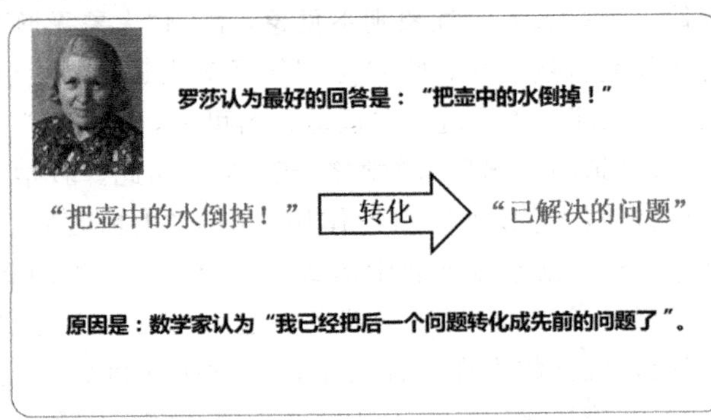

图 6-35　罗莎・彼得的回答

在实际生活中，"把壶中的水倒掉"应该是最"笨"的方法，为什么罗莎反而认为是最好的回答呢？因为数学家这时可以声称"我已经把后一个问题转化成先前的问题了"。尽管这个比喻有点夸张，但这正是转化思想方法的精神实质。此外，还可以借助教材中的数学材料创设问题情境。例如，人教版教材小学数学三年级上册中的《曹冲称象》。曹冲运用"转化的思想方法"，把称大象的体重转化为称石头的重量。

数学中蕴含的数学故事、数学名题及名人逸事等有时反映了知识形成的过程，有时反映了知识的本质。通过创设问题情境，不仅能够激发学生学习数学的乐趣，还能加深学生对数学思想的理解和运用，使学生增长对数学史和数学家的见识和了解，提高数学素养。

2. 借助数学文化，探究数学名题

在数学的历史发展中，有许多古老的数学问题，这些问题来自不同的国家、不同的时代，有的甚至历经成百上千年，是由众多的数学爱好者或者著名的数学家发现并提出的，引导着当时和历代数学爱好者投身其中，不懈地思考和探究，从而拓宽了数学的研究领域，推动了数学的发展。通常，人们把那些在数学发展史上产生较大影响，或对数学发展有一定推动作用，抑或是在公众中引起广大反响的数学问题称为数学名题。[①] 数学名题是数学学习良好的素材来源。通过对数学名题的探索，学生可以理解数学概念、方法和结论的形成过程，更重要的是理解蕴含其中的数学思想方法，有利于提高数学文化素养和创新意识的培养。例如：在学生学习了方程或“鸡兔同笼”问题后，教师可引用我国明代珠算家程大位的名著《直指算法统宗》中的一道数学名题“百僧分馍”(如图 6-36 所示)。

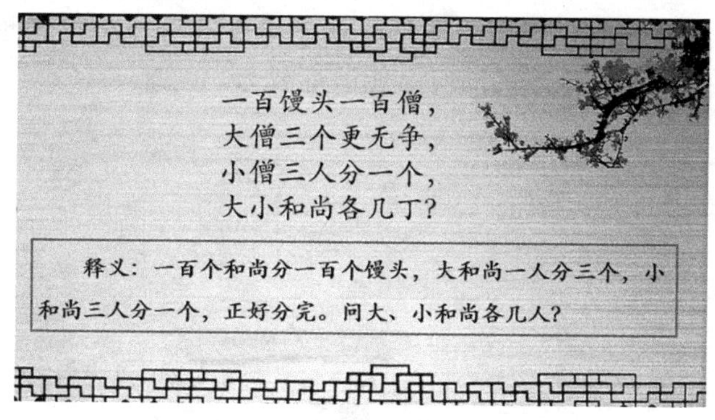

图 6-36　数学名题“百僧分馍”

通过解决这一数学名题，既可以巩固学生对所学的方程、转化、假设等思想方法的理解，还能对比体验古今多种不同的解决问题的方法，感受数学文化，体会数学学习的乐趣，提升学生的修养。

3. 借助数学文化，编制数学问题

对原始文献进行改编，古为今用，推陈出新。这类材料表面上已经没有了历史的痕迹，但它们既传承了历史，又顺应了时代。例如，利用中国古代的七巧板，可编制如下分数问题(人教版教材数学五年级下册)。

问题：七巧板中每个图形的面积占整个正方形面积的几分之几？(如图 6-37 所示)

① 李艳红：《数学名题与数学教育》，大连：辽宁师范大学，2004 年，第 71 页。

教材中注重体现数学的文化价值，在对数学内容的学习过程中，教材在适当的地方插入介绍一些有关数学发现与数学史的知识，丰富学生对数学发展的整体认识，对后续学习起到一定的激励作用。在图形与几何部分，介绍七巧板的有关史料，特别是古人给出的七巧板构图，使学生感受几何构图的优美和我们祖先的智慧。

图 6-37　七巧板构图

七巧板，又名“智慧板”，是中国最古老的智力游戏之一，相传已经有数千年的历史，在全国各地、各民族都广泛流行。顾名思义，七巧板一共由七块板组成，不但可以组成不同的几何图形，如三角形、平行四边形、菱形等，还可以摆出千姿百态的男女老少、飞禽走兽、鱼鸟花虫、山水草木、亭台楼阁，趣味无穷。(如图 6-38 所示)七巧板中还蕴含着许多有趣的数学问题，令人神往。仅凭七个规则的图形，就能给游戏者充分发挥想象力和创造力的空间，在享受无穷乐趣的同时又能锻炼智力。

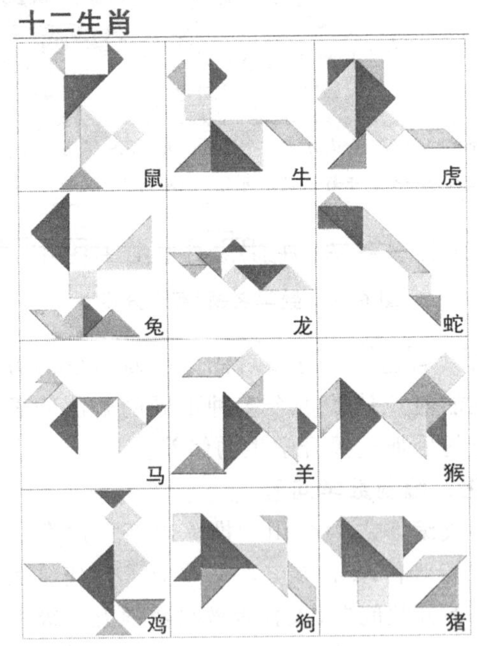

图 6-38　用七巧板拼的“十二生肖”

4. 借助数学文化，经历数学发展

早在 19 世纪，德国生物学家海克尔(Haeckel，1843—1919)就提出“生物发生律”：一个个体的发育史会重演其种族的发展史。这一定律反映在数学学习中，就是学生学习数学的认知过程与数学史的发展过程相似，特别是历史上数学家们遇到的困难，往往就是学生遇到的学习障碍。因此，通过“重构”古人的数学思想方法和思维提升历程，可以帮助学生经历数学思想方法的形成过程，掌握数学思想方法形成的来龙去脉，建构完整清晰的认知。

例如，人教版教材五年级上册“用字母表示数”教学过程要关注代数学发展经历的三个历史阶段：文辞代数、缩写代数、符号代数。对于用字母表示数及蕴含代数思想的价值理解只有通过不同历史时期的比照才能体会得更加真切。据此，在新课伊始，可以结合学生已有的运用字母的各种经验(用字母来表示特定的意义和数值)进行回顾(如图 6-39 所示)，为新知构建做好铺垫。

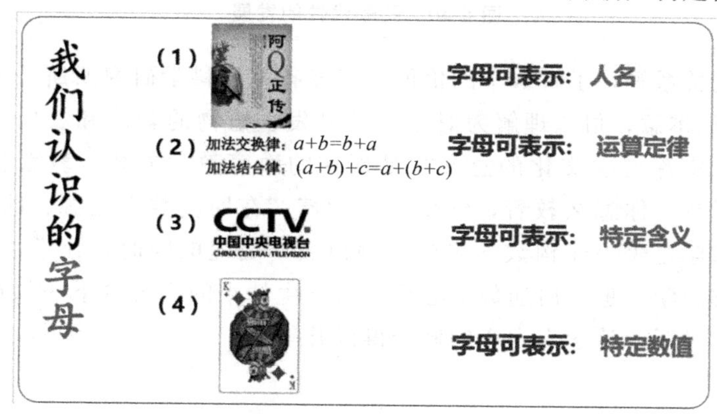

图 6-39　生活中字母的应用

在此基础上，要打破这种固有的认识，即通过教学让学生认识到，原先用字母表示特定的含义或已知数，而除此之外字母还可以表示一定范围内变化的未知数，既可以表示一种关系，又可以表示一种结果。在此之后，总结回顾学习过程并介绍人类认识代数的三个阶段：文辞代数—缩写代数—符号代数。(如图 6-40 所示)

通过“重构”代数的发展史，引导学生经历代数思想发展的全过程，帮助学生跨越和扩展自己的已有认知经验。这样不仅提升了学生的数学素养，同时能使学生透过历史的表象感受代数思想的本质，让数学在学生的心目中充满温情。

著名诗人卞之琳在诗中描述：“你站在桥上看风景，看风景的人在楼上看你。明月装饰了你的窗子，你装饰了别人的梦。”用数学本身的思想、精神、方法、观点、语言理解数学本质，本身就是“装饰梦”的过程。伴随人类数学活动产生的数学文化、数学中的美、数学家的生平事迹、数学与生活及各种

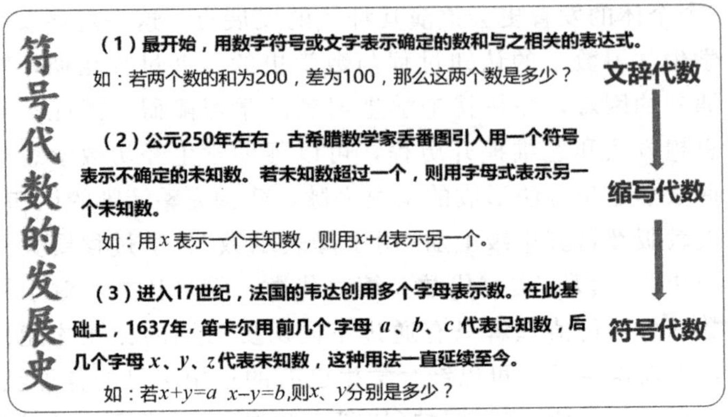

符号代数的发展史

（1）最开始，用数字符号或文字表示确定的数和与之相关的表达式。

如：若两个数的和为200，差为100，那么这两个数是多少？

文辞代数

（2）公元250年左右，古希腊数学家丢番图引入用一个符号表示不确定的未知数。若未知数超过一个，则用字母式表示另一个未知数。

如：用x表示一个未知数，则用$x+4$表示另一个。

缩写代数

（3）进入17世纪，法国的韦达创用多个字母表示数。在此基础上，1637年，笛卡尔用前几个字母 a、b、c 代表已知数，后几个字母 x、y、z 代表未知数，这种用法一直延续至今。

如：若$x+y=a$ $x-y=b$,则x、y分别是多少？

符号代数

图 6-40　符号代数的发展

学科之间的关系等，了解数学的价值。江苏省教育科学研究所所长成尚荣说："文化的最初本意，可以理解为对土地的开发、植物的栽培和农作物的收获。教育领域之中深层次文化的意义，是现在的教育教学方式、教育教学过程，就是文化过程。你怎么教着，学生怎么学着。"在回溯数学之源、叩问数学之真、感受数学之美、建构数学之模、触摸数学之魂的同时，让学生开阔数学视野，增强数学兴趣，启迪数学心智，为学生幼小的心灵种下一颗追求真理、渴望知识的种子，让学生内心的修养得以升华。

第七章　教学设计案例

意义建构与文化传承
——“用字母表示数”教学设计
（此教学设计获2017年第七届北京数学教师论坛一等奖）

教学内容：人教版《义务教育教科书·数学》五年级上册第五单元第一节

一、指导思想与理论依据

1. 代数思维

代数思维作为数学的“核心思想”占有非常重要的地位，它是重在关注关系，运用符号表示关系，通过形式运算来推导关系的一种思维方式。《义务教育数学课程标准(2011年版)》解读认为：从数到代数是数学表征的一次飞跃，数对于它所代表的具体事物来说是抽象的，而用字母表示数是又一次抽象。从算术思维到代数思维的跨越是儿童数学学习必须经历的一个极为重要的阶段，这个过渡并非是一个经过练习能够跨越的量变过程，而是一个必须经历结构转化的质变过程①。

2. 符号意识

符号意识在《义务教育数学课程标准(2011年版)》中被当作课程内容的十大核心概念之一。所谓符号意识，主要是指能够理解并且运用符号表示数、数量关系和变化规律；知道使用符号可以进行运算和推理，得到的结论具有一般性。建立符号意识有助于学生理解符号的使用是数学表达和进行数学思考的重要形式。②

3. 建构主义

建构主义的核心观点是：学习并非学生对教师所授予的知识的被动接受，

---

① 中华人民共和国教育部：《义务教育数学课程标准(2011年版)》，北京：北京师范大学出版社，2012年，第83页。

② 中华人民共和国教育部：《义务教育数学课程标准(2011年版)》，北京：北京师范大学出版社，2012年，第6页。

而是依据其已有的知识和经验所做的主动建构。[①]

二、教学背景分析

(一)教材分析

“用字母表示数”属于数与代数领域，是人教版五年级上册“简易方程”这一单元第一课时的教学内容，核心概念是符号意识。此前学生已经认识了简单数量关系，用字母表示计算公式、运算定律。后续还要学习“简易方程”以及初中的“代数式”“方程”“函数”，因此本节内容具有承前启后的重要地位。

人教版教材通过“算年龄”和“求质量”的情境，引导学生学习用字母和含有字母的式子表示数及数量关系(加法模型和乘法模型)，体会用字母表示数的方法和作用，并渗透函数思想。两个例题都是采用由个别到一般的归纳思路，这样编写，体现了由具体到抽象、由浅入深的意图与特点。(如图 7-1 所示)

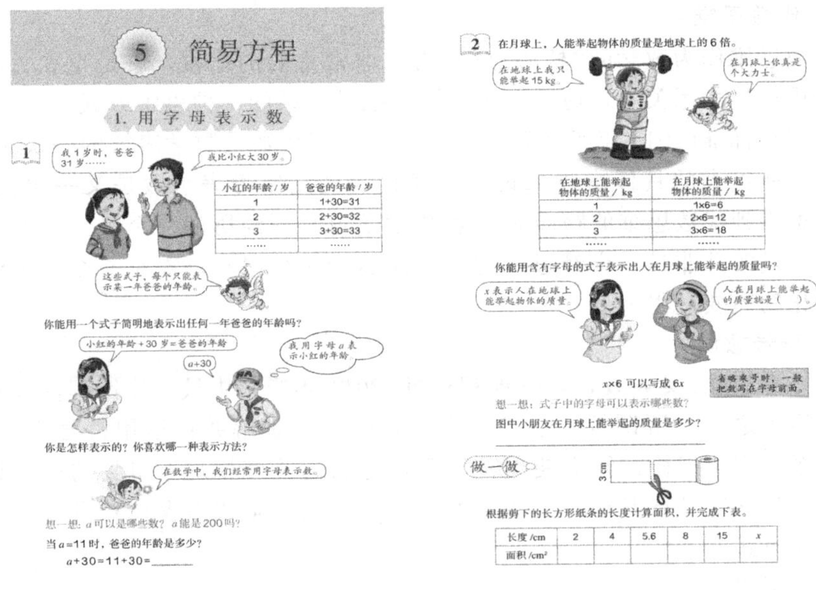

5 简易方程

1. 用字母表示数

1

我1岁时，爸爸31岁……

我比小红大30岁。

小红的年龄/岁	爸爸的年龄/岁
1	1+30=31
2	2+30=32
3	3+30=33
……	……

这些式子，每个只能表示某一年爸爸的年龄。

你能用一个式子简明地表示出任何一年爸爸的年龄吗?

小红的年龄+30岁=爸爸的年龄

$a+30$

我用字母a表示小红的年龄。

你是怎样表示的? 你喜欢哪一种表示方法?

在数学中，我们经常用字母表示数。

想一想：a可以是哪些数? a能是200吗?

当$a=11$时，爸爸的年龄是多少?

$a+30=11+30=$______

2 在月球上，人能举起物体的质量是地球上的6倍。

在地球上我只能举起15 kg。

在月球上你真是个大力士。

在地球上能举起物体的质量/kg	在月球上能举起物体的质量/kg
1	1×6=6
2	2×6=12
3	3×6=18
……	……

你能用含有字母的式子表示出人在月球上能举起的质量吗?

x表示人在地球上能举起物体的质量。

人在月球上能举起的质量就是(　　)。

$x\times6$ 可以写成 $6x$

省略乘号时，一般把数写在字母前面。

想一想：式子中的字母可以表示哪些数?

图中小朋友在月球上能举起的质量是多少?

做一做

3 cm

根据剪下的长方形纸条的长度计算面积，并完成下表。

长度/cm	2	4	5.6	8	15	x
面积/cm^2						

图 7-1

(二)不同版本教材对比分析

在分析人教版教材的基础上，本课对比分析了修订前的人教版教材、北

① 谢明初：《数学教育中的建构主义》，上海：华东大学出版社，2007年，第142页。

师大版教材和苏教版教材。

1. 修订前的人教版教材

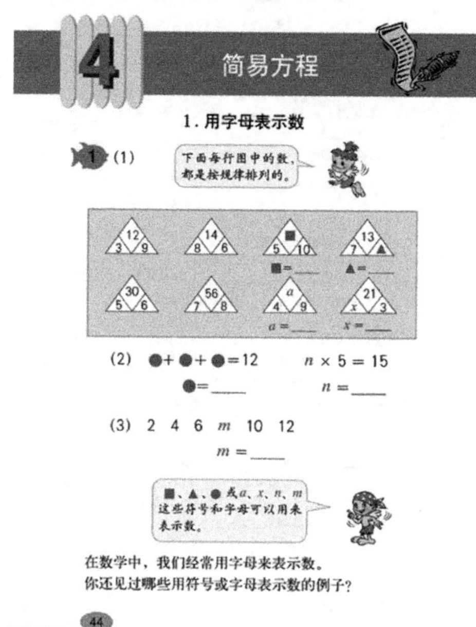

4 简易方程

1. 用字母表示数

1 (1)

12, 3, 9　14, 8, 6　■, 5, 10　13, 7, ▲

■=____　▲=____

30, 5, 6　56, 7, 8　a, 4, 9　21, x, 3

a=____　x=____

(2) ●+●+●=12　　$n\times 5=15$

●=____　　n=____

(3) 2　4　6　m　10　12

m=____

在数学中，我们经常用字母来表示数。

你还见过哪些用符号或字母表示数的例子？

44

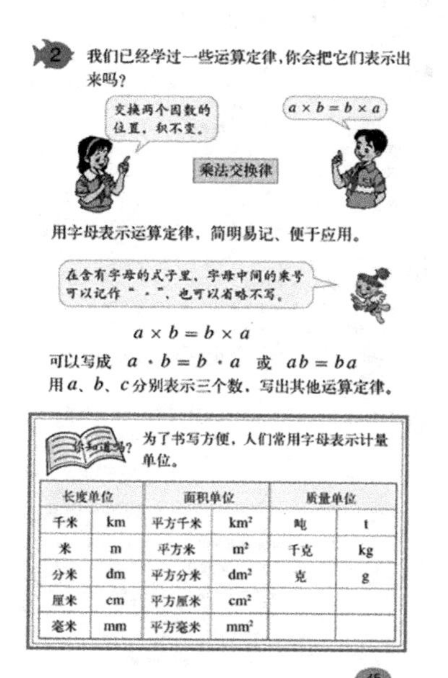

2 我们已经学过一些运算定律，你会把它们表示出来吗？

用字母表示运算定律，简明易记、便于应用。

$$a\times b=b\times a$$

可以写成　$a\cdot b=b\cdot a$　或　$ab=ba$

用a、b、c分别表示三个数，写出其他运算定律。

你知道吗？为了书写方便，人们常用字母表示计量单位。

长度单位		面积单位		质量单位	
千米	km	平方千米	km²	吨	t
米	m	平方米	m²	千克	kg
分米	dm	平方分米	dm²	克	g
厘米	cm	平方厘米	cm²		
毫米	mm	平方毫米	mm²		

45

图 7-2

2. 北师大版教材

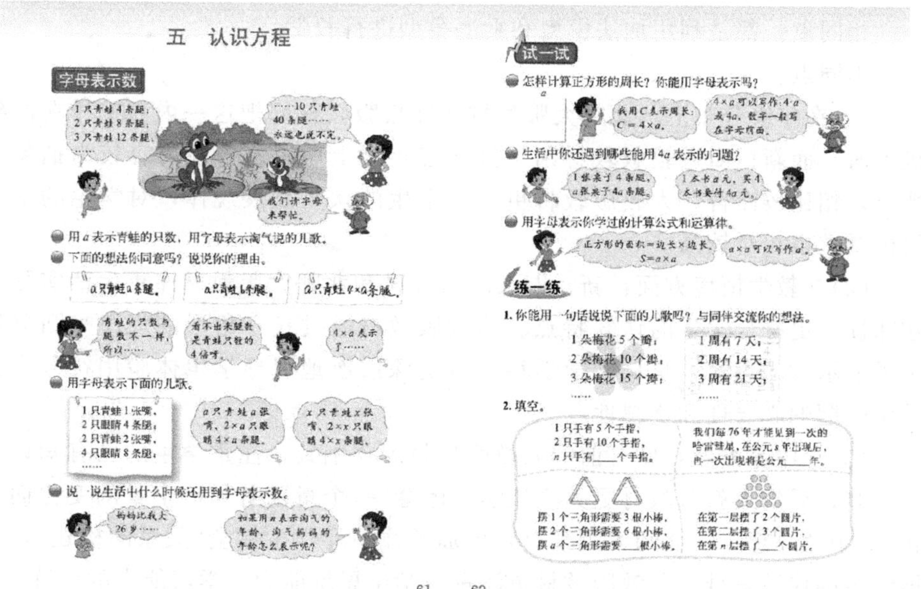

五　认识方程

字母表示数

● 用a表示青蛙的只数，用字母表示淘气说的儿歌。

● 下面的想法你同意吗？说说你的理由。

● 用字母表示下面的儿歌。

● 说一说生活中什么时候还用到字母表示数。

试一试

● 怎样计算正方形的周长？你能用字母表示吗？

● 生活中你还遇到哪些能用4a表示的问题？

● 用字母表示你学过的计算公式和运算律。

练一练

1. 你能用一句话说说下面的儿歌吗？与同伴交流你的想法。

1朵梅花5个瓣，2朵梅花10个瓣，3朵梅花15个瓣，……

1周有7天，2周有14天，3周有21天，……

2. 填空。

1只手有5个手指，2只手有10个手指，n只手有____个手指。

我们每76年才能见到一次的哈雷彗星，在公元s年出现后，再一次出现将是公元____年。

摆1个三角形需要3根小棒，摆2个三角形需要6根小棒，摆a个三角形需要____根小棒。

在第一层摆了2个圆片，在第二层摆了3个圆片，在第n层摆了____个圆片。

61　62

图 7-3

3. 苏教版教材

13 用字母表示数

摆1个三角形用3根小棒；
摆2个三角形用小棒的根数是：2 × 3；
摆3个三角形用小棒的根数是：(　　) × 3；
摆4个三角形用小棒的根数是：(　　) × 3；

摆 a 个三角形用小棒的根数是：(　　) × (　　)。

你知道这里的 a 可以表示哪些数吗？

学校美术组有24人。
(1) 书法组比美术组多6人，书法组有(24 + 6)人；
(2) 舞蹈组比美术组多9人，舞蹈组有(24 + _)人；
(3) 合唱组比美术组多 x 人，合唱组有(24 + _)人。

如果 $x=10$，合唱组有多少人？$x=14$ 呢？

如果正方形的边长用 a 表示，周长用 C 表示，面积用 S 表示。你能用字母表示正方形的周长和面积公式吗？

正方形的周长：$C = a \times 4$

正方形的面积：$S = a \times a$

$a \times 4$ 或 $4 \times a$ 通常可以写成 $4\ a$ 或 $4a$；$a \times a$ 可以写成 $a\ a$，也可以写成 a^2，a^2 读作"a 的平方"。

如果是 a 与1相乘，就可以写成 a。

106

想想做做

1. 省略乘号，写出下面各式。
$4 \times b$　$x \times 5$　$a \times c$　$1 \times x$　$x \times x$
2. 一本笔记本的单价是 a 元。你会填写下表吗？

数量（本）	4	7	10	18	25
总价（元）	$4a$				

3. 小华家 —800米— 小军家 —x 米— 学校 —y 米— 小丽家
(1) 小华家到学校的路程是(　　　)米。
(2) 小军家到小丽家的路程是(　　　)米。
(3) 小华家到小丽家的路程是(　　　)米。
4. 在括号里填写含有字母的式子。
(1) 一件上衣 a 元，一条裤子比上衣便宜12元。一条裤子(　　)元。
(2) 小刚每天看课外书15页，a 天共看了(　　)页。
(3) 一辆公共汽车上原来有35人，到新街车站下去 x 人，又上来 y 人。现在车上有(　　)人。
5. 根据路程、速度和时间的关系填写下表。

	速　度	时　间	路　程
	70米/分*	10分	(　　)米
	80千米/时	4时	(　　)千米
	400米/秒	t 秒	(　　)米

如果 s 表示路程，v 表示速度，t 表示时间，那么计算路程的公式就可以写成：$s =$ ______。

* "米/分""千米/时""米/秒"都是速度单位，如70米/分，表示每分行70米的路程。"米/分"读作"米每分"。

107

图 7-4

通过对比分析发现：

相同点：都是利用加法模型和乘法模型进行教学。

不同点：

(1)在年级分布上：北师大版教材和苏教版教材都把这一内容安排在四年级下册。而新、旧人教版教材则安排在五年级上册。鉴于该内容较为抽象的特点，相比较而言，人教版教材更关注学生的认知发展规律，对学生的学习目标要求也相对较高。

(2)在教学情境方面：新、旧人教版教材和北师大版教材注重生活实际和趣味性，更符合学生的认知特点。苏教版教材通过找三角形的规律来凸显用字母表示数的意义，是从数学学科本身更深层次地引导学生体验用符号表征数学问题的必要性和优越性。

(3)在内容方面：修订前的人教版教材编排细致，注重学生的已有知识基础。修订后的人教版教材更关注让学生体会"一个量随着另一个量的变化而变化"的函数思想。而北师大版教材则更加关注引导学生体会"关系的构建"，发展学生的代数思维。苏教版教材更注重对学生思维能力、学习能力的训练。

综上所述，各版本的教材各有千秋。本教学设计以人教版教材为蓝本，力求做到汲取其他版本教材之所长，提高课堂教学实效。

(三)学情分析

能力方面：五年级上学期，学生已经有了一定的分析问题和解决问题的能力，抽象逻辑思维能力也得到了一定的发展。

知识方面：在以往的学习中，学生学习了用字母表示运算定律、计算公式，用"○""△""□"或"★"表示数等，这为感受初步的代数知识打下了基础。但是学生对用字母表示数的认识仅仅停留在表示"特定含义""特定数值"这个层面，只是把它们当成某个特定事物或数的"替代符号"，这实际上还是算术思维，用字母表示数以及进行运算是学生数学学习的一次飞跃。

为了更深入地了解学生的已有知识基础，本教学对五年级 90 名学生做了课前调查。调查内容涉及用符号表示特定的数、用字母表示变化规律、用字母表示关系并进行运算等几个方面。具体如下。

"用字母表示数"课前问卷

一、填空。

(1)△＋△＋△＋△＝16，△＝(　　)。

(2)$n-1$，n，$n+1$，$n+2$，________。

二、公交车上原来有 a 名乘客，到站后又上来 b 名乘客，现在一共有多少名乘客？(　　)

A. $a\times b$　　　B. $a+b$　　　C. 不能确定

三、长方形的长是 3，宽是 n，你能表示出这个长方形的面积吗？

学生三道题的答题正确率如图 7-5 所示。

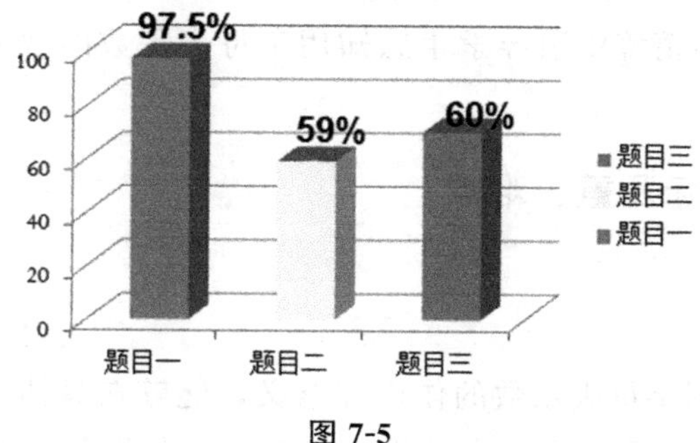

图 7-5

具体数据分析：

表 7-1 “用字母表示数”课前问卷(第一题)调查统计表

题目	(1)	(2)
答对人数	88	87
约占总人数百分比	98%	97%

表 7-2 “用字母表示数”课前问卷(第二题)调查统计表

选项	A	B	C
人数	12	53	25
约占总人数百分比	13%	59%	28%

表 7-3 “用字母表示数”课前问卷(第三题)调查统计表

答案	$3\times n$	$(3+n)\times 2$	未答题
人数	54	19	17
约占总人数百分比	60%	21%	19%

通过统计可以看出绝大多数学生对用符号表示特定的数和规律并不陌生。而在用字母表示数量关系和运算方面出现了困难。分析原因，主要有三点：一是不习惯用字母表示变化的数；二是不习惯用含有字母的式子表示数量关系；三是不习惯用含有字母的式子表示结果。

(四)我的思考

基于以上分析，在设计本节课时我有如下思考：

1. 如何帮助学生经历知识产生的过程，完成对字母表示数的意义建构，进而积累活动经验，发展学生的代数思维？

2. 如何在生活情境中引导学生感知用字母表示数的含义和作用，初步建立符号意识？

三、教学目标及重、难点

(一)教学目标

1. 初步体会用字母表示数的作用和意义，能够在具体的情境中用含有字母的式子表示数量关系以及一个结果，知道字母的取值范围是由实际情况决定的，培养学生的符号意识。

2. 经历把实际问题用含有字母的式子进行表达的抽象过程，渗透函数思想，发展学生的代数思维。

3. 体会用含字母的式子表示数量关系具有简洁性与一般性，感受数学文化的魅力以及数学的应用价值。

(二)教学重、难点

1. 重点：初步体会用字母表示数的作用和意义，能够在具体的情境中用含有字母的式子表示数量关系以及一个结果。

2. 难点：能够在具体的情境中用含有字母的式子表示数量关系以及一个结果。

四、教学流程图

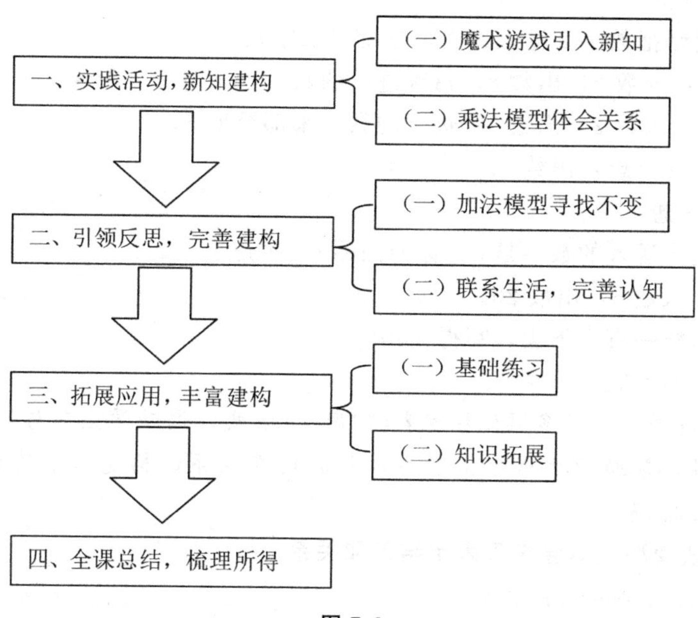

图 7-6

五、教学过程

(一)实践活动，新知建构

1. 魔术游戏：引入新知

(1)介绍魔盒

师：看，这里有一个神奇的魔盒。不要小看这个魔盒，它可是具有魔力的，请认真观察变化。

魔术演示：入数 1，出数 4。（板书：入数 1　出数 4）

注："魔盒"为自制教具。以小茶叶桶和卫生纸中心硬纸卷为原材料，首先用剪刀调整硬纸卷的高度，使之与茶叶桶高度一致。然后将硬纸卷放在茶叶桶内部中心位置，并用胶粘牢，盖上茶叶桶盖子，此时茶叶桶呈封闭套管状态。最后在茶叶桶的侧面开一个大约长 5 厘米、宽 1 厘米的孔，"魔盒"教具即初步完成。再经过外包装的美化后就可以使用了。

具体使用方法为：选用材质稍硬的纸制作纸条，通常用彩纸即可。纸条长大约 12 厘米，宽大约 4.5 厘米，正面写"1"，背面同样位置写"4"。在操作时，将正面"1"的字样展示给学生，并将纸条插入"魔盒"方孔，纸条经内部套管转向，再次从方孔出来时展示给学生的就是背面的"4"字样了。其余操作同理。

(2)猜一猜

问：要是把数字 2 输入进去，会变出数字几？

预设 1：入数 2，出数 8。每次进去的数，出来时都要乘 4。

预设 2：入数 2，出数 5。进去的数出来都要加 3。

演示验证猜想：出数 8。

(3)想一想

问：这次送入的数字是 5，你能预测一下吗？

预设：入数 5，出数 20。

问：这样一直写下去，写得完吗？

预设：写不完。

【设计意图：借助多媒体技术表演"魔盒"游戏，调动学生参与的热情和学习的积极性，帮助学生感悟出数与入数的内在联系，构建心中的数学模型，渗透函数思想。】

2. 乘法模型：体会字母表示结果和关系

(1)尝试用字母式表示关系

问：能不能把"进去的数"和"出来的数"用一个比较简单的方式表示出来，把所有的数都包含进去？独立完成并在学习单上记录下来。

可能的情况：

生 1：x　y

生 2：$x\times 4=y$

生 3：x　$4x$

(2)学生讨论对比择优

①师出示第一种情况：x　y

预设生1介绍：入数是多少都可以，所以用 x 来表示；因为入数乘4就是出数，所以用 y 表示。

预设其他学生反驳：这样概括，没有表示出入数和出数间的倍数关系。

②师出示第二种情况：$x\times4=y$

预设生2介绍：这样就能看出出数是入数的4倍了。

问：这里谁是入数，谁是出数？

预设生2：x 是入数，y 是出数。

预设其他学生质疑：这不是又回到刚刚的第一种情况了吗？

③出示第三种情况：x　$4x$

预设生：我觉得第三种情况更加简明概括，清楚地表示了出数，又能表示出数和入数之间的4倍关系。

师小结：通过对比，我们发现含有字母的式子 $4\times x$ 既能表示出数这个结果，也能表示出数与入数间的4倍关系。(板书：含有字母的式子——结果　关系)

(3)感悟数的本质

问：如果 x 是1.2，$4\times x$ 是多少？

预设生：如果 x 是1.2，$4\times x$ 是4.8。

问：字母 x 在这里能表示哪些数？

预设生：任意数。(板书：字母——任意数)

问：$4\times x$ 呢？

预设生：输入一个数，就会得到一个相应的数，所以 $4\times x$ 也可以表示任意数。

问：你们觉得用字母和含有字母的式子来表示入数和出数，有什么好处？

预设生：更简洁。(板书：简洁　概括)

【设计意图：在从特殊到发现共性、总结规律、讨论辨析用什么表示入数和出数的过程中，引导学生体会含有字母的式子既可以表示数量关系也可以表示一个结果，同时初步了解用字母表示数的含义，感悟函数思想，培养符号意识。】

(二)引领反思，完善建构

1. 加法模型：寻找不变关系

(1)独立探究

要求：试着用这种简明的表示方式来概括生活中的年龄问题。

出示：吴老师今年30岁，学生小明今年10岁。

问：如果学生的年龄是a岁，老师的年龄怎样表示？

预设1：老师的年龄是$a\times3$岁。

预设2：老师的年龄是$a+20$岁。

(2)讨论辨析

①展示作品：学生的年龄是a岁，老师的年龄是$a\times3$岁。

预设生质疑：不同意。明年学生是11岁，老师31岁，就不能用$a\times3$来表示了，因为两人的年龄不是3倍的关系了。

问：学生6岁幼儿园毕业时，老师多大？学生12岁小学毕业时，老师多大？

预设生：学生6岁时，老师26岁；学生12岁时，老师32岁。两人的年龄也不是3倍的关系。

问：能用$a\times3$来表示老师的年龄吗？

预设生：不能。因为随着老师和学生年龄的增长，老师和学生年龄3倍的关系也变了。

问：什么没变？

预设生：老师和学生的年龄差不变。

问：在用含有字母的式子表示时，应该找什么样的关系？

预设生：找不变的关系。

②展示作品：如果学生的年龄是a岁，老师的年龄是$a+20$岁。

问：$a+20$这个含字母的式子表示什么意思？

预设生：$a+20$既能表示老师的年龄这个结果，也能表示老师比学生大20岁这个不变的关系。

【设计意图：通过加法模型引导学生关注寻找不变的关系，完善学生代数思维中关系的构建，丰富学生用字母表示数的经验。】

(3)拓展减法模型，强化认知

问：刚才是用a来表示学生的年龄，现在如果用a来表示老师的年龄，学生的年龄该如何表示？

预设生：$a-20$。

【设计意图：引导学生体会在相同的情境中，当用字母表示不同的数时，另一个量的表示方法也随之变化，发展学生的代数思维。】

2. 联系生活，完善认知

(1)体会用字母表示数的取值范围

问：这里a可以是几？

预设生1：任意一个数都可以。

预设生2：小于20就不行了，因为那时学生还没出生呢。

问：那只要大于20就行了吗？

预设生：也不行，因为人的生命是有限的。

叙述：是啊，人的生命是有限的，所以用来表示年龄的字母不能是任意数，它是有取值范围的。（板书：取值范围）

【设计意图：联系生活实际，引导学生感悟用字母表示数时，字母有时是有取值范围的，进一步完善学生对用字母表示不确定的数的认知，发展学生的代数思维。】

(2)编故事，强化认知

师：通过探究我们知道了用字母和含有字母的式子可以表示“魔盒”中的入数和出数，还可以表示老师和学生的年龄。能不能利用这两组字母和含有字母的式子来编个故事？老师先做个示范：x 表示的是一本数学书的厚度，那么 $x\times4$ 表示的是什么？

生：4本数学书的厚度。

师：是的，还是4本同样的数学书的厚度。像这样编故事，谁来试试？

学生自由发言。

【设计意图：让学生借助身边的事物列举、诠释字母式的含义，进一步巩固用字母表示数的思维方式，强化符号意识。】

(三)拓展应用，丰富建构

1. 基础练习：利用快板书《玲珑塔》片段，尝试分层巩固

叙述：学习如同登山，当攀登上高峰后，应该回头看看美妙的风景。让我们一起回想一下学习的过程。同学们通过独立探究和讨论辨析知道了用字母可以表示变化的数，含有字母的式子可以表示倍数关系，也可以表示相差关系。还知道了用来表示数的字母有时候可以是任意数，有时候是有取值范围的。现在让我们放松一下，欣赏中国传统文化艺术，听一段李菁的快板书《玲珑塔》片段。（播放《玲珑塔》片段）

快板词：

玲珑塔，塔玲珑，玲珑宝塔第一层。一张高桌四条腿，一个和尚一本经，一个铙钹一口磬，一个木鱼一盏灯。一个金铃，整四两，风儿一刮响哗愣。

玲珑塔，塔玲珑，玲珑宝塔第三层。三张高桌十二条腿，三个和尚三本经，三个铙钹三口磬，三个木鱼三盏灯。三个金铃，十二两，风儿一刮响哗愣。

玲珑塔，塔玲珑，玲珑宝塔第五层。五张高桌二十条腿，五个和尚五本经，五个铙钹五口磬，五个木鱼五盏灯。五个金铃，二十两，风儿一刮响哗啰。

玲珑塔，塔玲珑，玲珑宝塔第七层。七张高桌二十八条腿，七个和尚七本经，七个铙钹七口磬，七个木鱼七盏灯。七个金铃，二十八两，风儿一刮响哗啰。

玲珑塔，塔玲珑，玲珑宝塔第九层。九张高桌三十六条腿，九个和尚九本经，九个铙钹九口磬，九个木鱼九盏灯。九个金铃，三十六两，风儿一刮响哗啰。

玲珑塔，塔玲珑，玲珑宝塔十一层。十一张高桌四十四条腿，十一个和尚十一本经，和十一个铙钹十一口磬，十一个木鱼十一盏灯。十一个金铃，四十四两，风儿一刮响哗啰。

玲珑塔，塔玲珑，玲珑宝塔十三层。十三张高桌五十二条腿，十三个和尚十三本经，十三个铙钹十三口磬，十三个木鱼十三盏灯。十三个金铃，五十二两，风儿一刮响哗啰。

……

问：你能用今天学过的数学知识简洁地表示唱词里的玲珑塔吗？

学习单

玲珑塔，塔玲珑，玲珑宝塔第 x 层。(　　　)张高桌(　　　)条腿，(　　　)个和尚(　　　)本经，(　　　)个铙钹(náo bó)(　　　)口磬(qìng)，(　　　)个木鱼(　　　)盏灯。(　　　)个金铃，(　　　)两，风儿一刮响哗啰。

学生活动并汇报交流。

【设计意图：借助中国传统曲艺快板书《玲珑塔》片段，引导学生从数学的角度重新审视传统文化，在欣赏传统曲艺的同时，培养学生应用数学的意识。】

2. 用字母表示数的简便记法(课件辅助)

(1)小学阶段

①数字和字母、字母和字母相乘时，乘号可以省略不写。数字写在字母前面。如：$2\times b=2b$；$a\times b=ab$。

②数字为1时，1可以省略不写，如：$1\times b=b$。

③相同的字母相乘，如 $m\times m=m^2$，读作 m 的平方。

(2)初中阶段

①带分数与字母相乘，带分数要写成假分数的形式。

②后面接单位的相加或相减的式子要用括号括起来。

③除法运算除号可以用分数线来表示。

请学生读一读。

要求：参考简写规则，请将学习单上可以简写的含字母的式子进行简写。

【设计意图：通过对用字母表示数的简便记法的介绍及拓展，促进学生建构对用字母表示数的简便记法的完整认知，进一步感受数学学科的简洁性和概括性。】

(四)全课总结，梳理所得

师：今天这节课我们一起研究了用字母表示数，说一说你的收获。

学生梳理所学知识。

叙述：今天我们先是通过“魔盒”的入数和出数知道了用字母和含有字母的式子可以表示结果和数量关系，体会到用字母表示数的简洁和概括。然后通过分析老师和学生的年龄知道了要寻找确定的关系。玲珑塔让我们欣赏到了中国传统文化艺术的美并感受数学知识的价值。

【设计意图：通过反思自己的学习、探究过程，引导学生把自己的学习活动置于被思考的位置，整理先前模糊的、不系统的认识，并使之转化为清晰的、系统的知识，再纳入已有的认知结构，从而完善用字母表示数的意义建构。】

六、教学着力之点

1. 思维——于探究中发展代数思维

“用字母表示数”是从算术思维转变为代数思维的一个起点，而关系性思维被认为是代数思维的基础。在以学生为主体的课堂探究中，从探秘“魔盒”游戏，到正确表示老师的年龄，再到表示玲珑塔，不断地引导学生体会用字母表示数的必要性、抽象性，感悟用含有字母的式子表示关系的结构性、概括性，尽可能地让学生经历从算术思维到代数思维结构转化的质变过程，逐步发展学生的代数思维。

2. 符号——于活动中建立符号意识

如果说学生个体认知上的发展往往会以某种形式重复人类认知的发展历史，那么学生对用字母表示数的理解或多或少也要经历类似的过程。① 因此本课设计从个别到一般、从具体到抽象的探索和归纳活动，努力引导学生体会

① 顾晓东：《把准认知七点　丰富认知过程——用字母表示数的教学》，《小学数学教育》，2015年第12期，第13—15页。

人类认识提升的三个阶段：文辞代数—缩写代数—符号代数。逐步尝试运用符号表示数学对象(数、数量关系和变化规律等)，经历符号化的过程，理解符号的作用和价值，积累运用符号的数学活动经验，促进学生符号意识的建立。

3. 文化——于文化中感悟数学的价值

在全球化背景下，各种文化相互渗透，价值观念的冲突与交流日渐普遍。融入多元文化历史的数学课程一方面可以让学生体会知识的发生、发展过程，从而促进学生对数学知识本身的有效性学习；另一方面促进学生在情感、态度与价值观等方面的发展。① 因此，在练习巩固部分，本课挖掘我国传统文化艺术快板书《玲珑塔》唱词中的数学元素，在加深理解用字母表示数的含义，夯实用字母表示数的方法的同时，引导学生感受中国优秀传统文化艺术中的数学思想，体会数学在我们多元文化的社会中所起的作用。

七、参考资料

[1]中华人民共和国教育部．义务教育数学课程标准(2011年版)[M]．北京：北京师范大学出版社，2012.

[2]谢明初．数学教育中的建构主义[M]．上海：华东大学出版社，2007.

[3]顾晓东．把准认知七点　丰富认知过程——用字母表示数的教学[J]．小学数学教育，2015(12)：13—15.

[4]宋丽珍，张维忠，唐恒钧．多元文化视角下的一则教学设计——“用字母表示数”[J]．中学数学杂志，2012(12)：6—8.

① 宋丽珍，张维忠，唐恒钧：《多元文化视角下的一则教学设计——“用字母表示数”》，《中学数学杂志》，2012年第12期，第6—8页。

以“有限”想“无限”　以“无限”研“有限”

——“圆的面积”教学设计

（此教学设计发表于《小学数学教学》2015 年 9 月上半月刊；教学设计的课件说明发表于《中国信息技术教育》2016 年 Z1 期；2011 年获全国教学案例一等奖；2016 年课件被人教版教材教学参考收录；2017 年获北京市优秀成果一等奖）

教学内容：人教版《义务教育教科书·数学》六年级上册第五单元第二节例 1

一、指导思想与理论依据

美国未来学家阿尔文·托夫斯说：“未来的文盲不再是不识字的人，而是没有学会怎样学习的人。”学生一旦掌握了科学的方法，就能自己打开知识宝库的大门。因此，好的教师要教给学生思考的方法，让学生学会思考。

建构主义的核心观点是：学习并非学生对教师所授予的知识的被动接受，而是依据其已有的知识和经验所做的主动建构①。

新课程标准也强调，数学教学活动必须建立在学生的认知发展水平和已有的知识经验基础之上。教师应激发学生的学习积极性，为学生提供充分从事数学活动的机会，帮助他们在自主探索和合作交流的过程中真正理解和掌握基本的数学知识与技能、数学思想和方法，获得广泛的数学活动经验。学生是数学学习的主人，教师是数学学习的组织者、引导者与合作者。②

基于对学生的调研和以往的教学实践，我对“圆的面积”的教法进行了一定的改革，力求引导学生利用学过的知识和已有的经验联想到推导圆面积计算公式的方法，让学生在获取知识的同时，掌握思考的方法。

二、教学背景分析

（一）教材分析

1. 教材地位作用

“圆的面积”是人教版教材六年级上册第五单元的教学内容，属于空间与

① 谢明初：《数学教育中的建构主义》，上海：华东师范大学出版社，2007 年，第 142 页。

② 中华人民共和国教育部：《义务教育数学课程标准（2011 年版）》，北京：北京师范大学出版社，2012 年，第 2 页。

图形领域。圆形是学生在学习中接触到的第一个曲边图形，图形“由直到曲”的背后隐匿着丰富的内容和深刻的数学思想，蕴含着巨大的教育价值。

(1)“圆的面积”是知识体系中的转折点

圆的教学是在学生学习了一些直边图形的周长和面积的基础上进行的，是“由直到曲”的起点；圆的面积是六年级第二学期学习圆柱、圆锥的基础，也是初中学习平面几何的基础。因此，圆在空间与图形领域的学习中是一个转折点，起着承上启下的作用。圆的面积是在圆的认识、圆周长基础上学习的，是“由直到曲”认识链条中的重要一环。此外，圆的面积也为统计与概率领域中扇形统计图的学习提供了必要的支持。

(2)“圆的面积”是数学思想的渗透点

在“圆的面积”的学习中蕴含着丰富的数学思想方法，如转化的方法，极限思想，对应思想……而对于学生来说，其中最为陌生的就是极限思想，这是学生第一次的真切感悟和经历，是从有限到无限，初步渗透极限思想的关键点。

(3)“圆的面积”是培养学习方法的促进点

在“圆的面积”的学习过程中，需要学生运用转化的方法，将未知图形转化为已知图形，这是以前学习方法的一个巩固和延续。但以前的转化都是“直到直”，而现在要实现“曲到直”，学生不免会产生一种顾虑：还能转化吗？转化的学习方法是普适的吗？当问题解决后，学生会对“转化”这一学习方法产生新的认识。

综上，“圆的面积”无论在知识上、数学思想上还是学习方法上，对学生来说都是非常关键的，蕴含着丰富的育人价值。

2. 不同版本教材比较

(1)修订前人教版教材(如图 7-7 所示)

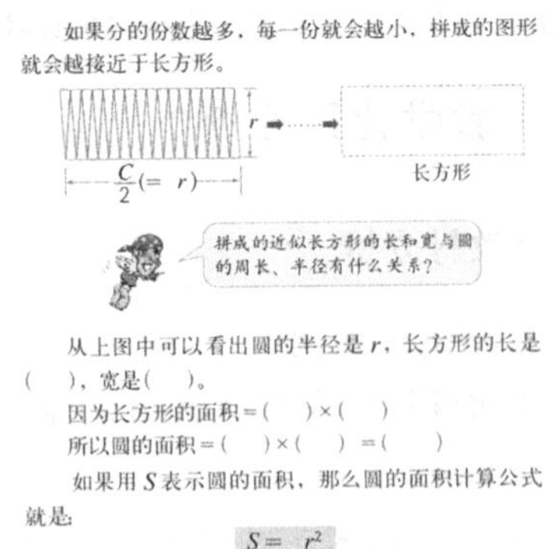

图 7-7

(2)苏教版教材(如图 7-8 所示)

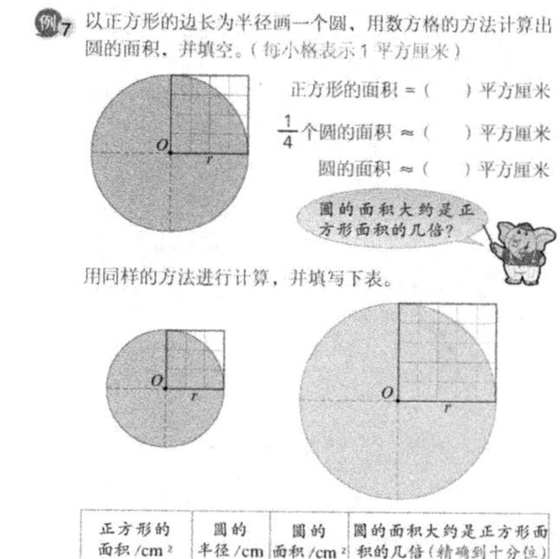

正方形的面积/cm²	圆的半径/cm	圆的面积/cm²	圆的面积大约是正方形面积的几倍(精确到十分位)

例8 在硬纸上画一个圆，把它平均分成16份，剪开后可以拼成下面的图形。

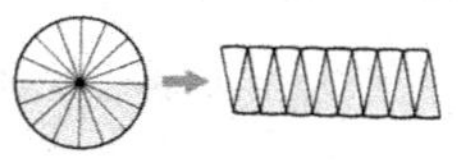

拼成了一个近似的平行四边形。

如果把圆平均分成32份、64份……拼成的图形会有什么变化?

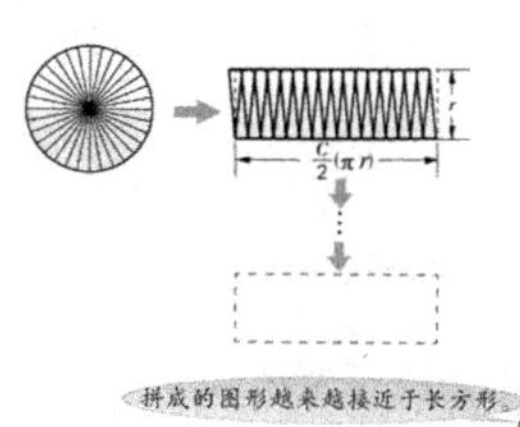

拼成的图形越来越接近于长方形。

图 7-8

(3)浙教版教材(如图 7-9 所示)

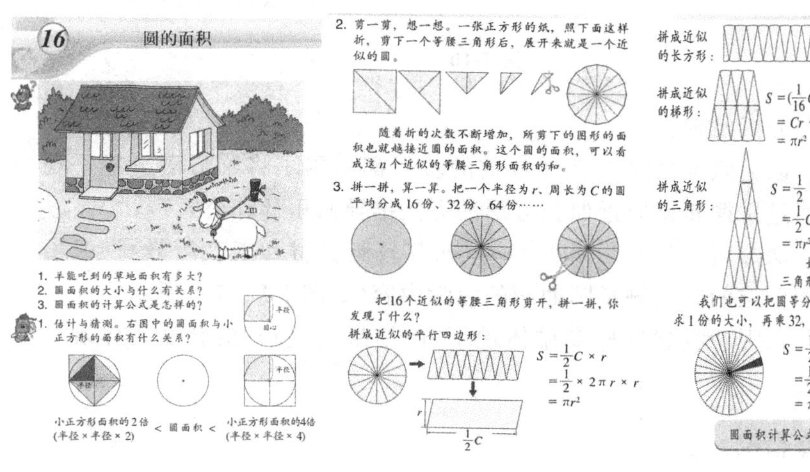

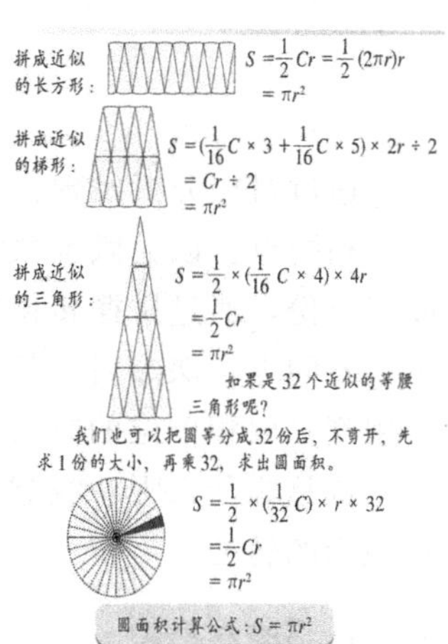

图 7-9

(4)北师大版教材(如图 7-10 所示)

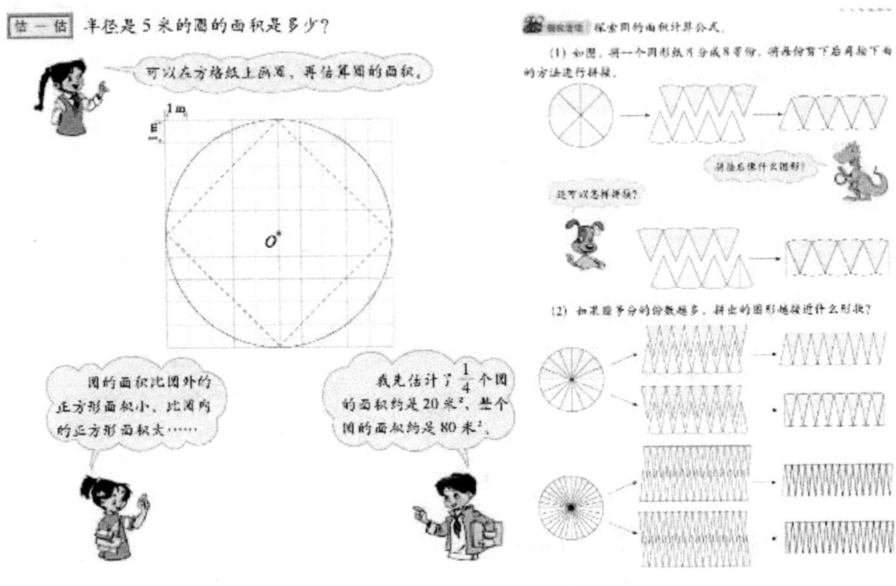

图 7-10

通过对比分析发现：

相同点：以上版本教材包括课改前的教材都采用了将圆形沿直径平均分成若干份，通过拼摆转化成近似长方形的方法推导面积计算公式。

不同点：课改后，某些版本的教材(如苏教版教材和浙教版教材)又增加了用度量面积单位的方法测量圆面积的教学内容(如图 7-8、7-9 所示)。

这是为什么呢？我想这样安排体现了“由结果向过程”的转变，体现了教育观念的转变。

(二)学生情况

1. 基于经验

在以往的教学实践中，学生总是不敢将圆剪开，也就不可能想到将圆转化成长方形进而推导面积计算公式的方法。而当教师给出分割图后，学生很容易找到圆形转化前后各部分的关系，推导出面积计算公式。

2. 基于调研

通过前测得知，多数学生知道圆的面积公式，但只有很少一部分学生知道公式推导过程，而其过程也只是看书得来的，而不是自己想到的，与我以往的教学实践相吻合。如此现实引发了我的思考。

(1)教学中应该教给学生的是什么？

对于这个问题，我想学生学习数学不仅是为了获取有限的知识和技能，更重要的是学习获取数学知识的方法，培养主动参与的习惯和获得终身可持续学习的发展动力。正像古希腊哲学家毕达哥拉斯所说：“在数学的天地里，重要的不是我们知道什么，而是我们怎么知道什么。”

(2)怎样让学生能够自己想到推导过程？

启发学生想到圆面积推导方法的过程在本节课中意义重大。也就是要知其然，还要知其所以然。

带着这样的思考，我在近几年的教学中一直进行尝试、研究，本课的教学设计就是长期、多次实践后的结果。

教学方式：讲授法和探究法相结合。

教学手段：现代教学手段。

技术准备：课件、透明胶片、方格纸、圆纸片、小组活动记录单。

三、教学目标及重、难点

(一)教学目标

1. 让学生经历猜想、操作、验证、讨论和归纳等数学活动的过程，探索并掌握圆面积计算公式，能正确计算圆的面积，并能应用公式解决简单的相关问题。

2. 经历圆的面积计算公式的推导过程，进一步体会“转化”和“极限”的数学思想，增强空间观念，发展数学思想。

3. 感悟数学知识内在联系的逻辑性，体验发现新知识的快乐，增强学生合作交流的意识和能力，培养学生学习数学的兴趣。

(二)教学重、难点

教学重点：掌握圆面积计算公式，能够正确地计算圆的面积。

教学难点：理解圆面积计算公式的推导过程。

四、教学流程图

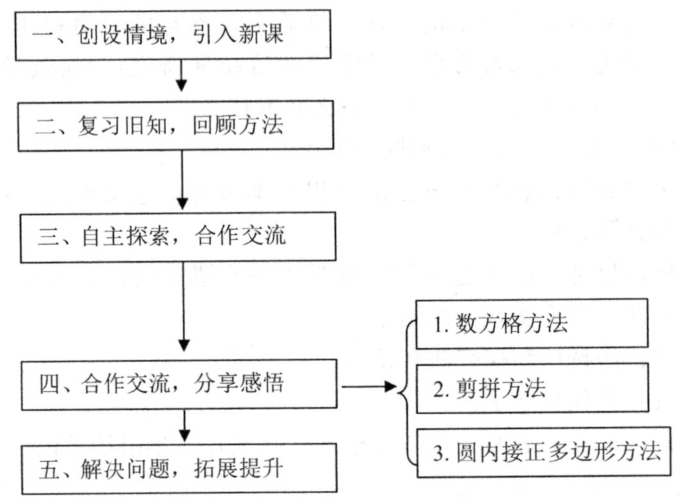

图 7-11

五、教学过程

(一)创设情境，引入新课

师：同学们，谈到天气，有什么热门的话题？
生：雾霾。
师：雾霾给你们什么样的感觉？（如图 7-12 所示）

图 7-12

生：污染环境。

师：请看屏幕，屏幕上的图片给你什么感觉？（如图 7-13 所示）

图 7-13

生：清新，舒服。

师：大自然赐予我们的这一抹带有生机的绿色总能使人心旷神怡。同学们，你们喜欢这些带有生命的绿色吗？

生：喜欢。

师：小明也喜欢，看，他家的院子中就有一片圆形的草坪，每平方米草皮 8 元。根据现有的信息，你能提出什么数学问题？（如图 7-14 所示）

图 7-14

生：草坪的总造价是多少钱？

师：你们能解决这个问题吗？

生：不能，要先求出草坪的直径或者半径，知道了直径或者半径就可以求圆的面积。

师：看来，要想求草坪总的造价多少钱，我们首先要知道圆的面积。

师：圆的面积怎么求呢？

生：我知道圆的面积等于半径的平方再乘上 π。

师：为什么这么算呢？我们是不是有必要研究一下圆的面积呢？

师：今天老师给每个同学准备了一些大小相同的圆，我们就从这个圆的面积开始研究。

今天这节课我们就来研究与圆面积有关的知识。(板书题目：圆的面积)

【设计意图：通过创设现实生活问题情境，引导学生热爱生活、保护环境，引发学生求圆面积的使用需求，将生活原型抽象为数学问题的同时，激发学生探索新知识的兴趣。】

(二)复习旧知，回顾方法

师：工欲善其事，必先利其器。请大家回顾一下，我们以前研究图形的面积时，用到过哪些方法？之前研究的第一个平面图形是什么图形？

生：长方形。

师：我们是如何得到长方形的面积公式的？

生：用数方格法得到的。

师：我们通过数面积单位推导出了长方形的面积公式。

师：平行四边形呢？怎么推导出面积公式的？

生：沿着平行四边形的一条高切下来，拼到平行四边形的另一边，把平行四边形转化成长方形，根据长方形的面积公式就能得到平行四边形的面积公式。

师：说得很好，我们把平行四边形转化成长方形，进而推导出平行四边形的面积公式。

师：那三角形呢？

生：将两个三角形拼成平行四边形，进而得到三角形的面积公式。

师：两个什么样的三角形都可以吗？(举起一大一小两个三角形)

生：不可以，由两个完全相同的三角形拼成平行四边形得到的。

师：是将两个完全相同的三角形拼在一起，把它们转化成平行四边形，进而得到公式。

师：梯形呢？

生：将两个完全一样的梯形拼成平行四边形得到的。

课件演示：回顾长方形、平行四边形、三角形、梯形面积推导过程。(如图 7-15 所示)

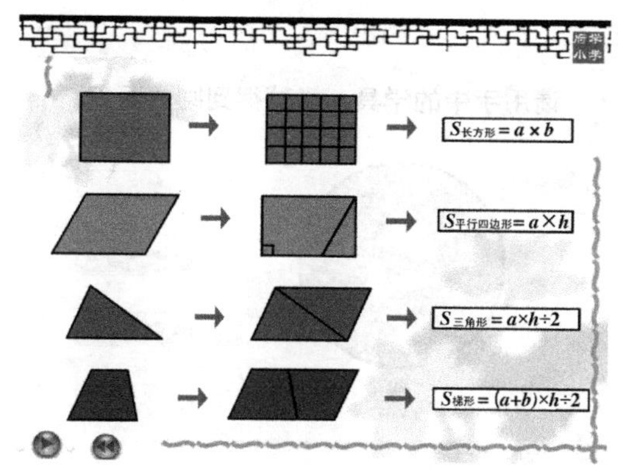

图 7-15

师：这些图形面积的推导过程有几种方法？

生：转化和数方格。（如图 7-16 所示）

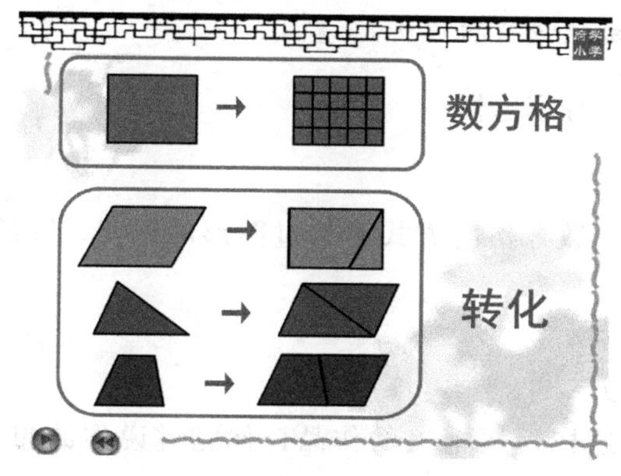

图 7-16

师：数方格也就是度量面积单位，转化也就是把未知的图形转化成我们已知的图形，进而得到面积公式。

师：今天研究圆的面积是否也可以利用这些方法呢？我们一起来试试。

【设计意图：通过回顾探究平面图形面积的研究方法，帮助学生建立知识之间的内在联系，唤醒学生已有的思考方法和活动经验，为学生自主探究圆的面积创设开放的空间。】

（三）自主探索，合作交流

师：请同学们利用手中的学具，尝试得到圆的面积。（如图 7-17 所示）

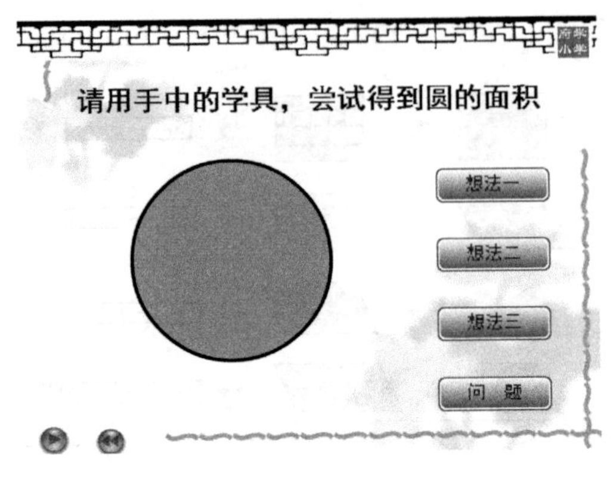

图 7-17

学生自由探索，组内交流。

【设计意图：为学生提供充分的探究时间和空间，使学生能用自己喜欢的方法，自由地、开放地进行操作研究。】

(四)合作交流，分享感悟

1. 数方格方法

师：我们以前用数方格的方式测量过图形的面积，圆的面积能通过数方格的办法得到吗?

生 1：能。

生 2：也许可以。

师：老师看到这样一幅精美的作品，你能说说你的想法吗?（如图 7-18 所示）

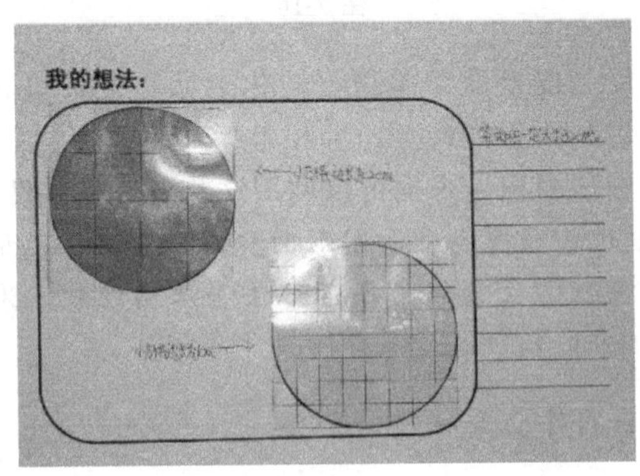

图 7-18

生 1：第一幅图的小方格的边长是 2 厘米，第二幅图的小方格的边长是 1

厘米。第一幅图可以确定的面积有 4 个小方格，也就是 16 平方厘米；第二幅图可以确定的小方格一共是 32 个，也就是 32 平方厘米，可以确定这个圆的面积一定是大于 32 平方厘米的。

师：能不能说第二幅图的面积就是 32 平方厘米？

生：不能。

师：为什么？

生：圆的有些部分是曲线，面积不满一格，没法准确计算。

师：看来真的不行，你们算的是“大约”，我们想知道“就是”，谁能解决这个问题？

生：我们把小方格分得越小越细，测量出的面积就越接近圆的面积。

师：那还是接近圆的面积，不是圆的面积啊！

生：如果无限分下去的话，方格分得特别小的时候，测量的面积就是圆的面积了。

师：真的分下去，可测量的面积就是圆的面积了吗？

生：是的。

师：我们结合课件一起来看一看，如果用边长为 2 厘米的小正方形来测量圆的面积，那一个小正方形的面积是多少？

生：4 平方厘米。

师：那么我们可以确定的面积是多大？

生：16 平方厘米。

师：这部分的面积我们可以记作 $2^2\times4$ 平方厘米。（如图 7-19 所示）

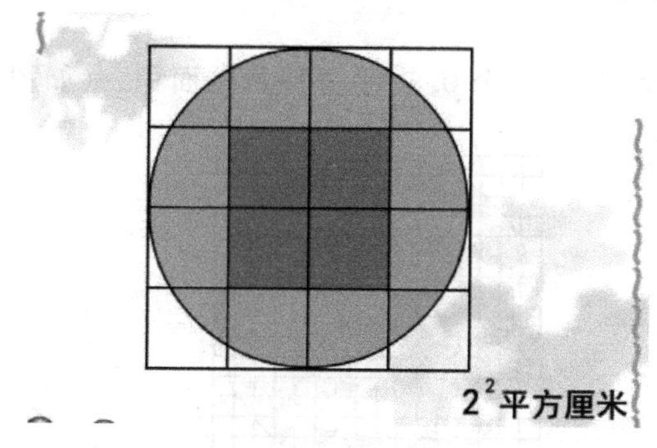

图 7-19

师：要想使确定的面积再大一些，你有什么好办法？

生：方格再小一些。

师：我们来看一看，除了刚才确定的部分，还有哪些部分的面积也能确定了？

生：还有 16 个小方格的面积也能确定了，原来不能确定的部分又被分成了更小的独立的个体。

师：现在我们又确定了 16 个 1^2 平方厘米的面积，现在确定的面积更大了。（如图 7-20 所示）

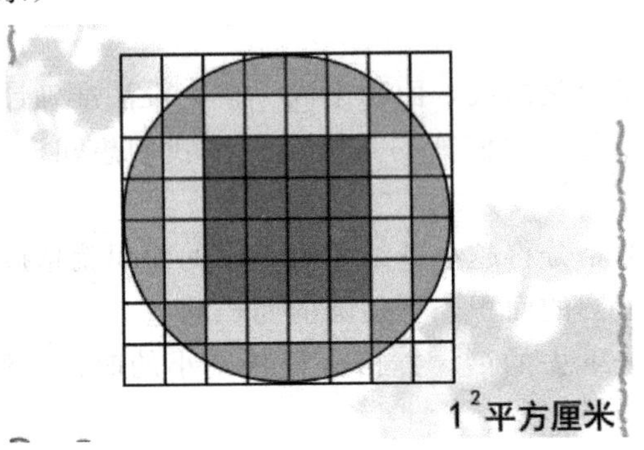

图 7-20

师：要想使测量的面积更接近圆的面积，怎么办？

生：方格再小些。

师：会是什么样呢？想一想！

生：方格特别小，特别密。

师：我们一起看看课件，和你想的一样吗？

师：我们又多了一些可确定的面积，一共是多少个正方形？

生：36 个。

师：也就是说又多了 36 个 0.5^2 平方厘米的面积。（如图 7-21 所示）

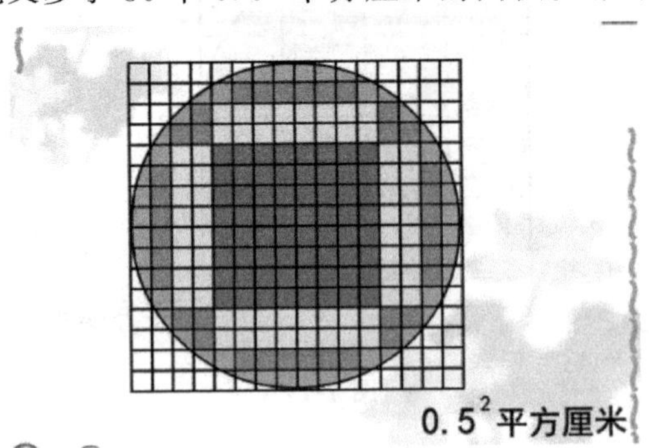

图 7-21

生：我觉得如果一直分下去，格子分到无限小的时候，这个圆就会变为黑色，因为格子太密了。

师：看看是不是和大家想得一样。能确定的部分是不是更多了？再细一点儿呢？能确定的部分更多了。（如图 7-22 所示）

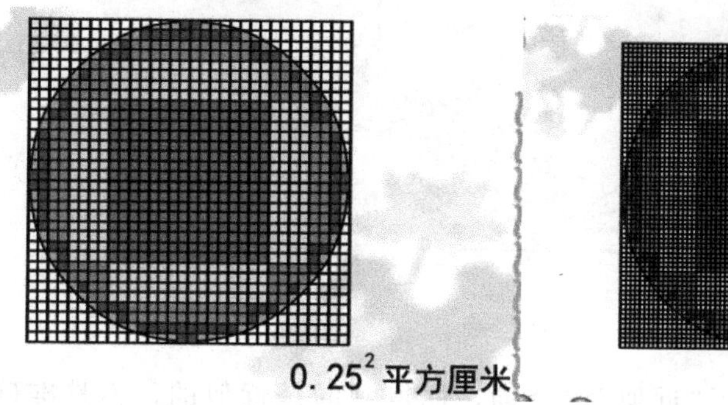

图 7-22

师：请大家闭上眼睛想象一下，当方格越分越小，小到如沙粒、如微尘一般铺满整个圆时，圆内可确定的面积会怎么样？（几何直观——支撑学生表象，想象）

生：会越来越大。

师：能不能得到这个圆的面积？

生：能。

师：当方格无穷小的时候，圆内可确定的面积就是圆的面积。

师：用数方格的方法能不能测量出圆的面积？

生 1：能。

生 2：可以，但很困难，比较麻烦。

师：你们认为比较麻烦。而且还有一个问题，用数方格的方法只得到了这一个圆的面积，如果换一个圆，需要重新数。有没有别的办法呢？

生：可以用转化的方法。

【设计意图：通过对比用不同面积单位进行测量的结果，学生体会测量时的面积单位越小，所得到的圆的面积的精确度越高，深刻理解了度量单位的意义。借助课件演示支撑空间想象及表象，渗透极限的数学思想。】

2. 剪拼方法

师：用转化的方法能得到圆的面积吗？这是哪一组的方案？说说你们组是怎么想的。（如图 7-23 所示）

生：我们组把一个圆平均分成 4 份，把它拼成一个不规则图形，这个图形近似于平行四边形，这个图形的底是圆的周长的一半，也就是 πr，这个图形的高就是圆的半径，这个圆形近似于平行四边形，所以它的面积是 πr^2。

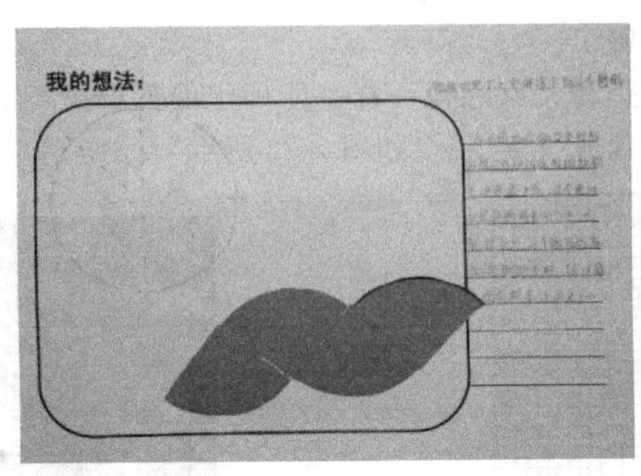

图 7-23

师：我听到同学用了“近似”这个词，你得到的是近似的，不是准确的，怎么办？

生 1：这个就和数格子一样，把这个圆等分成非常细的小份，细得不能再细了，就可以拼成一个平行四边形了。

生 2：我同意她的说法，因为要把圆的每份分得尽可能小，每份越小，拼得的圆周长的一半就会越接近一条直线，分得的份数无限时，拼得的图形就是平行四边形了，拼得的图形的边就是直的了，和数格子的方法是一样的。

师：确实是这样，很多同学想到了这种转化的方法，我们再来看看这组同学的想法，你们把这个圆等分成多少份拼成这个图形的？（如图 7-24 所示）

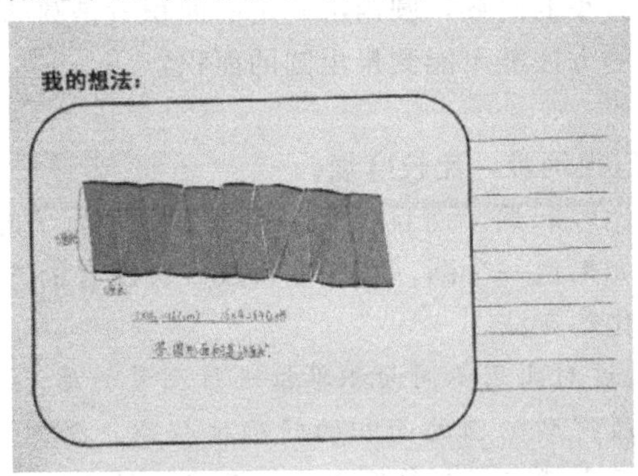

图 7-24

生：我们把这个圆等分成了 16 份，拼成了一个近似于平行四边形的图形，最后求得的结果和刚才小组的意见一样。

师：你们两个组的意见一样，但刚才有的小组有争论，有的人认为拼得的图形近似于长方形，有的人认为近似于平行四边形，到底是什么图形？为什么？

生 1：至少是平行四边形，因为长方形也是平行四边形。

生 2：是不规则图形，因为如果等分的份数有限的话，拼得的图形下面的边都是曲线，不可能是直线。

生 3：我认为应该从无限的角度来看待有限的问题。

师：你说得真棒，听着还有点哲学味道呢！大家给点掌声！（学生鼓掌）我们来结合课件看看，就按照你们的想法，我们把圆平均分成 4 份、8 份、16 份，拼得的图形越来越像平行四边形了，如果把圆平均分成 32 份，就更像平行四边形了。（课件演示，如图 7-25 所示）

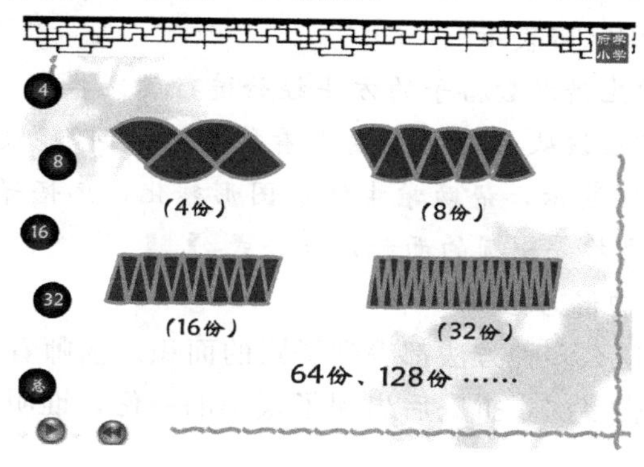

图 7-25

师：观察一下这几幅图，如果把圆平均分成 64 份、128 份、256 份、512 份……无限等分下去，你有什么想法？

生：我认为拼得的图形越来越接近长方形。

师：你是怎么想的？

生：拼得图形相邻两条边所组成的角越来越接近直角了，要是无限等分下去，就是长方形了。

师：是这样吗，同学们？她还发现了这种变化的趋势，如果用这种方法是不是也可以得到圆的面积。

师：请仔细观察转化后的长方形和圆形有什么联系。什么变了？什么没变？

生：形状变了，面积没变。

师小结：如果我们将圆平均分成的份数无限多，那么最后拼成的图形就会变成真正的长方形，曲线就会变成真正的直线。这样就把求圆的面积转化成了求长方形的面积。

师：请仔细观察转化后的长方形和圆形有什么联系。你能根据图形之间的联系推导出圆面积的计算公式吗？小组讨论。

生：圆的半径就是长方形的宽，圆的周长的一半就是长方形的长。

师：πr 是什么？

生：圆周长是 $2\pi r$，所以圆周长的一半就是 πr。

师：长方形的宽呢？

生：r。

师：你能根据这样的对应关系推导出圆面积公式吗？

生：长方形面积＝长×宽，长方形的长是圆周长的一半，就是 πr，宽就是半径 r，所以圆面积就是 πr^2。

师整理公式并用字母表示。

【设计意图：学生借助数格子的方法经验进行类比推理、空间想象，进一步感悟极限思想。“应该从无限的角度来看待有限的问题”展现了学生认识的精彩。适时辅助课件演示，帮助学生经历图形转化，感悟等积变形，在找联系、抓对应的基础上推导出圆的面积计算公式。】

3. 圆内接正多边形方法

师：我们利用这么多种方法都得到了圆的面积。老师看到还有别的方法，有的同学把圆对折很多次，折完后出现了很小的一份，谁明白他的意思？（如图 7-26 所示）

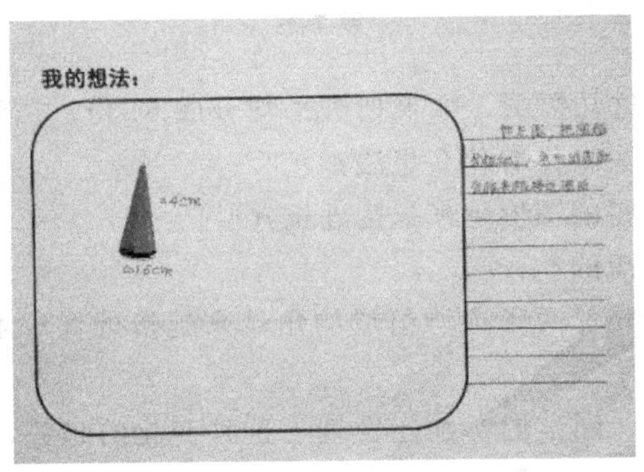

图 7-26

生：圆对折的次数越多，每一份就越接近三角形，当对折的次数是无限次的时候，每一份就是三角形，求出一个三角形的面积，再乘以它的份数，就是圆的面积了。

师：这种方法和原来我们学习圆的周长的方法有点相似，就是割圆术，让我们回顾一下。我们在学习圆周长的时候，见到过圆内接正四边形、正五边形、正六边形、正八边形、正十六边形、正三十二边形，你有什么发现？（如图 7-27 所示）

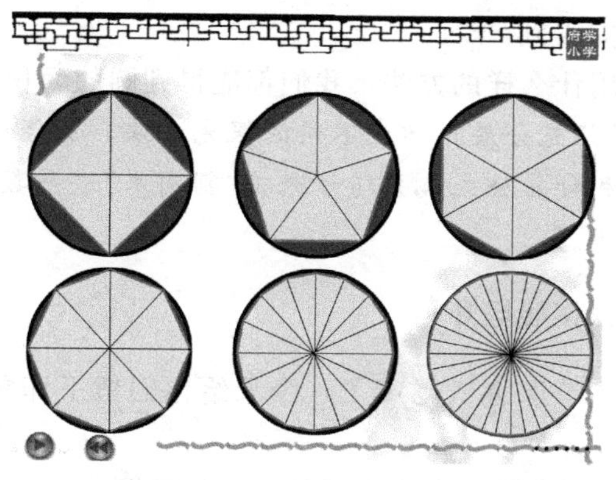

图 7-27

生：圆内接正多边形的边数越多，它的形状就越接近圆。

师：我们发现圆内接正多边形的边数越多时，分得的每个小三角形的面积就越接近小扇形的面积，三角形的底就越接近圆的弧。(如图 7-28 所示)

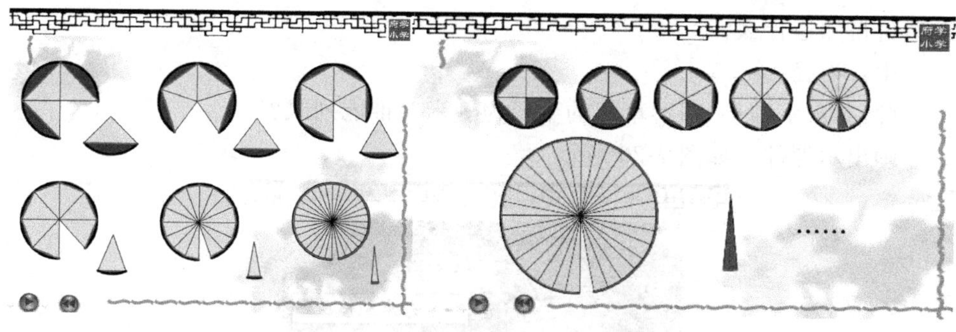

图 7-28

师：如果我们取圆内接正六十四边形、圆内接正一百二十八边形，我们发现一份小扇形和一份小三角形怎么样了？

生：越来越接近了。

师：会一样大吗？什么时候？

生：当平均分得的份数无限多时，就会一样大。

师：(介绍割圆术)割之弥细，所失弥少，割之又割，以至于不可割，则与圆周合体，而无所失矣。

师：用割圆术的方法可以得到圆的面积吗？

生：三角形的底相当于圆周长的一部分，可以写成 $\frac{1}{n}\times 2\pi r$，三角形的高相当于圆的半径 r，一个小三角形的面积就是$\frac{1}{n}\times 2\pi r\times r\div 2$，再乘三角形

的数量 n 个，整理完得到 πr^2。

师：看来无论用什么样的方法，我们都能得到圆的面积为 πr^2。

【设计意图：教师充分展示学生不同的探究方法，历经联系对应的思考过程，推导出圆的面积计算公式，并巧妙地将“割圆术”这一数学文化融入其中，进一步体会极限思想。】

(五)解决问题，拓展提升

师：同学们，本节课进入尾声了，今天给你们留下印象最深刻的地方是什么?

生1：我学会了用无限的眼光来看待有限的问题。

生2：我知道了圆的面积公式。

师：我们借助极限的数学思想，让“大约”变成了“就是”，让“近似于”也能够变成“就是”，这给了我们一种全新的视角去看待世界。

师：会算圆的面积了吗?课开始时的问题能解决了吗?要想知道草坪的总造价得知道什么?

生：半径。

师：(出示信息“圆形草坪的半径为3米”)谁能列式?

师出示课件，如图7-29所示。

图 7-29

生：$\pi\times3^2\times8$。

师：同学们，今天我们是通过剪拼把圆转化成长方形进而验证了猜想并得到圆面积计算公式的，圆只能转化成长方形吗?能不能转化成其他学过的图形并推导出计算公式呢?你们认为可以吗?

生：可以。

师：其实我们还可以把圆转化成三角形和梯形，你能用这种方法推导出圆的面积公式吗？有兴趣的同学下课可以试试。

课件出示，如图 7-30 所示。

图 7-30

【设计意图：通过解决课前提出的实际问题，帮助学生认识圆的面积计算公式的应用价值。教师再次提出新问题，不仅激活学生的问题意识，还将化曲为直的研究方法延伸到课后进一步的探究学习中。】

六、教学着力之点

1. 研究

本节课的设计是长时间研究的体现。在以往的教学实践中，我曾多次对本节课内容进行思考和探索，本节课的教学设计是在以往研究的基础上提出的。正如法国数学家笛卡尔所说："我思故我在。"正是因为有了以往的思考、研究，才产生了本节课的设计，这是阶段性研究的结果。

2. 发现

整个公式推导过程建立在学生已有知识经验的基础上。引导学生对学法的思考，即当面对一个不会的问题时，回顾近似的问题和历程，受到启发，再回来解决我们最初的问题。学生不只是知识的拥有者，也是方法的发现者。①

3. 思想

思想是数学的灵魂，方法是数学的行为。在探寻公式推导方法的过程中，使学生经历由繁到简，由未知到已知，由曲到直的过程，渗透极限的数学思想，培养学习方法。②

① G. 波利亚：《怎样解题——数学思维的新方法》，上海：上海科技教育出版社，2007 年，第 31 页。

② G. 波利亚：《怎样解题——数学思维的新方法》，上海：上海科技教育出版社，2007 年，第 7 页。

4. 思维

公式推导过程中，强调学生思维的逻辑性和严谨性，以此突出中学与小学衔接。

知识的衔接仅仅是表面化的，更重要的是学习方法、思维方式的衔接。①

七、参考资料

[1]谢明初. 数学教育中的建构主义[M]. 上海：华东师范大学出版社，2007.

[2]中华人民共和国教育部. 义务教育数学课程标准(2011 年版)[M]. 北京：北京师范大学出版社，2012.

[3]郑毓信. 数学思维与小学数学[M]. 南京：江苏教育出版社，2008.

[4]G. 波利亚. 怎样解题——数学思维的新方法[M]. 上海：上海科技教育出版社，1998.

八、课后反思

本课教学围绕"使学生获得数学的基本思想"这一重要课程目标，基于教学现状、数学本质，钻研教材，研究学生，整体把握落实"化曲为直，感悟极限"的核心目标，收到了良好的教学效果。具有以下几方面突出的特点。

1. 确立核心思想，统领多种方法，逐步感悟渗透

"圆的面积"教学中蕴含着丰富的数学思想方法，如转化的方法、极限思想、对应思想……对于学生而言，其中最为陌生的、困难的是极限思想。这是学生第一次亲历从有限到无限的认识过程，因此"圆的面积"教学是渗透极限思想的良好契机。教师一方面调研学生现状，分析学生学习需求；另一方面深入钻研教材，保证既充分展示多种学生探究圆面积的方法，又将不同方法置于渗透极限思想这条主线之中。

第一次，数方格，从测量中渗透。所有的面积都是小正方形的集合。用数方格的方法计量圆的面积，遵循了面积的数学本质。这是求面积最原始的方法，也是学生最容易想到的方法。经历运用数方格的方法估计圆面积大小的过程，使学生感到圆的面积越来越精确，同时深刻理解了度量单位的实际意义和价值。

第二次，剪拼成直边图形，从操作中渗透。剪拼成近似的平行四边形是学生最直接的，看得见、做得出的图形，剪拼成长方形需要进行二次转化。

① G. 波利亚：《怎样解题——数学思维的新方法》，上海：上海科技教育出版社，2007 年，第 45 页。

从学生“和数格子的方法一样”“从无限的角度看待有限”的交流中看出，刚刚感知的极限思想帮助学生自发突破了“曲—直”“平行四边形—长方形”的认知难点，学生感悟“无限逼近”和“等积变形”的含义，发展了空间观念。

第三次，分割成直边图形，从观察中渗透。教师将圆等分成基本三角形与割圆术相结合，以圆内接正方形为起点，不断增加内接正多边形的边数，使学生体会到正多边形的边数越多，其面积就会越接近圆的面积，再次渗透了极限的思想。

2. 回顾研究方法，唤醒活动经验，搭建探究平台

《义务教育数学课程标准(2011 年版)》提出“培养学生从数学的角度思考”，即培养数学思维。数学思维经验是依靠长期活动经验积累获得的，也是解决新问题，进行数学创造的根本。

“圆的面积”教学基于对面积概念及已有直边图形面积公式的学习，如何以这些原有知识和经验作为迁移基础，创设一个真实有效的、生动活泼的、主动和富有个性的学习过程呢？教师深入研究，特别注重整体把握平面图形面积的关键性问题。组织学生回顾以往探究平面图形面积的研究方法，揭示面积的本质特征和知识间的内在联系。唤醒了学生已有的思考方法和活动经验，为学生自主探究圆的面积创设了自由、开放的空间。

3. 借助辅助手段，增强直观形象，助推想象推理

本节课中，学生在画一画、折一折、剪一剪、拼一拼的动手操作活动中，不断地感知图形的变化趋势。但圆是曲线图形，仅仅用简单的几次等分拼接并不能得到标准的已学图形，让学生想象一个“曲边图形”转化成“直边图形”确实有一定的难度，还需要学生从有限的操作观察中展开无限的想象和推理，从而获得抽象的数学结论。教师细心钻研，针对学生的困难和需求，自制了精美的多媒体教学课件，有效地搭建起操作与推理之间的想象空间。通过学生观察、想象等分份数无限加倍时的状态，形象直观地感悟“化曲为直”的过程，体会极限思想的神奇，逐步由感性认识上升到理性认识，推导出圆面积计算公式。

数学思想是数学的灵魂，常常隐藏在知识之中，需要我们深入挖掘教材内容，加强对数学思想的提炼和总结，精心设计教学过程，使数学思想自然地渗透在教学之中。

附：学生课上的作品

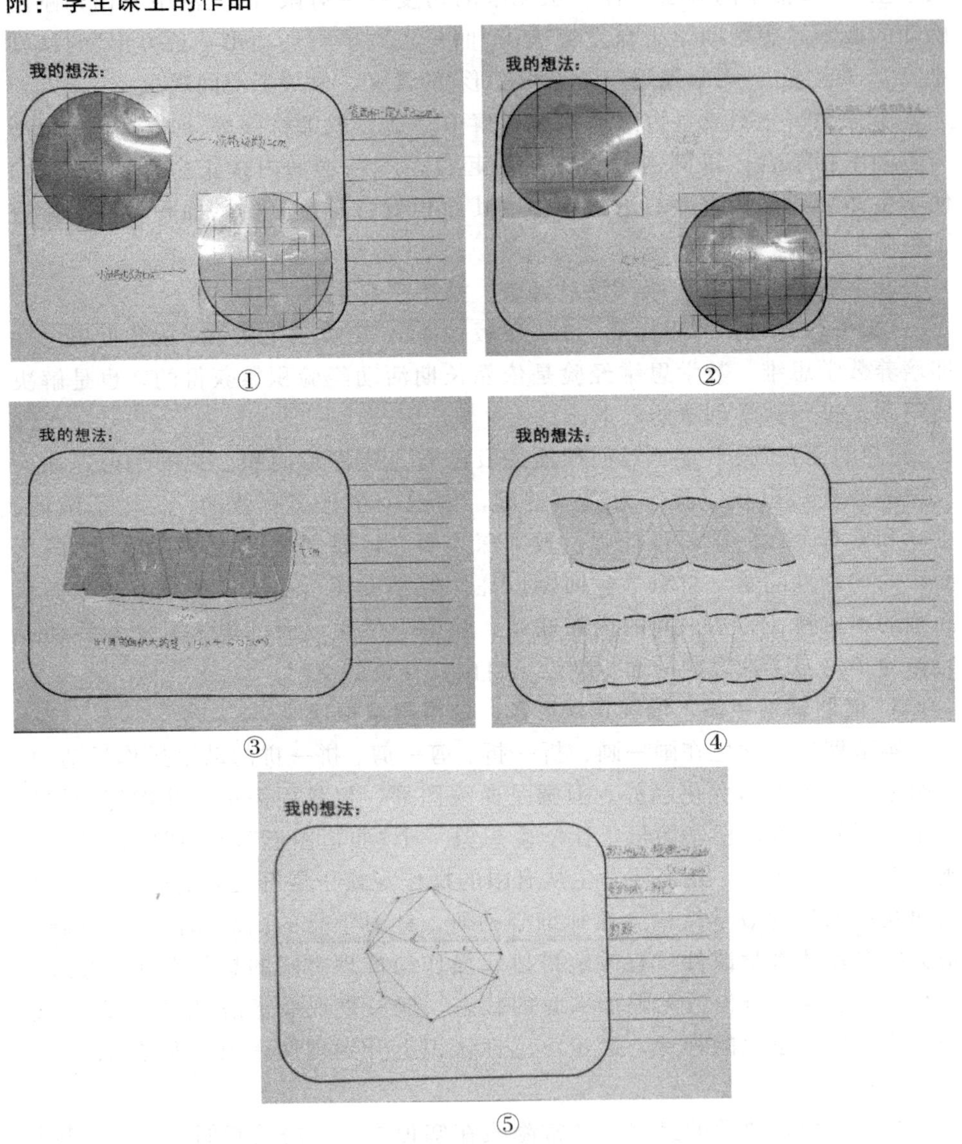

图 7-31

按其所未行而行

——“可能性”教学设计

（此教学设计 2015 年获全国教学案例一等奖；
2016 年获北京市优秀教学设计一等奖）

教学内容：人教版《义务教育教科书·数学》五年级上册第四单元第一节例 1、例 2

一、指导思想与理论依据

1. 统计与概率

《义务教育数学课程标准（2011 年版）》指出：“了解在现实生活中有许多问题应当先做调查研究，收集数据，通过分析做出判断，体会数据中蕴含着信息；了解对于同样的数据可以有多种分析的方法，需要根据问题的背景选择合适的方法；通过数据分析体验随机性，一方面对于同样的事情每次收集到的数据可能不同，另一方面只要有足够的数据就可能从中发现规律。数据分析是统计的核心。”①

2. 数学学科本身

数学家阿蒂亚说：“代数是有序的逻辑，几何是看得见的逻辑，概率是无序的逻辑。”在小学进行“可能性”的教学，可以帮助学生积累随机活动经验，增强随机活动体验，逐步建立随机观念。②

3. 教育教学

英国著名评论家、教育家园斯金说：“教育不在于使人知其所未知，而在于按其所未行而行。”③教育不在于使人们知道他们以前所不知道的东西，而在于促使他们把他们已经知道的、应当付诸实践的道理真正付诸实践。

---

① 中华人民共和国教育部：《义务教育数学课程标准（2011 年版）》，北京：北京师范大学出版社，2012 年，第 6 页。

② 罗祖兵，余瑶：《数学知识不确定性的价值及其实现》，《全球教育展望》，2014 年第 7 期，第 112—119 页。

③ 袁振国：《教育新理念》，北京：教育科学出版社，2006 年，第 57 页。

二、教学背景分析

(一)教材分析

1. 教材的地位和作用

《义务教育教科书·数学》五年级上册第 44 页“可能性”是数学四个领域之一“统计与概率”中的一部分，学生在之前的学习中已经涉及“统计与概率”中的统计初步知识，但概率知识对于学生而言还是一个全新的概念，它是学生以后学习有关知识的基础。

《义务教育数学课程标准(2011 年版)》将“概率”作为义务教育阶段数学课程内容“统计与概率”中的一部分，并将《义务教育数学课程标准(实验稿)》中的核心概念“统计观念”修改为“数据分析观念”，具体阐述为：“了解在现实生活中有许多问题应当先做调查研究，收集数据，通过分析做出判断，体会数据中蕴含着信息；了解对于同样的数据可以有多种分析的方法，需要根据问题的背景选择合适的方法；通过数据分析体验随机性，一方面对于同样的事情每次收集到的数据可能不同，另一方面只要有足够的数据就可能从中发现规律。数据分析是统计的核心。”①

为了体现课标的要求，新修订后的教材从第二学段开始安排“概率”的学习，并且根据学生的年龄特点，第二学段称为“随机现象发生的可能性”，第三学段称为“事件的概率”。

教材包含两个主要例题：

例题 1：使学生体验在现实生活中存在着不确定现象，逐步引导学生体验事件发生的确定性和不确定性。(如图 7-32 所示)

图 7-32

① 中华人民共和国教育部：《义务教育数学课程标准(2011 年版)》，北京：北京师范大学出版社，2012 年，第 6 页。

例题 2：让学生通过动手实践感受随机事件发生的统计规律性，感悟可能性的大小区别。（如图 7-33 所示）

图 7-33

本节课的主要教学内容是事件发生的不确定性和可能性，使学生对“可能性”的认识和理解逐渐形象，能用恰当的词语（如“一定”“不可能”“可能”“经常”“偶尔”等）来表述事件发生的可能性大小。教学过程中主要是引导学生观察分析生活中的现象，初步体验现实世界中存在着不确定现象，认识事件发生的确定性和不确定性，并知道事件发生的可能性是有大小的，帮助学生认识现实生活中的确定现象和随机现象。

这就要求我们不仅从整体上把握教材知识结构，注意统计知识与概率知识的联系，而且密切关注并考虑学生已有的经验知识，根据学生实际设计教学内容，使学生在玩中学，在学中悟。“可能性”是学生“概率”问题学习的起点，本节课的学习对学生后续概率知识的系统性建设有很重要的作用。

2. 教材对比分析

为了更好地分析教材背后的教育价值，我们可以对比一下不同教材中该知识的呈现。

(1)修订前人教版教材(如图 7-34 所示)

图 7-34

(2)修订后人教版教材(如图 7-35 所示)

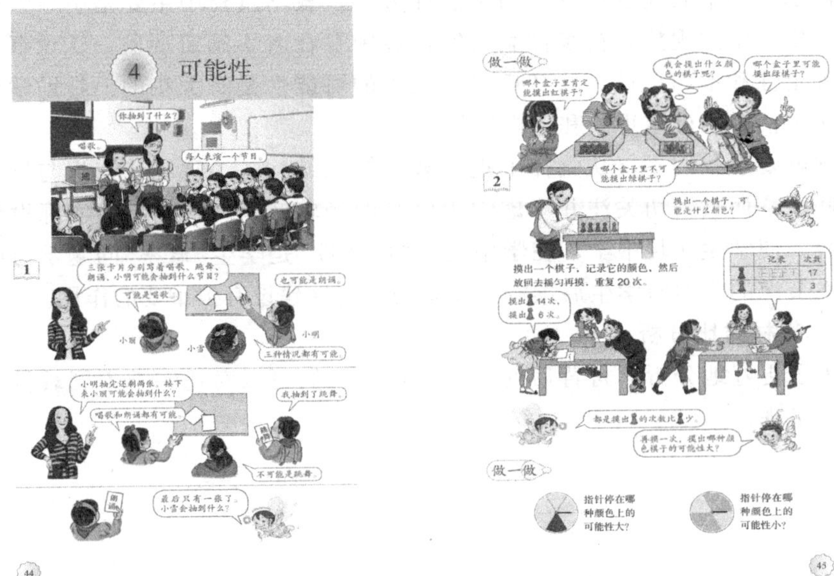

图 7-35

(3)北京版教材(如图 7-36 所示)

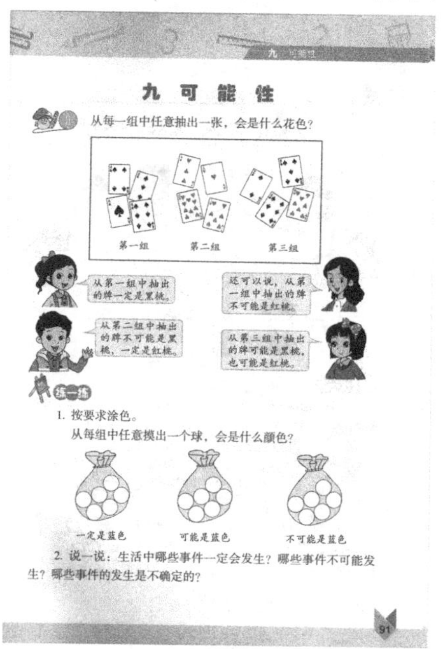

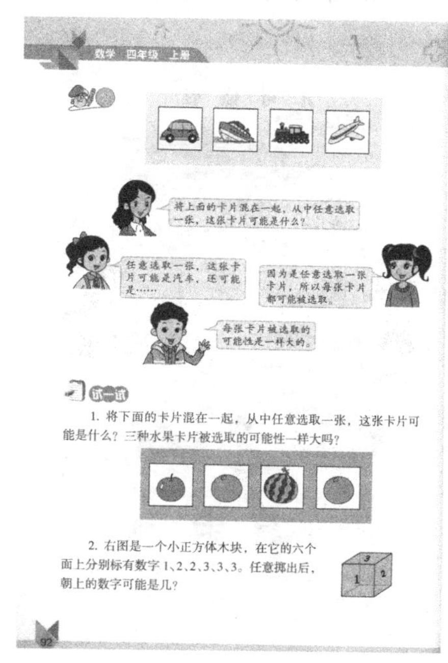

图 7-36

(4)苏教版教材(如图 7-37 所示)

图 7-37

(5)北师大版教材(如图 7-38 所示)

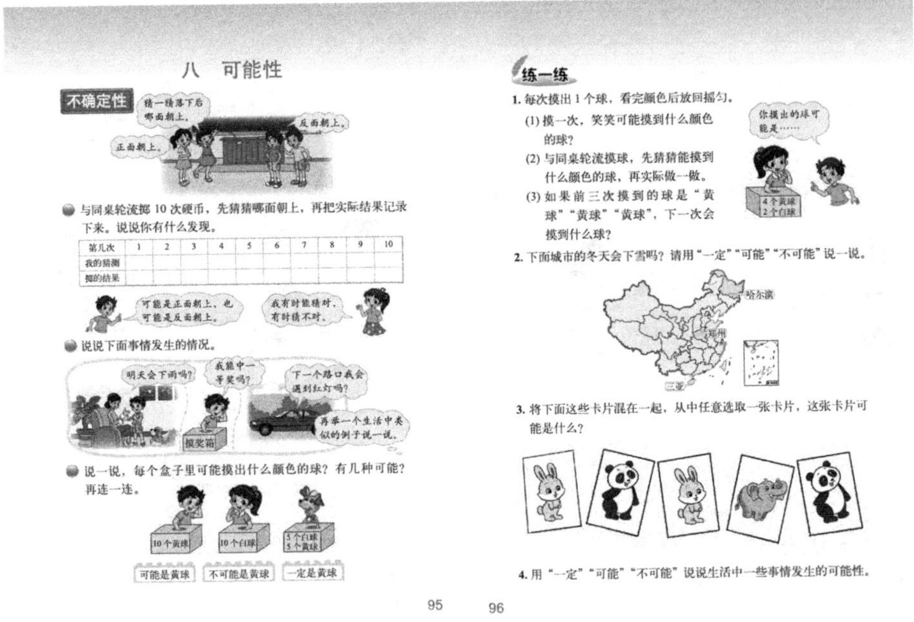

八 可能性

不确定性

● 与同桌轮流掷 10 次硬币，先猜猜哪面朝上，再把实际结果记录下来。说说你有什么发现。

第几次	1	2	3	4	5	6	7	8	9	10
我的猜测										
掷的结果										

● 说说下面事情发生的情况。

● 说一说，每个盒子里可能摸出什么颜色的球？有几种可能？再连一连。

95

练一练

1. 每次摸出 1 个球，看完颜色后放回摇匀。
(1) 摸一次，笑笑可能摸到什么颜色的球？
(2) 与同桌轮流摸球，先猜猜能摸到什么颜色的球，再实际做一做。
(3) 如果前三次摸到的球是“黄球”“黄球”“黄球”，下一次会摸到什么球？

2. 下面城市的冬天会下雪吗？请用“一定”“可能”“不可能”说一说。

3. 将下面这些卡片混在一起，从中任意选取一张卡片，这张卡片可能是什么？

4. 用“一定”“可能”“不可能”说说生活中一些事情发生的可能性。

96

图 7-38

通过教材的对比我们不难发现，“可能性”的内容呈现既具有共性，也具有差异性的个性特点。

共性：各版本教材知识呈现的载体基本相同。

各版本教材都是通过“摸球”这一具有操作性的活动帮助学生建立“一定”“可能”“不可能”的概念的。其原因主要在于“摸球”这一现实学习素材与其他活动相比简单且典型。《义务教育数学课程标准(2011 年版)》指出：“学生应当有足够的时间和空间经历观察、实验、猜测、计算、推理、验证等活动过程。”学生可以在课堂中通过有限的时间自主操作，更好地将生活经验与数学经验相结合，这样更易于学生将抽象的概念直观化、表象化，便于学生从本质上理解“数据分析观念”。①

差别：各版本教材安排本知识点学习的时间各不相同。

苏教版教材安排在低年级段(二年级)，北师大版教材和北京版教材均安排在中年级段(四年级)，而修订后的人教版教材则是安排在高年级段(五年

① 中华人民共和国教育部：《义务教育数学课程标准(2011 年版)》，北京：北京师范大学出版社，2012 年，第 3 页。

级），这一方面是因为各版本教材的编者对于知识体系建构的方式不同，另一方面也说明编者对学生的预期和要求不同。人教版教材修订前后的对比更可以说明这一观点。

关于“可能性”这一内容，原来的实验教材分两次进行集中编排。第一次是在三年级上册，主要是让学生初步体验有些事件的发生是确定的，有些则是不确定的，知道事件发生的可能性是有大小的。第二次是在五年级上册，使学生对“可能性”的认识和理解逐渐从定性向定量过渡，学会用分数描述事件发生的概率。

但实践表明，第一学段学生理解不确定现象有难度，不容易理解事件发生的可能性。在小学阶段设置简单的“概率”内容，主要是为了培养学生的随机思维，让其学会用概率的眼光去观察大千世界。鉴于此，在这次课程标准修订中，学生在第一学段中将不再学习概率，将不确定现象的描述后移到第二学段，即使是对随机性的学习，《义务教育数学课程标准(2011 年版)》中也提出运用数据分析来体会随机性，并且强调对可能性大小的理解，而不是对可能性本身的理解，使这部分内容更具可操作性，符合小学阶段学生学习的特点。①

因此，在可能性知识的教学中，应加强对学生概率素养的培养，增强学生对随机思想的理解，使学生充分感受和体验简单随机现象中数据的随机性，能对一些简单的随机现象发生的可能性大小做出定性描述，而不要把丰富多彩的可能性内容变成机械的计算和练习。

(二)学情分析

1. 基于经验

五年级的学生已经具备了一定的生活经验和统计意识，对现实生活中的确定现象和不确定现象已经有了初步的了解，并有一定的简单分析和判断能力，但学生只是初步地感知这种不确定事件，对具体的概念还没有深入地理解和运用。另外，由于学生概括能力较弱，推理能力还有待发展，很大程度上还需要依赖具体形象的经验材料来理解抽象的逻辑关系。因此根据学生的年龄特点和生活经验，教师需要做出适当引导，以便于学生自主进行正确的分析和判断。这也是教材选用学生熟悉的现实情境引入学习内容，设计了多种不同层次的、有趣的活动和游戏的原因。这样可以有效地激发学生的学习兴趣，使其感受到数学就在身边，体会数学学习与现实的联系，为学生自主

① 中华人民共和国教育部：《义务教育数学课程标准(2011 年版)》，北京：北京师范大学出版社，2012 年，第 6 页。

探索、合作学习创造机会。

2. 基于前测

为了更好地通过学生现状进行教学设计，我选择了五年级 30 名学生进行测试。

(1)测试题目

① 一定的画“√”，不可能的画“×”，可能的画“○”。(如图 7-39 所示)

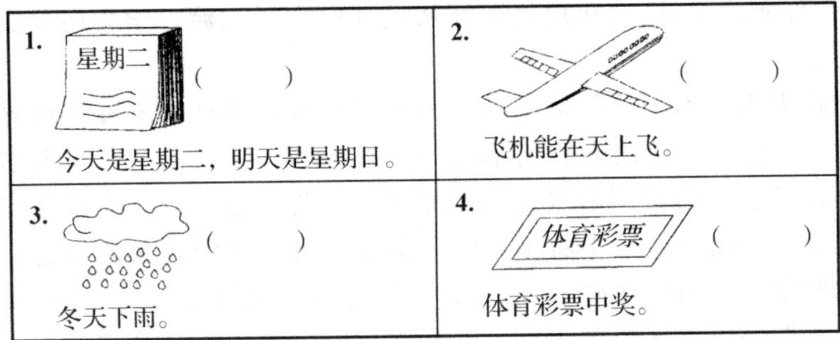

图 7-39

② 从盒子里任意摸出一个球，结果会怎样？连一连。(如图 7-40 所示)

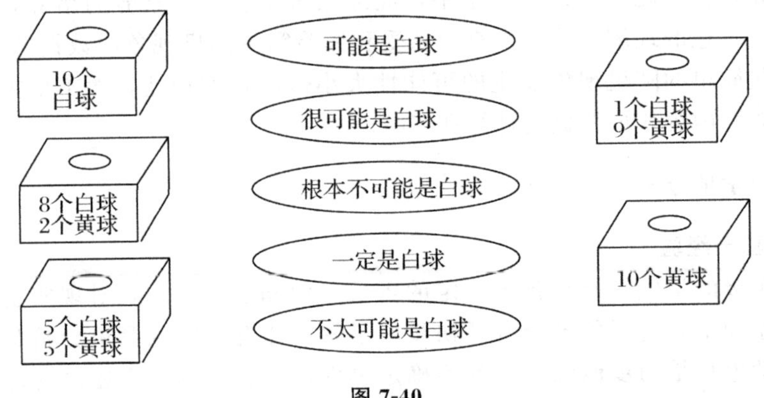

图 7-40

③ 新年联欢会有一项抽签游戏。小明抽一张，最有可能的是什么？

奖品	1 张
唱歌	5 张
讲故事	3 张

(2)前测目的

①题主要考查学生对生活中的一些常识的判断，以及对可能性的理解到

底有多少；②题主要是进一步加深对可能性的理解，相对来说，形式上有些变化，考查的知识点是一样的；③题主要考查可能性在具体情境中的应用，也就是概率的大小问题。

(3)前测分析

表 7-4

问题序号	正确人数	百分比
题目①	29	96.7%
题目②	20	66.7%
题目③	30	100%

通过前测数据我们不难发现，学生能运用头脑去理性分析。每一个学生在想问题时，会考虑各种因素。学生在考虑问题时不会只看表面，具备一定的从多角度思考问题的能力。学生对于可能性不是完全陌生的，在头脑中已形成概率的初步萌芽。大部分学生形成了自己的思维，会判断事情发生的可能性，只是感性经验居多，理性分析稍显不足。

通过以上分析，引发了我的思考：

第一，看似简单的“可能性”问题，其内涵是什么？

我想，相对于简单的“不确定性”的知识，学生逐渐内化并感悟“概率”的实质更加重要。正如毕达哥拉斯所说：“在数学的天地中，重要的不是我知道什么，而是怎样知道什么。”在教学时，要充分利用情境，让学生积极地参与到学习活动中，在具体的操作活动中独立思考，使学生在大量观察、猜测、试验与交流的过程中，经历知识的形成过程，逐步丰富不确定现象，为今后进一步体验可能性的大小做好铺垫。[①]

第二，在本节课中如何发展学生的数据分析观念？

杜威说：“数学活动的本身是学生知识内化、方法凝练最好的场所。”[②]因此，在教学活动过程中，要注重让学生充分试验、收集、分析数据，帮助他们对生活中的常见现象发生的可能性进行正确的分析和判断。荀子曰：“道虽迩不行则不至，事虽小不为则不成。”依据现实情境，亲身参与到分析判断的过程中，用数学的方法和语言进行描述是学生培养数学分析观念的理想途径。

综上，本节课中力争多为学生提供自主学习、合作学习的机会，让他们主动参与、勤于动手，从而乐于探究。

① 王荣德：《教师的人格魅力》，北京：科技出版社，2001年，第24页。

② 杜威著，王承绪译：《民主主义与教育》，北京：人民教育出版社，2001年，第19页。

三、教学目标

(一)教学目标

1. 在具体情境中，初步体会有些事情的发生是确定的，有些则是不确定的，会结合已有的经验对一些事情发生的可能性进行判断并简单阐述理由。

2. 经历猜测、试验、收集与分析试验结果等过程，感受随机现象发生可能性的大小，能对简单随机现象发生的可能性大小做出分析和预测。

3. 在游戏情境中发现数学信息，并能够根据信息有条理地进行分析和表达。

4. 了解数学可以描述生活现象，感受数学与生活的紧密联系，发展学生的数据分析观念。

(二)教学重、难点

教学重点：通过实例感受简单的随机现象，能列出简单随机现象中有可能发生的结果。

教学难点：感受随机现象结果发生可能性的大小，能对简单随机现象发生的可能性大小做出分析和预测。

四、教学流程图

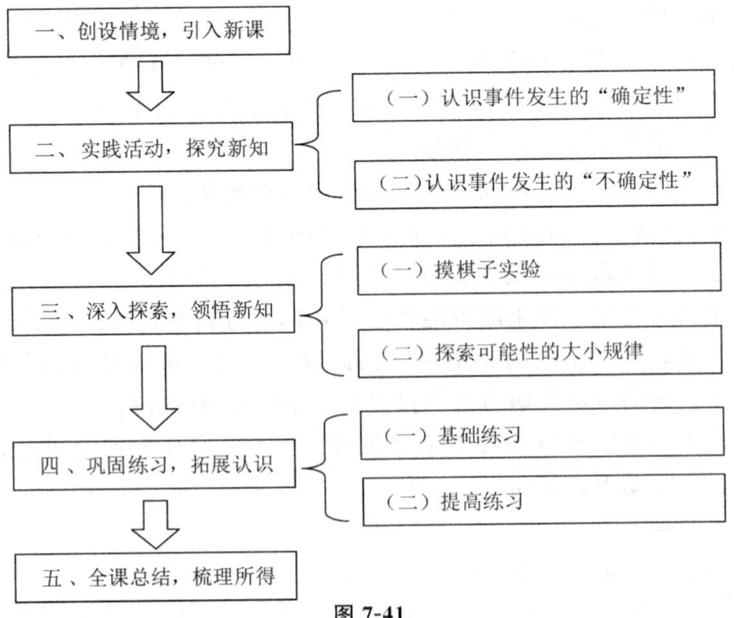

图 7-41

五、教学过程

(一)创设情境，引入新课

《三国演义》故事引入(视频：20 秒)

故事原文：玄德入城安抚已毕，赏劳三军。乃问众将曰：“零陵已取了，桂阳郡何人敢取?”赵云应曰：“某愿往。”张飞奋然出曰：“飞亦愿往!”二人相争。孔明曰：“终是子龙先应，只教子龙去。”张飞不服，定要去取。孔明教拈阄，拈着的便去。又是子龙拈着。(《三国演义》第 52 回)

故事描述：赤壁之战后，刘备迅速发展，差遣张飞攻下了重镇零陵，又计划乘胜攻取桂阳。此时张飞与赵云都申请要去攻打，诸葛亮想，立功的机会应该公平，就想让赵云前往，但不好明说，于是想出了一个主意，让张、赵二将抓阄决定，摸到“去”则出战，摸到“不去”则留守。(电视剧《三国》第 49 集)

(1)问：你们认为张、赵二将摸纸条时会出现什么结果?

预设生：可能张飞去，赵云不去；也可能赵云去，张飞不去。

(2)师：对，大家用了“可能”这个词，就是两种结果都有可能。

(3)师：生活中的事情就像故事中的一样，有些我们不能肯定它的结果，有些则可以肯定它的结果，类似的例子还有好多。这就是今天我们要一起研究的内容：事情发生的可能性。

【设计意图：新的课程改革在数学教学方面十分重视问题情境的创设，而创设的情境一定要包含数学模型。因此，在上课伊始，选用讲故事的方式导入新课，激发学生的兴趣，引发学生的思考，启发学生参与故事情节的讨论。让学生在现实情境中学习，不仅使学生对“可能性”有了初步感知，而且能领悟到数学与现实生活的联系，从而产生探索的需求，激发学生浓厚的学习兴趣。】

(二)实践活动，探究新知

1. 认识事件发生的“确定性”

(1)师：元旦联欢会上大家表演节目，老师为了让活动更有意思，决定以抽签的方式确定节目。每人表演一个节目，抽到什么表演什么。(如图 7-42 所示)

图 7-42

(2)学生参与活动(现场选取 3 人抽签)。

(3)出示节目卡(三张都是跳舞，如图 7-43 所示)。

图 7-43

(4)问：请同学们思考一下，第一位同学会抽到什么？你是怎么确定的？

预设：一定是跳舞。因为所有卡片都是跳舞。(板书：一定)

(5)问：有没有可能是唱歌？

预设：不可能抽到唱歌，因为卡片中没有唱歌，所以不可能是唱歌。(板书：不可能)

(6)小结：看来我们通过分析这一组卡片的组成，得出了一些有价值的判断。有的情况是“一定”会出现的，有的情况是“不可能”出现的。

2. 认识事件发生的“不确定性”

(1)改变卡片：三张卡片分别是“唱歌”“跳舞”“朗诵”。(如图 7-44 所示)

图 7-44

(2)问：请同学们猜一猜，第一位同学这次会抽到什么？你是怎么确定的？

预设：可能是唱歌，可能是跳舞，也可能是朗诵。

(3)师：请组长拿出节目卡，小组内同学试一试，看看是不是三种情况都有可能。

明确要求：每次抽出后，再放回去，打乱顺序后重新再抽。

预设：实验和猜测一样，这三种情况都有可能。(板书：可能)

(4)现场抽签：(问题串)

① 问：他抽到的是什么节目？

预设：跳舞。

② 问：现在我们知道了第一位同学要表演跳舞。谁猜对了？虽然有的同学猜对了，但是抽签之前，你能肯定他会表演跳舞吗？

预设：不能。

③ 问：还剩下两张卡。接下来第二个人可能会抽到什么？能确定吗？

预设：唱歌或朗诵，但不能确定。

④ 问：请仔细想一想，有什么事能确定？

预设：能确定不可能抽到跳舞。

⑤ 现场抽签。

预设：唱歌。

⑥ 问：还剩一张，第三个人会抽到什么？能确定吗？

预设：一定是朗诵。

(5)总结：第三次抽与前两次的情况有所不同，因为只剩下一张，因此抽出的情况就是确定的。数学中我们把这样的事件称为“确定事件”，也就是“一定”或“不可能”的。而前两种情况中，由于有三种卡片，因此我们不能确定抽取的是哪一张，我们称之为“不确定”，通常说“可能……”。“可能”“不可能”“一定”是判断事件发生可能性的三种情况。

【设计意图：结合学生熟悉的抽牌游戏，在具体的情境中，让学生通过实例感受事件发生的可能性，认识简单的随机现象。通过节目的对比，使学生认识“可能”“不可能”“一定”，感受事件发生的不确定性和确定性。】

(三)深入探索，领悟新知

1. 摸棋子实验

(1)出示：两个盒子，一号盒子放的全部是红棋子，二号盒子放的有红棋子、绿棋子、黄棋子和蓝棋子。(如图 7-45 所示)

图 7-45

(2)想一想：从图中你看到了哪些数学信息？

(3)师：做“摸一摸”的游戏，两个盒子会有哪些情况发生？请用“可能”“一定”“不可能”来描述。

预设：从第一个盒子里摸，一定会摸到红棋子，不可能摸到其他颜色的棋子。

从第二个盒子里摸，可能会摸到红棋子，可能会摸到绿棋子，可能会摸到黄棋子，也可能会摸到蓝棋子。

(4)你能用“可能”“一定”“不可能”谈一谈生活中事情的发生吗？

预设：略。

(5)课件出示：盒子里有 4 个红棋子和 1 个蓝棋子，任意摸一个，可能是什么颜色的棋子？(如图 7-46 所示)

图 7-46

预设：可能是红棋子也可能是蓝棋子。因为盒子里面既有红棋子也有蓝棋子。

(6)问：摸出的可能是红棋子也可能是蓝棋子，但如果让你猜，你会选择猜哪种颜色？

预设：红棋子。

(7)师：事件发生的可能性是有大有小的，那我们就来研究事件发生的可能性的大小。

【设计意图：让学生充分体验数学来源于生活，同时又应用于生活，学生根据已有的知识和生活经验列举。在描述、思考、讨论和交流的活动过程中进一步丰富学生对确定和不确定事件的认识。】

2. 探索可能性的大小规律

(1)出示活动材料：每个小组都有一个盒子，里面都装有白色和黑色两种棋子，请小组合作，自己摸一摸，并将过程记录在学习单上。(如图 7-47 所示)

要求：摸出一个棋子，记录它的颜色，然后放回去摇匀再摸，重复 20 次。

思考：摸出哪种颜色的可能性大？为什么？再看看盒子里的棋子，说说可能性的大小与什么有关。

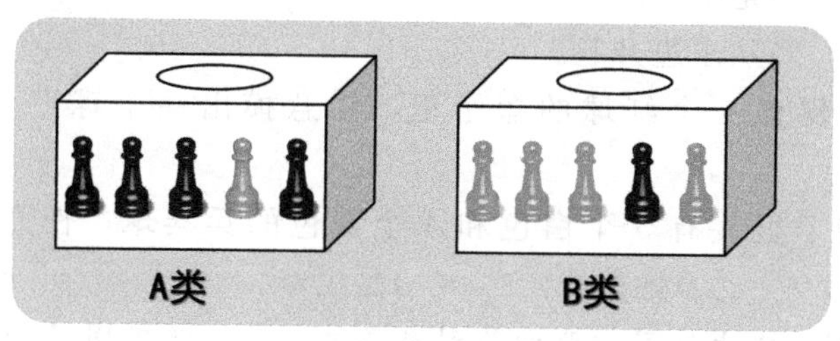

图 7-47

(2)指名小组汇报，对结果不同的小组进行比较。

A 类：从试验记录可以看出，摸到黑棋子的次数比摸到白棋子的次数多。也就是说，从盒子里摸出黑棋子的可能性大，摸出白棋子的可能性小。通过观察发现黑棋子比白棋子数量多。

B 类：从试验记录可以看出，摸到白棋子的次数比摸到黑棋子的次数多。也就是说，从盒子里摸出白棋子的可能性大，摸出黑棋子的可能性小。通过观察发现白棋子比黑棋子数量多。

(3)引导小结方法：当可能性的大小与数量相关时，在总数中所占数量越多，可能性越大，所占数量越少，可能性就越小。

【设计意图：为学生创设了开放的学习空间，学生没有老师的限制，根据学习目标自主开展学习活动，一切都由学生做主。教师在汇报过程中引导学生反思，让学生通过摸棋子活动，深深地感受到在总数中占的数量越多，摸到的可能性就越大，占的数量越少，摸到的可能性也就越小，在对比中更好地体会确定事件和不确定事件。】

(四)巩固练习，拓展认识

1. 基础练习

(1)教材第 45 页，“做一做”(如图 7-48 所示)。

(2)用“可能”“不可能”或“一定”填空。

做一做

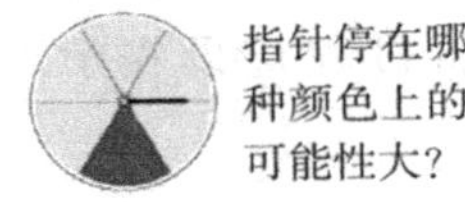

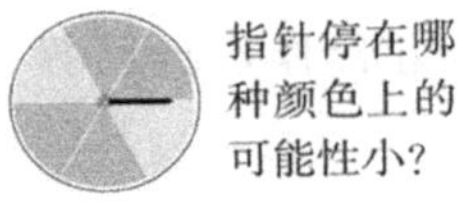

图 7-48

①我一顿饭(　　)吃 20 个馒头。

②明天(　　)是晴天。

③月亮(　　)从东边升起。

④从一个装有 5 个红球的盒子里，任意摸出一个球(　　)是红球，(　　)是黄球。

⑤一个袋子里装有 5 个白色和 4 个黄色的乒乓球，任意摸出一个球，(　　)是白球，(　　)是黄球，(　　)是黑球。

【设计意图：以上练习按照由易到难层次设计，既巩固了知识，又深化了学生的认知，培养学生逆向思考和简单的逻辑推理能力，培养学生的应用意识，让学生体会学有所用的思想，激发学生的学习兴趣。[①] 在练习的设计中我更关注学生的参与程度，给学生讨论、合作的机会，尽量让学生表达自己的想法，使学生体验新知识在生活中的运用，体会数学课堂学习的快乐。】

2. 提高练习

(1)故事承前

课前我们看了电视剧《三国》的一个小片段。诸葛亮想：张飞已经取得了战功，这次我要帮助赵云，一定让他去攻取桂阳。你们说，诸葛亮的愿望能实现吗？你能够想个办法帮助诸葛亮吗？

视频验证：20 秒。

张飞抢先抽签，打开看是“不去”，赵云打开签发现也是“不去”，正要询问时却被诸葛亮阻止，诸葛亮说：“既然张将军抽到的是‘不去’，想必赵将军必然抽的是‘去’，那这趟就有劳赵将军了!”于是赵云高兴地领命走了。

①师：同学们，你们知道这是怎么回事吗?

预设生：两张都是“不去”。张飞一定会抽到“不去”，所以赵云一定会去。

②问：通过这个故事你有什么想法?

【设计意图：通过问题的思考与讨论，将复杂问题简明化，充分调动学生学习数学的主动性。让他们主动探索，并通过参与具有教育价值的数学活动，

① 刘加霞：《小学数学课堂的有效教学》，北京：北京师范大学出版社，2008 年，第 74 页。

初步领会到一个深奥的“可能性”问题的意义。】

(2)故事启后：以寡击众，百钱破敌(如图 7-49 所示)

图 7-49

这是禅宗里的一个故事。宋代有一位智勇双全的将军，一次，他率军对抗西夏的侵略，但双方兵力悬殊，他的全部人马只及对方的十分之一，因此众将士有点信心不足。这位将军就到一座庙里求神问卜，然后，他取出 100 枚铜钱，当着众将士说：“胜负在天，就让神灵决定我们的命运吧！如果铜钱落地后全部正面朝上，神将保佑我们战无不胜；如果有一枚正面朝下，是神让我们失败，我们只有听天由命。”说着，将军轻轻向上一抛，铜钱落地，全部正面朝上，顿时全军欣然，将士们欢腾雀跃，士气大振，终于获得全胜。胜利归来后，将士们纷纷提出要感谢神灵的保佑。这时，将军才拿出铜钱让大家看，原来，这些铜钱的两面都是正面。众位将士这才恍然大悟，保佑他们获胜的不是神灵，而是自己。这位智勇双全的大将就是宋代的名将狄青。

(五)全课总结，梳理所得

师：这节课你们学了什么知识？有什么收获？

引导归纳：

1. 发生的事件有“确定事件”也有“不确定事件”。

2. 事件的可能性有大有小。在总数中占的数量越多，摸到的可能性就越大，占的数量越少，摸到的可能性也就越小；反之，摸到的可能性大说明在总数中占的数量多，摸到的可能性小说明在总数中占的数量少。

名言激励：人生的精彩就在于拥有一个不确定却有无数可能的未来。

——[法]儒勒·凡尔纳

【设计意图：通过小结，引导学生整理、复习、巩固教材知识，深化对课堂教学主题的理解和把握，使得新知识具有更大的迁移价值，为以后学习和

运用它们奠定基础。①】

六、本教学设计的着力点

1. 现实——让学生从现实生活中学习数学

数学教学活动必须以学生已有的知识经验为基础。教学中联系生活、生动有趣又层次分明的活动贯穿其中，引导学生进行观察、操作、猜想、讨论、实验、合作、交流、创造等，使学生初步学会从数学的角度观察事物，思考问题，激发学生学习数学的兴趣。

2. 活动——让学生在数学活动中学习数学

数学教学是数学活动的教学。在教学过程中重视学生的实践活动和直接经验，充分让学生动手、动口、动脑，在活动中自己去探索数学知识与数学思想方法，在活动中体会成功的喜悦。

3. 自主——让学生在自主探索中学习数学

课程标准中指出："动手实践、自主探索与合作交流是学生学习数学的重要方式。"课堂上，应重视有意义的合作学习，并教给学生合作的策略，能及时对合作得好的学生做出公正合理的评价。把学习的主动权交给学生，放手让学生自主探索。

4. 和谐——让学生在自由和谐的环境中学习数学

尊重学生，发扬教学民主，鼓励学生发现问题、大胆猜想、敢于质疑、勇于尝试、乐于交流合作；引导学生自主探索，自主评价，体现了组织者、引导者、合作者的角色。学生在学习活动化的过程中愿学、乐学，尝到成功的快乐，建立了自信心。

七、参考资料

[1]中华人民共和国教育部．义务教育数学课程标准(2011 年版)[M]．北京：北京师范大学出版社，2012.

[2]罗祖兵，余瑶．数学知识不确定性的价值及其实现[J]．全球教育展望，2014(7)，112—119.

[3]袁振国．教育新理念[M]．北京：教育科学出版社，2006.

[4]王荣德．教师的人格魅力[M]．北京：科技出版社，2001.

[5]杜威．民主主义与教育[M]．王承绪，译．北京：人民教育出版社，2001.

① 余文森：《一位教育学教授的听课评课与教学断想》，福州：福建教育出版社，2011 年，第 139 页。

[6]胡继飞．试论学科课程“十化”教学策略[J]．现代中小学教育，2012(3)，10—13.

[7]刘加霞．小学数学课堂的有效教学[M]．北京：北京师范大学出版社，2008.

[8]余文森．一位教育学教授的听课评课与教学断想[M]．福州：福建教育出版社，2011.

意义建构与文化传承

——“自行车中的数学问题”教学设计

（此教学设计 2014 年获全国教学案例一等奖；
2017 年获北京市优秀教学设计一等奖）

教学内容：人教版《义务教育教科书·数学》六年级下册综合实践活动

一、指导思想与理论依据

1. 建模思想

德国数学家冯·诺依曼认为：“科学的目的不只是解释想象，科学的主要任务是建立数学模型。”“模型思想”属于新课标新增的十大核心概念之一——数学思想。而“自行车里的数学”一课内容就是比较典型的“建立模型”的过程，学生通过解决生活中常见的自行车里的问题，逐步总结出“前齿轮的齿数×前齿轮转的圈数=后齿轮的齿数×后齿轮转的圈数”这一抽象的数学模型，理解齿数和圈数存在的反比例关系，并能运用其模型解决简单的实际问题。

2. 数学活动经验

《义务教育数学课程标准(2011 年版)》指出：“数学教学活动必须建立在学生的认知发展水平和已有的知识经验基础之上。教师应激发学生的学习积极性，向学生提供充分从事数学活动的机会，帮助他们在自主探索和合作交流的过程中真正理解和掌握基本的数学知识与技能、数学思想和方法，获得广泛的数学活动经验，学生是数学学习的主人，教师是数学学习的组织者、引导者与合作者。”在“综合与实践”的活动中，教师在课堂上适时扮演“同伴”“参谋”“建议者”“欣赏者”，有效组织学生进行交流，学生在解决问题的过程中向教师和其他同学阐述自己的观点，与其他同学的方法进行比较，分享不同观点带来的启发。教学中通过“提出问题—分析问题—建立数学模型、收集数据并求解—汇报交流”的主动学习过程，为学生提供了充分从事数学活动的时间和空间，使学生能够在自主探索、亲身实践、合作交流的氛围中，表达想法，解除困惑，明晰思路，并有机会分享自己和他人的学习感受，积累活动经验。

3. 学科融通

随着教育改革的不断深入，素质教育的不断发展，优化学科资源，推进学科整合，正日渐成为当前教育的一个热潮，尤其是不同学科、跨领域的整合更是引起了从中央到地方的高度重视。新课程改革在《学科改进意见》中明确提出：“加强学科教学内容与社会、自然的联系，让学生学习鲜活的知识和技能。”要采用多样化的教学方式，丰富课堂教学的实现形式，倡导“玩中学”“做中学”，为学生提供丰富的体验、合作、探究类的学习活动。要达成新课改的目标，学科整合是一条非常重要的途径。只有在各门学科的相互交融、相互促进中，才能使学生获得知识以外的东西——学会学习、学会合作、学会生存、学会做人。

二、教材背景分析

(一)教材分析

本案例的教学内容为教育部审定 2013 版《义务教育教科书·数学》六年级下册第 67 页“自行车里的数学”。(如图 7-50 所示)

“自行车里的数学”的问题是在“比例”之后安排的一个“综合与实践”活动，本课是通过研究前轮转数与后轮转数之间的关系，让学生明确其中存在的反比例关系，最终使学生明确“蹬一圈的距离＝车轮的周长×(前齿轮齿数÷后齿轮齿数)”。

在教材上，本节课内容由活动一和活动二两个活动组成。

活动一主要研究普通自行车的前、后齿轮齿数和齿轮转数的关系。其主要内容由 4 个环节组成，分别是“提出问题—分析问题—建立数学模型、收集数据并求解—汇报交流”。从教材的呈现可以看出，活动一是让学生选择一辆自行车，感悟与车轮转动距离相关的要素，思考“蹬一圈车能走多远”这一数学问题。

自行车里的数学

活动 1

找一辆普通自行车，测量出以下数据。

前齿轮齿数	后齿轮齿数	车轮半径

这辆自行车蹬一圈，能走多远？

利用前面所学的比例知识，试一试！

想一想：前、后齿轮的齿数与它们的转数有什么关系？

前齿轮齿数 × 前齿轮转数 = 后齿轮齿数 × 后齿轮转数

蹬一圈的路程：＿＿＿＿＿＿＿＿

活动 2

找一辆变速自行车，测量出前、后齿轮齿数，看看有多少种组合。

齿数比 前齿轮齿数 / 后齿轮齿数		

思考：蹬同样的圈数，哪种组合使自行车走得最远？

67

图 7-50

教材上首先呈现的是学生最容易想到的方法：直接测量。但测量过程不易把握，结果误差较大。进而引导学生用计算的方法求解。通过研究自行车行进的原理，学生发现脚踏转一圈，前齿轮转动一圈，此时，后齿轮转动不止一圈，由此引发思考。进而在学生探究后发现前、后齿轮齿数与转数之间的关系，并推断出后齿轮带动后轮转动了多少圈，利用圆的周长计算出行进距离。

本节课重点研究活动一的内容，而活动二的内容仅仅想让学生初步感知，为下一节课的深入研究做好孕伏(变速车的变速原理)。

(二)不同版本教材对比分析

研读了新教材，接下来我们再来看看之前旧教材和科学教材中是如何呈现这部分内容的。

1. 新、旧数学教材的相同点

通过对数学学科两个版本的教材进行对比分析可以发现，数学学科两个不同版本教材都将“自行车里的数学”一课放在六年级下册进行教学，且教材内容均要求学生进行动手操作，并总结得到“前齿轮的齿数×前齿轮转的圈数＝后齿轮的齿数×后齿轮转的圈数”这一结论。(如图 7-51 所示)

图 7-51

2. 新、旧数学教材的不同点

在旧版本数学教材中，“自行车里的数学问题”一课内容中没有安排“前齿轮齿数、后齿轮齿数和车轮半径”这一表格。新教材之所以这样安排，我认为主要有两个目的：其一是强调教学要从实际数据和实际测量入手。从鲜活的实际数据入手，让学生经历一个完整的收集数据、整理数据和分析数据的过程。其二是聚焦。旧教材是通过一些文字进行说明，而新教材则是通过表格来呈现，更加突出了研究的要点是前、后齿轮齿数与它们的转数的关系。

另外，旧教材在研究前、后齿轮齿数之间的关系时，为了便于学生进行自主研究而采用虚拟数据进行探索，教材给出了前齿轮和后齿轮的具体齿数；而新教材没有给出具体的前、后齿轮的齿数。

3. 学科联系

科学学科更加关注学生的动手操作，让学生通过观察初步了解自行车齿轮的运转原理(如图 7-52 所示)；而数学学科则是让学生在动手实践的基础上，通过自主探索发现规律、建立数学模型，并解决生活中的实际问题。

7. 自行车的行驶

问题

普通自行车是怎样行驶的呢?

推测

我认为：

观察

自行车上的哪些部分构件与自行车的行驶有关系?

自行车上和自行车的行驶有关系的部件主要是脚蹬、链条和链轮等。当人踏动脚蹬时，就能把动力通过曲柄、链轮、链条、飞轮、后轴传递到自行车的后轮上，使自行车的轮子转动。把动力传到轮上去叫传动。像自行车这样的传动装置叫做链条传动。

阅读　传动

复杂的机械又叫机器。一架完整的机器主要是由三部分组成的，即工作部分、动力部分和传动部分。此外，还有操纵部分。

产生动力的部分又叫动力机，例如风车、水轮、电动机等。

传动部分又叫传动装置。常见的传动装置除了链条传动，还有皮带传动和齿轮传动。

实验

将自行车用架子固定好，先在链条传动装置的两个链轮上各做一标记，然后用手摇动脚蹬。观察两个链轮的转动有什么联系?

讨论 1

如果将链条传动装置上的两个链轮的位置调换一下，会发生什么现象?

我发现：

讨论 2

在自行车前进的时候，究竟是前轮带动后轮行驶，还是后轮带动前轮行驶呢?

实验 1

把两个齿数相同的齿轮组装在一起，如果它们转动起来，会是什么样的?

我发现：

实验 2

把两个齿数不同的齿轮组装在一起，如果它们转动起来，又会是什么样的?

我发现：

图 7-52

(三)学情分析

六年级学生已经具备了一定的操作能力、探究能力和抽象概括能力，又在科学课上积累了相关知识和经验，故在本节课中应充分给学生提供空间与时间，引导学生在自主探索的过程中获取知识，感受数学的魅力。

1. 学科知识储备

在学习本节课之前，学生已经掌握了“圆的周长”“正反比例关系”“测量”“简单的排列组合”等知识，同时，在六年学习中，学生也已经积累了大量的构建数学模型的经验，因此学生在学习的方法上和知识上都已经具备了一定的基础，但由于本课内容难度比较大，学生掌握起来不大容易，特别是在总结“前齿轮的齿数×前齿轮转的圈数＝后齿轮的齿数×后齿轮转的圈数”这一规律时，学生通过自主探索得到这个结论的难度比较大，要明白其中的道理也比较困难，因此在教学时，教师要给予学生充分的时间和空间，让学生独立自主地构建出数学模型。

2. 认知能力与水平

为了真实了解学生的情况，我对我校六年级一个班级的学生(36 人)进行了前测，具体题目如下：

(1)脚踏板踩一圈，就是(　　)转一圈。

A. 前齿轮　　B. 后齿轮　　C. 后轮胎

(2)自行车转一圈，就是(　　)转一圈。

A. 前齿轮　　B. 后齿轮　　C. 脚蹬子

(3)一组相互啮合的齿轮，大齿轮有 48 个齿，小齿轮有 24 个齿，如果大齿轮转 15 周，小齿轮转多少周?

请学生试做，分析数据如下：

表 7-5

问题	正确人数	百分比
(1)脚踏板踩一圈，就是(　　)转一圈。	23	63.9%
(2)自行车转一圈，就是(　　)转一圈。	18	50%
(3)一组相互啮合的齿轮，大齿轮有 48 个齿，小齿轮有 24 个齿，如果大齿轮转 15 周，小齿轮转多少周?	30	83.3%

前测中，问题(1)和问题(2)都是考查学生对自行车结构的掌握情况，从数据可以看出，由于学生在六年级科学课上已经对自行车的结构进行了学习，具备了一些知识经验，因此在没有给学生提供自行车图片的情况下，依然有超过 50%的学生能够正确进行解答。但由于学生学习的时间相对久远，有的学生已经逐渐淡忘，更重要的是学生想不到科学课上的知识在数学课上还能够得到应用，两个学科间的联系对于学生来说是比较陌生的，因此有将近一半的学生回答错误。学生对于问题(3)的解决还是非常好的，我想这主要有两个原因：其一是学生已经具备了反比例的知识，能够初步地分析数量关系；其二是由于学习内容的编排进度，有的学生已经获取了解决相关情境问题的方法。

总之，通过前测可以看出学生已经积累了丰富的生活经验和知识经验，但面对本节课的教学内容时，我发现有的学生明显感到某些问题难度大而无所适从。

结合对教材的研究和对学生调研情况的分析，我产生了如下思考：

①如何让学生通过自主探索抽象出完整的数学模型?

②如何引导学生将生活与数学、科学与数学相整合，使其相互作用、共同发展?

三、教学目标及重、难点

(一)教学目标

1. 通过生活中"自行车蹬一圈能走多远"这个实际问题，引导学生自主探索、合作交流，理解齿数和圈数存在的反比例关系，逐步建立"前齿轮的齿数×前齿轮转的圈数=后齿轮的齿数×后齿轮转的圈数"这一抽象的数学模型，初步感知变速自行车的变速原理并解决简单的实际问题。

2. 经历"提出问题—分析问题—建立数学模型—求解—实际应用"的解决实际问题的过程，培养学生的应用意识，感悟初步的模型思想。

3. 了解数学与生活的广泛联系，鼓励学生勇于实践、探索的实践精神，感受数学的内在魅力。

(二)教学重、难点

教学重点：发现在总齿数一定的情况下，"前齿轮齿数×前齿轮转数=后齿轮齿数×后齿轮转数"的关系。

教学难点：理解自行车的前、后齿轮齿数与它们的转数之间的比例关系。

四、教学流程图

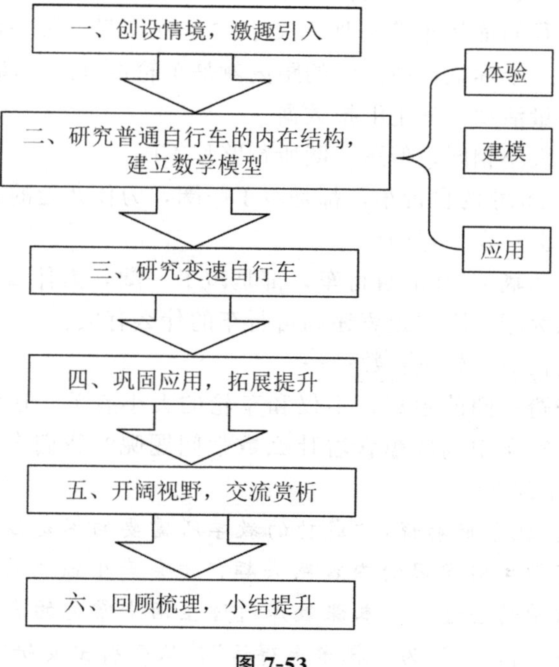

图 7-53

五、教学过程

(一)创设情境，激趣引入

情境引入：出示图片(如图 7-54 所示)

图 7-54

师：你们知道这幅画是什么意思吗？

师：你们会骑自行车吗？你们对自行车了解吗？

师：老师准备了两辆自行车，如果只蹬一圈，你认为哪辆车走得远？谁愿意来选一选？(准备两辆前、后齿轮不同的 26 寸普通自行车，教师示范蹬一圈)

师：你们认为怎么分出胜负？如何操作？测量时要注意什么？

明确要求：我们都从车轮与地面交点的地方算起，蹬一圈后，当车轮停下时，我们再做一个标记，两点间的距离就是车轮走过的距离。

小组开展测量活动，学生汇报数据。

预设：车轮大小相同，但蹬一圈所行路程不同。

师：同一辆 26 寸的自行车，都是蹬了一圈，为什么走的距离却不同呢？

预设：测量会存在一定的误差。

师：不同的两辆 26 寸的自行车，都是蹬了一圈，为什么测量的结果差距那么大呢？你认为蹬一圈的距离还和自行车的什么有关？

预设：轮盘齿数、轮盘转数……

小结：看来蹬一圈的距离，不仅和车轮的大小有关，还和前后齿轮的大小有关。那么自行车中到底蕴含着什么数学问题呢？我们今天就一起来研究“自行车里的数学问题”。

【设计意图：托尔斯泰说：“成功的教学所需要的不是强制，而是激发学生的兴趣。”只有学生对学习的内容感兴趣，才会产生强烈的求知欲望，积极主动地参与教与学的全过程。本课教师通过生活中常见的自行车引出研究问题，“如果只蹬一圈，你认为哪辆车走得远”，从而引出要研究的问题：“蹬一圈，自行车前进多少米？"通过让学生动手操作测量，激发了学生对知识的兴趣和求知的欲望，为学生提供了明确的研究主题，营造了主动学习的氛围，把学生不知不觉地推到学习的主体地位上。】

（二）研究普通自行车的内在结构，建立数学模型

1. 认识自行车的内部结构

（1）师：自行车的规格有很多，你觉得我们应该怎样研究蹬一圈的距离呢？

预设：可以用计算的方法。蹬一圈的距离＝车轮周长×后车轮转动圈数。

（2）师：我们很容易计算车轮周长，但怎么得到后车轮转动圈数呢？看来我们有必要先来认识一下自行车的结构。

师：自行车是怎么行驶的？学生利用科学课上学习过的有关知识介绍。

预设：

①蹬一圈就是前齿轮转一圈，但只是后车轮转动，前车轮不动。（隐去前车轮）

②后车轮和后齿轮有直接关系，后齿轮转几圈，后车轮就转几圈。（隐去后车轮）

③后齿轮是由前齿轮带动的，但前齿轮转一圈，后齿轮不止转动一圈。（隐去车架）

④两个齿轮间隔较远，通过链条将两者联系在一起，并保证了转动的齿数同步。（隐去链条）

提问：要想知道蹬一圈的路程，解决问题的关键是什么？

预设：研究前、后齿轮的齿数与它们的转数有什么关系。

【设计意图：模型的建立在于明晰自行车车轮和齿轮的运动关系，此环节是学生已经在科学课上初步认识自行车的基础上，通过观察、讨论，进一步发现自行车的内部结构及前、后齿轮转动原理，通过4次隐去，逐渐把复杂的问题聚焦到齿数和转数之间的关系上，为后续学习建立数学模型打下基础，积累了丰富的数学活动经验，有效地进行了学科整合。】

2. 建立数学模型

（1）师：下面我们就来研究一下前、后齿轮转动圈数的关系。老师为你们准备了4种不同难度的学习材料，请你们自由选择。

①齿轮组：前齿轮13个齿，后齿轮13个齿。

②齿轮组：前齿轮26个齿，后齿轮13个齿。

③齿轮组：前齿轮12个齿，后齿轮8个齿。

④齿轮组：前齿轮 A 个齿，后齿轮 B 个齿。

(2)活动建议

做一做：小组合作，共同研究。

写一写：在表 7-6 中记录实验数据。

表 7-6

前齿轮齿数	前齿轮转动圈数	后齿轮齿数	后齿轮转动圈数

想一想：你有什么发现？

集体交流，整理数据，分层汇报。(见表 7-7)

预设 1：当前、后齿数相同时，前、后齿轮转数相同。

预设 2：后齿轮转数是前齿轮转数的 2 倍。

预设 3：前、后齿轮的齿数比是 2∶1，前齿轮转数越多，后齿轮的转数也越多，并且它们的比值不变，前、后齿轮转数成正比关系。

预设 4：齿数越多，所转的圈数越少，齿数与转数成反比例。

预设 5：前齿轮齿数×前齿轮转数＝后齿轮齿数×后齿轮转数。

预设 6：$AB=BA$，$AC=BD$。

表 7-7

前齿轮齿数	前齿轮转数	后齿轮齿数	后齿轮转数
A	1	B	A/B
A	2	B	$2A/B$
A	C	B	AC/B
A	B	B	A
A	C	B	D

问题串：为什么前、后齿轮转数相同？

后齿轮转动的圈数与什么有关？

为什么后齿轮转动圈数是前齿轮转动圈数的 2 倍？

前、后齿轮齿数成倍数关系时结论成立，不成倍数关系时呢？

在什么情况下，前、后齿轮的转数成反比例关系？

在什么情况下，齿数与转数成正比例关系？

前、后齿轮的齿数与它们的转数有什么关系？

(3)模型解释

从数据上看，我们得到了“前齿轮齿数×前齿轮转数=后齿轮齿数×后齿轮转数”这一结论。你能解释这是为什么吗？

预设：链条间的孔与前、后两个齿轮的每个齿对应，前齿轮转过几个齿，后齿轮也一定转过几个齿。因为前齿轮转动一圈的长度就是链条走过的长度，后齿轮也要转动同样的长度。所以前齿轮的齿数与转数的乘积等于后齿轮的齿数与转数的乘积。

板书：前齿轮齿数×前齿轮转数=后齿轮齿数×后齿轮转数。

(4)求解问题

师：你现在会求蹬一圈自行车所走的距离了吗？蹬一圈时，也就是前齿轮转动转数为1时，后齿轮转数=前齿轮齿数÷后齿轮齿数。

因为车轮转数=后齿轮转数，而后齿轮转数=前齿轮齿数÷后齿轮齿数。所以，蹬一圈自行车所走的距离=车轮的周长×(前齿轮齿数÷后齿轮齿数)。

(5)检验模型

你能计算出这两辆自行车蹬一圈分别能走多远了吗？

出示：	前齿轮齿数	后齿轮齿数	车轮的直径
小明	33	16	71
小亮	44	18	66

计算：小明：3.14×71×(33÷16)≈460(cm)

小亮：3.14×66×(44÷18)≈507(cm)

小结：看来比较两辆自行车蹬一圈的路程，不仅要看轮胎的大小，还要看前、后齿轮的齿数比。

【设计意图：著名心理学家皮亚杰说：“儿童的思维是从动作开始的，切断动作与思维的联系，思维就不能得到发展。”“动”是儿童的天性，教学过程中，只有亲自动手做一做，才会知道得更多，掌握得更牢，从而使学生掌握恰当的数学学习方法，积累相关的数学活动经验。本环节让学生在动手操作的过程中，通过实验、列表、分析数据等方法建立“前齿轮的齿数×前齿轮转的圈数=后齿轮的齿数×后齿轮转的圈数”这一抽象的数学模型，进而得到研究主题的结论：蹬一圈的距离=车轮的周长×(前齿轮齿数÷后齿轮齿数)。而在整个建模过程中，设计了开放的问题，提供了不同的齿轮组，关注了不同学生的思维水平和个人需求。】

(三)研究变速自行车

出示变速自行车实物。

师：你们知道变速自行车变速的原理是什么吗？它是怎么变速的？

预设：变速自行车是通过前后不同齿轮的多种组合实现变速的。

师：让我们来看看下面这辆变速车的构造。2 个前齿轮、6 个后齿轮的变速自行车，能变化出多少种组合呢？

预设：2×6＝12(种)。

填写表 7-8，算一算。你有什么发现？

表 7-8

前齿轮齿数 / 齿数比 / 后齿轮齿数	48	40
28	1.71	1.43
24	2	1.67
20	2.4	2
18	2.67	2.22
16	3	2.5
14	3.43	2.86

两种组合比值相同，说明什么？

预设：这两种组合，自行车蹬一圈，行驶的路程一样。

师：蹬同样的圈数，哪种组合使自行车走得最远？

预设：车轮周长一定，前、后齿轮的比值越大，前齿轮齿数越多，后齿轮齿数越少，这种组合蹬同样的圈数自行车走得越远。

反思：那我把前齿轮做大，后齿轮做小，速度就快了吗？这里还有什么现实的问题？

可以让学生实践感受一下，前齿轮越大，后齿轮越小，蹬起来越费力。还要结合路况选择合适的组合。

【设计意图：在学生已经建立了“蹬一圈的距离＝车轮的周长×(前齿轮齿数÷后齿轮齿数)”这一结论的基础上，进一步让学生感知变速自行车的变速原理。培养学生发现问题、提出问题的能力和质疑反思的精神。】

(四)巩固应用，拓展提升

1. 基本练习

一辆自行车前齿轮数为 48，后齿轮数为 16，车轮直径 71cm，蹬一圈能走多远呢？

预设：蹬一圈的距离＝71×3.14×(48÷16)＝668.82(厘米)。

2. 拓展提升

(1)师：同学们骑过变速自行车吗？你们知道变速自行车变速的原理是什么吗？它是怎么变速的？

预设：变速自行车是通过前后不同齿轮的多种组合实现变速的。

(2)师：让我们来看看下面这辆变速自行车的构造。(2 个前齿轮、6 个后齿轮的变速自行车)

通过试骑两种不同前后齿轮的搭配组合，让学生体会出：车轮周长一定(同一辆自行车)，前后齿轮的比值越大(前齿轮齿数越多，后齿轮齿数越少)，这种组合变化出的速度越快，但比较费力。

【设计意图：本环节的练习设计是具有针对性的。学生通过探索和交流很快建立解决此类问题的基本数学模型，但还不能做到透彻理解和全面掌握，还需设计合理的练习，才能达到预定的目标；此处的第二个练习实际上是在学生已经建立了“蹬一圈的距离＝车轮的周长×(前齿轮齿数÷后齿轮齿数)”这一结论的基础上，进一步让学生感知变速自行车的变速原理。两个不同层次的练习都做到了由易到难、由浅入深。】

(五)开阔视野，交流赏析

师：今天这节课，老师从同学们的研究中学到了许多新知识，我发现你们已经能够用数学去解决生活中的问题了。实际上，自行车问世 218 年以来，不断有科学家像你们今天这样去研究它，让我们来看看自行车发展史。(展示课件)

1. 自行车的历史(科学教材中有相关的阅读材料)

(1)1790 年，法国人西夫拉克制作了世界上第一辆自行车，该车是木制的，结构简单，既没有驱动装置又没有转向装置。(如图 7-55 所示)

图 7-55

(2)世界上第一批真正的实用型自行车出现于19世纪初。1818年，德国人杜莱斯开始制作木轮车，样子跟西夫拉克的自行车差不多，他被公认为自行车发明人。(如图7-56所示)

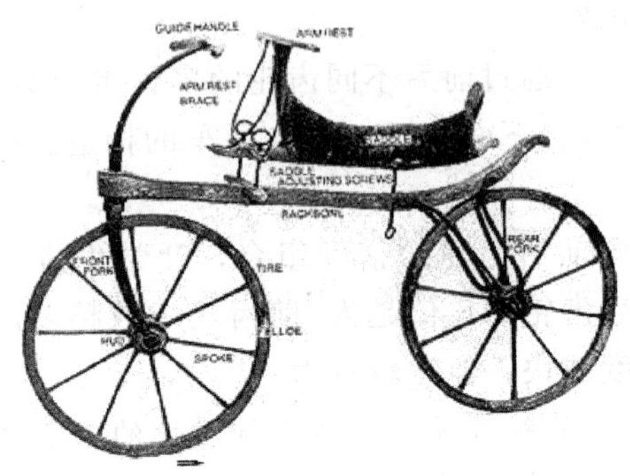

图 7-56

(3)法国的米肖父子，原本的职业是马车修理匠，1861年，他们在自行车的前轮上安装了能转动的脚蹬板。(如图7-57所示)

图 7-57

(4)1886年，英国的斯塔利为自行车装上了前叉和车闸，并使前后轮的大小相同，因此他被后人称为“自行车之父”。斯塔利所设计的自行车车型与今天的自行车基本一致了。(如图7-58所示)

图 7-58

(5)自行车的未来。(如图 7-59 所示)

图 7-59

2. 播放齿轮的应用视频资料

齿轮广泛应用于生产、生活中。(如图 7-60 所示)

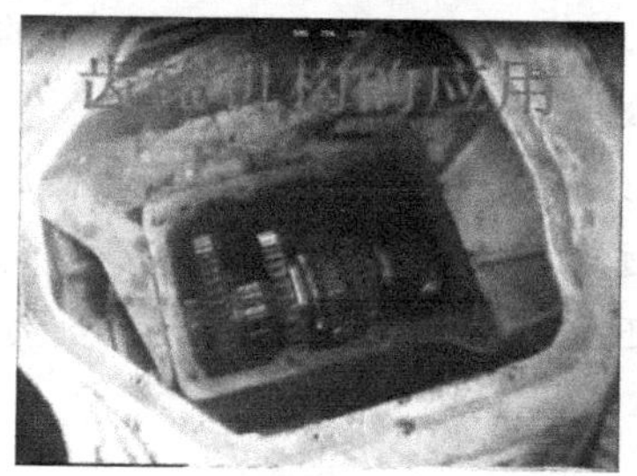

图 7-60

3. 介绍中国科技馆场馆资源

惊奇的传动比。(如图 7-61 所示)

图 7-61

本环节主要是通过一组并列的齿轮传动机构介绍传动比的概念。所谓传动比，就是输入转速与输出转速的比值，在机械传动中，人们通过选择适宜的传动比来得到预期的运动与动力。

当转动输入手轮时，将带动同轴的15组主动齿轮转动；由于每组齿轮的传动比不同，通过中间轮的传递，从动齿轮以不同的转速转动，最终带动并排的输出轮快慢不一地转动，导致输出轮表面的彩色图标发生令人惊奇的规律性变化。

在自行车或汽车的设计过程中，传动比的概念就极为重要。变速自行车在运行中可随时改变传动比，汽车变速器也充分利用了传动比的概念，针对不同的挡位设置不同的传动比，从而适应不同的运行状况。

【设计意图：本环节通过为学生介绍自行车的发展历史，开拓了学生的视野，激发了学生的求知欲，同时也实现了情感、态度与价值观目标。】

(六)回顾梳理，小结提升

师：自行车的问题，我们以前在科学课上研究过了，今天在数学课上又研究了一遍，你觉得这两次研究一样吗？今天我们一起研究了“蹬一圈，自行车能走多远”的问题，经历了“提出问题—分析问题—建立数学模型—求解—实际应用”的数学探究活动过程。今后如果能把这样的学习方法应用到其他知识的学习中，你一定会取得了不起的成就！

【设计意图：全课总结不仅要重视学习成果的回顾再现，还要关注学习经验的反思提升。在这一过程中，学生不仅获得了知识，更重要的是学到了数学学习的方法。本节课还有效地进行了学科整合，为学生提供了更为丰富的学习资源，更好地发展了学生的能力。】

六、教学着力之点

1. 学科融合

在数学课程中整合科学课程内容可使数学课程更加生动。对于学科的整合，单凭一个学科教师独立完成，会有很大的阻碍，所以需要各个学科的教师进行合作交流。本节课的内容，学生以前在科学课上已经学过一部分，对自行车的相关知识已经有了一定的了解，但是学科之间也有不同之处，不同之处在于科学课是从现象引入，让我们分析这种现象，而数学课是让学生在动手实践的基础上，通过自主探索发现规律、建立数学模型，并解决生活中的实际问题。

2. 建模思想

在数学的学习中，要让学生善于总结，善于建模，这样才能使数学书越学越薄，在整节课中，不仅要突出建模的模型是什么，更要突出建立模型的过程。在数学学科的思维中，凭空去构建模型是比较困难的，因此，在数学课上我们要有意识地培养学生构建模型的方法。首先我们要对问题进行深入的分析和研究，发现问题的关键点，通过对关键点之间的联系进行辩证分析，进而明确研究目标和研究方向，再通过大量的数据来说明和概括，最终抽象出数学模型。因此，在数学学习的过程中，比我们得到的结论更重要的是亲历问题的提出以及解的过程。

3. 代数思维

本节课从数量关系的角度分析，也可以得出“前齿轮齿数×前齿轮转数＝后齿轮齿数×后齿轮转数”这一结论。但是，其中的正、反比例关系是学生不易发现和理解的。因为要把公式里的四个量都看作变量，这对于小学生来说是非常困难的。这也正是算术思维向代数思维过渡的难点。从数学的角度来看，当转过的总齿数一定时，单个齿轮的齿数和转数成反比例关系，而由于链条的联动，前、后齿轮转过的总齿数相同，所以前齿轮齿数×前齿轮转数＝后齿轮齿数×后齿轮转数。而当给定一辆自行车时，前、后齿轮的齿数是固定不变的，此时后齿轮转数：前齿轮转数＝前齿轮齿数：后齿轮齿数，比值不变。说明后齿轮转数与前齿轮转数成正比例关系。要让小学生明白这一点，比建立这个等式关系要难得多。因此，课上我设计了4类不同的齿轮组，使学生在动手操作的基础上和大量数据的支持下，感悟其中的正、反比例关系，抽象出数学模型，使学生的思维逐步走向代数思维。

问题引领“新思考”，过程落实“新双基”

——“打电话”教学设计

（此教学设计 2017 年获全国教学案例评比一等奖；
2018 年获首都原创课程辅助资源教学案例一等奖）

教学内容：人教版《义务教育教科书·数学》五年级下册综合实践活动

一、指导思想与理论依据

1. 核心素养的要求

2016 年 9 月发布的《中国学生发展核心素养》提出，要培养学生“勇于探究”的素养，重点是要具有好奇心和想象力；能不畏困难，有不懈的探索精神；能大胆尝试，积极寻求有效的问题解决方法等。学生的精神世界有一种强烈的需求——自己是发现者、探索者、研究者。

2. 关键能力的要求

认知能力是小学数学教学中培养学生的一项重要内容，在学生现有基础上，将数学与生活进行有机整合，进而通过对比、建模，抽象出基本含义，这一过程是学生认知能力培养的重要途径之一。

3. 课程标准的要求

《义务教育数学课程标准(2011 年版)》指出：数学教学活动，特别是课堂教学，应激发学生兴趣，调动学生积极性，引发学生的数学思考，鼓励学生的创造性思维；要注重培养学生良好的数学学习习惯，使学生掌握恰当的数学学习方法。从现有的生活挖掘数学元素，再通过数学元素进而抽取出其共性。

二、教学背景分析

(一)教材分析

“打电话”是人教版数学教材五年级下册第 102—103 页的内容，属于“综合与实践”领域。“打电话”内容是继“沏茶问题”“烙饼问题”之后，又一次向学生渗透利用运筹思想解决实际问题的内容。教材采用了学生熟悉的生活中的素材：15 人的合唱队在接到一个紧急演出任务后，老师要打电话尽快通知到每个队员，让学生设计一个打电话的方案，并从中寻找最优的方案。旨在让学生进一步体会数学与生活的密切联系以及优化思想在生活中的应用，培养学生应用数学知识解决实际问题的能力，同时通过画图的方式发现事物隐含的规律，培养学生归纳推理的思维能力。

(二)不同版本教材对比分析

1. 纵向对比

为了更好地把握教学内容，我将修订后的人教版教材中“数学广角”内容进行了单元整体梳理，发现既有共性，也有个性。(如图 7-62—7-66 所示)

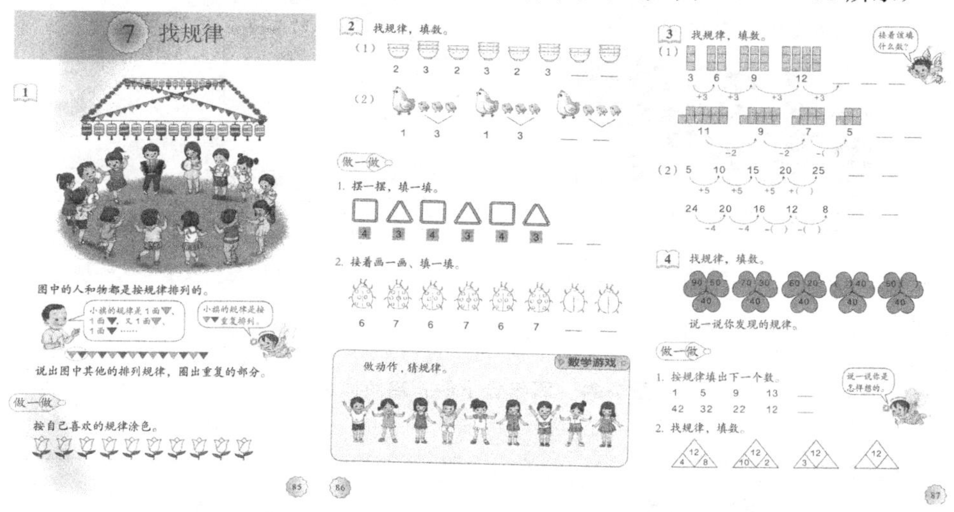

图 7-62　一年级下册：找规律

图 7-63　四年级上册：优化

9 数学广角——鸡兔同笼

大约一千五百年前，我国古代数学名著《孙子算经》中记载了一道数学趣题——“鸡兔同笼”问题。

这道题的意思就是：

笼子里有若干只鸡和兔。从上面数，有35个头，从下面数，有94只脚。鸡和兔各有几只？

103

1 笼子里有若干只鸡和兔。从上面数，有8个头，从下面数，有26只脚。鸡和兔各有几只？

按照顺序列表试一试。

鸡	8	7	6	5					
兔	0	1							
脚	16	18							

小辉这样想：

（1）如果笼子里都是鸡，那么就有8×2=16只脚，这样就多出26-16=10只脚。

（2）一只兔比一只鸡多2只脚，也就是有10÷2=5只兔。

（3）所以笼子里有3只鸡，5只兔。

你能试着用上面的方法解决前面的“鸡兔同笼”问题吗？

104

图 7-64　四年级下册：鸡兔同笼

1 有3瓶钙片，其中1瓶少了3片。你能设法把它找出来吗？

平衡，3 是次品。
不平衡，轻的是次品。
需要称______次。

2 8个零件里有1个是次品（次品重一些）。假如用天平称，至少称几次能保证找出次品？

平衡，再各放……
不平衡，重的……

将探索的情况填入下表。

每次每边放的个数	分成的份数	至少要称的次数

（1）表中哪种方法需要称的次数最少？

（2）如果9个零件中有1个次品（次品重一些），至少称几次能保证找出次品？是怎么称的？

（3）你能发现什么？用你发现的方法找出10个、11个零件中的1个次品（次品重一些），看看是不是保证找出次品的次数也是最少的。

图 7-65　五年级下册：找次品

图 7-66　六年级下册：鸽巢问题

经过整体梳理发现，虽然教学内容和数学思想有所不同，但是它们背后存在着一定的共性。

(1)研究素材源于生活。内容主要选取生活中学生熟悉的数学问题，让学生借助这些素材或载体感受数学思想方法。

(2)探究历程高度相似。从较小数据入手分析，通过经历自主探索的过程，体验解决问题方法的多样化，并且掌握了多元表征的一些策略，进而实现逻辑推理，增强应用意识和实践能力。

(3)循序渐进，逐渐深入。从学生已有的经验出发，在具体探究活动中结合抽象思维，不断培养学生的建模意识和运用所学数学知识解决现实问题的能力。体现课标中关于教材“整体考虑知识之间的关联”与“重要的数学概念与数学思想要体现螺旋上升”的原则。

(4)借助直观，理解抽象。借助直观帮助学生理解问题情境，感悟数学思想方法。如：一年级下册借助直观图来寻找规律与分类；三年级上册借助集合圈直观反映两个课外小组的关系；三年级下册借助连线引导学生进行衣裤搭配的有序思考；五年级上册借助线段图反映植树问题的一般规律；五年级下册借助画图、列表等帮助学生找次品。

2. 横向对比

横向对比人教版教材修订前、后“打电话”内容的区别和联系。(如图 7-67、图 7-68 所示)

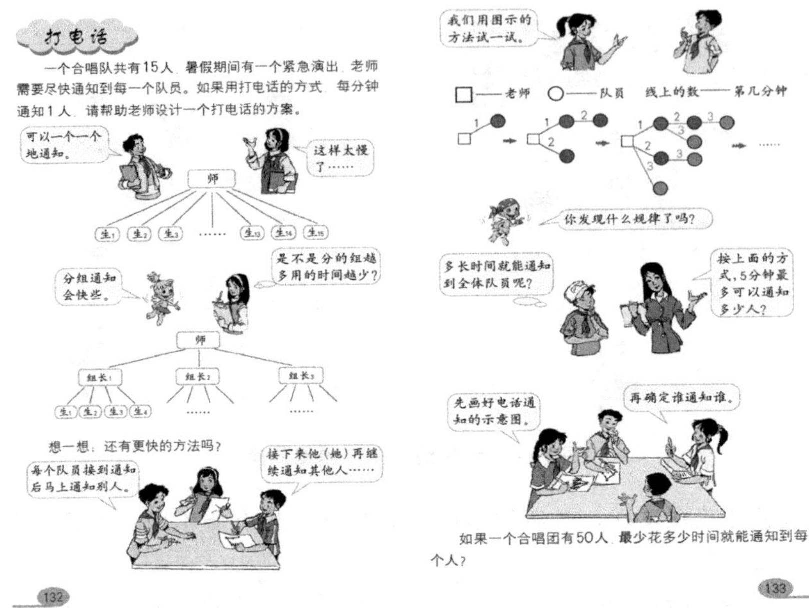

打电话

一个合唱队共有15人，暑假期间有一个紧急演出，老师需要尽快通知到每一个队员。如果用打电话的方式，每分钟通知1人，请帮助老师设计一个打电话的方案。

想一想：还有更快的方法吗？

如果一个合唱团有50人，最少花多少时间就能通知到每个人？

132 133

图 7-67 修订前

打电话

一个合唱队共有15人，暑假期间有一个紧急演出，老师需要尽快通知到每一个队员。如果用打电话的方式，每分钟通知1人，请帮助老师设计一个打电话的方案。

请你提取这个实际问题的关键信息，写在下面。

要通知的人数：________

通知的方式及用时：________

对于通知的要求：________

想一想：还有更快的方法吗？

回顾整个过程，你用到了哪些方法？

你制定的方案在现实中可行吗？为使它切实可行，还需要做些什么？

如果一个合唱团有50人，最少花多长时间就能通知到每个人？

102 103

图 7-68 修订后

对比后发现，修订前的教材的主体结构大致分为三部分。第一部分是“创设情境，分析问题”。这部分并没有让学生画图，但有逐一通知和分组法的图示。教材还提出“是不是分的组越多，用的时间越少”这一问题。第二部分是“数形结合，优化方法”。教材明确要求学生动手画图，还规定了图例，通过数形结合的方式使解决问题的方法直观化。第三部分是“总结规律，拓展延伸”。通过“你发现什么规律了吗”这个问题，让学生把这节课的基本知识抽象出来，达到一个比较高的层次。

修订后的教材具有如下特点：一是现实性，能和学生的生活经验、学习现实紧密关联，便于学生理解并易于开展实践活动；二是开放性，可以从多个角度采用多种方法开展研究，能充分展示学生之间的研究差异；三是实践性，能激发学生的探究欲望，使学生在有目的、有设计、有步骤、有合作的探索过程中积累数学活动经验。

基于以上分析，我们发现：

(1)相同点

①密切联系实际，精心选择激发学生兴趣的、综合性强的活动素材。

两个版本的教材都选取了同一个“打电话”的情景素材，图示没有改变，都用图示的形式辅助解读。这样编排的目的，体现在综合实践活动和积累活动经验重要载体中，强调学生“做”的过程，不仅关注学生的学习方法，还通过学生对过程的一种认识，形成对经验的积累。

②突出实践活动，让学生充分经历问题解决的全过程。

全体学生全程参与研究与实践，让不同思维层次的学生在活动中得到应有的、不同的发展，真正做到“过程的充分”“形式的多样”和“交流的充分”。

(2)不同点：重视反思评价，在实践活动中积攒实践智慧。

新旧版教材的整体结构是大致相同的，但是通过细心观察我们会发现，与旧版教材相比：第一，新教材先让学生“提取这个实际问题的关键信息”，强调了“阅读与理解”的重要性。第二，新教材增加了问题。“回顾整个过程，你用到了哪些方法?”“你制定的方案在现实中可行吗？为使它切实可行，还需要做些什么?”这两个看似平淡无奇的设问，其实凸显了编者的意图，首先强调了解决问题的方法，并让学生有回顾与反思的意识，进而培养学生解决问题的方法和意识，进一步落实问题解决的“四能”，能够发现和提出问题，分析和解决问题，为培养学生联系实际、具体实施及解决实际问题能力的提升奠定基础。

(三)学情分析

《义务教育数学课程标准(2011年版)》指出：“数学知识的教学，要注重知识的‘生长点’与‘延伸点’，把每堂课教学的知识置于整体知识的体系中。”“综合与实践”一个显著的特点是以学生的实际问题为出发点。为此，我们做了课堂前测。

前测题目(1)：

调查对象：五年级(7)班 45 人。

调查时间：学习“打电话”之前。

调查内容：

> 一个合唱队共有 8 人，暑假期间有一个紧急演出，老师需要尽快通知到每一个队员。采用打电话的方式通知。
>
> 你觉得这里面有没有值得研究的数学问题？请你写下来。

前测题目(2)：

调查对象：五年级(8)班 43 人。

调查时间：学习“打电话”之前。

调查内容：

> 一个合唱队共有 8 人，暑假期间有一个紧急演出，老师需要尽快通知到每一个队员。如果用打电话的方式，每分钟通知 1 人，请帮助老师设计一个打电话的方案。
>
> 我的方案：用时____分钟。

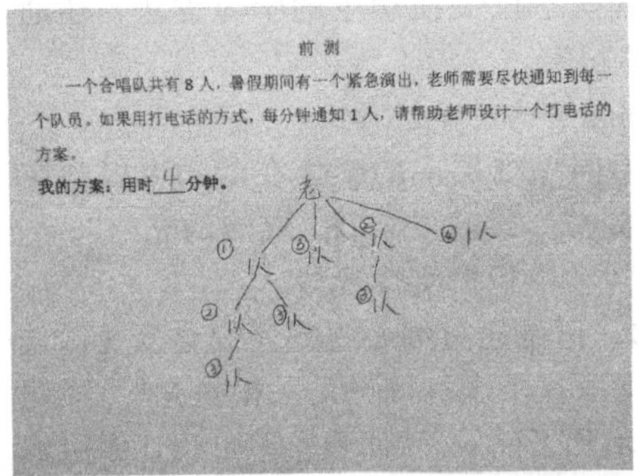

前测

一个合唱队共有 8 人，暑假期间有一个紧急演出，老师需要尽快通知到每一个队员。如果用打电话的方式，每分钟通知 1 人，请帮助老师设计一个打电话的方案。

我的方案：用时 4 分钟。

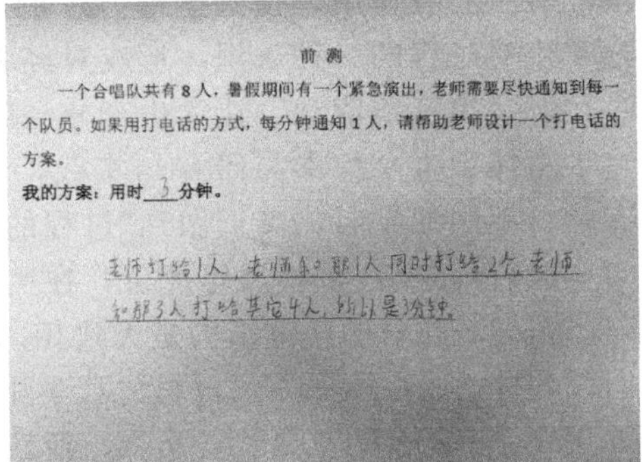

前测

一个合唱队共有 8 人，暑假期间有一个紧急演出，老师需要尽快通知到每一个队员。如果用打电话的方式，每分钟通知 1 人，请帮助老师设计一个打电话的方案。

我的方案：用时 3 分钟。

老师打给1人，老师和那1人同时打给2人，老师和那3人打给其它4人，所以是3分钟。

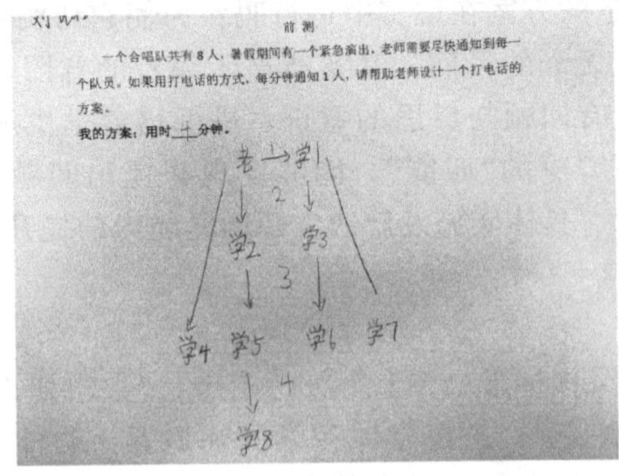

前测

一个合唱队共有 8 人，暑假期间有一个紧急演出，老师需要尽快通知到每一个队员。如果用打电话的方式，每分钟通知 1 人，请帮助老师设计一个打电话的方案。

我的方案：用时 4 分钟。

图 7-69

表 7-9

	画图	文字描述	逐个通知	分组通知	不空闲通知	无任何想法
人数	39 人	4 人	2 人	36 人	5 人	0 人
百分比	90.7%	9.3%	4.7%	83.7%	11.6%	0

调查结果分析：

通过对五年级 43 名学生前测的结果进行数据统计发现：画图的有 39 人，占 90.7%；文字描述的有 4 人，占 9.3%，说明大部分学生已经有了用图形来辅助解决抽象问题的意识。逐个通知的仅有 2 人，占 4.7%，可以看出大部分学生有过这种生活经验，他们知道逐一传递不是最佳策略；分组通知的一共有 36 人，占 83.7%，可以看出大部分学生都有一种潜移默化的“优化”意识；不空闲通知的有 5 人，占 11.6%，学生虽然有不空闲通知的意识，但是可能没有体会到“不空闲”的本质。故本节课中，需要学生进一步感受到问题背后的本质即“不空闲”。

(四)我的思考

1. 如何让学生通过自主探索经历完整的问题解决过程？

2. 学生在获取知识的背后，还需要获取什么？

从思想方法的角度看，“授人以鱼，不如授之以渔”。应使学生学会一种思想方法，让学生形成一种思考的模型，经历“动、静、等、观”的过程。关注学生的生活经验，关注学生的学习方式，关注学生的主动发展，关注学生的情感体验。引导学生经历“发现和提出问题”“分析和解决问题”的完整过程，并在过程中“动静结合”地内化数学思想，积累数学活动经验。用学生的真问题引领学生的“新思考”，在问题解决的过程中落实“思想”和“经验”的“新双基”。

三、教学目标及重、难点

(一)教学目标

1. 通过解决“怎样打电话用时最少”的实际问题，学生获得对所学知识进行综合运用的能力和解决实际问题的能力。

2. 能用简洁、清晰的图示表示设计方案，并能清楚地向他人介绍自己的方案。

3. 利用画图的方法，让学生经历自主探索、小组合作、交流反思等探究性活动，发现事物隐含的规律。

(二)教学重、难点

教学重点：同一时间打电话的人越多，用时越少。
教学难点：最优方案的图示。

四、教学流程图

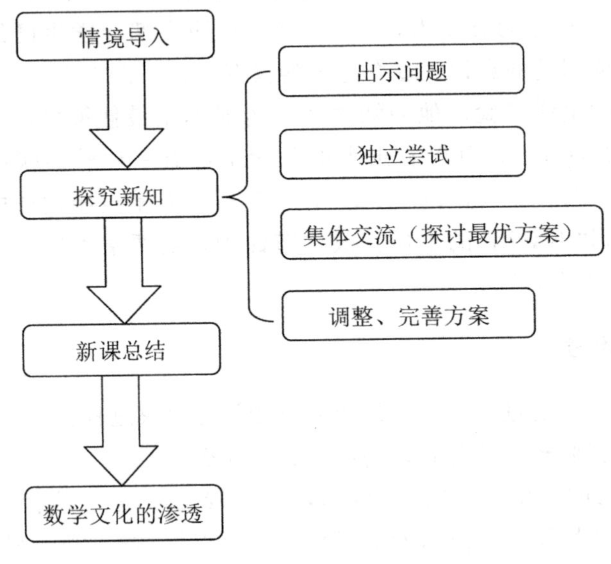

图 7-70

五、教学过程

(一)情境导入

师：前段时间的热播剧《外科风云》中，有这么一个片段，我们来看看。

课件播放："喂，王护士长吗？""对，有什么事？""我是张院长，快，把你们科室的 15 名在家休息的护士叫到医院来，和平路发生重大交通事故，受伤严重，病人马上就到。拜托你了！一定要快！"

师：我们要解决什么问题？

师：如果是你，你想怎么通知？今天我们就来研究打电话中的数学问题。(板书：打电话)

【设计意图：爱因斯坦说："提出一个问题往往比解决一个问题更重要。"

通过创设“护士长尽快通知医护人员抢救伤员”的生活情境，从生活中选取素材，基于调研，选取学生关注的问题进行研究，再通过数学的方法和数学的视角去解决问题，激发学生的学习兴趣。其中蕴含优化思想，从生活中汲取数学原型，进而用数学的方式去思考，用数学的方法去分析。】

(二)探究新知

1. 出示问题

护士长要通知 15 名在家休息的护士尽快赶到医院抢救伤员，采用打电话的方式通知。

2. 独立尝试

师：这个问题的关键信息有哪些？

预设：人数、方式、时间、要求。

师：请大家帮忙设计一个打电话的方案，设计方案时我们要注意什么呢？

预设生 1：尽快，紧急。

预设生 2：一定要 15 个人都通知到，不要重复也不能遗漏。

师：明确了我们要解决的问题，下面我们自己设计一个方案。

活动建议：

(1)请每位同学设计一个打电话的方案，并用你认为简洁、清晰的形式把方法记录下来。

(2)算一算你的方案用时多久。

【设计意图：《义务教育数学课程标准(2011 年版)》指出：“教师是数学学习的组织者、引导者与合作者。”以皮亚杰为代表的心理学家也指出：学习者是认知的主体，有主动建构自己知识经验的能力，但又不能忽视教师的指导作用，教师是学习者的忠实支持者、积极帮助者和智慧引导者。这里培养学生认真审题、提取信息的习惯和能力，也为后面的探究学习留出了充足的时间。】

3. 集体交流(探讨最优方案)

(1)逐个通知

师：你们认为这种方法怎么样？

预设生：太慢了。

(2)分组通知

预设生汇报情况：

(可能性 1)7 分，(分 3 组)，(5，5，5)；

(可能性 2)6 分，(分 3 组)，(6，5，4)；

(可能性 3)7 分，(分 3 组)，(7，5，3)；

(可能性 4)6 分，(分 4 组)，(4，4，4，3)；

(可能性 5)7 分，(分 5 组)，(3，3，3，3，3)；

(可能性 6)其他方案……

预设生问题：都是通知 15 个人，为什么时间不同呢？

哪里节省了时间？

时间的多少和分的组数有关系吗？

怎样才能最省时间呢？

……

师：谁来评价一下他说得怎么样？

师：怎么用时不同？哪里节省了时间？

预设生：逐一通知是护士长一人打电话；采用分组通知的方法，同时打电话的人多了，空闲的人少了。

师：老师看到了更省时的方案，说说你的想法。是因为分的组多了，就节省时间了吗？(实物投影)这种方法是用时最少的吗？

师：怎样打电话才能用时最少呢？

预设生：每个人都不空闲。(板书：没有空闲)

【设计意图：把主动权交给学生，让学生先独立思考，再展示、交流、汇报作品。通过设计、比较、不断优化的过程，让学生学会学习，学会反思，培养学生的逻辑思维能力和语言表达能力。】

4. 调整、完善方案

师：每个接到通知的护士都继续通知后面的护士，这样会不会更快呢？结合刚才的经验，请大家设计一个你认为用时最少的方案。

小组合作(生交流方案)。

活动建议：

(1)团队合作设计一个用时最少的方案。

(2)设计好的同学可以进一步完善方案。

师：谁来说一下本组的方案？

师：你们组的发言也给了别的同学一些启发。

师：怎样就能做到所需时间最少呢？

生：保证每个人都不空闲，接到通知后马上通知下一个人，这样通知的人就最多。

师：我们一起结合课件再来回顾一下。

课件展示(如图 7-71 所示)。

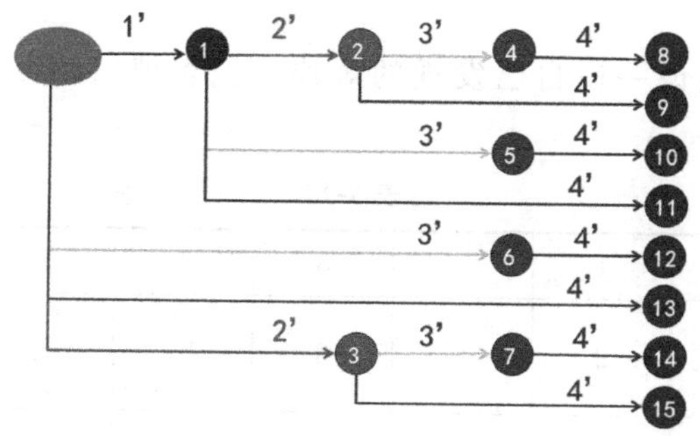

图 7-71

第 1 分钟新接到通知的有几人？1 分钟知道消息的累计有几人？

第 2 分钟新接到通知的有几人？2 分钟知道消息的累计有几人？

第 3 分钟呢？

第 4 分钟呢？

【设计意图：从“护士长和接到通知的护士同时打”到“每个接到通知的人都同时打”，即不空闲通知，找到最优策略，学生的理解与认知是一个逐步递进的过程。】

(3)延续思考

师：问题解决了，但我相信同学们的思维并没有停止，让我们深入思考下去，通知 100 个人、1000 个人最少要用多少分钟呢？怎么办？

预设生：找规律。

【设计意图：从“护士长和接到通知的护士同时打”到“每个接到通知的人都同时打”，即不空闲通知，找到最优策略，学生的理解与认知是一个逐步递进的过程。本环节的设计，体现“动、静、等、观”的教学理念。“动”就是通过学生的有序探究呈现实践活动的全过程，使学生感受到数学与实际生活的紧密联系；“静”就是根据学生的认知规律，给学生“留白”的时间，让学生去思考；“等”就是大胆放手，再次让学生自己探究；“观”就是在知识形成的过程中，学会评价与反思，不断地感受思考，最后获得成功的喜悦。】

① 出示表格（师板书表格）

表 7-10

时间/分钟	1	2	3	4			
所有接到通知的护士和护士长总数	2	4	8	16			
所有接到通知的护士总数	1	3	7	15			

② 发现规律

小组同学互相说一说自己发现的规律，把表填完整，全班汇报。（小组汇报）

表 7-11

时间/分钟	1	2	3	4	5	6	…
所有接到通知的护士和护士长总数	2	4	8	16	32	64	…
所有接到通知的护士总数	1	3	7	15	31	63	…

【设计意图：用表格的形式，让学生通过观察、分析，克服思维的表面性，抓住事物的内在规律和本质特点。】

规律：后一分钟累计知道的总数(含护士长)是前一分钟的2倍。

师：为什么后一分钟接到通知的护士和护士长的总数总是前一分钟的2倍呢？(如图7-72所示)

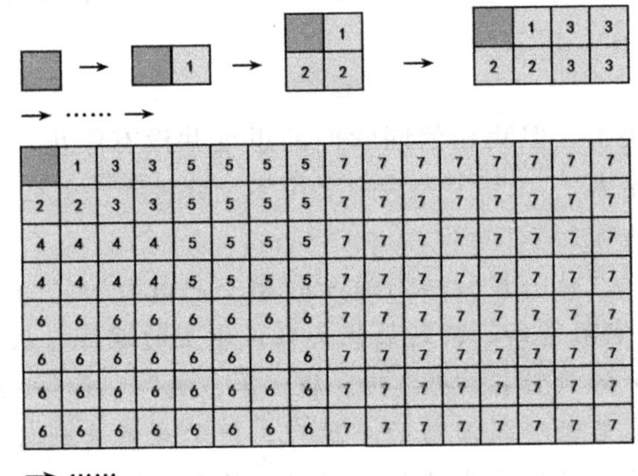

图 7-72

【设计意图：此环节先出示一个深色正方形表示护士长，再出示标着数字"1"的正方形表示第1分钟新通知了1个人，再出示标着数字"2"的正方形表示第2分钟新通知了2个人……在这里，学生能很清楚地看出每一分钟新通知的人数就是上一分钟知道消息的总人数，而且非常直观地感受到每一分钟新通知的人数越来越多，自然地感悟到知道消息的总人数总是上一分钟知道消息的总人数的2倍。通过先让学生抓住本质进行想象，再进行数形结合的直观演示的方法，建起数学现象、数学规律和数学本质之间的桥梁，使学生

主动地、水到渠成地感悟规律。】

问：打电话给16个人最少需要几分钟？

预设生：4分钟可以通知15个人，所以通知16个人需要5分钟。

师：那么5分钟最多可以通知多少人？

预设生：5分钟最多可以通知31人。

师：16—31人都可以在5分钟内完成。

问：如果采用最佳通知方式，通知50个人最少需要几分钟？你是怎么想的？

预设生：32＜50＜63，最少需要6分钟。

利用时间轴在感受倍增的基础上，初步体会"区间"的大小。（如图7-73所示）

图 7-73

【设计意图：本环节让学生知道"打电话"只是这些事件的缩影。在应用规律的时候，让学生运用已经知道的规律解决问题，感受倍增，初步体会到"区间"的大小，初步培养学生的代数思维，提高了学生综合运用所学知识解决简单的实际问题的能力，体现了学生学习数学的认知规律。】

（三）新课总结

（1）回顾整个过程，我们用到了哪些方法？

师：这节课我们从实际生活问题出发，通过大家的思考和比较，最终得到打电话的最优方案，接着通过观察，发现了规律，最后运用规律解决了问题。

（提出问题→探寻最优策略→发现规律→运用规律）

师：这节课你有什么收获呢？

（2）其实这些方法我们并不陌生，四年级学习统筹安排时我们已经体会过"同一时间能同时做的事同时做"，学习烙饼问题时知道"让锅尽量不空着"，今天学习的打电话问题"让每个人都不闲着"，这些都是优化思想的体现。以后，我们还会研究"找次品"等数学问题，继续丰富它。

（3）你制定的方案在现实中可行吗？为使它切实可行，还需要做些什么？

预设生：画出电话通知的示意图，明确后面要通知的是哪位同学，按照方案执行，才能达到省时高效的目的。

【设计意图："综合与实践"是实现"积累数学活动经验、培养学生应用意识和创新意识”的重要载体，但在强调“做”的过程中，还应重视实践活动过程中的思考以及反思评价，以帮助学生“逐步积累运用数学解决问题的经验”，提升实践智慧。在这里，我们不只关注最优方法的得出，还通过“回顾整个过程，你用到了哪些方法?”“你制定的方案在现实中可行吗？为使它切实可行，还需要做些什么?”等问题串，引导学生回顾解决问题的全过程，梳理提炼解决问题的策略，培养学生联系实际、具体实施及解决实际问题的能力。】

(四)数学文化的渗透

1. 主题：这是真的吗?

有人说“将一张足够大的纸连续对折 25 次，这摞纸的高度将超过 100 层大楼的高度”，他说的是真的吗？你能用本堂课学习的知识说明吗?

师：你认为这个说法是真的吗？你打算怎样研究?

2. 数学史故事：《棋盘中的大米》——几何倍增学

传说国际象棋是由一位印度数学家发明的。国王十分感谢这位数学家，于是就请他说出想要得到什么奖赏。这位数学家想了一分钟后就提出请求：把 1 粒米放在棋盘的第 1 格里，2 粒米放在第 2 格，4 粒米放在第 3 格，8 粒米放在第 4 格，依此类推，每个方格中的米粒数量都是之前方格中的米粒数量的 2 倍。

国王欣然应允，对数学家竟然只想要这么一点儿赏赐感到诧异，但随后却大吃一惊。当他叫人把米放在棋盘上时，最初几个方格中的米粒少得像几乎不存在一样。但是，往第 16 个方格上放米粒时，就需要拿出 1 公斤大米。而到了第 20 格时，他的仆人则需要推来满满一手推车的米。国王根本无法提供足够的大米放在棋盘上的第 64 格，因为此时，米粒的数量会达到惊人的 18446744073709551615 粒。事实上，这一堆米粒比过去 1000 年来全球大米的生产总量还要多得多。

这就是被爱因斯坦称为“世界第八大奇迹”的几何倍增学的来历。笼统地说，就是鸡生蛋，蛋孵鸡，鸡再生蛋，蛋再孵鸡。

【设计意图：课堂教学的终结不能是思维的终结。课堂的最后以综合实践的形式设置作业，让学生巩固问题解决的过程和方法，在进一步积累数学活动经验的同时感悟数学思想。】

板书设计：

打 电 话

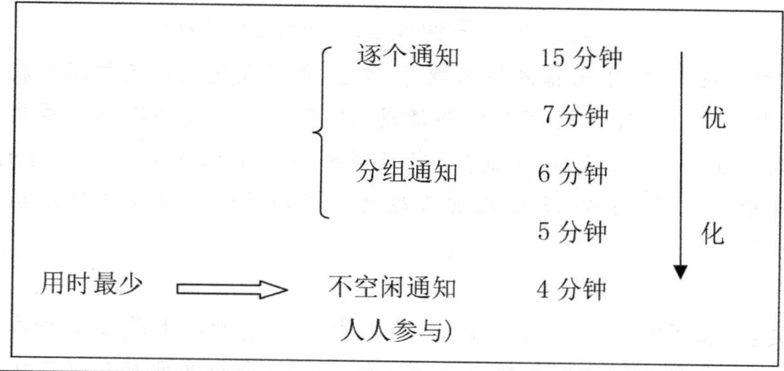

时间(分钟)	1	2	3	4	5	6	…
所有接到通知的护士和护士长总人数	2	4	8	16	32	64	…
所有接到通知的护士总人数	1	3	7	15	31	63	…

六、教学着力之点

1. 以问题为引领，培养学生的思维能力

知识是载体，思想是灵魂。教学过程中强调学生的真问题和真研究，并引导学生自主地将问题层层深入，在解决问题的过程中获取数学知识，同时培养数学思维能力。

2. 重视过程体验，积累数学活动经验

从“护士长和接到通知的护士同时打”到“每个接到通知的人都同时打”，即不空闲通知，找到最优策略。学生理解与认知过程的价值得以进一步凸显。

3. 着力思维能力，感悟数学思想方法

教育的本质不是把篮子装满，而是把灯点亮。教学过程中，能力的提升比获取知识具有更深远的意义，对“鱼”和“渔”的意义和关系的理解将让学生走得更远。

让冰冷的数字饱含情感的温度

——绘本数学“兔子的十二个大麻烦”教学案例

（此教学设计在《中国信息技术教育》2019 年正式发表；教学课例获第十六届“全国中小学信息技术创新与实践活动”决赛教学实践评优赛一等奖；2017 年教学设计在“十二五”规划课题“专家教师原型观下课堂教学执行力的提升”教学比赛中获一等奖；2018 年在首都原创课程辅助资源征集评选活动中获教学案例一等奖）

摘要：《兔子的十二个大麻烦》是美国麦克米伦世纪大奖获奖绘本，作者根据 13 世纪著名的斐波那契数学命题，创造了一个斐波那契兔子王国。在这个王国里，兔子们生儿育女，播种收获，既有对日常所需的追求，也有在精神层面的渴望。随着时间的流逝，兔子们不断遇到新的问题，比如饥饿、严寒、酷暑、拥挤、空虚等。最后，兔子数量超级爆炸，所有问题累加在一起，兔子们也终于寻找到最终的答案：离开这片试验田，实现真正的精神突破。而本案例中所涉及的“斐波那契数列”这一数学知识是国家课程之外的学习内容，考虑到学生自学本节内容有一定难度，同时本节课对培养学生学习数学的兴趣，提高学生对数列的认识和后续学习都很有帮助，因此本案例强调学生自主学习后的反思与探索，力求通过自主探索、合作交流的学习过程实现知识和能力的同步提升。

本案例通过吴建成老师的教学设计，展示了小学数学绘本教学设计与实施的过程，为理解小学数学教学活动的设计与组织提供范例。通过对吴老师的教学实践与课后反思的分析，呈现出吴老师对学科内容本质的理解、对学生学习的把握，以及对呈现问题情境、深度探索内容和剖析数学本质等主要教学环节的精心安排。对本案例的分析与讨论，有助于为小学数学教学设计提供有价值的思考路径与实施策略。

关键词：斐波那契数列；教学设计；推理能力；程序性知识

一、背景信息

（一）“兔子的十二个大麻烦”案例来源

该课例执教者吴建成，系北京市东城区府学胡同小学教学副校长，北京市骨干教师，中学高级职称。连续 15 年被聘为东城区兼职教研员。曾获得东城区“东兴杯”教学大赛决赛一等奖，全国论文评比一等奖，全国教学案例评比一等奖，全国微课一等奖，北京市录像课一等奖，东城区教育成果一等奖，北京市教育成果二等奖，东城区育人奖，东城区教育新秀，东城区优秀教师，东城区教育系统先进工作者，北京市基本功比赛高段二等奖等四十余项奖项。撰写的四十余篇论文先后获得多个全国和市、区级奖项，先后承担市、区级研究课五十余节次，工作业绩突出。

这个教学课例是一节小学五年级数学绘本领域下的研究课。“兔子的十二个大麻烦”是吴建成老师在 2017 年应邀参加全国第二届绘本研讨会时，在北京师范大学主会场进行的展示性教学。同年，在北京市第四批名师发展工程研讨大会及东城区全区教研活动中做展示课，受到与会专家及听课老师的一致好评。

（二）“兔子的十二个大麻烦”的主题背景

我国数学教育家徐利治曾经说过：“数学教育与教学的目的之一，应当是让学生获得对数学美的审美能力，从而有利于激发他们对数学科学的爱好，也有助于增长他们的创造发明能力。”数学绘本利用文字与图画的结合，引发学生对数学问题和数学概念的无限遐想。

《兔子的十二个大麻烦》是美国麦克米伦世纪大奖获奖绘本，作者根据 13 世纪著名的斐波那契数学命题，创造了一个斐波那契兔子王国。在这个王国里，兔子们生儿育女，播种收获，既有对日常所需的追求，也有在精神层面的渴望。随着时间的流逝，兔子们不断遇到新的问题，比如饥饿、严寒、酷暑、拥挤、空虚等。最后，兔子数量超级爆炸，所有问题累加在一起，兔子们也终于寻找到最终的答案：离开这片试验田，实现真正的精神突破。而本案例中所涉及的“斐波那契数列”这一数学知识是国家课程之外的学习内容，考虑到学生自学本节内容有一定难度，同时本节课对培养学生学习数学的兴趣，提高学生对数列的认识和后续学习都很有帮助，因此本案例强调学生自主学习后的反思与探索，力求通过自主探索、合作交流的学习过程实现知识和能力的同步提升。

本课例要对“数与代数”领域中的“数列”进行深入而细致的解读，而“斐波那契数列”的解读过程又是学生“模型思想”的重要体验历程，因此其背后的思维价值和育人价值都是非常丰富的。然而，在实际的教学中，教师们往往重视现象即“从第三个数开始，后一个数是前两个数的和”，而忽视其内在的原理和数列规律的成因。表现为把数列规律的发现作为教学过程中重点处理的内容，而弱化了让学生根据具体情境体会“斐波那契数列”的实际意义和内在本质。因此，我们接下来在看这个课例的时候，要仔细体会执教者为什么要努力让学生经历一个规律自主探索的过程，从变化过程的角度来研究“斐波那契数列”，努力实现“法”与“理”的交融，实现对概念本质的理解。

二、案例正文

(一)“兔子的十二个大麻烦”教学设计

1.“兔子的十二个大麻烦”教材分析

《兔子的十二个大麻烦》是一本非常好看的儿童绘本，书中讲述的故事源自生活在12至13世纪的意大利数学家斐波那契在1202年出版的《算盘全书》一书中提出的一个兔子问题：一对兔子在一个月内生下一对小兔，一雄一雌，一个月后这对小兔又生一对小兔，如此繁衍下去，每对兔子都是一雄一雌，在不死亡的情况下，一年后，从第一对兔子开始算起，总共会有多少只兔子？根据此理论，书中第一对兔子夫妻孤独兔(Lonely)和粉笔兔(Chalk)来到了作者构想的斐波那契试验田。它们慢慢开枝散叶，引发了作者喷薄而出的创作灵感：兔子们繁衍生息，除了考虑生育的问题外，还有随之而来的气候、环境、食物、空间等诸多麻烦，真可谓是一月一主题。同时，书里的兔宝宝诞生纪念册、胡萝卜食谱、兔毛衣编织手册等，让读者应接不暇，惊喜连连。最后一个大立体页里，在很小的空间里，展示了满满当当的288只兔子，使读者的惊喜度达到峰值。书中具体内容为：

命题：把一对兔子放到农场里，一年后会有多少只兔子呢？

一月：孤独。发明信片邀请朋友来。

二月：寒冷。织毛衣、打帽子。

三月：生育。生了两只小兔子，准生证、纪念册。

四月：下雨。打伞。

五月：饥饿。定量措施、发粮票等。

六月：耕种。播种，与抢食的乌鸦斗争。

七月：无聊。娱乐活动，发明了报纸。

八月：炎热。戴墨镜、帽子，喝冷饮。

九月：收获。胡萝卜爆仓，研究食谱。

十月：肥胖。减肥、健身。

十一月：数量大爆炸，农场没有任何空间了。

十二月：兔子到哪里去了？只剩下白茫茫的雪地和一片凌乱的兔子脚印，兔子都逃出了农场。

在这里，教师抓住书中的主要信息——兔子最大的麻烦，即兔子数量的剧烈变化，引发学生思考并讨论：为什么一开始只是 2 只兔子，最后却会生成“数量爆炸”的大麻烦呢？引导学生从数学的角度分析和审视，明确数量变化的规律，揭示规律背后的内涵与本质。

2.“兔子的十二个大麻烦”学情分析

(1)基于经验

五年级的学生已经具备了一定的生活经验和学习经验，对现实生活中的事件已经有了初步的了解，并有一定的简单分析能力和判断能力。但学生受其年龄阶段特征限制，通常只能初步地感知事物的表象，对抽象的事物本质还没有深入地理解和思考的意识和习惯。另外，由于学生概括能力较弱，推理能力还有待发展，很大程度上还需要依赖具体形象的经验材料来理解抽象逻辑关系。因此根据学生的年龄特点和生活经验，教师需要做出适当引导，以便于学生自主进行正确的分析和判断。这也是本节课选用学生感兴趣的现实情境引入学习内容，设计多种不同层次的、富有现实意义的拓展的原因。这样可以有效地激发学生的学习兴趣，使其感受到数学就在自己的身边，体会数学学习与现实的联系，为学生自主探索、合作学习创造机会。

(2)基于前测

为了更好地了解学生的真实情况，授课教师选取了所在学校五年级的 50 名学生进行前测，题目如下：

① 你听说过“斐波那契数列”吗？能说说你都知道什么吗？

② “斐波那契数列”的规律是什么？为什么会有这样的规律？

前测结果如表 7-12 所示。

表 7-12

题号	正确人数	百分比
①	45 人	90%
②	知道规律的 20 人	40%
	知道规律成因的 0 人	0%

通过数据可以看到，大多数学生对“斐波那契数列”都有一定的了解。但从第二个问题的回答情况来看，学生虽然对相关知识有所感知，但对知识的本质还是不清楚的，其理解水平仅停留在现象上。

3.“兔子的十二个大麻烦”教学目标的确定

在分析了教材的编排特点和学生的实际情况后，我有了以下思考：①如何让学生通过自主探索把具体的实际问题概括成高度抽象的数学模型呢？②怎样让学生经历探究过程，理解规律的本质呢？在这样的思考过程中，我梳理出了如图 7-74 所示的教学流程。

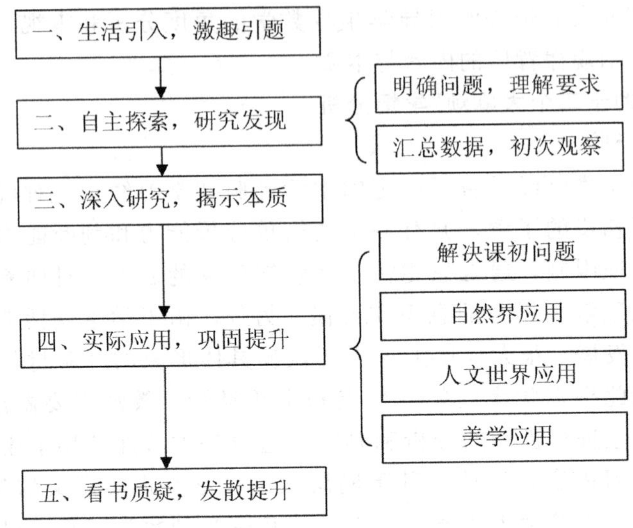

图 7-74

据此，我确定了如下的教学目标和重、难点。

教学目标：

(1)知识与技能：通过自主探索性活动，掌握“斐波那契数列”及其部分特性。

(2)过程与方法：在经历感知、分析、归纳和应用的过程中培养学生的思维能力，形成一定的数感，培养良好的思维品质。

(3)情感态度与价值观：在知识结构不断拓展、能力不断提升的过程中，感悟数学文化的广袤和久远，培养积极的数学阅读习惯，形成积极的数学情感。

教学重点：掌握“斐波那契数列”及其部分特性。

教学难点：理解“斐波那契数列”特性背后的数学原理。

(二)“兔子的十二个大麻烦”教学过程

1. 生活引入，激趣引题

(1)达·芬奇密码故事介绍

师：同学们，大家听说过《达·芬奇密码》这本书吗？2003 年，这本书以 750 万本的销量打破美国小说销售的纪录。小说中有这样一个情节：午夜，卢浮宫博物馆年迈的馆长被人杀害了。在人生的最后时刻，馆长写下了一个令人难以捉摸的密码：“13—3—2—21—1—1—8—5，o，Draconian devil！oh，

Lame Saint!”

(2)提出问题

师：同学们，你们知道馆长留下的密码是什么意思吗？其实，关于这个密码的知识就在我们课前阅读的绘本读物《兔子的十二个大麻烦》里。下面就让我们进入绘本的世界，看看你能不能在兔子的“大麻烦”中发现其中的玄机。

(板书题目：兔子的大麻烦)

2. 自主探索，研究发现

1)明确问题，理解要求

师：课前我给大家提供了数学阅读提纲，大家阅读了《兔子的十二个大麻烦》这本书，你了解到了什么信息？兔子都有什么麻烦？你觉得最大的麻烦是什么？(板书：孤独、拥挤)

预设：

生1：兔子越来越多了!

生2：兔子每个月都有不同的麻烦。

……

课件辅助整理信息(电子书)。

师：兔子的数量为什么会越来越多呢？兔子数量变化的规则是什么？

明确要求(第一页)：

(1) 兔子问题：假设将一对小兔子送到一块地里去放养，请问一个月以后，两个月以后，三个月以后……一年以后，这里分别会有多少只兔子？

(2)师：你觉得题目中哪句话的意思很重要，需要提醒大家注意呢？

重点理解：小兔子一个月后长成大兔子，以后一直是大兔子，一对大兔子生过一对小兔子后，下个月会接着生。小兔子每个月一对一对地长大，生小兔子也是一对一对地生。

(3)谁能用自己的话总结一下，试验都有哪些要求？

①一对新生小兔子，一个月后长成大兔子，以后每个月可以生一对小兔子。

②所有兔子都没有死亡，且不能离开试验田。

2)汇总数据，初次观察

过渡：明确要求后，让我们来看看，兔子的大麻烦是怎么产生的。

(1)师：通过阅读，你觉得兔子面临的“大麻烦”指什么？

预设：一年后兔子的数量太多了。

(2)师：会吗？让我们具体看看试验田里每个月兔子的数量，看看兔子到底有什么麻烦。

(3)填写表格：

表 7-13

时间	一月	二月	三月	四月	五月	六月
兔子数量	1对	1对	2对	3对	5对	8对

预设：

一月：1对。

二月：1对。

三月：2对。

四月：3对。

五月：5对。

(4)师：不看书，猜猜看，六月试验田里会有几对兔子?

预设：8对。

(5)填写数据并看书验证。

预设：

六月：8对。

(6)师：同学们真厉害！把书中的细节都背下来了?

预设：不用背，有规律。

(7)师：你是怎么猜到的?

预设：只看数，从第三个数开始，后一个数是前两个数的和。

(板书：猜想、验证)

3. 深入研究，揭示本质

(1)师：同学们，对于刚才的发现你们满意了吗？还有没有什么想研究的?

预设：为什么会出现这种规律?

(2)师：下面就让我们来研究一下，看看规律产生的原因是什么。

(3)出示合作建议：

①小组合作，用自己喜欢的方法研究兔子数量的变化过程。

②同组交流，想一想可以用什么方法研究。

③深入思考：为什么兔子数量的变化会有这样的规律?

(4)小组合作，自主研究。

(5)集体交流，反馈信息：

①摆的方法说明。

②画的方法说明。

(6)结合教学软件，理解规律成因。(如图 7-75 所示)

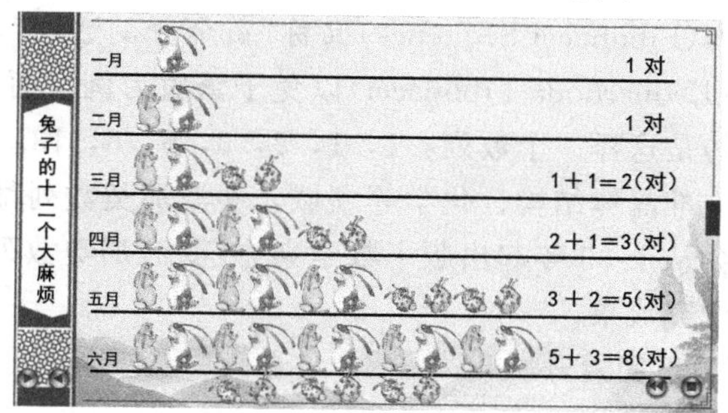

图 7-75

①问：一月有几只兔子?

预设：1 对。

②问：二月有几只兔子?

预设：2 只(1 对)

③问：谁能具体说说三月的 2 对兔子是怎么来的?

预设：一对大兔子是二月活下来的，一对小兔子是二月的大兔子生的。

④问：四月的 3 对兔子又是怎么来的?

预设：一对大兔子是二月活下来的，另一对大兔子是三月的小兔子长大了，一对小兔子是三月的大兔子生的。

师：也就是说 2 对是上个月存活下来的，另一对是上个月的兔子新生的。

⑤问：五月的兔子呢?

预设：四月活下来的 3 对兔子和三月的大兔子新生的小兔子。

⑥师：请你自己说说六月为什么会是 8 对兔子。

预设：五月的所有兔子和四月兔子新生的兔子。

(7)感受变化趋势。

问：半年过去了，兔子只有 8 对，不多呀！兔子的大麻烦是什么呢?(如图 7-76 所示)

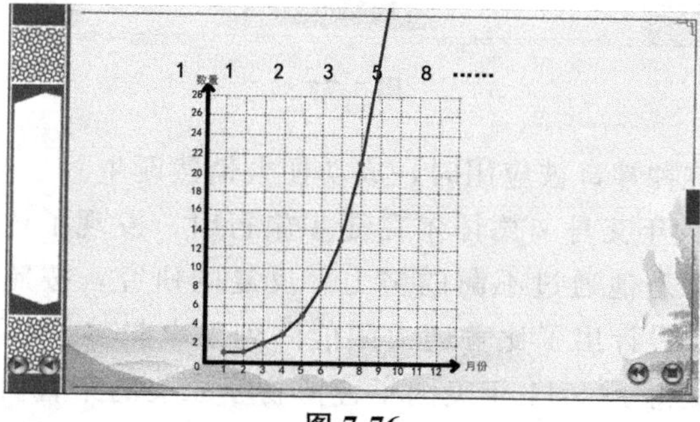

图 7-76

(8)揭示名称：斐波那契数列。

斐波那契数列(Fibonacci Sequence)又称“黄金分割数列”，因数学家列昂纳多·斐波那契(Leonardoda Fibonacci)以兔子繁殖为例子而引入，故又称为“兔子数列”，指的是这样一个数列：1，1，2，3，5，8，13，21，34，…

在现代物理、准晶体结构、化学等领域，斐波那契数列都有直接的应用，为此，美国数学会从1963年起出版了数学杂志《斐波那契数列季刊》，用于专门刊载这方面的研究成果。

4. 实际应用，巩固提升

(1)解决课初问题

《达·芬奇密码》：老馆长留下的正是被打乱了的斐波那契数列。正确排序是1—1—2—3—5—8—13—21，这就是老馆长的银行密码：1123581321，同时意味着下面的英文也要把字母拆开重新组合。所以就有了Leonardo da Vinci!(列昂纳多·达·芬奇!)The Mona Lisa!(蒙娜丽莎!)

问：在生活中你见过斐波那契数列的身影吗?(板书：应用)

(2)数学赏析

树木的生长过程中，新生的枝条往往需要一段“休息”时间，供自身生长，然后才能萌发新枝。因此，通常一棵树苗在一年以后才会长出一条新枝，而第二年新枝“休息”，老枝依旧萌发。就这样，一棵树各个年份的枝丫数，便构成斐波那契数列。这个规律，就是生物学上著名的“鲁德维格定律”。(如图7-77所示)

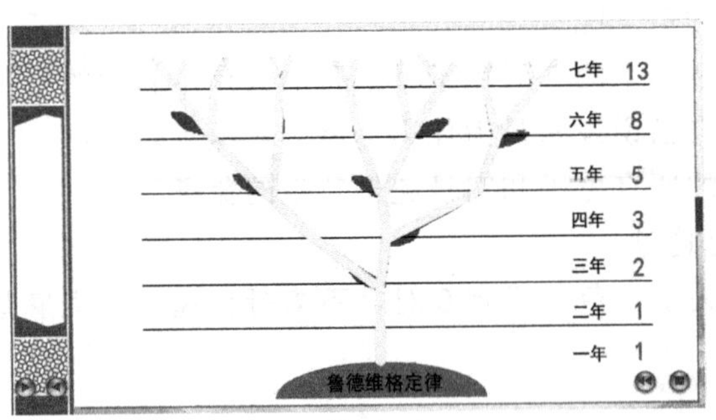

图 7-77

当大自然的这种神奇被应用时，成功便会悄然诞生。

13岁的美国少年艾丹·德怀尔在徒步旅行时，发现了树木生长中斐波那契数列的身影。于是他通过不懈的努力、反复的研究，按照斐波那契数列的规律排放电池板，设计出了比普通太阳能阵列发电量多50%的太阳能树。这个设计为德怀尔赢得了2011年美国年轻博物学家奖的荣誉。人们说这是一个孩子对大自然的欣赏和敬仰得到了大家的认可。

自然界中的斐波那契数列除了以这种动态的方式存在外，还有其静态呈现的一面。（如图 7-78 所示）

图 7-78

洁白的马蹄莲，艳丽的虎刺梅，儒雅的兰花，娇媚的苹果花，圣洁的格桑花，还有那象征幸福的雏菊……它们的花瓣的数量在大自然魔力的牵引下，默默地以斐波那契数列的特征展现在人们面前。

追逐阳光的向日葵里也有斐波那契数列的身影。其花盘浑然天成的螺线数量无论是顺时针计，还是逆时针数，都离不开斐波那契数列的范畴。（如图 7-79 所示）

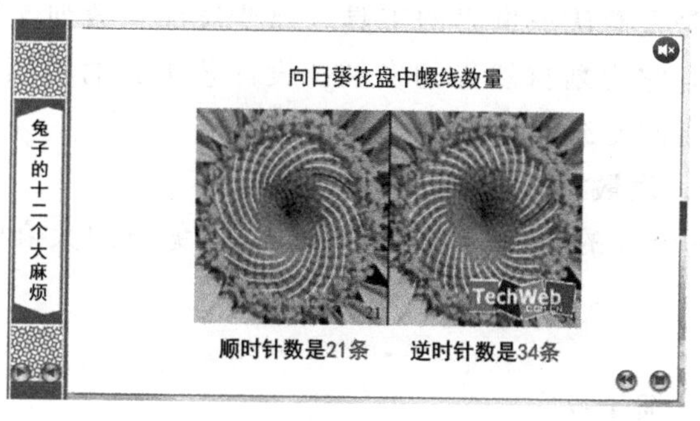

图 7-79

美学世界更是斐波那契数列展现婀娜的舞台。看，美丽的海螺是不是给人一种别样的美感？这种感觉其实源自斐波那契数列那曲直自如的舞姿所带动的清风。我们将以斐波那契数列为边的正方形拼成长方形，在每一个正方形里再画一个 90 度的扇形，连起来的弧线就是那美感的源泉。这就是著名的斐波那契螺旋线。（如图 7-80 所示）

我们的世界到处都有斐波那契螺旋线的身影。自然形成的台风气团里有它的身影，猫咪安详的睡姿里有它的身影，达·芬奇、拉斐尔流传万世的名

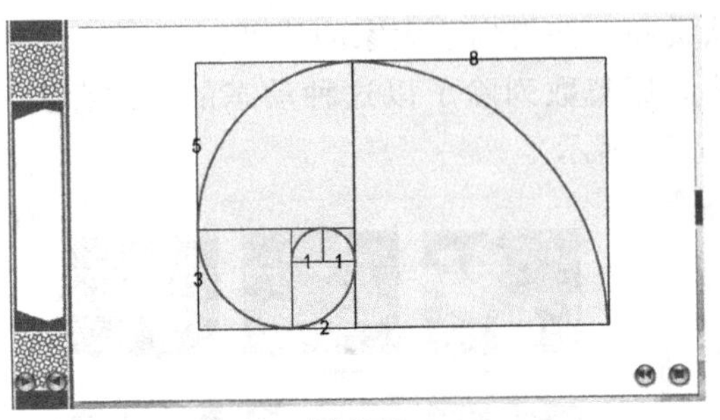

图 7-80

作里也有它的身影，影视作品的构图里还有它的身影。(如图 7-81 所示)

图 7-81

如果说数学是人们认识世界的工具，那斐波那契数列无疑就是其中最具神奇色彩的量尺，它规划自然界的发展，设计艺术界的美感，创造新世界的文明。这就是神奇的斐波那契数列!

5. 看书质疑，发散提升

(1)师：通过今天的学习，你有什么感受？兔子的大麻烦是一下就产生了吗？

预设：

①千里之堤，溃于蚁穴。

②注意点滴的积累，由量变引起质变的必然过程。(如图 7-82 所示)

图 7-82

(2)励志："把爱传递下去"的故事。(如图 7-83 所示)

图 7-83

6. 板书

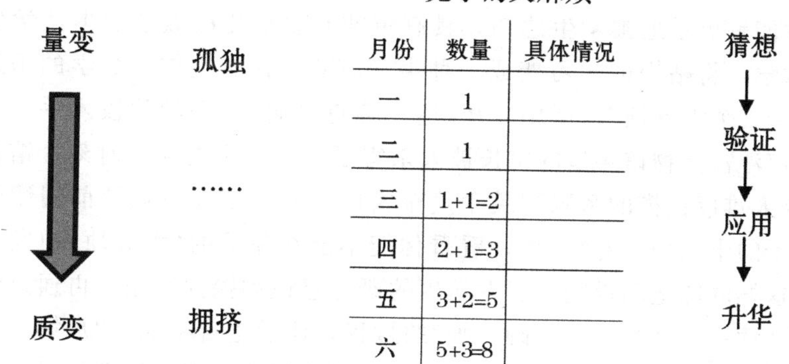

兔子的大麻烦

月份	数量	具体情况
一	1	
二	1	
三	1+1=2	
四	2+1=3	
五	3+2=5	
六	5+3=8	

(三)"斐波那契数列"教学评价

1. 教学反思

(1)贴近生活，丰富认知

荷兰数学家和数学教育家弗赖登塔尔指出：数学教育必须面向社会现实，必须与真实的生活情境相结合，必须注重培养和发展学生从客观现象发现数学问题的能力；用再创造的方法去进行教学，反对灌输式和死记硬背；提倡讨论式、指导式的教学形式，反对传统的讲演式的教学形式。但是与此相反，我们发现当前的数学教学很多注重知识的传授，强调认知而忽略体验，因而在实际的数学教学中经常会忽略数学具体情境的营造和现实生活的应用，这种脱离现实背景的数学教学使得学生只能被动地接受知识，失去了主动建构知识的机会。而数学绘本为读者提供了贴近生活的数学使用情境，让数学概念和数学问题在生活中发生，让学生体会到数学在生活现实中的用处和趣味。在"兔子的十二个大麻烦"一课中，通过斐波那契试验田中兔子生活的点滴小事，感受兔子内心的"麻烦"所在，又通过一系列零散信息辅助体验过程，这样就牢牢地吸引住学生的注意力，逐渐将“兔子”的情感变化与读者的情感体验相融合，实现“共情”。《义务教育数学课程标准(2011 年版)》指出：数学学习必须“从学生已有的生活经验出发，让学生亲身经历，将实际问题抽象成数学模型并进行解释与应用的过程，进而使学生获得对数学理解的同时，在思维能力、情感态度与价值观等方面得到进步和发展”。数学绘本《兔子的十二个大麻烦》通过直观的丰富体验引发学生对“兔子们”的更多关注，更好地激发学生的研究欲望，从而给学生提供了数学学习的完整学习经验。这也是数学绘本在小学数学活动中的价值所在。

(2)内化情感，提升兴趣

数学在很多人的眼里俨然成了“枯燥”“乏味”的同义词。而数学绘本通过绘图和文字帮助学生将理性的数学变得可感，通过富有表现力的画面让数学的趣味性能够更早地被学生感知，具有童趣和生活化的数学绘本让学生活泼地学习数学，将枯燥的学习变成一种生活游戏，让学生体会数学的乐趣。在“兔子的十二个大麻烦”一课中，从《达・芬奇密码》一书的片段入手，我通过“午夜，卢浮宫博物馆年迈的馆长被人杀害了。在人生的最后时刻，馆长写下了一个令人难以捉摸的密码”“关于这个密码的知识就在我们课前阅读的绘本读物《兔子的十二个大麻烦》里，看看你能不能在兔子的‘大麻烦’中发现其中的玄机”这样的铺垫和设问，引发学生的研究意识和探究欲望。再通过学生在小瓷板上“摆一摆”“写一写”“画一画”的过程，让学生自主探究“从第三个数开始，后一个数是前两个数的和”这一规律的呈现原因，真正让学生成为学习的主人。就如美国教育家苏娜丹戴克所说：“告诉我，我会忘记，做给我看，我会记住，让我参加，我就会完全理解。”通过情景故事让学生在玩中学，在学中玩，寓教于乐，体会乐趣。这也是数学绘本在小学数学活动中的作用所在。

(3)经历过程，探寻本质

伟大的数学家毕达哥拉斯说过：在数学的天地里重要的不是我知道什么，而是怎样知道什么。新课程标准也明确提出：学生学习应当是一个生动活泼的、主动的和富有个性的过程。教师要发挥主导作用，处理好讲授与学生自主学习的关系，引导学生独立思考、主动探索、合作交流，使学生理解和掌握基本的数学知识与技能、数学思想和方法，获得基本的数学活动经验。在“兔子的十二个大麻烦”一课的教学过程中，我努力通过学生的自主探究使其内化体验。通过“兔子的数量变化有什么规律?”“为什么会呈现这样的变化规律呢?”“按照这种规律，十二月兔子就会特别多吗?”等一系列问题，使学生的认识和思考逐渐深入，从对现象的感知到对本质的体验，从量变的体会到质变的感悟。使学生在完整的探究学习过程中，丰富数学体验，积累数学活动经验。

(4)开拓思维，升华认识

著名教育家周玉仁教授曾经指出：“数学学习的本质是学生获取数学知识，形成数学技能和能力的一种思维活动。”思考是学生学习数学认知过程的本质特点。通过绘本《兔子的十二个大麻烦》引导学生认识“斐波那契数列”的同时，进一步从自然领域、人文领域和艺术领域拓展学生的认知，最后更是引导学生体会到由量变引发质变的哲学规律。英国著名数学家哈代在《一个数学家的辩白》中写道：“数学家的造型与画家和诗人的造型一样，必须美；数学的美很难定义，但它却像任何形式的美一样真实。”在课中，学生对“斐波那契数列”的认识已经不仅仅局限在数学或科学领域，而是上升到哲学世界观的高度。虽然现阶段学生不可能全面理解，但种子已悄然种下，这体现的是一种“大数学观”。

2. 专家点评

北京师范大学张春莉教授认为，吴建成老师执教的“兔子的十二个大麻烦”，有以下几个特点。

(1)引入数学阅读

我们可以看到，如果没有引导孩子阅读，孩子往往不会抓住数学问题。吴建成老师在课前就给孩子布置了阅读提纲：

①书中的兔子有很多麻烦，你认为其中最大的麻烦是什么?

②在书中，兔子数量的增长是依据哪些规则进行的?

③你认为兔子数量的变化有规律吗？如果有，规律是什么?

吴老师通过这三个有效的问题引导学生进行阅读，并在本节课开始时就提出：“兔子最大的麻烦是什么?”从而引导学生关注数学的核心问题，即兔子数量是怎样变化的。引导学生审题是非常关键的，它不仅可以引发学生对数学问题的思考，同时也培养了学生数学阅读的意识和能力。

(2)关注数学问题

吴老师在引导学生关注情境的同时，更加注重回归数学问题。在课中，教师问：“兔子的数量在各个月都是多少呢?”当学生准确说出答案后，教师又问：“你们能猜猜五月兔子有多少吗?”当学生再次准确说出答案后，吴老师故作惊讶地说：“你们真了不起！所有数量都背下来了?”在这里，学生自然就将对数量的关注，转移到对规律的关注中来。以此引导学生用数学的眼光去看待生活中的事物，很自然地将绘本教学和数学教学有机地结合在一起。

(3)数学与多领域的结合

在课中，学生完成了对数学中“斐波那契数列”的认知之后，吴老师又有意识地将所学知识与自然领域、人文领域、美学领域和思想领域的内容相融合，使学生充分认识数学的美。课中，折线统计图的应用让学生直观地观察到按照“斐波那契数列”规律变化的兔子数量在短时间内飞速提升；课后，对兔子数量的“大麻烦”与文学作品中的“千里之堤溃于蚁穴”的解读，都凸显了数学绘本的思想性。当然，无论是数学的美还是自然的美，无论是人文的美还是哲学的美，本质上都是不能割裂开的。吴老师将量变到质变、感性到理性的体验过程充分地与学生学习的过程相融合，让学生的认识得到飞跃和发展。

三、结论

进行数学绘本教学时我们要明白：数学绘本的本质是什么？如何开展数学规律的教学？

数学绘本教学的本质是数学教学，内容和形式以绘本为载体。在教学内容上，要处理好故事形式与数学知识实质的关系，采取挑选、改编和结合创新的方法，实现两者的有机融合。而在教学方式上，同样要注意处理好绘本感知与动手操作的关系，在故事讲述和插图观察中增加操作与扮演，强化活动经验积累和数学感知体验。在教学结构上，则要处理好故事情节与数学问题解决的关系，满足儿童的情感发展需求。

绘本故事中蕴含着数学，蕴含着思想，蕴含着智慧。如果把数学教学看作一座美妙的花园，那么数学绘本无疑就是这座花园里灿烂的一朵鲜花。数学绘本故事是数学教师奉献给漫步在数学花园里的学生的珍贵礼物，它为学生的数学学习打开一扇窗，营造出一道美丽的数学学习风景！

四、“兔子的十二个大麻烦”案例思考题

1. 数学绘本教学“兔子的十二个大麻烦”，从故事中抽取数学问题“斐波那契数列”，又进一步引导学生通过自主探索分析规律背后的成因和原理，最后再次回到绘本故事感受“兔子的麻烦”的积累过程，感悟哲学辩证思想。为什么执教教师一定要让学生在明确规律后再花大量的时间研究规律背后的形成原理呢？这样做有着怎样的意义和价值？

2. 本案例的执教者收集了生活中大量的应用斐波那契数列的实际例子，意图丰富学生对斐波那契数列的感知和认识，但这些与学生掌握数学知识有什么关系呢？请试着分析这样做的意义和价值。

3. 利用“兔子的数量是怎样变化的？”“为什么后一个数总是前两个数的和？”“六个月才 13 对兔子，一年后怎么会拥挤到爆炸呢？”这一系列问题，教

师是如何引导学生逐步感知规律的内在本质的？试着梳理执教者在处理这一问题上的思路。

五、“兔子的十二个大麻烦”案例使用说明

1. 适用范围

(1)适用对象：小学教育专业研究生、小学教育专业本科生、课程与教学论专业研究生、小学数学教育研究者、小学数学教师。

(2)适用课程：小学数学教学设计与实施、小学数学教学与专题研究、小学数学课程与教学论、课程与教学论。

2. 教学目的

(1)积累关于小学数学绘本教学设计与实施方面的知识和经验。

(2)获得解读数学绘本课的教材、学情分析，合理选择运用教学表征的策略。

(3)提高数学绘本课中规律探究类课程的教学设计与实施能力。

3. 关键要点

(1)相关理论

数学学科课程与教学论：教学目标；教学设计；教学方式；数学学习心理。

教师知识相关理论：学科内容知识(SMK)；学科教学知识(PCK)。

(2)关键知识点

模型思想的本质理解；学情分析的策略；教学表征的运用。

(3)关键能力

教材解读的能力；问题情境创设的能力；课堂教学实践的能力。

(4)案例分析思路

通过对吴建成老师的教学观摩课“兔子的十二个大麻烦”进行分析，引导学生进一步思考如何解读绘本教材，如何了解学生，如何进行更行之有效的教学设计，以及如何进行教学反思。

4. 教学建议

(1)时间安排：大学标准课 4 节(180 分钟)。布置和预习 1 节，汇报讨论 2 节，反思总结 1 节。

(2)环节安排：布置预习，学生阅读本案例教材的内容，观看教学课例录像→学生小组对思考题进行讨论→小组进行课例研讨汇报→小组进行数学绘本教学设计→课上学生进行课堂模拟或微格教学→教师点评。

(3)人数要求：40 人以下的班级教学。

(4)教学方法：主要是参与式学习，以师生共同讨论为主，可以运用小组合作学习等形式，尽量少用讲授的方式。

(5)工具选择：多媒体、案例打印资料、录像机。

(6)组织引导：教师布置任务清晰，预习要求明确。给学生提供必要的参考资料。给予学生必要的实践技能指导，便于课堂教学实践模拟。学生课下讨论需要及时指导并给出建议。

(7) 活动设计建议：

①要求学生完成与本案例相关的课标、教材内容的阅读，同时查阅与小学数学教学设计与实施相关的教学理论。

②观看本案例的视频，独立思考，把主要思考内容写在便签上，再小组讨论交流，把主要观点写在小组记录单上，小组进行汇报交流，教师进行即时的观点梳理和点评。

5. 推荐资源

[1]张晓龙．数学绘本发展现状及其在小学数学教学中的应用[C]．中国心理学会．第十八届全国心理学学术会议摘要集——心理学与社会发展．北京：中国心理学会，2015.

[2]马云鹏．数学课程标准(2011 年)专题解读[M]．长春：东北师范大学出版社，2013.

[3]马云鹏．小学数学课程标准与教材研究[M]．北京：高等教育出版社，2016.

[4]夏婷．绘本教学的有效策略[J]．科学大众(科学教育)，2013(12)：93，115.

操作中体验，想象中发展

——“长方体和正方体”主题教学研究

（此教学设计获2019年全国教学案例评比一等奖）

教学内容：人教版《义务教育教科书·数学》五年级下册第三单元

一、单元教学设计说明

“长方体和正方体”是小学图形与几何领域学习的“拐点”，是学生正式学习立体图形的起点。它引出了新的知识——“体积与体积单位”，它是几何知识由平面到空间的正式过渡，为学生初、高中立体几何知识的学习打下基础，它是实现二维图形与三维图形转换的关键模型。长方体是内涵丰富的简单几何体，它包含了长方形、正方形、线段、直线的垂直和平行、平面的平移和旋转，涉及周长、面积、体积，图形的展开与折叠。它是小学数学的教学重点，也是空间图形教学的难点。五年级对长方体和正方体的学习，正是学生的思维由直观到抽象的一个过渡时期。由此可见，本课内容起着“承上启下”的关键作用。

对“长方体和正方体”进行主题备课，我们可以更好地把握学生学习时的经验、问题和困惑，能够深化这个内容的学习，落实数学思想方法的整体性、一致性、连贯性和递进性，便于思想方法的渗透。同时，也为学生后续学习提供学习经验和支持。本主题教学设计把整个关键课例“长方体和正方体认识”“长方体和正方体表面积”和“长方体和正方体体积”贯穿于一个大情境之中，在统一的主题情境下，三个关键课例围绕这一中心主题逐一展开，力求知识点不零散，结构严谨，一以贯之呈现“空间观念”的培养。

1. 设计理念

(1)学习内容的重新定位

从几何发展的历史来看，人们对几何图形的认识首先是根据生产生活实践经验，依靠直觉观察，反复实验而形成的，不是靠后来人们整理时所运用的逻辑推理形成的。小学生的思维正处在由直观表象思维为主向抽象逻辑思维为主过渡的阶段，他们对几何图形的认识，相当于人类早期认识几何的阶段。因此，在“长方体和正方体”这一单元，我们应该引导学生借助他们身边直观、可感的空间世界，借助他们原先储备的经验，主动地关注、认识周围的图形世界，在大量的操作和思考活动中丰富表象，提升数学思维，发展空间观念。

(2)学习目标的理性重建

“认识图形，掌握它们的特征及周长、面积与体积的计算规则，进而运用它们解决问题”，曾是“几何初步知识”领域重要甚至唯一的教学目标。如今，当数学学习对于人的发展价值再一次被重新认识和界定时，我们可以做出这样的判断：仅仅掌握一定的几何知识，形成相关的解题技能，已远远无法满足个体对数学学习的价值期待。

《义务教育数学课程标准(2011 年版)》中提出：“数学为其他学科提供了语言思想和方法……它的内容、思想、方法和语言是现代文明的重要组成部分”“教师应……帮助他们在自主探索和合作交流的过程中，真正理解和掌握基本的数学知识与技能、数学思想和方法”。而思想、方法大量存在于“图形的认识、测量”之中，只是知识技能的目标相对显性，思想、方法及观念等目标相对隐性。小学生能否清晰地掌握图形的特征，正确计算物体的面积、体积，很大程度上取决于空间观念的积累。有了空间观念才能建立没有大小的点、没有宽窄的线、没有厚薄的面等几何概念。由此可见，本单元相对于几何知识的习得而言，空间观念的发展意义更为重大。

(3)学习方式的再度厘定

小学生在小学阶段学习的内容应该属于直观几何，正如《义务教育数学课程标准(2011 年版)》所言：“应注重使学生通过观察、操作、推理等手段，逐步认识简单几何体和平面图形的形状大小，注重通过观察物体、制作模型、设计图案等活动，发展学生的空间观念。”

“长方体和正方体”这一单元的学习应采取学生喜爱的看一看、折一折、剪一剪、拼一拼、摆一摆、量一量、画一画等具体的活动方式，引导学生通过亲自触摸、观察、测量、制作和实验，把视觉、听觉、触觉、运动觉等协同起来，强有力地促进活动的内化。注重突出知识的呈现方式由静止转为运动、变化的过程，在自主操作的过程中使二维与三维的知识体验建立联系，以此发展学生的空间想象力。并在逐层深化体验的过程中，引导学生经历从“形象”到“表象”再到“抽象”的过程，逐步科学且严谨地自主建立数学模型，积累立体图形认识、运动及测量的学习经验。从而掌握长方体和正方体的特征及测量方法，形成空间观念。

2. 单元内容分析

“长方体和正方体”这一单元是人教版《义务教育教科书·数学》五年级下册第 18—33 页的内容，属于“图形与几何”领域。“长方体和正方体”是学生对图形的认识从平面扩展到立体的一个转折点，对于学生空间观念的发展更是一个质的飞跃。通过“长方体和正方体”单元的教学，学生能认识长方体和正方体的特征，理解表面积、体积、容积概念，掌握长方体和正方体的表面积、体积的计算方法，建立体积、容积单位表象。学生在第一学段已经初步认识了一些简单的立体图形，已经能够识别出长方体、正方体、圆柱和球，本单元在此基础上系统教学长方体和正方体的有关知识。长方体的学习是学生前面所学平面图形知识的综合应用与检测，它是对平面图形知识方法思想的进一步应用。

"长方体和正方体"这一单元分三小节编排：长方体和正方体的认识，长方体和正方体的表面积，长方体和正方体的体积。在"长方体和正方体的体积"一节中，还介绍了容积的概念。同时，按照课程标准的要求，新增加了探索某些实物体积的测量方法。具体内容安排如表 7-14 所示。

表 7-14

小节名称	知识内容
长方体和正方体的认识	长方体、正方体的特征 长方体、正方体的关系
长方体和正方体的表面积	表面积 表面积计算
长方体和正方体的体积	体积和体积单位
	体积计算公式
	体积单位之间的进率
	容积和容积单位
	不规则物体的体积

3. 单元编排特点

(1)注意联系生活实际

"长方体和正方体"这一单元非常重视与实际生活的联系，主要体现在以下几方面：①图形和概念的认识，结合学生所熟悉的事物进行。如长方体、正方体特征的认识，安排了让学生说出纸巾盒、数学课本、粉笔盒等的形状，长、宽、高等练习。②注意用所学的知识解决实际问题。本单元在各部分知识的学习中，都注重学以致用。如在认识长方体、正方体时，安排了计算俱乐部四周要安多长的彩灯线等练习；在学习表面积时，安排了大量的根据具体情况计算物体表面积的内容。③选取具有鲜明时代特征的素材。如计算拼插奥运墙所用积木的体积，为"神舟五号"载人航天飞船返回舱的容积选取合适的容积单位等。既巩固了所学的数学知识，又激发了学生的民族自豪感。

(2)更加重视对概念的理解

体积对学生来说是一个新概念，学生理解“物体占有一定的空间”有一定的困难。为此，教材先通过学生熟悉的“乌鸦喝水”的故事，以形象、生动的方式让学生初步感知物体占有空间。然后通过把石头放入盛水的玻璃杯里的实验，让学生进一步体验物体确实占有空间，为引出体积概念做好充分的感知准备。在学习容积、计算不规则物体的体积时，让学生利用已建立的体积概念想到可以用排水法求得不规则物体的体积，加深对体积概念的认识。

(3)加强动手实践、自主探索，让学生经历知识的形成过程

“长方体和正方体”这一单元中的一些概念和计算方法都是通过学生动手操作、自主探索来学习的。如体积单位，就是通过让学生回顾旧知、迁移类推引出来的。教材通过比较两个不容易看出大小的长方体的体积，让学生通过比较物体的长度有统一的长度单位，比较物体的面积有统一的面积单位，想到比较物体的体积应有统一的体积单位，由此引出体积单位。又如，学习长方体体积的计算方法，先让学生用 $1cm^3$ 的正方体拼摆出不同的长方体，通过对这些长方体的相关数据进行观察、分析和归纳，发现长方体的体积与它的长、宽、高之间的内在关系，从而总结出长方体体积的计算公式。

(4)对一些内容进行调整

“长方体和正方体”这部分教材根据以往教学实践的情况，对一些内容进行了调整。如长方体、正方体的引出，直接从实物中抽象出相应的图形，不再从与平面图形的对比中引出。再如，由于体积和表面积等概念逐一从各方面进行认识，所以体积和表面积不再安排例题进行对比。

总之，“长方体和正方体”这一单元无论在知识上、数学思想上还是学习方法上，对于学生都是非常关键的，蕴含着丰富的育人价值。

二、单元(或主题)学习目标与重、难点

1. 学习目标

(1)通过观察和操作，认识长方体和正方体的特征以及它们的展开图。通过实例，了解体积(包括容积)的意义。结合具体情境，探索并掌握长方体和正方体的体积和表面积的计算方法，并能运用所学知识解决一些简单的实际问题。

(2)通过观察、操作、思考、总结、反思等活动认识长方体和正方体，在活动中进一步积累几何活动经验，发展空间观念和数学思考能力。

(3)积极参与图形探索的全过程，激发学习的积极性与探究欲望，让学生体会立体图形学习与实际生活的联系，感受其价值，树立学好数学的信心。

2. 学习重点

通过观察和操作，认识长方体和正方体的特征以及它们的展开图。通过实例，了解体积(包括容积)的意义。结合具体情境，探索并掌握长方体和正方体的体积和表面积的计算方法，并能运用所学知识解决一些简单的实际问题。在活动中进一步积累几何活动经验，发展空间观念和数学思考能力。

3. 学习难点

(1)学生的认识在“一维”“二维”与“三维”的转换过程中相互联系，构建知识网络，发展空间观念。

(2)学生在自主性的学习过程中，经历从“形象”到“表象”再到“抽象”的过程，探索表面积和体积计算方法，逐步科学且严谨地自主建立数学模型，发展模型抽象意识，培养模型思想。

三、单元(或主题)整体教学思路

1. 单元整体教学实施的思路

“长方体和正方体”单元整体思维导图如图 7-84 所示。

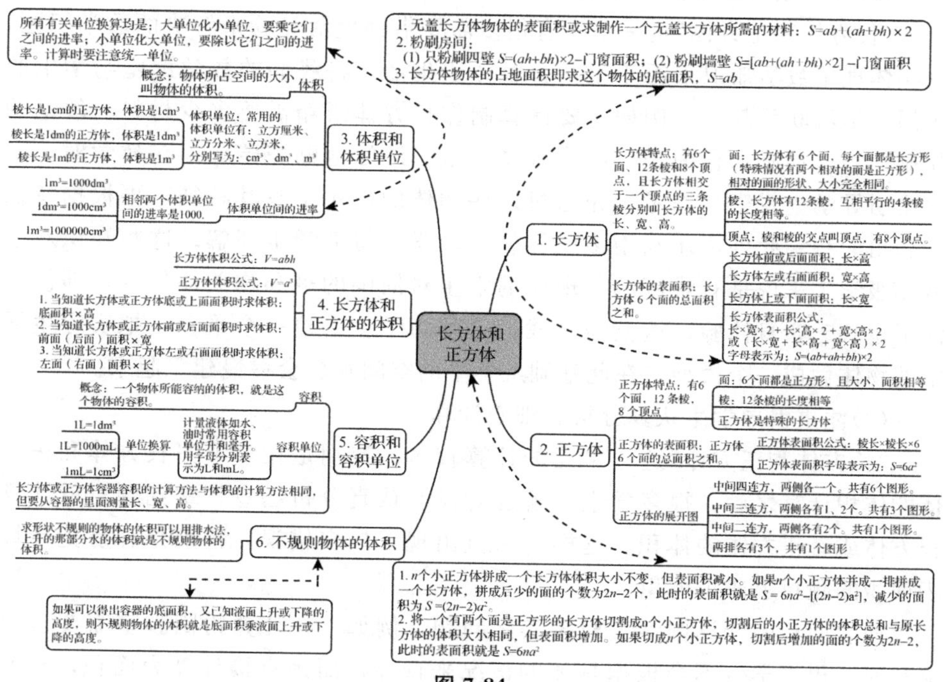

图 7-84

(1)注重实物演示和动手操作能力

形体特征的认识要遵循由具体到抽象的认识过程，“长方体和正方体”这一单元中有许多概念对学生来说是新概念，由认识平面图形到认识立体图形，是学生空间观念的一次重大发展，但是学生的空间观念还很模糊，所以在教学时要注重实物演示，以发展学生的空间观念，加深学生对这一单元知识的理解。

例如，在教学“长方体和正方体的认识”时，课前让每个学生都准备好一个实物模型，课上让学生具体数一数长方体和正方体的面、棱、顶点的个数，观察面和棱的特点，再集体总结。新知识教学完毕后，再让学生利用课本后的附页 1 和附页 2 动手制作长方体、正方体，并标出顶点、棱、面，让这些知识和具体的实物通过动手操作紧密联系起来，在头脑中形成清晰的印象。在这个认识特征的过程中，如果只有直观或者只有抽象，都是不利于空间观念的培养的。

在教学“长方体的表面积”时，通过让学生展开自己带的长方体，引导学生观察每个面是什么形状的，每个面的面积该怎么计算，哪些面是相等的，一共要计算几个面，从而推导出长方体的体积计算方法。

(2)计算紧密联系实际生活

“长方体和正方体”这一单元有很多需要借助生活经验来解决的数学问题，真实体现了数学知识来源于生活，服务于生活，将我们的数学课堂与学生的生活、学习联系起来。例如，要计算制作长方体纸箱需要多少材料、教室的粉刷面积、抽屉木板面积、制作玻璃鱼缸、游泳池贴瓷砖等；在教学时，主要是引导学生观察、思考，先通过这些物体的应用了解其特征，再根据特征计算出面积。此外，还利用多媒体辅助教学，帮助学生理解。这些知识对于五年级学生来说是有难度的，现在的学生对周围的事和物关注较少，即使关注了也缺乏亲身体验。这就需要我们老师为学生搭建一个平台，把实际生活中的物体做成一个模型，在此基础上学生的空间观念会慢慢建立起来。

(3)注重引导学生认真分析、细心计算

“长方体和正方体”这一单元的计算较多，特别是在学习完长方体和正方体的体积计算之后，很多学生在解题时没有认真分析题意，拿到题目就计算长方体或者正方体的体积。这样一来就出现了较多错误，特别是容易把计算表面积的题目求成了体积。

而表面积的计算则涉及较多实际问题。例如，在计算粉刷教室需要多少涂料时，很多学生不会根据具体的情况来选择，而是直接计算表面积，从而出现错误。根据这种情况，在教学时，我让学生观察我们的教室是怎样的，数一数需要粉刷几个面，不用粉刷的是哪个面，还应该去掉哪部分，尽可能地减少失误。

(4)引导学生形成线、面、体的空间观念

为了使学生能够更好地理解图形，教学过程中强调将线、面、体进行比较。利用多媒体将一维的线段、二维的平面和三维的长方体和正方体对比结合，让学生真正看一看、摸一摸、比一比，在实际操作中引导学生进行比较，从而形成一定的空间观念。

2. 单元课时安排

表 7-15

小节名称	知识内容	课时安排
长方体和正方体的认识	长方体、正方体的特征 长方体、正方体的关系	1 课时
长方体和正方体的表面积	表面积 表面积计算	1 课时
长方体和正方体的体积	体积和体积单位	1 课时
	体积计算公式	1 课时
	体积单位之间的进率	1 课时
	容积和容积单位	1 课时
	不规则物体的体积	1 课时

四、教学设计

(一)第 1 课时教学设计

1. 课题

长方体和正方体的认识。

2. 课型

新授课。

3. 教学内容分析

“长方体和正方体的认识”是人教版小学数学教材五年级下册第三单元的教学内容，属于“图形与几何”领域，本知识点是这一部分的重要教学内容。由于长方体和正方体是最简单的立体几何体，因此这部分内容也是小学阶段立体几何图形认知和测量的基础。

学生在低年级初步认识了一些简单的立体几何图形，已能够识别出长方体、正方体、圆柱和球等立体几何图形，同时还在前面学习了一些平面几何图形的特征，以及它们的周长和面积，本课是在此基础上教学的。在此基础上进一步了解简单几何体的基本特征，是学生认识上的一次飞跃。长方体和正方体的认识是学生较为深入地研究立体几何图形的开始。长方体是最基本的立体几何图形。通过学习，可以使学生对自己周围的空间和空间中的物体形成初步的空间观念，是进一步学习其他立体几何图形的基础。这就要求在教学中，要注重使学生探索现实世界中有关空间与图形的问题，帮助学生通过观察、操作、推理等手段，逐步认识简单的几何体和平面图形的形状、大小、位置关系及其变换的过程，有序观察物体并制作模型，发展学生的空间观念。

4. 学习者分析

教学对象：小学五年级学生。

(1)基于经验

五年级的学生已经具备了一定的操作能力、探究能力和抽象概括能力，又在生活中积累了一定的相关知识和经验，故在本节课中应充分给学生提供学习空间与实践机会，引导学生在自主探索的过程中获取知识，感受数学的魅力。

①学生学科知识的储备情况：在低年级的学习中，学生已经对简单的几何体有了感性的认识，并且认识了长方形和正方形的特征以及二者之间的关系，这些都是认识长方体和正方体的知识基础。

②学生已有的生活经验：学生能从生活中找到大量长方体和正方体的素材，并能通过这些素材发现长方体和正方体的一些基本特征。

③学生的认知能力与水平：五年级的学生已经掌握了一些数学学习的方法，能够运用已有知识经验去发现、探究新的知识，具有一定的认识水平。

(2)基于调研

为了更好地了解学生，我对教学班里的32位学生进行了前测调研，问卷题目如下：

① 下面哪些物体的形状是长方体？请在图形下面的括号中画“√”。

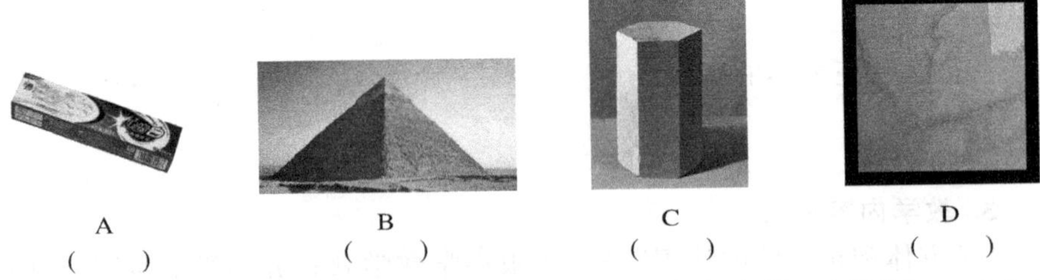

A ( )　　B ( )　　C ( )　　D ( )

② 如果用小棒、长方形组装图7-85所示的一个长方体，需要(　　)个长方形，(　　)根小棒。

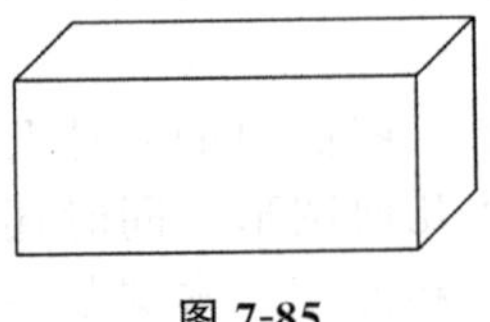

图 7-85

我对前测结果进行了相应的数据分析，结果如下：

问题①：

表 7-16

	选择 A	选择 B	选择 C	选择 D
人数(人)	32	0	0	15
百分比	100%	0	0	46.9%

问题②：

表 7-17

	选择面正确	选择棱正确	都正确	都不正确
人数(人)	29	28	27	2
百分比	90.6%	87.5%	84.4%	6.3%

通过问题①的调研可以发现，由于在一年级时对长方体已经有了一定的认识，并且在生活中也有大量的生活经验辅助，因此所有的学生都能从众多的立体图形中准确地挑出长方体，对长方体的特征也有初步的了解，但46.9%的学生对特殊的长方体认识模糊，特别是相对面是较大的正方形的长方体(瓷砖)。其中有68%的学生认为这是正方形或者正方体。

通过问题②的调研则可以发现大多数学生已经具备了一定的空间想象能力，对于遮挡的部分有意识地通过想象予以补充，但也有一部分学生在空间观念方面有所欠缺，不能通过抽象的平面图形进行想象。

以上结果引发了我的思考：

①对于已经具备一定知识经验和生活经验的学生，课堂上究竟应该让学生获得什么？如何帮助学生提升对立体图形的认识？

②如何帮助学生提升对立体图形的认识，培养学生的空间观念？

对此，我想应该给予学生充分的体验时间和空间，让学生通过动手操作印证头脑中的表象和具体实物模型，通过想象与观察使二者结合对比，提升学生的空间观念。

5. 学习目标确定

(1)知道长方体和正方体的面、棱、顶点以及长、宽、高(或棱长)的含义，掌握长方体和正方体的基本特征，理解它们之间的关系。

(2)通过观察、操作等活动认识长方体和正方体，在活动中进一步积累探索经验，增强空间观念，发展数学思考能力。

(3)使学生进一步体会图形学习与实际生活的联系，感受图形学习的价值，提高数学学习的兴趣和自信心。

6. 教学重、难点

(1)教学重点：掌握长方体和正方体的面、棱、顶点的特征，认识长、宽、高。

(2)教学难点：形成长方体和正方体的概念，发展学生空间观念。

7. 学习评价设计

(1)掌握长方体和正方体的特征，可以有意识地从“点”“线”“面”的角度刻画图形。

(2)能够通过想象在头脑中形成图像，具备初步的空间想象力。

(3)积极参与学习过程，在小组互动中切实参与并发挥作用。

8. 学习活动设计

环节一：活动激趣，聚焦、引题

(1)谈话：同学们，你们喜欢做游戏吗？我们来看看谁的感觉敏锐，不用眼睛，用手就能判断出立体图形的样子。在这个箱子里有很多立体图形，请你准确地找出所有的长方体。

(注：盒子中有球、三棱柱、长方体、正方体、圆柱体模型各一个)

预设：学生凭感觉摸取长方体。

(2)提问：说一说你是怎么准确找出长方体的?

预设：学生结合自身的生活经验和学习经验，从点、线、面等角度进行判断。

(3)导入：今天我们就从这几个角度来研究长方体。

(板书：长方体和正方体的认识；面、线、点)

【设计意图：教学的艺术不在于传授知识本身，而在于唤醒、激励和鼓舞。利用学生已有的生活经验和学习经验，借助实物引入长方体和正方体的认识，充分说明长方体和正方体在现实世界中是客观存在的。为了帮助学生更好地认识现实世界，解决日常生活中所遇到的问题，提出本节课的教学目标，这种设计符合学生认识事物的规律，在引起学生的学习兴趣、激发学生的求知欲的同时，有利于教与学双方共同完成本节课的教学任务。】

环节二：自主探究，合作、交流

(1)分析成因，建构概念

①提问：下面请大家摸一摸长方体的“面”“线”和“点”，感受一下。

预设：尝试感知。

②提问：你们知道刚才说的长方体的“面”“线”和“点”都叫什么吗?

预设：面、棱、顶点。

③提问：什么是棱？什么是顶点？它们是如何产生的呢？(课件辅助)

预设：

生 1：两个面相交而成。

生 2：三条棱相交而成；三个面相交而成。

④课件动态演示。(如图 7-86 所示)

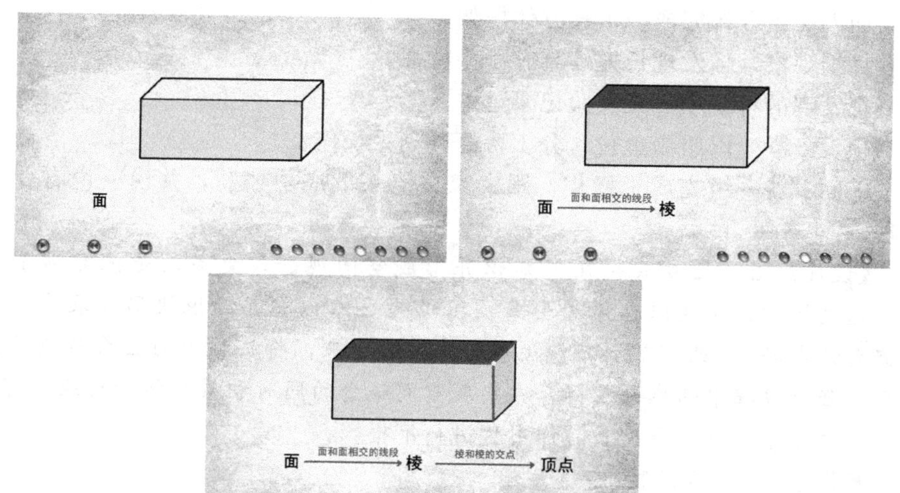

图 7-86

(2)充分感知，总结特征

①寻找生活中的长方体模型。

问：同学们，生活中你们见过长方体吗？说一说你们见到过哪些长方体。

预设：牙膏盒、皮鞋盒、字典……

②问：老师也找到了一些生活中常见的长方体形状的物体，我们一起来看一看。(课件演示，如图 7-87 所示)

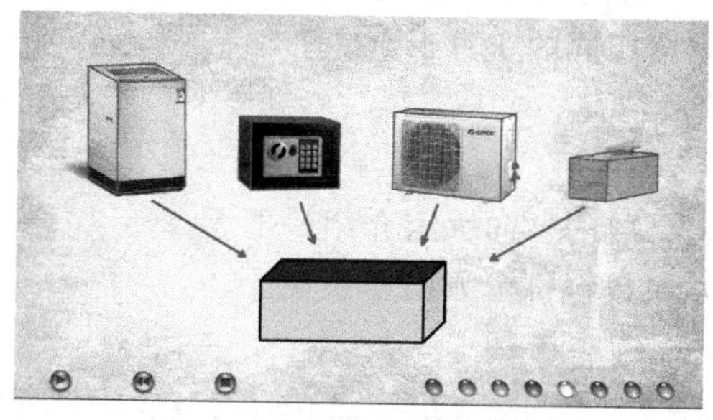

图 7-87

③问：刚才我们认识了长方体的面、棱、顶点，你们愿意自己制作一个长方体吗？老师给每个组的同学都准备了实验材料，我们先来看一看。

介绍实验材料(两组实验材料，学生自行选择)。

材料一：小棒(11 厘米、14 厘米、16 厘米、18 厘米)；接头若干。

材料二：1 米长的铁丝；橡皮泥若干；剪钳一把。

④出示活动建议：

四人一组合作完成一个长方体框架。

仔细观察，你发现长方体具有哪些特征？

把发现的特征填写在实验记录单中。

预设：学生以组为单位，分工协商，动手操作。

⑤问：哪一组完成了操作？跟大家交流一下成功经验，并说一说有什么发现。

【设计意图：儿童获得几何知识并形成空间观念，更多的是依靠动手操作。通过操作，学生以具体的形象或图像为思维内容，能很快形成表象，感悟概念的内涵。[①] 此环节引导学生参与到实践中来，将头脑中的表象与现实相结合，强调过程中的感知获得，在发展空间观念的同时积累数学活动经验。】

⑥学生结合框架模型及制作过程进行汇报：

预设汇报 1：面的特征

情况一：长方体有 6 个面，每个面都是长方形。长方体相对的面完全相同。

问题串：

A：你是怎么数出这 6 个面的？

B：哪些是相对的面？有几组？

C：你怎么知道相对的面完全相同？

情况二：有 2 个相对的面是正方形，其他 4 个面是完全相同的长方形。

问：请你结合作品具体给大家指一指。

板书：6 个面　相对的面完全相同　6 个面全是长方形　有 2 个面是正方形　其他 4 个面是完全相同的正方形

预设汇报 2：棱的特征

生：长方体有 12 条棱。

提问：你们是怎么数的？向大家介绍一下。

预设：从三个方向数，每个方向 4 条棱。

---

① 卢锋：《发展空间观念　提升思维能力——以小学数学教学为例》，《教育理论与实践》，2012 年第 11 期，第 58—60 页。

提问：你发现相对的棱有什么特征了吗？

预设：相对的棱长度相等。

提问：你怎么知道相对的棱长度相等？

板书结论：12 条棱，相对的棱长度相等

预设汇报 3：点的特征

问：长方体有几个顶点？

生：8 个顶点。

板书：8 个顶点

表 7-18　实验记录单

名称	特征		
	面	棱	顶点
长方体			

预设汇报 4：实验失败的情况

问：刚才还有些组实验失败了，没有完成长方体框架的制作。反思一下，哪里出了问题？

预设：

生 1：把铁丝随便剪，所以没做成。

生 2：前几条铁丝剪得太长了，后面不够用了。

生 3：无从下手。

（点评：没有关注到长方体的特征。）

(3)直觉判断，认识直观图

①问：如果把这个长方体框架补上面，并且画下来，会是什么样的？闭上眼睛想一想。

预设：学生闭眼想。

②课件辅助演示，如图 7-88 所示。

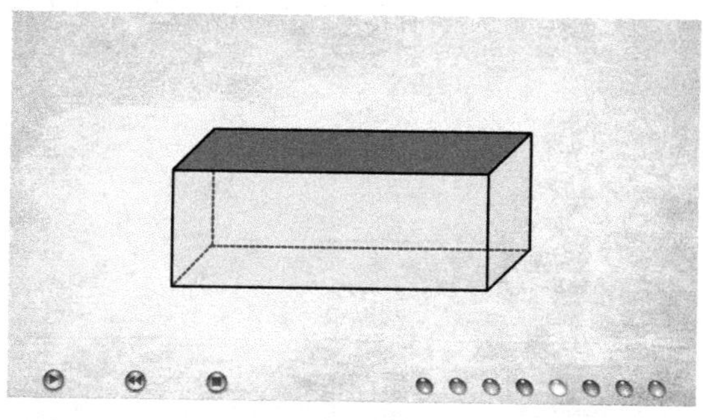

图 7-88

问：看看和你想的一样吗？这幅图上的长方体最多能看到几个面？几条棱？几个顶点？

预设：

生 1：3 个面。

生 2：9 条棱。

生 3：7 个顶点。

③问：长方体不是有 6 个面、12 条棱、8 个顶点吗？其他的在哪儿？你能找找吗？

学生结合课件图寻找。（课件同步出示信息）

（总结：从一个角度观察长方体，最多能看到 3 个面。）

④问：数学中为了更好地研究和观察，看不见的棱通常用虚线来表示。（课件辅助）

⑤先在脑海里回想一下长方体，再和屏幕上的图形比较。

(4)逐步抽象，认识长、宽、高

①变形想象。（课件辅助，逐步擦除棱，如图 7-89 所示）

问：如果去掉 1 条棱，你们也能想象出这个长方体原来的样子吗？

问：（课件演示）再擦去 3 条，还能想出来吗？

问：现在还能擦去吗？现在呢？

问：（随机出示）保留这 3 条棱，可以想象一下吗？

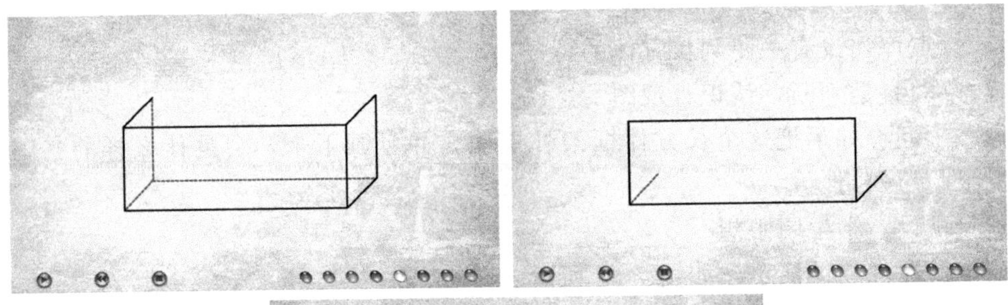

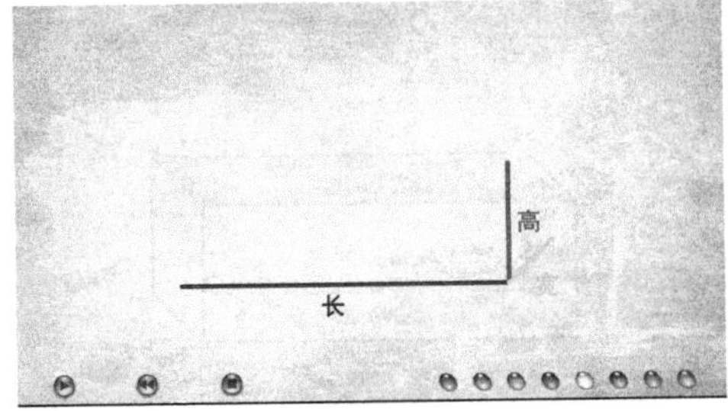

图 7-89

问：（课件演示：通过平移棱形成完整的直观图，如图 7-90 所示）和你们想象的一样吗？

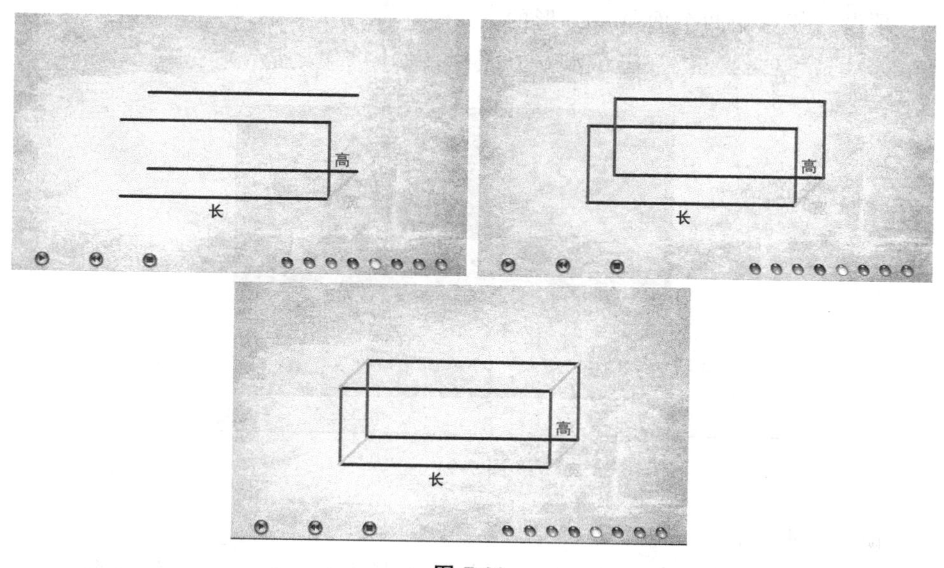

图 7-90

②揭示定义。

问：像这样从一个顶点引出的三条棱叫作长、宽、高。通常把左右方向的叫作长，前后方向的叫作宽，上下方向的叫作高。

③辨认练习。

问：（出示长方体框架）现在，你能找到这个长方体的长、宽、高分别是哪些棱吗？

问：（变换摆放位置）如果把这个长方体这样放，长、宽、高又分别是哪些棱呢？

【设计意图：学生的学习过程不仅是一个接受知识的过程，而且是一个发现问题、分析问题、解决问题的过程。[①] 这个过程一方面是展现学生各种疑问、困难、障碍和矛盾的过程；另一方面是展示学生聪明方法、独特个性、创新成果的过程。[②] 在此环节的教学中，应充分给予学生空间和时间，力求让学生用自己的方法，自由地、开放地进行研究。这样既体现了学生的主体性，加深了学生的认可度，又突出了数学结论的严谨性。】

① 中华人民共和国教育部：《义务教育数学课程标准（2011 年版）》，北京：北京师范大学出版社，2012 年，第 3 页。

② G. 波利亚：《怎样解题——数学思维的新方法》，上海：上海科技教育出版社，2007 年，第 7 页。

环节三：迁移认知，拓展认识

(1)问：生活中有很多长方体，你们觉得哪种长方体最特殊？

预设：相对的两个面是正方形的。

(2)问：这是哪里？(出示水立方照片，如图 7-91 所示)

图 7-91

预设：水立方。

(3)提问：著名的水立方就是一个特殊的长方体，它的相对的两个面就是正方形，它的四周是什么图形？怎样能变成正方体？

预设：四周是长方形；高再高一点儿。

(4)课件动态演示：水立方“长高”变成正方体。(如图 7-92 所示)

图 7-92

问：这个更特殊的长方体叫什么？

预设：正方体。

(5)提出问题，交流发现。

① 问：正方体的面、棱、顶点有什么特征？

预设：

生1：我发现正方体的6个面是完全相同的正方形。

板书：都是正方形，完全相同

生2：我发现正方体也有6个面、12条棱、8个顶点。而且正方体的棱长度都相等。

板书：棱长度相等

②问：由此，你发现正方体和长方体有什么关系了吗？

预设：正方体就是特殊的长方体。

板书：集合圈

过渡语：前面我们从面、棱、顶点三个方面进一步认识了长方体和正方体的特征。下面我们再走进生活，继续了解它们。

【设计意图：学生在已经认识了长方体的基础上学习正方体就比较容易了。因此，这个环节直接采用电脑演示，充分利用电教媒体的优势，让学生在看一看、说一说的活动中，归纳、表述正方体的特征，培养学生的自学能力及初步逻辑思维能力。】

环节四：数形结合，发展能力

(1)基础练习

①问：根据所给数据，想想它是什么。如果你答对了，屏幕上就会出现这个物体。

(课件出示数据及图形答案)

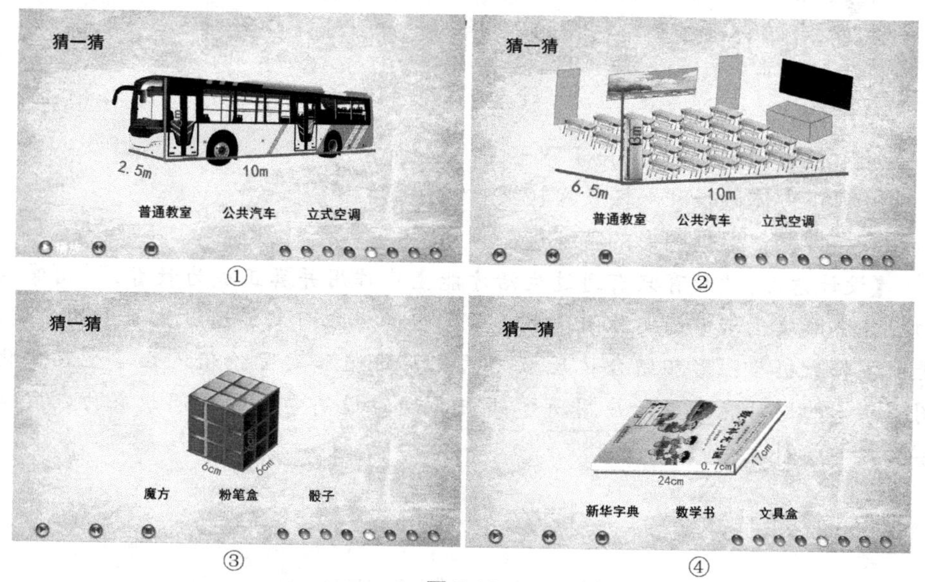

图 7-93

②问：(课件演示高缩短)如果这个长方体的高缩短到 0.1 毫米，想想可能是什么物体？(如图 7-94 所示)

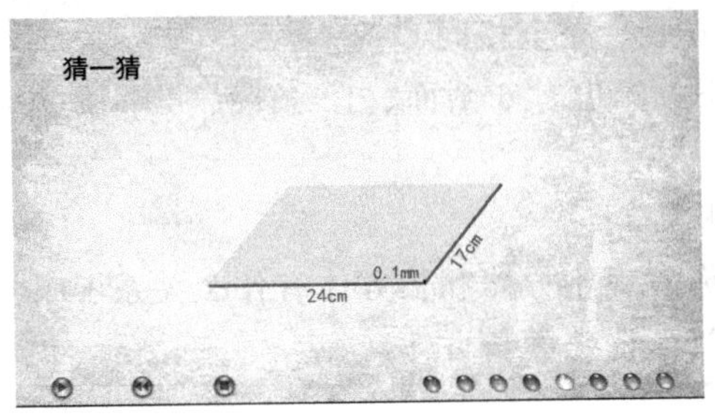

图 7-94

预设：纸。

追问：它还是长方体吗？

(2)发散练习

①出示问题：用铁丝制成了一个长方体框架，要想知道长方体框架铁丝的总长度，最少测量几条棱就可以了？

预设：

生：三条棱。

②追问：为什么？你是怎么想到的？正方体呢？

预设：

生 1：根据长方体棱长特点，相对的四条棱相等。

生 2：正方体棱长和是棱长的 12 倍。

③总结：

总结公式：

长方体棱长和＝(长＋宽＋高)×4

正方体棱长和＝棱长×12

总结方法：根据图形的特征进行判断。

【设计意图：“教育只有通过生活才能生产作用并真正成为教育。”[①]用掌握的规律去解决生活中的实际问题是数学学习的根本目的。通过生活中的实例，进一步将数据与图形相结合体现数学的应用价值和实际价值，让学生在内化图形认识的同时能够灵活应用所学知识，切实提高学生的空间想象力，发展学生数学学科素养。】

① 郑毓信：《数学思维与小学数学》，南京：江苏教育出版社，2008 年，第 145 页。

环节五：畅谈收获，总结课堂

(1)学生交流。

问：不知不觉，咱们的课上到这儿就快结束了。通过今天的学习，你有收获吗?

(2)回顾总结。

【设计意图：课程标准指出："对学生数学学习过程的评价，要注重学生的参与程度，合作交流的意识与情感、态度的发展等方面。"①同时，也要重视考查学生的数学思维过程。在此环节中，引导学生从各个角度进行学习总结，培养良好的学习习惯和反思意识，为学生的终身学习奠定基础。】

9. 板书设计

长方体和正方体的认识

	面 (6 个)	棱 (12 条)	顶点 (8 个)
长方体	相对的面完全相同 6 个面都是长方形 有 2 个面是正方形	相对的棱长度相等	
正方体	6 个面完全相同 都是正方形	12 条棱都相等	

10. 作业与拓展学习设计

(1)作业时间：0.5 小时以内。

(2)作业内容：用 1 米长的铁丝制作长方体或正方体框架(材料不能有剩余)。

(3)作业目的：

①巩固对长方体和正方体的认识，实现学习完整性，体验学习成就感。

②丰富学生体验，强化动手操作能力的培养，促进空间观念的形成。

11. 特色学习资源分析，技术手段应用说明

(1)操作中体验，感知中学习

本教学资源强调学生的动手操作，力求让学生在操作中体验。知识形成的过程不是通过外来媒介间接获取的，而是亲身参与，通过触觉、听觉等多媒体渠道获取的。

(2)过程中获取，交流中内化

本教学资源还强调学生在过程中的感受。从课初的"摸图形"，到课中的"组框架"都是让学生亲身经历三维图形的建构过程。在活动中让学生潜移默

① 中华人民共和国教育部：《义务教育数学课程标准(2011 年版)》，北京：北京师范大学出版社，2012 年，第 3 页。

化地将一维图形、二维图形与三维图形建立联系，帮助学生在头脑中确立立体图形的表象，再与实际图形进行对比和强化，发展其空间观念。

12. 教学反思与改进

“长方体和正方体的初步认识”是学生由平面图形到立体图形的一次过渡，也是学生学习其他立体图形的基础，是学生对图形认识的一个转折点。它从平面图形过渡到立体图形，从计算面积到计算体积，而且对于学生空间观念的发展更是一个质的飞跃。课程标准指出：“在几何初步认识知识教学中，应注重使学生通过观察、操作、推理等手段，逐步认识简单几何体和平面图形的形状、大小、位置关系及变换；应注重通过观察物体、认识方向、制作模型、设计图案等活动，发展学生的空间观念。”

学生在空间方面的认识从二维发展到了三维。虽然长方体在学生的身边随处可见，但是要发现它的特征，还是不容易的，特别是对于那些构建空间观念能力薄弱的学生来说，本单元的学习是有一定难度的，而对长方体和正方体特征的充分认识就显得尤为重要了。因此，在教学“长方体和正方体的认识”时，我注意充分利用学具并创造条件，让学生自主观察、自主探索、亲自实践、亲身体验，丰富学生对长方体和正方体的形象感知，培养学生的空间观念。

(1)注重动手操作，让学生积累空间观念

小学生学习几何形体知识属于直观几何阶段，教学时我注重引导学生动手操作实践，让学生在看一看、摸一摸、拼一拼等实际操作中，使自己的多种感官参与活动，丰富自己的感性认识，掌握几何形体的特征，不断积累空间观念。如：让学生小组合作，发现并逐步抽象概括出长方体的特征；利用铁丝自由裁剪制作长方体框架，使学生清楚地看到 12 条棱的关系，让学生进一步抽象概括，从而引出长方体的长、宽、高的概念。再通过多媒体信息技术实现图形的变换，从而使学生加深对长、宽、高的理解。通过加强动手操作，使学生丰富感知，积累了空间观念，形成概念。

(2)注重引导，充分发挥学生的主动作用

培养学生展开多向思维，是学生能够从不同角度解决问题的基础。教学中，我引导学生展开多向思维，如在学习长方体棱的认识时，在学生已知道长方体有 3 组相对的棱并制作了长方体框架后，我又提出启发性的问题：“如果制作一个长方体框架，需要量出几条棱的长度?”学生通过观察和思考，知道只需量出三条棱的长度，然后相加并乘以 4 就可以了，这样 12 条棱又在学生脑中分成了 4 组，促进了学生空间观念的形成。

(3)重视想象，让学生发展空间观念

想象是学生依靠大量感性材料而进行的一种高级的思维活动。在教学过程中，要培养学生按照一定目的，有顺序、有重点地去观察，在反复细致观察的基础上，让学生展开丰富的空间想象，发展空间观念。如让学生根据图形想象长、宽、高的长度分别发生变化后，会引起长方体的形状怎样改变，既使学生认识到长、宽、高和长方体大小的关系，又发展了学生的空间观念。

(二)第2课时教学设计

1. 课题

长方体和正方体的表面积。

2. 课型

新授课。

3. 教学内容分析

表面积这部分内容是在学生认识并掌握了长方体和正方体特征的基础上进行教学的。本课的教学内容包括三个方面：①理解表面积的意义；②探究长方体和正方体表面积的计算方法；③联系生活，解决有关表面积的简单实际问题。本节课的教学难点在于，学生往往因不能根据给出的长方体的长、宽、高，想象出每个面的长和宽各是多少，导致在计算中出错。为了使学生更好地建立表面积的概念，教材加强了动手操作，让学生在展开后的图形中，分别用“上”“下”“前”“后”“左”“右”标明六个面，并把面积相等的面涂上同样的颜色。教学中鼓励学生在动手操作的同时独立思考，合作交流，并运用多媒体帮助学生培养空间想象能力。通过多媒体演示长方体和正方体表面展开的过程，使学生把展开后每个面与展开前这个面的位置联系起来，更清楚地看出长方体相对的面的面积相等，每个面的长和宽与长方体的长、宽、高之间的关系。这样既可以帮助学生理解表面积的意义，又为学习表面积的计算做好准备。

4. 学习者分析

(1)基于经验

学生已经掌握了平面图形长方形和正方形面积的计算，初步认识了一些简单的立体图形，认识了长方体和正方体的特征。本节课在这些知识的基础上学习长方体和正方体的表面积，它是研究其他立体图形的基础。学生由认识平面图形到认识立体图形，是空间观念的一次飞跃，探究表面积的知识需要学生有一定的空间想象能力和发散思维能力。为此，本节课充分运用多媒体技术，帮助学生克服认识上的难点，同时鼓励学生动手操作、合作交流，培养学生的自主探究能力。

(2)基于调研

为了更好地了解学生，我对教学班里的32位学生进行了前测调研，具体题目如下：

图 7-95

图7-95是一个长方体的火柴盒，经测量长6厘米，宽4厘米，高2厘米，请你根据要求回答问题。

①火柴盒侧面涂有一层红褐色物质，主要成分是红磷和玻璃粉，你知道一个火柴盒红褐色部分的面积是多少吗？

②放火柴的部分像一个抽屉，你知道它是由几个面组成的吗？

③整个火柴盒分内、外两个部分，一共由几个面组成？

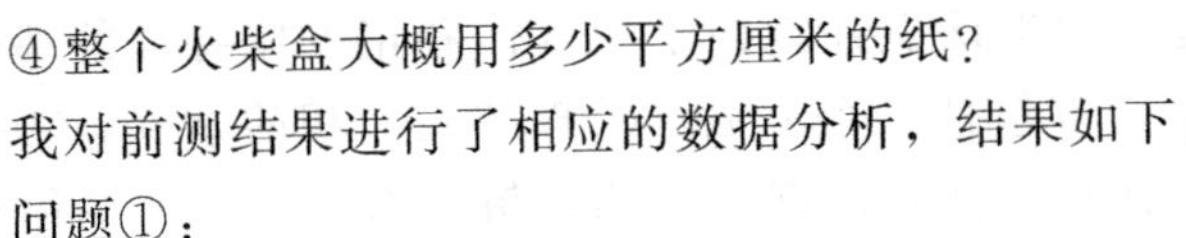
④整个火柴盒大概用多少平方厘米的纸？

我对前测结果进行了相应的数据分析，结果如下：

问题①：

表 7-19

	计算一个面	计算两个面	列式错误
人数(人)	18	14	0
百分比	56.25%	43.75%	0

问题②：

表 7-20

	计数正确	计数错误
人数(人)	30	2
百分比	93.75%	6.25%

问题③：

表 7-21

	计数正确	计数错误
人数(人)	28	4
百分比	87.5%	12.5%

问题④：

表 7-22

	计数正确	计算错误
人数(人)	20	12
百分比	62.5%	37.5%

通过以上调研可以看出，学生具备一定的空间观念，对于长方体各面与其长、宽、高之间的联系有一定的认识，但随着问题的复杂化和问题的叠加，学生的正确率明显下降，究其原因还是学生不能将数据与实际图形建立牢固的对应关系。

以上结果引发了我的思考：

①对于长方体和正方体的表面积，如何让学生摆脱机械记忆，真正地内化掌握？

②如何帮助学生实现二维与三维的相互转化，培养其空间观念？

对此，我想还是需要让学生亲身参与活动过程，在操作中逐渐掌握立体图形的表征，在头脑中形成抽象的立体图形，进而发展空间观念。

5. 学习目标确定

(1)通过动手操作，使学生理解表面积的意义，初步掌握长方体和正方体的表面积的计算方法。

(2)使学生会运用表面积的意义，解决生活中的简单问题。

(3)运用多媒体辅助教学，发展学生的空间观念，培养探究立体图形的兴趣。

6. 教学重、难点

理解并掌握长方体、正方体表面积的含义和计算方法。

7. 学习评价设计

(1)掌握长方体和正方体表面积的求法，可以准确地判断“上”“下”“左”“右”“前”“后”各面的面积计算方法。

(2)能够通过想象在头脑中形成图像，具备初步的空间想象力。

(3)积极参与学习过程，在小组互动中切实参与并发挥作用。

8. 学习活动设计

环节一：激趣引题，明确目标

(1)生活实际，引出问题

问：最近老师家买了一张罗汉床，但发现免费赠送的抱枕不太协调，于是就从网上重新挑选了一对丝绸面料的抱枕，请看图片。(如图 7-96 所示)

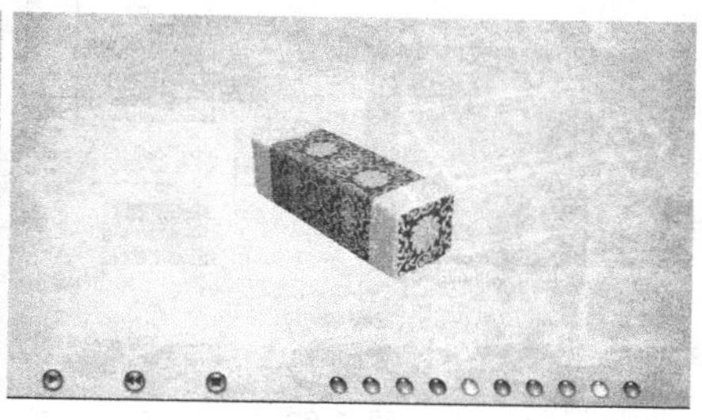

图 7-96

(2)问：这个枕头是什么形状的？针对这个长方体抱枕，从数学的角度你能提出什么问题吗？

预设：

生1：长方体的。

生2：用料多少？体积多大？质量多大？

……

(3)问：同学们想研究的问题很多，我们得一个一个来。今天这节课我们就先来解决用料问题吧。你知道想求用料的面积需要用到关于长方体的什么知识吗？

预设：表面积求法。

(4)问：是的，这就是今天这节课我们要研究的主要问题。

板书题目：长方体和正方体的表面积

(5)问：看到今天的课题，你有什么想法？有什么想知道的？

预设：

生1：什么叫长方体和正方体的表面积？

生2：怎样计算长方体和正方体的表面积？

……

【设计意图：从生活实际引入，还原数学的本来面目，符合课程标准的要求。根据题目设问，既能达到以问促学的目的，又激发了学生学习的兴趣；既明确了研究方向，又使学生理解了研究的问题。】

环节二：动手操作，建立概念

(1)问：同学们，你们提出的问题我都知道，你们是愿意让我告诉你们，还是自己研究呢？

预设：自己研究。

(2)问：好的。上节课我们认识长方体和正方体的时候是通过制作长方体框架研究的，这次我们不制作了。老师给每个组都准备了长方体框架，还准备了很多长方形的磁片，你们能不能自由选择磁片，给长方体框架“穿上衣服”呢？（如图7-97所示）

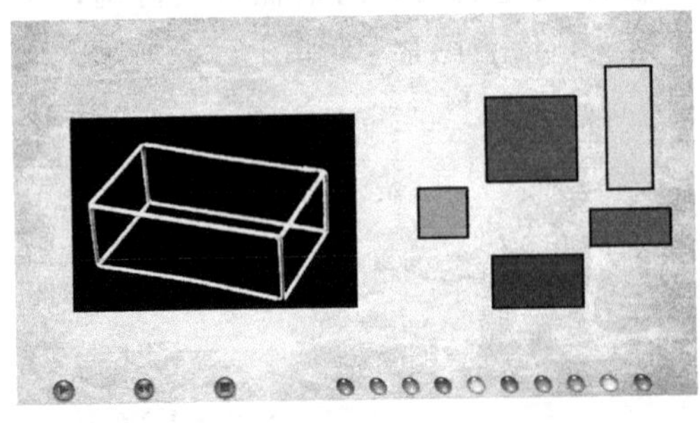

图 7-97

(3)出示研究建议1

① 自由选择磁片，将长方体框架完全包裹。

② 以屏幕上框架的位置为基准，思考各面与长、宽、高之间的

关系。

③ 思考：什么是长方体的表面积？

预设：学生自主研究。

(4)集体交流，多媒体辅助

预设：

生 1：通过长方体面的特征(对面相等)选择合适的面。

生 2：

“上”：长×宽。

“下”：长×宽。

“左”：宽×高。

“右”：宽×高。

“前”：长×高。

“后”：长×高。

生 3：长方体外表的面积，也就是上下、左右、前后六个面的总和。

【设计意图：多媒体课件的应用使原本不容易展示的立体部分得到了充分的展示，降低了观察的难度，同时动静结合使观察的重点突出，有利于学生学习兴趣的提升和数学模型的建立。通过先剪开再展开的实践活动，让学生真正动起来，在活动中获取知识和体验，使学生充分感知，建立表象，在动手操作中展开思维，发现并归纳表面积的含义，明确数学概念。】

环节三：实际测量，探索方法，建立模型

(1)问：同学们，既然长方体六个面的面积总和就是它的表面积，那怎么求长方体的表面积呢？老师为每个组都提供了不同的长方体纸盒，请你用自己的方法计算出纸盒的表面积。

(2)出示活动建议 2

①小组合作，测量出你认为重要的数据，并标在学习单上。

②计算长方体的表面积，并思考有没有什么好办法。

③尝试总结长方体表面积的计算方法。

(3)班级交流，分享方案

预设：

一般长方体

生 1：分别求出六个面并累加。

生 2：长×高×2＋长×宽×2＋宽×高×2。

生 3：(长×高＋长×宽＋宽×高)×2。

生 4：长×宽×2＋(长＋宽)×2×高。

生5：利用展开图计算面积。

特殊长方体(两个面是正方形)

生：长×高×4＋长×宽×2。

……

追问：

①问：测量了几个数据？

②问：你是怎么想到这种计算方法的？

(4)问：同学们，计算长方体表面积的方法很多，你觉得哪种方法更具有通用性呢？为什么？我们可以小组讨论一下。

预设：

生：(长×高＋长×宽＋宽×高)×2更好，长方体面的特征是对面相等，可以利用这个特征总结计算公式。棱长和求法，也是依据长方体棱的特点得到的。

(5)板书计算公式并介绍字母表示式：

长方体表面积＝(长×高＋长×宽＋宽×高)×2

$S_{长方体}=(ab+ah+bh)\times 2$

(6)问：同学们非常了不起，不但根据具体情况找到了长方体个性计算表面积的方法，而且找到了共性的方法。大家能够具体问题具体分析，找到适合的方法很值得表扬。生活中的长方体多种多样，找到合适的方法才是好方法。这样看来，不论是什么样的方法，要想得到长方体的表面积需要知道什么条件？为什么？

预设：

生1：长、宽、高。

生2：长相当于延长可以码放的面积单位的个数，宽相当于延宽可以码放的面积单位的个数，高相当于延高可以码放的面积单位的个数。(如图7-98所示)

【设计意图：对于相对简单的长方体表面积计算方法不急于归纳和总结，而是引导学生根据具体情况一步步推导，反复辨析论证，最终形成数学模型，其过程有利于学生创新思维的发展和应用意识的培养。】

环节四：迁移类比，延伸方法

(1)问：大家会计算长方体表面积了，对此我们还需要研究什么呢？

预设：

生1：正方体表面积求法。

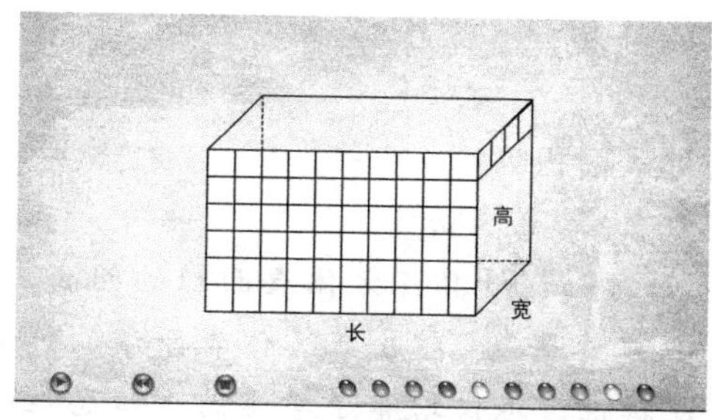

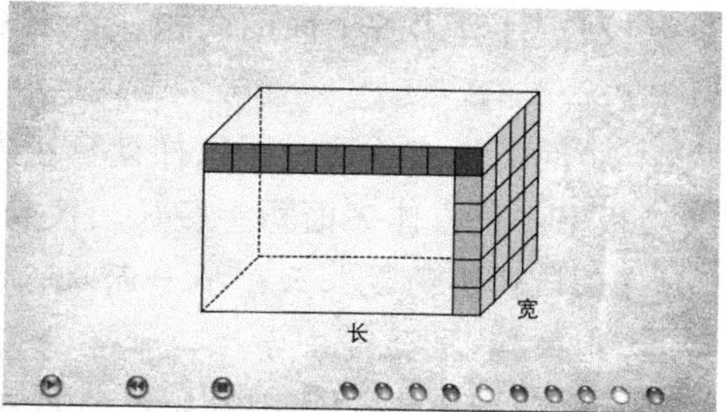

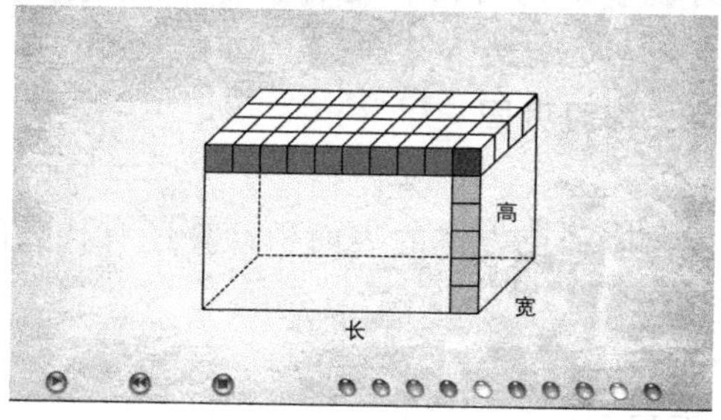

图 7-98

生 2：不用研究了，因为正方体也能这样计算。

……

(2)问：我们没有研究正方体表面积求法，你会计算吗？我们试一试。(如图 7-99 所示)

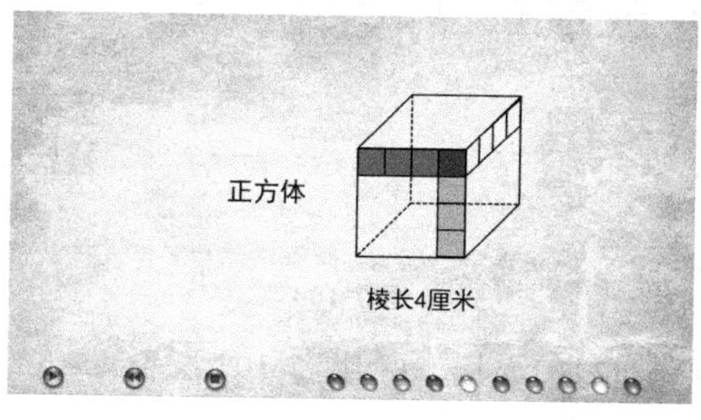

图 7-99

预设：

4×4×6＝96(平方厘米)

(3)问：大家都计算对了，你们是怎样计算的？为什么？

预设：

生 1：因为正方体是特殊的长方体，所以可以用长方体表面积公式计算。

生 2：根据正方体面的特征，正方体六个面是全等的正方形，所以用“棱长×棱长”计算出一个面的面积，再乘 6 就可以了。

……

(4)问：你能总结一下怎样计算正方体表面积吗？

板书：正方体表面积=棱长×棱长×6；$S_{正方体}=6a^2$。

【设计意图：古人云：举一而反三。面对如何计算正方体表面积的问题，将迁移推理的机会留给学生，让学生自己去发现，类推出正方体表面积的计算方法，使学生感受到数学知识的内在逻辑性，不仅培养了学生的逻辑思维能力，而且培养了学生的创造能力和意识。】

环节五：质疑问难，练习巩固

(1)看书质疑

问：同学们对于长方体和正方体的表面积计算还有什么问题吗？

(2)基础练习(填空)

① 长方体上面的面积=(　　)×(　　)

② 长方体正面的面积=(　　)×(　　)

③ 长方体侧面的面积=(　　)×(　　)

(3)提高练习

① 计算一个方枕的用料面积。(如图 7-100 所示)

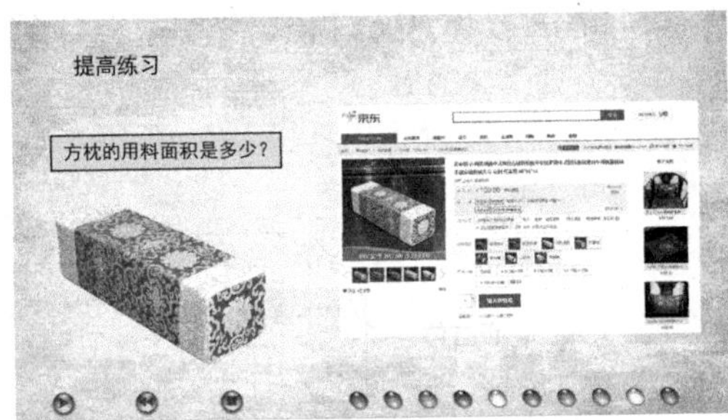

图 7-100

② 计算不同颜色布料的面积。(如图 7-101 所示)

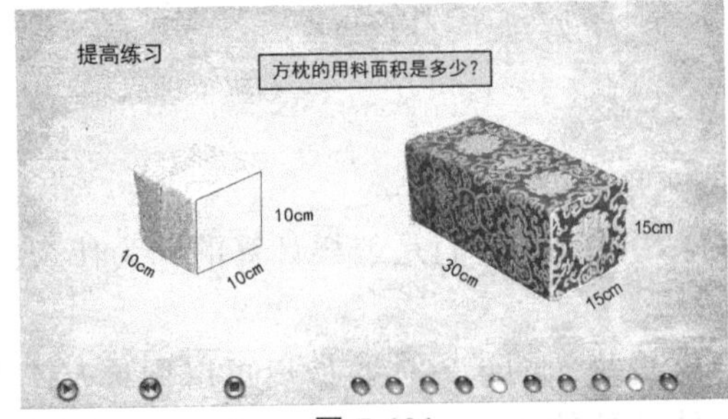

图 7-101

【设计意图：从理解知识到具体应用，再到解决实际问题，这是数学学习的必然途径，也是学生学习历程上的一次飞跃。不同层次的练习设计，让学生运用性质解决实际问题，力求每个人都有不同程度的收获。引导学生灵活应用长方体和正方体表面积的意义和计算方法，使学生在研究、讨论、探索的过程中发展智能，提高学科素养。】

环节六：归纳总结，促进提升

问：同学们，这节课你觉得自己最大的收获是什么？你最喜欢哪一个环节？为什么？

预设：

①知识上的总结。

②学习方法上的总结。

③情感态度上的总结。

【设计意图：归纳本节课的基础知识和基本技能，总结交流学习方法，为今后的学习打下基础。】

9. 板书设计

长方体和正方体的表面积

长方体或正方体六个面的总和

“上”	“下”	“左”	“右”	“前”	“后”
长×宽	长×宽	宽×高	宽×高	长×高	长×高

长方体表面积=(长×宽+长×高+宽×高)×2

$S_{长方形}=2(ab+ah+bh)$

正方体表面积=棱长×棱长×6

$S_{正方形}=6a^2$

学生作品展示

10. 作业与拓展学习设计

(1)作业时间：0.5小时以内。

(2)作业内容

① 正方体表面是由六个相等的正方形组成的，如果将一个正方体沿棱展开成一个平面(面和面之间不能断开)，展开后的平面形状可能是什么样的？试一试，看看你能发现多少种不同形状。

② 在家里任选一个长方体或正方体物体，通过测量和计算得到它的表面积，并将过程写在数学作业纸上。

(3)作业目的

① 巩固长方体和正方体表面积的计算方法，强化对表面积概念的理解。

② 丰富学生体验，强化动手操作能力的培养，促进空间观念的形成。

11. 特色学习资源分析、技术手段应用说明

(1)操作中体验，感知中学习

本教学资源强调学生的动手操作，力求让学生在操作中体验。知识形成的过程不是通过外来媒介间接获取的，而是亲身参与，通过触觉、听觉等多媒体渠道获取的。

(2)过程中获取，交流中内化

本教学资源强调学生在过程中的感受。整个教学过程中都力求引导学生将实际计算数据与实际物体情况进行对应联系，让学生亲身经历三维图形的建构过程。在活动中让学生潜移默化地将一维图形、二维图形与三维图形建立联系，帮助学生在头脑中确立立体图形的表象，再与实际图形进行对比和强化，发展其空间观念。

12. 教学反思与改进

长方体和正方体的表面积是在学生已经掌握了一些简单的平面图形知识的基础上，过渡到初步的立体图形学习的。本节课的学习目标是让学生进一步认识长方体和正方体的特征，掌握长方体和正方体表面积的计算方法，体现“立体—平面—立体”螺旋上升、循序渐进的教学思想，并通过平面图形和立体图形的联系沟通，培养和发展学生初步的空间想象能力。课堂教学是素质教育的主渠道，素质教育以全面提高全体学生的基本素质为根本目的，以弘扬学生的主体性和主动精神为主要特征，注重开发学生的智慧潜能，注重形成人的健全个性。因此在小学数学课堂教学中，引导学生主动参与，自主探索，锤炼思维，培养能力，发展智力，浸润情感态度是素质教育的应有之义，“长方体和正方体的表面积”一课，正是从这一思路出发预设、生成教学过程的。

(1)从生活实际引入新课

创设一个能够吸引学生的、源于生活的、有趣的、有用的、可操作的、可探索的情境，有利于激发学生的学习兴趣和愿望，使学生处于积极主动的学习状态，有利于学生自主探索。新课标强调“要让学生在现实情境中和已有知识的基础上体验和理解数学知识”“要提供丰富的现实背景”。任何知识源于生活又服务于生活。生活中处处有数学，让现实生活的数学走进学生视野，使生活数学与数学问题有机地结合起来，使学生体会在生活中做数学的乐趣。设计时应从生活实际出发，引导学生明确学习求长方体、正方体表面积的必要性，以激发学生的求知欲。

(2)按知识形成发展过程展开新课

知识的形成发展是有层次的，且与旧知识紧密相连。新课展开必须从学生原有生活经验出发，让学生亲身经历将实际问题抽象成数学模型并进行解释与应用的过程。为此，新课的组织展开以有利于教材结构与学生的认知结构产生同化，有利于学生主动建构为目的。

(3)运用现代化教育手段，显现知识结构

学生计算长方体、正方体表面积必须具有较强的空间观念，这是教学的难点。为此，借助实物投影、模型、多媒体课件，让学生通过观察、触摸、拼拆、抽拉、展示全方位感知，培养空间观念，寻找知识的结合点，让各种现代化教学手段协同互补，在提高课堂教学效率与质量上发挥更好的媒介作用，实现信息技术与数学教学的整合。

(三)第3课时教学设计

1. 课题

长方体和正方体的体积。

2. 课型

新授课。

3. 教学内容分析

“长方体和正方体的体积”是人教版教材五年级下册的内容，是小学数学“图形与几何”领域的重要知识。长方体和正方体是最基本的立体图形，在认识了一些平面图形的基础上学习立体图形，是学生认识上的一次飞跃。本课是在学生学习了长方体和正方体的特征、表面积的计算以及体积的意义和体积单位之后教学的。教材安排了实践操作活动，引导学生通过操作、观察、分析、讨论，知道长方体的体积就是它所含体积单位的个数，发现长方体所含体积单位的数量与长、宽、高的关系，使学生理解长方体、正方体体积公式推导的过程，得到“长方体的体积＝长×宽×高”，再根据长方体的体积计算公式，推导出正方体的体积计算公式，并在此过程中让学生逐步建立长方体、正方体体积的空间观念，发展学生的观察能力和逻辑推理能力。最后教材安排了长方体和正方体体积计算的练习，使学生能理解掌握所学知识，为后面进一步学习圆柱和圆锥的体积打下良好的基础。

4. 学习者分析

(1)基于经验

体积对学生来说是一个新概念，由学习平面图形扩展到学习立体图形，是学生空间发展的一次飞跃。课前，学生已经初步认识了体积和体积单位，对物体的体积有一个比较模糊的认知。在教学中，教师要着眼于学生空间观念的培养，从学生的实际出发，充分利用和创造条件，使学生在轻松愉快的气氛中学习；利用互动多媒体课程，引导学生通过对物体、模型等的观察、测量、拼摆、画图、制作等活动，丰富学生对形体的感知，培养学生的初步空间观念和抽象概括能力。

（2）基于调研

为了更好地了解学生，我对教学班里的 32 位学生进行了前测调研，具体测试题目如下：

① 请你数一数下面的立体图形是由多少个小立方体组成的。

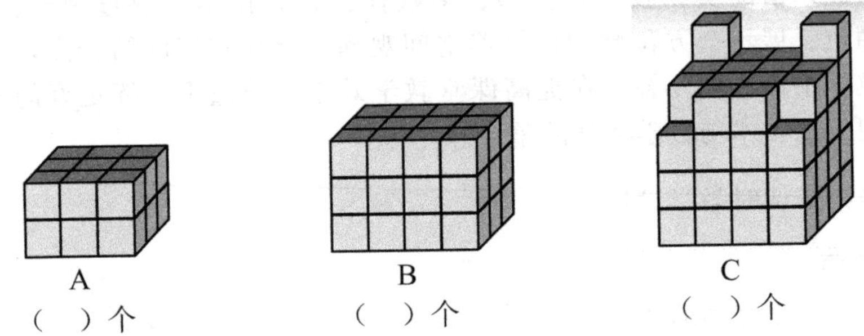

② 请你帮小明的妈妈解决下面的问题。

A. 小明的妈妈看上了一款最新型的微波炉，微波炉长 6 分米，宽 5 分米，高 4 分米，你知道它的体积是多少吗？

B. 小明的妈妈计划把微波炉放置在整体厨房中，橱柜设计师预留了 200 立方分米的空间，你觉得够吗？（提示：请明确给出结果“够”“不够”或“无法确定”，并简要说明原因。）

我对前测结果进行了相应的数据分析，结果如下：

问题①：

表 7-23

	A 回答正确	B 回答正确	C 回答正确
人数（人）	32	32	32
百分比	100%	100%	100%

问题②A：

表 7-24

	列式正确	计算正确
人数（人）	32	32
百分比	100%	100%

问题③B：

表 7-25

	够	不够	无法确定
人数(人)	30	1	1
百分比	93.75%	3.125%	3.125%

通过问题①和问题②A 可以看出学生对长方体体积计算的知识已经有了一定的了解，能够正确计算给定长方体的体积。通过问题②B 则可以看出学生对体的空间感知还不够充分，对长方体体积与其长、宽、高之间的本质关联还不够清晰，学生没有将对体的整体感知与具体数据相对应，空间观念还相对薄弱。

以上结果引发了我的思考：

①学生在知道计算公式的情况下，还应该获取哪些有价值的体验？

②如何引导学生建立立体图形和关键数据的关联？

对此，我要转变观念，努力为学生创设适宜的学习条件，让他们能够主动探究，发现问题，并自己总结出规律。本课的教学从学生的认知特点出发，依然强调“操作中体验和想象中发展”，采取启发式、探究式的方法教学，让学生亲身参与，自己获取富有价值的体验。

5. 学习目标确定

(1)理解并掌握长方体和正方体的体积计算方法，能运用长方体和正方体的体积计算公式，正确进行简单的体积计算。

(2)学生在实践操作、分析比较、归纳推理的过程中理解长方体、正方体体积计算公式的推导过程。进一步培养学生动手操作、空间想象及运用所学知识解决实际问题的能力。

(3)学生在学习过程中感受生活中处处有数学，从中体会学习数学的乐趣。

6. 教学重、难点

(1)教学重点：理解并掌握长方体和正方体的体积计算方法，能运用长方体和正方体的体积计算公式，正确进行简单的体积计算。

(2)教学难点：学生在实践操作中发现并理解长方体体积单位与长、宽、高的关系，掌握计算公式。

7. 学习评价设计

(1)掌握长方体和正方体体积的求法，可以正确计算给定长方体和正方体的体积。

(2)能够有意识地将头脑中的立体图形与其具体数据相对，具体问题具体分析。

(3)能够通过想象在头脑中形成图像，具备初步的空间想象力。

(4)积极参与学习过程，在小组互动中切实参与并发挥作用。

8. 学习活动设计

环节一：生活引入，确定主题

(1)问：同学们，你们知道屏幕上的是什么吗？(如图 7-102 所示)

图 7-102

图 7-103

预设：变形金刚。

(2)问：是的。我的爱人送给我一个变形金刚玩具作为生日礼物，请看图片。(如图 7-103 所示)

这款变形金刚可不一般，它是有史以来最大的变形金刚玩具，我舍不得把玩，打算把它放在盒中作为收藏品保存起来，并用特制的有机玻璃盒加以保护。可是欣喜过后烦恼就来了，你们知道为什么吗？

预设：玩具盒太大了，不好放。

(3)问：对此你有什么想研究的数学问题吗？

预设：体积有多大？

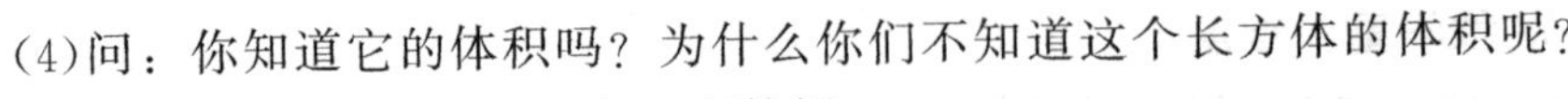

(4)问：你知道它的体积吗？为什么你们不知道这个长方体的体积呢？

预设：不知道；没有长、宽、高数据。

(5)问：这样看来长方体的体积与长方体的什么有关系？

预设：与长方体的长、宽、高有关系。

追问：究竟有什么关系呢？下面我们就来研究。(板书题目：长方体和正方体的体积)

【设计意图：兴趣是最好的老师，先出示能直接数出来由多少个体积单位组成的长方体，再出示看不出来由多少个体积单位组成的长方体，让学生说

说体积，唤醒学生已有的知识经验和生活经验，激发学生探索的欲望和动机。】

环节二：自主探索，推导公式

(1)问：你能看出这个变形金刚包装盒的长、宽、高各是多少吗？(出示三视图数据，如图 7-104 所示)

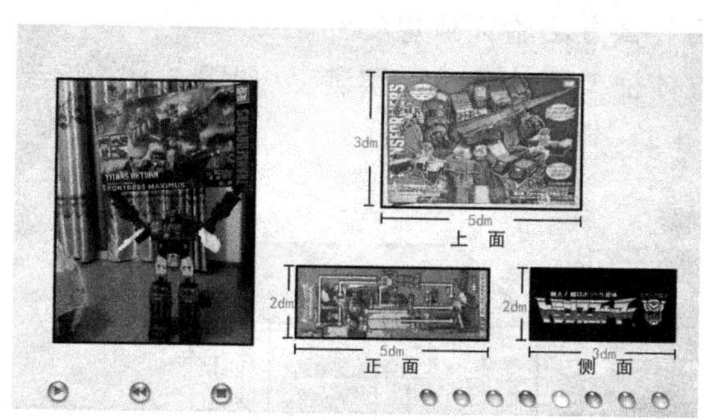

图 7-104

预设：它的包装盒长 5 分米，宽 3 分米，高 2 分米。

(2)问：你知道变形金刚盒子的体积是多少吗？

预设：5×3×2＝30(立方分米)

(3)问：他说得对吗？我没有带来实物，只给每个组准备了它的保护盒和一些 1 立方分米的正方体，能验证他得出的结果吗？(如图 7-105 所示)

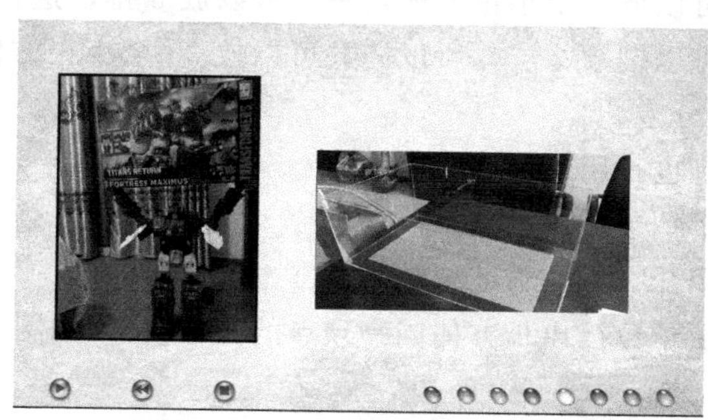

图 7-105

预设：

生：能，有机玻璃盒里面的体积就相当于变形金刚盒子的体积。

(4)问：请大家动手，利用手中的学具验证一下你们的猜想。

(5)出示合作建议

①选择合适的材料验证猜想，并记录实验数据。

②尝试推导长方体的体积计算公式。

(6)学生分组讨论，并动手操作。

(7)反馈信息，集体交流。

明确交流建议：在汇报的时候，请先将你们组选择的长、宽、高数据填在黑板上的表格中，然后在实物投影上说明你的方法。

①情况一：具体方法

问：你们是用什么方法验证猜想的？

预设：将长方体框架用体积单位摆满。(如图 7-106 所示)

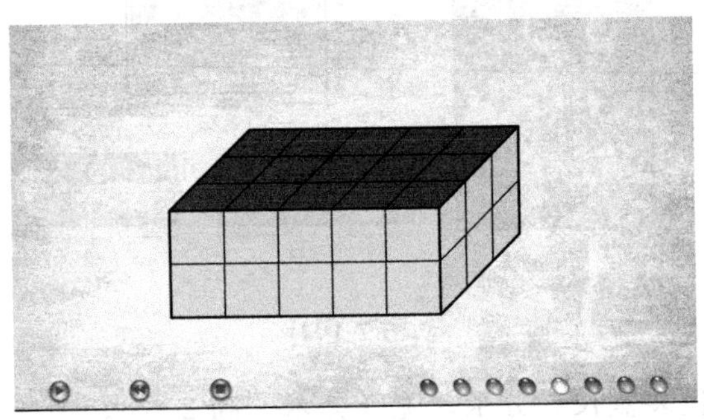

图 7-106

问：你们刚才数了长方体是由多少个小正方体组成的，这和长方体的体积有什么关系？

预设：沿长可以放 5 个小正方体，一共可以放 3 排，这样一层就有 15 个小正方体。沿高可以摆放 2 层，所以一共可以放 30 个小正方体，因此长方体体积就是 30 立方分米。

问：还有没有也是用这种方法验证的？

②情况二：半抽象方法

问：你们是用什么方法验证猜想的？

预设：用体积单位摆出长方体同一顶点的三条棱。(如图 7-107 所示)

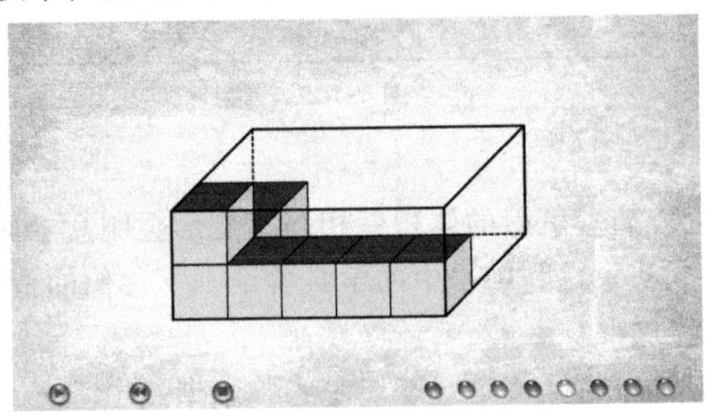

图 7-107

问：你们认为长方体的体积应该怎样计算？

预设：用“长×宽×高”就可以得到长方体的体积。

问：与第一种方法相比，你认为这种方法怎么样？

预设：这种更加简洁，不用把长方体框架码满。

追问补充：他们的方法大家听懂了吗？让我们通过计算机再来回顾一下。（计算机辅助教学）

③情况三：抽象方法

问：不用小正方体，你们要怎么验证呀？

预设：通过尺子测量，再加以想象就可以了。长方体长有多长就可以沿长摆放多少个体积单位，宽有多长就可以摆放多少排，高有多长就可以摆放多少层。因此用“每排个数×排数×层数”就可以得到长方体中包含的体积单位个数，也就是长方体体积。（如图 7-108 所示）

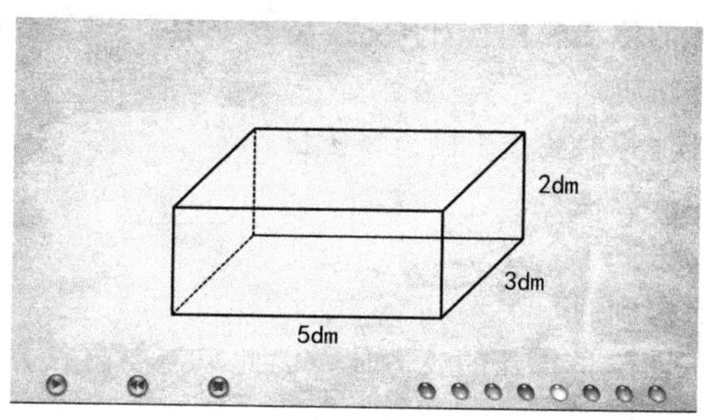

图 7-108

问：由此可见，长方体的长相当于什么？宽相当于什么？高相当于什么？

预设：“长”相当于“每排个数”；“宽”相当于“排数”；“高”相当于“层数”。

问：请大家思考一下，这三种方法有什么相同点？

预设：都是用“长×宽×高”得到长方体体积。

④小结：通过以上的研究我们发现，不论是摆满的方法，还是只摆出长、宽、高，或是通过尺子测量再想象，都验证了我们对长方体体积与长、宽、高关系的猜想。

【设计意图：课程标准中指出：通过观察、操作、猜想等方式可以使学生更好地理解数学知识，培养学生创新意识以及探索问题和解决问题的能力，因而在教学中借用猜想创设研究氛围，提出研究问题，能提高学生主动探究的兴趣，把数学知识转化为数学问题进行研究。同时，观察、操作、猜想也是培养学生空间观念的重要途径，采用这样的学习方式，不仅让学生经历了一个完整的学习过程，也培养了学生的空间观念。】

环节三：总结公式，建立模型

(1)问：谁能总结一下长方体的体积应该如何计算？

预设：长方体体积＝长×宽×高。

(2)问：你知道长方体体积的字母表示式怎样写吗？

预设：$V_{长方体}=abh$。

【设计意图：华盛顿儿童博物馆的墙壁上贴着这样一句话："我听见了，就忘记了；我看见了，就记住了；我去做了，就理解了。"学生只有在教师的引导下，经历对数学知识的验证过程，才能对所学知识产生深刻的体验，做到不仅知其然，更知其所以然，从而丰富思维经验，培养建模意识与建模能力。】

环节四：分层练习，类比拓展

(1)基本性练习

①问：长方体的体积我们会计算了，正方体的体积怎么计算？这个我们没有学习过，你知道吗？

预设：正方体体积＝棱长×棱长×棱长。

问：字母表示式怎样写？

预设：$V_{正}=a^3$。

问：你是怎么想到的？

预设：因为正方体是特殊的长方体，因此只需要将长方体的长、宽、高换成棱长就可以了。

②小结：长方体和正方体的体积应该怎样求？要想求长方体和正方体的体积需要知道哪些条件？

预设：

生1：长方体需要知道长、宽、高。

生2：正方体需要知道棱长。

③汇总公式变形：

问：对比一下长方体和正方体的体积计算公式，你发现了什么问题？"长×宽"表示什么？"棱长×棱长"又表示什么？

预设：底面积。

问：面有没有厚度？"长×宽"和"棱长×棱长"仅仅是表示底面积的大小吗？

预设：表示沿底面积可以码放的体积单位个数。

问：谁能总结一下，长方体和正方体还可以怎样计算体积？

预设：长方体和正方体体积＝底面积×高；$V=S_{底}h$。(如图 7-109 所示)

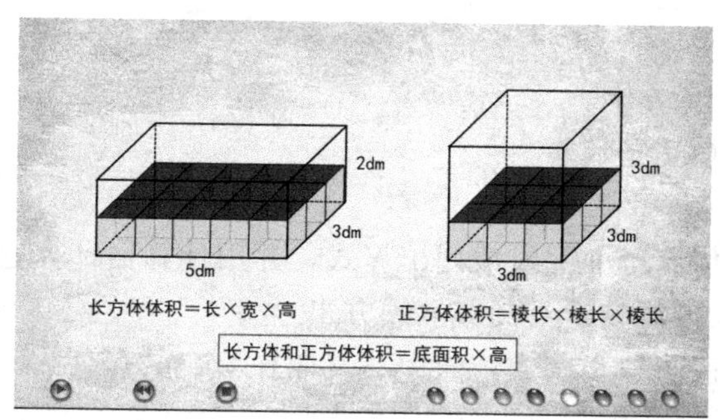

图 7-109

介绍《九章算术》：“方自乘，以高乘之即积尺。”(如图 7-110 所示)
(注：先用边长乘边长得底面积，再乘高就得到长方体的体积。)

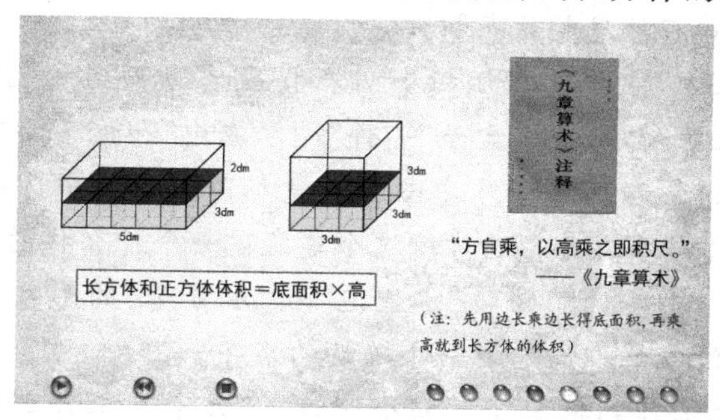

图 7-110

【设计意图：中国古代的数学成就璀璨夺目，为全世界所瞩目，适时向学生进行一些渗透，有助于进一步激发学生探索数学的兴趣。推理是数学的基本思想之一，也是人们学习和生活中经常使用的思维方式。因此在课堂教学中应加强这方面的训练，在前面学习长方体和正方体的特征时，学生已经了解了二者之间的联系，在这里，正方体的体积计算方法完全可以放手让学生通过推理而得到，这样不仅让学生体验到成功的乐趣，还培养了学生的数学思维方式，渗透了数学思想。】

(2)提高性练习

叙述：回到我们最开始的问题，水立方的体积有多大呢？让我们看看相关数据：

国家游泳中心(水立方)，长 177 米，宽 177 米，高 30 米，你能求出它的体积吗？

问：水立方的体积有多大？谁能估算一下？

预设：

生1：10000立方米。

生2：100000立方米。

……

问：究竟谁估算得准呢？请列出算式，并用计算器计算它的体积。

预设：177×177×30＝939870(立方米)

问：你们知道为什么国家游泳中心又叫作“水立方”吗？(介绍“水立方”的由来)

搜狐体育原文：

搜狐体育讯 搜狐体育12月26日讯 今天上午，随着国家游泳中心“水立方”最后一块外层膜结构被“补上”，1437块“泡泡”安装全部完工，充满魔幻色彩的水蓝色建筑宣布外观整体亮相。

下午，“水立方”中方建筑师胡小明在接受官方网站专访时表示，“水立方”的名字灵感来源于“一个方盒子”、许多“水泡泡”和许多的“水分子”。

胡小明回忆说，在国家游泳中心进入竞标阶段后，中方的几位建筑师和澳大利亚PTW公司一直都在思考给这个建筑取一个什么样的名字。当时的构思是“一个方盒子”，容纳了许多“水泡泡”和“水分子”的形象，大家为构思兴奋了很久，但却没有立即给它取一个确切的名字。

“有一天晚上工作到很晚了，”胡小明说，“大家在工作之余又开始为这个‘方盒子、水泡泡和水分子’的形象起名字。”于是，五花八门的创意都涌向了这个方盒子。在这些创意中间，一个英文名“水的立方体”(Water Cube)既表达了方形的，又与水相关，引起了很多人的注意。经过大家的深思熟虑后，确定了“水立方”这一简洁明了的名字。(范帆)

叙述：想象一下，如果水立方长高了，再增高多少米就能成为立方体？

预设：

生1：长到177米高就行了。

生2：高增长147米。

课件演示。(如图7-111所示)

图7-111

问：如果水立方真的长成了立方体，体积将增加多少立方米？

预设：

生1：整体体积减去原有体积：177×177×177－177×177×30＝4605363(立方米)

生 2：直接计算增加部分体积：177×177×147＝4605363(立方米)

【设计意图：公式的推导让学生经历一个完整的学习过程，任何数学知识都要和生活实际联系在一起，因此设计练习主要是让学生体验体积计算公式在解决实际问题中的应用，并在解决问题的过程中进一步理解、熟悉公式。】

环节五：总结课堂收获

(1)问：通过今天的学习，你有什么收获或引发了什么思考？

(2)思维扩展

小明的妈妈看上了一款最新型的微波炉，微波炉长 6 分米，宽 5 分米，高 4 分米，要把它放置在整体厨房中，请你帮忙算一算整体厨房需要预留多少立方分米的空间。

小明回家后计算了预留空间的大小，有 200 立方分米，可是微波炉却放不进去？这究竟是为什么呢？

【设计意图：课堂上的时间有限，因此要善于挖掘课堂学习内容，并延伸至课外，进一步提高学生对数学的兴趣。在本课结尾，引导学生课后要利用所学知识开展一系列讨论活动，进一步培养学生的空间观念。课虽结束，但兴趣却拓展到书本之外了。】

9. 板书设计

板书完整呈现教与学活动的过程，最好能呈现建构知识结构与思维发展的路径与关键点。使用 PPT 应注意呈现学生学习过程的完整性。

长方体和正方体的体积

体积单位数量＝每排个数× 排数 × 层数

↓　↓　↓

长方体体积＝ 长 × 宽 × 高

$V_{长}=abh$

体积	长	宽	高
18	3	2	3

正方体体积＝棱长×棱长×棱长

$V_{正}=a^3$

长、正方体体积＝底面积×高

$V=sh$

10. 作业与拓展学习设计

1)短时作业

(1)作业时间：0.5 小时。

(2)作业内容

①在家里任选一个长方体或正方体物体，通过测量和计算得到它的体积，并将过程写在数学作业纸上。

②根据“长方体和正方体”这一单元学习以来的感受和体验，尝试整理知识网络图。

(3)作业目的

①巩固长方体和正方体体积计算方法，强化对体积概念的理解。

②丰富学生体验，强化动手操作能力的培养，促进空间观念形成。

2)长时作业

(1)作业时间：一周。

(2)作业形式：3—4 人自由组合。

(3)作业内容：参考图中信息，并查阅相关资料，设计一款符合乘飞机标准的行李箱。(如图 7-112 所示)

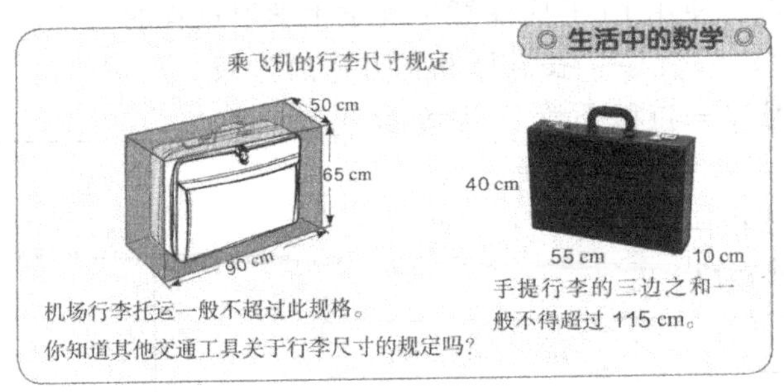

图 7-112

(4)具体作业建议

①图文并茂。绘制行李箱设计图并阐述设计说明。

②数据详尽。根据单元所学内容标注长、宽、高所用材料面积及行李箱体积等关键数据。

③创意加分。对于合理且与众不同的设计适度提高作业成绩水平。

④问题加分。对于在设计过程中引发的有价值的思考和问题适度提高作业成绩水平。

(5)作业目的

①巩固长方体和正方体的相关知识，强化对概念及知识的理解，培养应用意识和解决问题的能力。

②丰富学生体验，强化动手操作能力的培养，促进空间观念形成。

③理论联系实践，强化学生综合运用知识的能力，并培养学生的问题意识。

11. 特色学习资源分析、技术手段应用说明

(1)操作中体验，感知中学习

本教学资源强调学生的动手操作，力求让学生在操作中体验。知识形成的过程不是通过外来媒介间接获取的，而是亲身参与，通过触觉、听觉等多媒体渠道获取的。

(2)过程中获取，交流中内化

本教学资源强调学生在过程中的感受。整个教学过程中都力求引导学生将实际计算数据与实际物体情况进行对应联系，让学生亲身经历三维图形的建构过程。在活动中让学生潜移默化地将一维图形、二维图形与三维图形建立联系，帮助学生在头脑中确立立体图形的表象，再与实际图形进行对比和强化，发展其空间观念。

(3)形象中抽象，认知中建模

本教学资源强调培养学生的建模能力和建模意识。力求让学生在自主研究的过程中，逐渐将若干特殊情况的分析，提升到一般情况的应用中来，最终通过总结抽象建立数学模型。在此过程中有意识地帮助学生提升建模能力，培养建模意识，感受数学魅力。

12. 教学反思与改进

课堂教学是实施素质教育的主要渠道，也是培养学生创新意识和创新能力的主阵地。要想实现新时期课堂教学的要求，关键要着力学生主体性的发展。力求改变传统的教师讲，学生听，教师问，学生答，教师出题，学生做的模式，最大限度地给学生提供思考、探索、表现和创新的机会，让学生积极主动地参与到教学的活动中去。提高学生学习的兴趣，提高教学的效率，使学生真正成为学习的主人，而不是被动的接受者。

本节课在联系教材前后的知识点和充分体会教材意图后，提出了创新教学的教学设想，意图在学生获取新知识的过程中大胆放手，引导学生自主探索、验证，发挥主体性学习和探索式学习的先进性，以实现教学的本质目的。具体设计思路表现在如下几点。

(1)力求体现以学生为主体的教学新思路。

由于学生在此之前已经有了长方形、正方形面积计算公式推导方法的经验，因此本节课在思路上力求淡化教师教的痕迹，突出学生学的过程，引导学生通过迁移、比较的数学思想，先猜想，再验证猜想，从而得到长方体和正方体的体积计算公式。在导入中，通过比赛引导学生初步感悟算理，以此揭示学习的目的，引导学生思考，为后面的自主探索打下思维上的基础。

(2)以活动为主线，体会学习过程，加深理解。

教学大纲指出："几何初步知识的内容，应密切联系学生的生活实际，遵循学生的认知规律，按照立体—平面—主体的顺序安排，通过观察、测量、拼摆、画图等实际活动，认识常见的、简单的几何形体的特征，会计算它们的周长、面积和体积，培养学生的空间观念。"因此，本节课力求让学生自己概括长方体和正方体的体积计算公式，使学生在实践的过程中体会学习数学的乐趣，了解科学学习数学的方法，在探索的过程中发展学生思维的创造性。为了实现这一目的，在教学中一开始就让学生猜想，然后通过小组合作，让学生自己动手，用手中的工具验证猜想的计算公式的正确性。在这一环节中给予学生充分的时间和空间，使学生的思维得到真正的发散而不仅仅是形式上的发散。然后让学生在充分讨论和证明的基础上进行交流，从而使学生从不同的角度得到正确的结论。

(3)以实际生活为原型，在时间和空间上给予学生创新和发展的条件。

我国大教育家陶行知先生早在20世纪五六十年代就提出了对儿童的六大解放。其中就涵盖了对学生时间和空间的解放，使他们能够接触大自然和社会，学习自己渴望学习的东西。本节课在设计中力求在思维和解决生活中的实际问题两方面齐发展。在练习环节中，以不同的生活情境为载体，从而达到基础练习的目的。然后再通过发散的题目让学生体会到生活中的数学是灵活而多变的，生活中的数学问题不是简简单单的，它需要综合地考虑，灵活地运用，从而最大限度地扩展思维空间，为学生的综合学习和终身学习提供思维的钥匙。

后　记

成为“研究型教师”是新时代教学改革实践和教师专业发展的新要求，这也是每一个优秀教育工作者的追求所在。它意味着教师不仅是课程的执行者，更是课程践行的“参与者”和“研究者”。这对教师而言既是机遇也是挑战。成为“研究型教师”，要求教师必须做到平衡课程的学习者和课程的实践者的双重身份，而这种介于“外行”与“专家”之间，在“中间地带”的“裂缝”中生存的“研究者”，其研究结果也必然具有“不确定性”。对于教师的成长与发展来说，机遇和挑战是并存的，把握机遇，迎接挑战是一种必然。而支撑机遇和挑战的则是教师自身对“教育梦想”的内在渴望，而我，正是那众多寻梦人中的一员。

梦想需要展现的舞台，而校园正是放飞梦想的剧场。从古至今，无论是吟诵“四书五经”的私塾，还是礼乐教化的官学，或是乡村阡陌的初小，或是站位前沿的学府，不同的学校都会给人留下不同的记忆烙印，或甜蜜，或苦涩，或愉悦，或感伤……五味杂陈，别具味道，而历经岁月的沉淀之后，这些味道又会凝聚成一种更为浓郁厚重的滋味，那就是幸福！一种只有母校才能带给人的、深入灵魂的幸福！

北京市东城区府学胡同小学，就是我的母校！虽然学生时代的我没有和府学胡同小学产生过交集，但这里却是我生命中孕育成长的温床和展现风采的舞台。本书中所呈现的十数个教学案例都是我在府学胡同小学教学的过程中亲自设计和参与实践的。

当然，学校里如果没有一位让自己敬爱有加、仰慕爱戴的师长；如果没有一群志同道合、兴趣相投的同学；如果没有被尊重、被呵护的成长经历；如果没有聚光灯下，万众瞩目、凝聚视线的机会；如果没有挥汗如雨、呕心沥血的奋斗；那么，母校带给你的幸福体验可能不会那么强烈。而这些多彩的幸福体验，我都有！

衷心地感谢府学胡同小学马丁一校长！她给了我太多的包容、关怀、支持和鼓励，让我在这样一个优秀的平台上尽情挥洒！是她“文化涵养”的理念让我得窥学习的本质，是她“人本发展”的规划让我初识管理的内涵，是她“文化育人”的理念让我充分了解到塑造人的灵魂和培育人格要比造就人才更为重要，这也让我受益终身……

衷心地感谢在我实践研究的过程中给予我无私帮助的府学数学团队的伙伴们！感谢刘薇老师在日常管理方面的倾力辅助，感谢彭亚红老师、王刚老师在科研技术方面的大力支持，感谢孙婷老师、刘禹生老师在教学实践方面的倾力配合……需要感谢的老师太多太多了！俗话说：“一个好汉三个帮。”正是凝聚了数学团队的集体力量，通力合作、大胆创新、协调发展，才能最终成就我们府学数学人的共同成长。

衷心地感谢府学胡同小学这片沃土带给我的教育教学方面的收获和成长，衷心地感谢学校内的这些朋友和亲人帮我寻梦，助我圆梦！

当然，“单丝不成线，孤木难成林”。不单在校内，校外也有很多助我圆梦的“贵人”。

衷心感谢北京师范大学著名学者张春莉教授引领我并拨冗作序。张教授高尚的人格魅力和教育情怀无时无刻不在感染着我，不论是“相约春季”和“荔雨春闱”微信研讨群的沟通交流，还是“思维进阶”和“数学思考力”的课题探索，其浓厚的研究氛围都指引着我对数学教学展开更深层次的追求和探索。

衷心感谢原北京市东城区教师研修中心主任、著名特级教师戈海宁老师对我的悉心指导和热忱鼓励。十数年来的关怀和鼓励让我如沐春风，而春天里的幼苗又有什么理由不在“春哺大地”时快速萌发呢？

衷心感谢教育领域之翘楚、北京市东城区教师研修中心特级教师王彦伟老师的悉心栽培。作为我官方正式“认证”的师父，王老师多年来见证了我各方面的成长，从少不更事的青年到已入不惑的中年，从默默无闻的时期到还算有点小成果的今天，我的点滴进步中都有师父的培养和帮助，都有师父的心血和汗水。

衷心地感谢东城区教师研修中心的丁雁玲院长，正是她指导我上了人生中的第一节区级公开课——“圆的面积”，让我第一次感受到上一节好课后的兴奋与幸福。

衷心地感谢东城区教师研修中心小学数学的每一位教研员老师，感谢在我成长中给予过帮助的所有人！拙作的问世，离不开大家的真诚相助，梦想的实现，离不开大家的大力扶持！

“寻梦？撑一支长篙，向青草更深处漫溯。满载一船星辉，在星辉斑斓里放歌。”(自徐志摩《再别康桥》)

老师心中有梦，即使面对比石头还倔强的学生，心中也不会生出丝毫退意；军人心中有梦，即使面对比虎豹还凶狠的敌人，心中也不会有半分畏惧；

拾荒者心中有梦，即使受尽世人嘲弄，心中“净土”也不会迷失分毫。心中有梦，内心就可以变得无比强大。

如《周易》乾卦《彖传》中写道：“大哉乾元，万物资始，乃统天。”其大意为：伟大、博大的“乾”，是万物生长、发展、变化的根源，有着足以统御天下的力量。

“乾”代表着人的“思想、意志、想法”。我们的梦想，其实就是一个“乾”，如果坚定不移地努力拼搏，努力奋斗，去实现心中的梦想，那么我们就能够认识并掌握更多的知识，发现和总结更多的规律，洞悉从古至今的传承与更替，展望未来发展前景，直到某一天，能够学有所成，再用自己的经验造福后辈。

德国哲学家格奥尔格·伽达默尔曾经说过：“表达就是把自我呈现给他人，从他人这面镜子中观照自我，在与他人的对话中促进自我更新。”这本书是我为自己从教“追梦”整整二十年写下的一个逗号，也是我给自己的四十岁生日礼物，更是向关爱我的人们提交的一份作业，诚恳地希望您批评指正！

吴建成

2019 年岁末于北京市东城区府学胡同小学办公室